U0771909

物理课程与教学论

主编　李贵安　张红洋

中国教育出版传媒集团

高等教育出版社·北京

内容提要

　　本书系统地探讨了中学物理课程与教学论的理论与实践框架,涵盖课程发展、资源开发、教学理论、教学内容与过程、教学模式与方法等多个方面。书中不仅深入分析了中学生的物理学习特点,还详细介绍了物理概念、规律、复习、问题解决及实验教学的具体策略。此外,本书还探讨了教学测量与评价体系的构建,以及教师专业发展的多元路径,为中学物理教育提供了理论与实践的双重指导。

　　本书紧密契合教育改革的方向,肩负培养卓越物理教师的使命,融合先进的教育理念与思政教育元素,并通过多样化的学习资源,增强学习过程的互动性与实效性。

　　本书既适合作为高等师范院校物理学教育专业的本科生教材,也是中学物理教师提升教学技能、深化教育研究不可或缺的参考书目,对中学物理教研员及教育管理者也有重要的参考价值。

图书在版编目（CIP）数据

　　物理课程与教学论 / 李贵安,张红洋主编 . -- 北京：
高等教育出版社,2025.4. -- ISBN 978-7-04-064507-1

　　I. G633.72

　　中国国家版本馆 CIP 数据核字第 20252KF306 号

Wuli Kecheng yu Jiaoxuelun

策划编辑	王文颖	责任编辑	王文颖	封面设计	杨伟露	版式设计 李彩丽
责任绘图	马天驰	责任校对	王 雨	责任印制	张益豪	

出版发行	高等教育出版社	网　　址	http://www.hep.edu.cn	
社　　址	北京市西城区德外大街 4 号		http://www.hep.com.cn	
邮政编码	100120	网上订购	http://www.hepmall.com.cn	
印　　刷	北京鑫海金澳胶印有限公司		http://www.hepmall.com	
开　　本	787mm×1092mm　1/16		http://www.hepmall.cn	
印　　张	20.25			
字　　数	410 千字	版　　次	2025 年 4 月第 1 版	
购书热线	010-58581118	印　　次	2025 年 4 月第 1 次印刷	
咨询电话	400-810-0598	定　　价	49.80 元	

教育是强国建设、民族复兴之基。新时代的教育是高质量育人的教育,新时代的教材肩负着"为党育人、为国育才"的光荣使命。教材作为教育教学之关键要素,是落实新时代立德树人根本任务的载体。党和国家高度重视教材建设,强调要以促进学生全面发展、增强综合素质为目标,以全面提高教材质量为重点,创新教材建设理念,增强教材育人功能,打造更多培根铸魂、启智增慧、适应时代要求的精品教材,为培养德智体美劳全面发展的社会主义建设者和接班人,为以中国式现代化全面推进强国建设、民族复兴伟业提供有力支撑。

随着新时代在课程教材中落实党中央育人战略的迫切需求、网络信息化技术的迅猛发展,以及推进基础教育改革与学生核心素养的培养,对高师教材建设提出了诸多挑战:诸如,如何贯彻落实建设新时代培根铸魂、启智增慧精品育人教材的精神,如何顺应新时代下教材形态转型的变革,如何落实课程改革带来的教材核心内容的升级,以及如何实现"学为中心"教材观的转变,等等。因此,如何进一步全面升级高师教材建设,以培养更多有理想信念、有道德情操、有扎实学识、有仁爱之心的"四有"好老师,顺应课程标准要求和核心素养培养需求,是教材建设亟待解决的问题。

由陕西师范大学物理学与信息技术学院物理教师教育团队牵头,西部师范大学教师教育创新与发展联盟若干高校物理学科教学论教师加盟,形成编写团队,编写了物理师范专业教师教育核心教材《物理课程与教学论》。该教材旨在响应党中央号召,将中学教育专业师范生教师职业能力标准与物理创新人才培养理念融入其中,助力新时代物理师范专业建设与物理教师培养高质量发展。

该编写团队成员均为多年一直坚守在物理师范生培养一线的学科教学论教师,大部分成员是国家级课程思政教学名师,具有先进的教育教学理念,坚持教育教学改革创新,重视将课堂、教材、资源"三位一体"有机联动推进教学改革,取得了比较丰硕的教育教学成果,教学改革深受同行认可和学生欢迎。编写团队成员主讲的课程被评为国家级一流课程、国家级课程思政示范课程,依托该课程的教学创新成果荣获国家级高等教育教学成果奖一等奖。

　　本教材的编写力图体现使命性、育人性、先进性、创新性、学习性、指导性、互动性、过程性、资源性、案例性等教材建设目标,将教材与课堂、资源创新联动,在教材中设置了若干易于学生学习的模块,如学习导航、问题驱动、学习目标、扩展资源、思政育人、思考讨论等。对课堂教学过程给出了指导性的教学活动建议,如教育热点演讲、小组合作展示、教师点评释疑等第一课堂活动,学生演讲训练、学生辩论训练等第二课堂活动,以及未来教师特训营、实地调研考察和学生研学游学等第三课堂的教学环节模块建议。本书以二维码呈现一些因课堂时间限制而难以充分展开的数字资源,供学生课外拓展阅读和学习。课堂体现"学为中心"的翻转课堂、开放课堂,强调学生自主学习、小组合作学习、小组探究学习等线上线下相结合的混合式课程特色,强调课堂的互动性与参与性。以往的课堂改革成效显示,该课程的实施在提高学生核心素养的同时,使学生对学习产生了浓厚兴趣,课堂气氛活跃,学生参与积极性高,这为坚定学生从教信念,使学生未来成为一名优秀教师、卓越教师以及教育家型教师奠定了坚实基础。

　　这项改革的初心、理念与前期效果得到了高等教育出版社的认可与大力支持,希望这部教材的出版能与相应的课堂教学以及教学资源联动,引领示范课程育人改革创新,为实现高质量的师范人才培养,为教育强国和民族复兴伟业贡献应有力量。

李春密

2024 年 9 月于北京师范大学

新时代是高质量育人的时代。教材是落实立德树人根本任务的载体,新时代的教材肩负着"为党育人、为国育才"的光荣使命。为培养德智体美劳全面发展的社会主义建设者和接班人,为早日实现教育强国既定目标,着力打造培根铸魂、启智增慧、适应新时代发展要求的精品育人教材,是当前的一项迫切任务。

(一)新时代育人育才新要求

进入新时代,以习近平同志为核心的党中央领导全党全国各族人民,瞄准全面建成社会主义现代化强国和中华民族伟大复兴伟业宏伟目标,坚定不移贯彻新发展理念,坚持以中国式现代化推进中华民族伟大复兴,开创了新时代新征程。

新时代新征程上,党中央号召教育战线,不忘立德树人根本任务,牢记"为党育人、为国育才"使命。习近平总书记多次视察学校、回信师生,对学校和广大教师提出了殷切期望:从"三个牢固树立""四有好老师""四个引路人""四个相统一""六要",到"三传播""三塑造",再到"经师"与"人师"统一的"大先生",提出要大力弘扬教育家精神。以"教教人之人、育育才之才"为己任的师范院校,要坚决拥护党中央的育人号召,努力做新时代育人育才之先锋。

(二)传统教材面临的新挑战

随着我国进入新时代,在课程教材中落实党中央育人战略的需求日益迫切,在网络信息化技术的迅猛发展,以及新课程改革理念深入落实的背景下,传统教材面临诸多挑战。例如,育人新时代打造培根铸魂、启智增慧精品教材的号召,新时代下教材形态向信息化数字化转型的变革,新课程改革带来的教材核心内容的升级,以及新理念下"学为中心"教材观的转变,等等。这些新变革给传统教材带来了诸多挑战的同时,也带来了新机遇。如何进一步全面升级教材,顺应新时代育人要求和学科发展需求,是教材建设迫切需要思考解决的问题。

(三)教材编写的特色与要求

面对新形势新要求,使用已久的现行教材迫切需要被重新审视,与时俱进,积极更新并承载新时代育人之重托。陕西师范大学物理学与信息技术学院作为以教师教育为特色的教育部直属师范大学的人才培养主体单位,为深入贯彻落实新时代党中央决策部署和全国教育大会精神,组织高等师范院校物理学科教学一线专家教师,精心策划,启动新时代育人教材《物理课程与教学论》编写工作。

本教材在编写中努力彰显如下特色:

1. 使命性

自 2007 年起,我国相继实施了师范生公费培养计划、卓越教师培养计划及新时代基础教育强师计划,旨在培养一大批基础教育未来优秀教师、卓越教师和教育家。教育部直属师范大学积极响应,努力做好标杆示范,引领全国师范院校对接国家战略,实施师范人才培养模式综合改革,着力培养未来卓越教师、教育家型教师。本教材承载着新时代国家强师兴教之使命,体现物理教师教育专业核心课程之改革理念,强化师范生教书育人使命担当。

2. 育人性

育才造士,为国之本。建设教育强国,离不开中西部地区教育的高质量发展。为培养好一大批未来投身中西部基础教育的卓越教师、教育家型教师,本教材将热爱祖国、听党话跟党走、忠诚党的教育事业、教育情怀、中华优秀传统文化、社会主义核心价值观、科技强国、大国自信及课程标准等育人理念有机融入课程教材,将教育家精神、科学家精神,以及物理学领域中典型的课程思政育人元素渗透于教材相关内容模块中,实现课程与教材的育人功能。

3. 先进性

对于师范生来说,开阔视野,掌握新时代先进教育教学理念是关键。教材作为教育教学基本依据、主要遵循以及学生获取知识的重要来源,必须与高质量的人才培养体系相呼应,要体现新时代人才培养先进理念与模式。本教材将课程与教学的先进理念,如思维型教学理论、探究式教学、学习科学、脑科学,以及本教材编写团队的实践研究成果——新时代基于多维度评价的"思乐德"(SLD)育人课堂理念等引入教材内容,强化理念引领,发挥教材教育理念的先进性。

4. 创新性

在新质生产力创新理论指引下,要实现党中央育人育才新战略,就必须对传统人才培养体系(包括课程、教学、教材、资源等)进行创新。教材作为其核心要素,必须与时俱进。与传统教材相比,本教材实现了如下转变:教材从注重学科本体性转向强调新时代背景下的育人性；由教师施教的"教材"转向新理念下学生学习的"学材"；由纸质版的"封闭"型教材转向通过技术手段实现信息拓展的"开放"型教材。这些转变体现了本教材的创新性。

5. 学习性

传统课堂教学通常采用"讲授—听讲"的教学模式，是一种学生被动学习的"认同式教学"，这种模式往往限制了学生创新能力的培养。新理念教学倡导"学为中心"，强调以学定教，强调学生学习与全面发展。例如，翻转课堂模式就体现了"先学后教"，学生课前学习情况会直接影响教学效果。本教材从学生学习角度出发，内容编排上提供了学习导航、问题驱动、学习目标、思考讨论等学习栏目，以及用二维码呈现的扩展资源等，以方便学生学习，体现了本教材的学习性。

6. 指导性

为落实新时代立德树人根本任务，学校教育必然要变革传统教学模式和课堂生态。教师可以将课后布置作业改变为课前提供有效的学习指导，同时给予学生及时的温馨提醒。尤其是在自主、合作、探究学习模式下，学生通过课程平台、网络媒体等形式进行学习交流，更加需要学习指导。本教材通过多种方式提供学习指导，旨在全面、系统地引导学生的学习进程。

7. 互动性

课堂状态由低至高可划分成五个层次，依次为：沉默（silence），回答（answer），对话（dialogue），质疑（critical），争论（debate）。我国的传统课堂大多处于第一、第二层次，而处于第四、第五层次的高质量课堂非常强调互动性。本教材将这种师生间、同伴间、小组间的高质量互动体现在章前的"问题驱动"栏目，有助于学生带着问题学习、明确学习任务，从而达成学习目标；同时，章后的"拓展资源""思政育人""思考讨论"栏目，有助于学生实现拓展学习和学生（小组）间学习交流互动。

8. 过程性

为与新理念的课堂联动以实现良好的教育教学效果，本教材特地给出了课堂教学活动（环节）建议。如，第一课堂：热点话题演讲（包括教育热点演讲、物理前沿播报、科学家的故事等）、小组合作展示、小组合作质疑、小组代表点评、教师精讲释疑；第二课堂：硬笔书法训练、学生演讲训练、学生辩论训练；第三课堂：学生游学研学、邀请专家报告等。这些推荐的教学活动（环节）以及教材内容呈现上的递进性，都反映出教材很重视过程性。

9. 资源性

教材作为一种重要的学习资源，应通过对其合理利用提升教学效果。教师和学生创造性地使用教材，必须树立新的教材观，应将教材视为例子、范例、资源，将传统意义上的教材（textbook）拓展到新理念下的教材（teaching material），不断拓展丰富教学资源的来源。教学资源可以是教材,也可以是学生课前查阅资料后的课堂交流分享,还可以是教师本身。需要强调,对于教材以外的各类教学资源,教师应当仔细甄别并审慎选择使用,以确保不会对学生造成不良影响,保护青年学生的身心健康。

10. 案例性

本教材重视将物理学科教学理论与实践相结合,重视"从生活走向物理,从物理走向社会"的课程理念在教材中落实。在章节内容的编排上,在系统介绍物理基本概念、基础知识和基本理论的同时,结合理论内容引入现实生活中的物理问题与实例案例,以此强调物理学与实际应用的紧密联系。此外,在"扩展资源"栏目提供了丰富的案例设计内容,在"思政育人"栏目设置了供学生讨论的问题或育人案例,等等,将多种案例有机融入教材的相应部分。

总之,本教材在陕西师范大学 2023 年度本科国家级优秀教材培育项目基金的资助下,得益于陕西师范大学物理学与信息技术学院的鼎力支持,以及高等教育出版社的悉心指导与大力支持,加之编写团队的通力合作,最终得以顺利出版。在此,我们对各方鼎力支持表示诚挚的谢意。这本教材守正创新、与时俱进,对接党中央育人新要求,助力新时代师范生专业成长、健康成长,为师范生早日成长为未来卓越教师、教育家型教师,为落实全国教育大会精神、振兴中西部基础教育和落实教育强国战略贡献力量。

李贵安

2024 年 8 月于陕西师范大学

目录

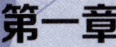

第一章

中学物理课程

学习导航

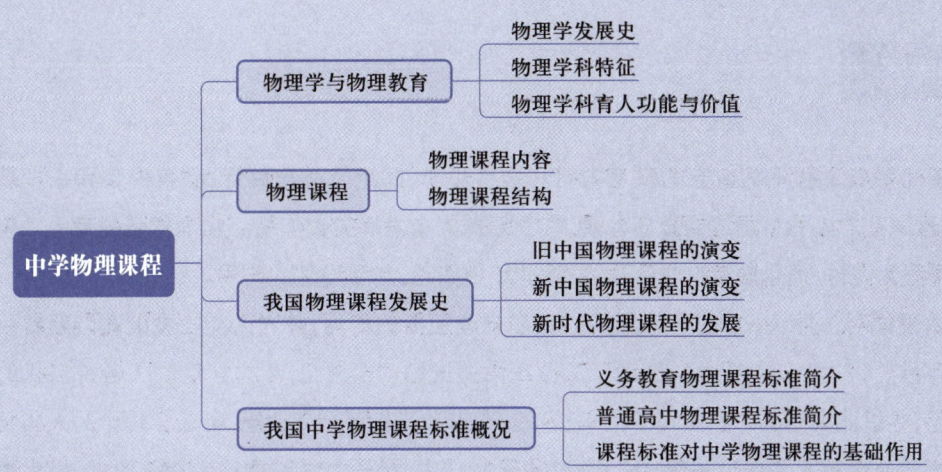

中学物理课程
- 物理学与物理教育
  - 物理学发展史
  - 物理学科特征
  - 物理学科育人功能与价值
- 物理课程
  - 物理课程内容
  - 物理课程结构
- 我国物理课程发展史
  - 旧中国物理课程的演变
  - 新中国物理课程的演变
  - 新时代物理课程的发展
- 我国中学物理课程标准概况
  - 义务教育物理课程标准简介
  - 普通高中物理课程标准简介
  - 课程标准对中学物理课程的基础作用

问题驱动

1. 回顾所学物理内容,物理学发展不同阶段的关键事件有哪些?

2. 物理学是一门非常重要的基础学科,其典型特征有哪些?

3. 物理学科的育人功能表现在哪些方面?

4. 物理课程的内容建构需要考虑哪些因素?

5. 物理课程结构的具体表征形式有哪几种?

6. 义务教育和普通高中物理课程标准的新变化表现在哪些方面?

1. 知道物理课程的育人功能。
2. 遵照物理学科育人要求,领悟物理课程的构成要素及结构。
3. 能简要说出物理学的分支学科及典型的物理学事件。
4. 在初步了解我国物理课程发展历史的基础上,深刻领悟新时代物理学科的育人价值和使命。
5. 理解课程标准对中学物理课程与教学的重要意义和育人价值。

教学内容

　　基础教育课程承载着党的教育方针和教育思想,规定了教育目标、教育内容和教学基本要求,是国家意志在教育领域的直接体现,在立德树人中发挥关键作用。物理学科的育人功能要以物理课程为载体,通过教育教学活动,发挥其培根铸魂、启智增慧的作用。

　　物理学对人类认识自然和改造自然起着非常重要的作用,并对人类社会的发展起着巨大的推动作用。17世纪,牛顿力学推动了工业革命的进程;18世纪,热力学促进了各种热机的发明和更新,并以此为基础先后发明了火车、轮船、汽车和飞机等;19世纪,电磁学理论为人类社会步入电气化时代奠定了理论基础;20世纪,原子物理学、量子力学和相对论相继问世,极大地丰富了人类对自然世界的认识,促进了科技的进步。物理学在人类发展中起着举足轻重的作用,因此,第23届国际纯粹物理和应用物理联合会指出:"物理学——研究物质、能量和它们相互作用的学科——是一项国际事业,它对人类未来的进步起着关键作用。"

第一节　物理学与物理教育

物理学是自然科学领域的一门基础学科,研究自然界物质的基本结构、相互作用和运动规律。中学阶段设置物理课程,能使中学生了解各种物理现象,并从这些物理现象中形象地认识到物质世界辩证发展的普遍规律,这在中学生形成辩证唯物主义世界观的过程中起着积极作用。

一、物理学发展史

物理学是一门有着悠久历史的科学。早期,自然科学与哲学融合在一起,被人们称为自然哲学。后来,随着人们认识的不断深化和学科发展分化,物理学发展成一门独立的学科,并着重探讨自然界中的物理现象,重视实验观测,通过分析归纳、建立物理模型、数学表达方法及推演等方法进行研究,逐步发展成为如今的物理学。

物理学在发展过程中大致经历了四个代表性的发展阶段,下面简要介绍。

(一)从自然哲学到物理学

物理学的前身为自然哲学,其主要表现为通过直觉经验探寻一切自然现象的哲理。我国战国时期的《墨经》是一本最古老的科学书籍,记载了许多关于自然科学的研究。例如,"力,刑之所以奋也"就是对物体运动和力之间关系的描述。在此处,"刑"即"形",可解释为"物体","奋"可解释为"运动的加速"。它与当今物理学中牛顿第二定律的主要思想和观点非常相似。又如,物都是由"不可斫"的"端"即"点"所构成。这主要反映了物质是如何构成的,此思想同现今的"原子说"理论也非常相近,是世界上关于物质组成的最早的文字记载。

除了中国作出的巨大贡献外,古希腊对物理学发展也有很大推动作用。公元前六七世纪,古希腊进入文化繁荣时期,人才辈出。其杰出的代表亚里士多德(Aristotle,公元前384—前322)系统研究了物体运动、空间和时间等多方面的物理问题,著有《物理学》《力学问题》《论天》等。这些著作被认为是古希腊以及整个中世纪自然哲学的"皇冠"。在两千年前,亚里士多德敢于主张"地球是球形",与前人认为"大地是平坦的"相比,是人类认识的一次飞跃。由于封建和宗教教会的统治,该时期的物理学发展比较缓慢。直到15世纪后期,工业革命的发展为科学实验提供了前所未有的条件,技术快速进步,科学理论有了很多开创性的发展。

总之,早期物理学的发展是以人们在日常生活和生产实践中积累的经验为主,其主要观点和思想依赖于直观经验和思辨总结的方法,缺乏严格的实验检验与逻辑论证。

（二）经典物理学的建立与发展

物理学成为一门真正意义上的科学有两大标志：一是实验方法的引入，二是数学工具的应用。在经典物理学的发展历程中，一些标志性的重要成就尤为引人瞩目。

1. 从哥白尼到牛顿：物理学中力学体系的奠基与飞跃

1543年，波兰天文学家哥白尼发表的《天体运行论》，这是科学的独立宣言，是人类思想解放史上一个划时代的贡献，冲破了神学的禁锢。后来，被称为"近代科学之父"的伽利略创立了科学实验方法，并通过对物体运动规律的研究，发现了惯性定律和自由落体运动定律。之后，英国杰出的科学家牛顿以伽利略、开普勒等人的科学研究成果为基础，确立了物体机械运动的三大基本定律和万有引力定律。1687年，牛顿的著作《自然哲学的数学原理》出版，是物理学发展史上的划时代事件，反映了人类对自然认识的一次大飞跃和第一次伟大的综合。至此，物理学中的力学理论已基本建立起来了。

2. 电磁学的辉煌纪元：从库仑定律到麦克斯韦方程组

继力学之后，电磁学主要是在19世纪逐渐发展和完善起来的。从美国科学家富兰克林首次用风筝把"天电"引入实验室，到英国物理学家卡文迪许用精密的实验证明了静电力与距离的平方成反比，再经过法国物理学家库仑的研究，最后确立了静电学的理论基础库仑定律。

人们已经知道，电荷的定向移动产生电流，电流会在其周围产生磁场，简而言之，就是"电能生磁"。通过逆向思维提出假设：磁能生电吗？英国物理学家法拉第经过长期探索和研究终于回答了这个问题，发现"磁能生电"，并于1831年建立了电磁感应定律，这一划时代的伟大发现为电力技术时代的快速发展奠定了理论基础。之后，英国物理学家麦克斯韦系统而完整地揭示了电和磁之间关系，建立了电与磁统一的"电磁场理论"，并用微分形式表示出来，称为"麦克斯韦方程组"。该理论的重大贡献是：它不仅解释了光是一种电磁波，还预言了电磁振荡能产生各种波长的电磁波。麦克斯韦方程组具有极为对称和优美的形式，被誉为物理学"最美的一首诗"，促使电磁学发展到一个完美、和谐的新阶段，是19世纪物理学最辉煌的成就之一。经过上述主要发展和完善，经典电磁学理论就基本建立起来了。

3. 热力学三大定律与统计物理学的兴起：能量与微观世界的探索

1850年前后，在大量实验基础上，能量转化和守恒定律确立，这个定律在热力学中常被称为热力学第一定律，并和"进化论""细胞学说"被恩格斯称为三大自然发现。随着人们对能量可利用性的不断研究和深入，1851年，热力学第二定律建立起来。另外，人们通过对低温现象的研究，1848年发现了"绝对零度"即 −273℃（0 K）是不可能达到的，这就是热力学第三定律。由此热力学的三个定律形成了其完整而系统的理论体系。不过，我们应该知道,热学和热力学的微观理论是以分子原子理论为基础的。19 世纪末叶,从分子运动论逐渐发展到统计物理学,从麦克斯韦、波耳兹曼到吉布斯,获得了巨大的成功。

4. 光的本质探索:从微粒说到波粒二象性的确立

光现象是一种重要的物理现象。对"光的本质是什么"这个问题的探索一直是物理学要回答的问题。17 世纪,人们对光的本质提出了两种假说:一种是牛顿的"微粒说",认为光是发光物体发射出的大量微粒;另一种是荷兰科学家惠更斯提出的"波动说",认为光是发光物体发射出的波动。两种学说展开了旷日持久的论战。论战之初,由于牛顿在科学界的威望,以及光在均匀介质中的直线传播、折射与反射现象等实验的支持,微粒说处于有利地位。后来,随着光的干涉、衍射现象的发现,给波动说提供了强有力的支持。最后,麦克斯韦证明了光本质上是一种电磁波,从而明确了光的波粒二象性。

随着人们对自然界认识的不断发展和深化,到 19 世纪末和 20 世纪初,经典物理学理论已经系统、完整地建立起来,力学、电磁学、热力学与统计物理学、光学等学科构成了一个完整而严密的理论体系,通常称之为经典物理学。

(三)现代物理学的出现与发展

经典物理学体系的建立,标志着人类对物理世界的认识发生了巨大飞跃。许多物理学家由此认为,物理学的大厦已经建成,所有物理学的基本问题都已研究清楚。然而,事实并非如此。19 世纪末到 20 世纪初,随着科学技术的不断发展,以及实验条件和实验方法的不断改善,相继发现了一系列新的实验现象和科学事实。例如,电子、X 射线和放射现象的发现,说明原子并非不可再分;迈克耳孙 – 莫雷实验否定了"以太"介质存在的假设;黑体辐射实验证明了热辐射的能量不是连续的,而是一份一份地发射或被吸收的;光电效应实验证明了光同时具有波动性和粒子性等。这些实验现象和事实不能被经典物理学理论很好地解释,并对经典物理学产生了巨大的冲击和挑战,也预示着物理学一次大变革的来临。现代物理学就是在这些实验现象和经典理论之间的矛盾斗争中应运而生的。

19 世纪末,随着经典力学、电磁学、热力学统计物理的相继建立,物理学已经发生了"三次大综合",经典物理学已发展到了接近完美的境界。正如英国物理学家开尔文于 1900 年 4 月 27 日在英国皇家学会演讲中说的那样:"物理学的大厦已经建成,剩下的工作就是对它进行修补。然而,物理学晴朗的天空上还飘着两朵乌云。"正是这两朵令人不安的"乌云"揭开了 20 世纪物理学革命性发展的序幕——相对论和量子力学的诞生。相对论和量子力学是现代物理的两大理论支柱,前者是物理学史上最有创意的时空理论,它使经典物理学达到了登峰造极的境地;而后者中,量子概念的提出打破了经典物理的概念基础,建立了与经典物理大相径庭的理论体系。相对论和量子力学改变了经典物理学中的传统观念,对人们的时空观、宇宙观和自然哲学的变革起着不可估量的作用。

相对论诞生于 1905 年。这一年，26 岁的爱因斯坦在德国的权威杂志《物理学年鉴》上发表了三篇论文，其中一篇提出了光量子假说，爱因斯坦因此获得了诺贝尔物理学奖；另一篇就是常被人们称为狭义相对论的《论动体的电动力学》，改变了经典力学的时空观念，从此开创了物理学的一个新纪元。爱因斯坦依靠惊人的物理直觉、独立的批判精神和杰出的逻辑思维洞察力，运用思想实验或者说理想实验，并与数学工具相结合，于 1915 年完成了广义相对论的完整理论"广义协变的引力场方程"。广义相对论的建立，为人类探索宇宙奥秘提供了有力的理论工具。1917 年，爱因斯坦依据广义相对论理论提出了有限无界的静态宇宙模型，开创了现代宇宙学理论的先河。

量子力学诞生于 1925 年，是 20 世纪物理学最伟大成就之一。从 1900 年普朗克提出量子概念，到 1925 年薛定谔、海森堡等人建立起量子力学的理论体系，仅用了 25 年的时间。1900 年普朗克提出的能量子假说曾一度受到冷落，只有爱因斯坦独具慧眼，于 1905 年把普朗克的能量子概念推广到光量子，提出了光量子假说。爱因斯坦假设电磁场的能量不仅是在"能量交换"时呈现量子化，而且在传播时也是一份一份不连续的，每一份能量为 $h\nu$，爱因斯坦称之为光量子。以此思想为基础，1913 年，丹麦物理学家玻尔在原来的原子模型基础上，建立起量子化轨道的原子结构理论，提出了所谓"玻尔原子模型"。1923 年，奥地利物理学家德布罗意提出了物质波理论，认为任何物质粒子都具有波动性。1926 年，薛定谔把德布罗意的物质波思想发展为系统的波动理论。德国物理学家海森堡则创建了矩阵力学，从另一侧面开拓了原子结构的新局面。薛定谔和海森堡的理论后经证明其本质是统一的，只是表现形式不同而已，他们两人就成为量子力学最重要的开创者。量子力学揭示了微观物质世界的基本规律，使人们认识到波粒二象性是微观世界最基本的特征。量子力学成功地解释了原子结构、原子光谱规律、光的吸收和辐射等问题，推动了原子物理学的发展，同时对物质结构理论以及化学、生物学的发展也产生了深刻的影响。

19 世纪和 20 世纪之交的物理学革命，不仅引起了人们物理观念的彻底变革，也为物理学本身的发展开拓了新方向。其中，一个方向主要是对电子、原子和分子组成体系的研究，形成了凝聚态物理学、原子分子物理学、现代光学和声学等现代物理学分支；另一个方向形成了核物理学和粒子物理学等现代物理学分支。同时，它还引起 20 世纪整个科学思想的变革。物理学的思想和方法被广泛应用于自然科学的各个领域，引起化学、生物学、天文学、地球科学等领域的革命性变化。粒子物理学、现代宇宙学、量子化学、分子生物学、系统科学等新学科的兴起，在微观粒子、宏观天体、宇宙以及生命世界的各个方面，深刻揭示了自然界的本质和规律。现代自然科学逐步形成一个多层次、综合性的科学体系。

（四）当今物理学发展现状与趋势

当今物理学的发展主要表现在微观领域和宏观领域。在微观领域,物理学试图通过对物质结构与性质(如基本粒子、核子、原子、分子)以及物质能量的更深入研究,促进材料、工艺等领域革命性的发展,尤其在半导体、超导体、纳米材料与薄膜、扫描显微技术、核磁共振等先进技术方面的发展。在宏观领域,物理学主要通过相对论来探索宇宙的奥秘。

当今物理学前沿问题的理论研究与发展趋势,如表 1-1 所示。

表 1-1　物理学前沿问题的理论研究与发展趋势

成熟的理论	发展中的理论	发展趋势
相对论(狭义与广义)	超引力	量子引力,超弦理论
量子力学	人造系统的量子力学 量子信息与量子计算	
量子场论与粒子物理	大统一理论	四种力的统一(超弦理论)
常规核物理	极端条件下的核物理	基于 QCD 的核物理
常规凝聚态物理	极端条件下的凝聚态 物理介质、介质物理、团簇物理	基于 QED 的凝聚态物理、介质观物理、团簇物理
常规原子分子物理	极端条件下的原子分子物理	基于 QED 的原子分子物理
大爆炸宇宙学	标准宇宙学模型的发展	量子宇宙学

二、物理学科特征

物理学作为自然科学的基础学科,具有以下五个方面的典型特征。

（一）物理学是自然科学的理论基础

物理学是研究物质运动的基本规律、基本结构及其相互作用的一门科学,构成了所有自然科学的理论基础。物理学的研究成果和研究方法在自然科学的各个领域都起着重要的作用,并且形成了许多交叉学科。有人为此形象地称,物理学是自然科学之母。之所以这样称呼,主要是因为它的研究对象是自然界的基本现象,所建立的观念、基本理论与知识,构成了其他科学的基础。

物理学研究自然界基本的物理现象,包括机械运动、电磁运动、热运动及微观粒子的运动,并由此分别形成了理论力学、电动力学、热力学与统计物理、量子力学四大力学,这些都是物理学的核心内容。

世界是由运动的物质构成的,物质的运动形态千差万别,而物理学是研究这些运动的基础,正是这些简单的运动构成自然界中所有其他高级、复杂运动的基础。当然,这些复杂的高级运动绝不是这些简单运动的线性叠加。例如,化学运动、生命运动都有其自身固有的运动性质和运动特征。但我们应该知道,物理学所研究的最基础、最普遍的运动形态都包含在一切高级运动形态之中,物理学所揭示的规律具有更大的普遍性,动量守恒定律、能量守恒定律、质量守恒定律这三大守恒定律是宇宙间最普遍的规律,是各个学科研究的基础。万有引力定律促进了天文学的发展;原子核及原子结构理论为化学、生物学的研究提供了理论根据;量子力学理论为化学及生物进入微观世界打开了大门,提供了工具,促使化学、生物学进入量子时代;相对论的确立使各科学门类的科学家大开眼界,使他们对世界的认识更加深刻。由此,我们不难看出物理学是自然科学的理论基础。

物理学由于其普遍性和基本性,使得它在自然科学中占有独特的地位,渗透性极强,与许多学科关系密切。19世纪,力学、热学、电磁学从几个基本原理出发,引出了众多意义深远的推论,加强了物理学同数学、天文学、化学和哲学的密切联系。近代科学的发展,使物理学进一步与其他学科融合。如量子力学是物理化学和结构化学的理论基础,同时又产生了许多交叉学科,如生物物理学、量子生物学和生物磁学等。现代计量学多采用物理方法来定义它的基本单位(如时间、长度等),甚至连考古学、艺术等学科,也采用了现代物理学的成就和方法。由此可见,物理学不仅促进了人们对自然界的探索,而且对人类社会的进步也作出了巨大的贡献。

(二)物理学是现代技术发展的理论基础

物理学是现代技术发展的重要基础,物理学基础理论的重大突破,往往推动着技术的发展和变革。历史上许多与物理学直接有关的重要的技术发明,对人类社会的发展起到了巨大的作用。17世纪和18世纪,由于牛顿力学的建立和热力学的发展,使蒸汽机和热机的效率不断提高,引起了以蒸汽机为标志的第一次工业革命。19世纪,能量守恒定律以及法拉第与麦克斯韦电磁理论的创立,人们成功地制造了电机、电器和电讯设备,使人类进入了电气化时代。20世纪以来,由于相对论和量子力学的建立,人们实现了原子核能和人工放射性同位素的利用,推动了半导体、激光等新技术的发明和发展,使人类进入了应用原子能、电子计算机和自动化的新时代。可见,物理学是推动技术发展的重要理论基础。

(三)物理学的方法论具有普适性和迁移性

从某种意义上看,物理学发展史就是一部物理学方法论的发展史。物理学从发端、诞生直至近现代物理学,都以丰富的方法论、世界观等充满哲理的物理思想影响着人们的思想、观念以及社会思潮。正因为如此,物理学常常被人们称之为"自然哲学""科学方法论的典范""辩证唯物主义哲学的科学基础""现代科学哲学的支柱"等。学习物理学,不只是掌握其知识内容,更重要的是掌握其所蕴含的丰富的物理思想和科学方法。

科学方法是人类探索自然、认识自然的主要手段。简单地说,科学方法就是为了解决某一问题,从实践或理论上所采取的手段或操作的总和。在科学发展进程中,尤其是在科学革命性发展时期,对其影响最大和最为深刻的因素之一就是科学方法。物理学家玻尔曾在1954年发表诺贝尔奖感言:"我的贡献与其说是对一个自然现象的发现和解释,倒不如说是因为它所蕴含的新的思想方法的发现。"

科学方法是人类智慧的结晶,观察、推理和实验构成了科学方法的基础。物理学常见的科学方法有观察实验方法、逻辑思维方法、理想化方法,以及分析与综合、归纳与演绎、猜测与假说、科学想象等。

物理学研究中有一种极为重要的方法——模型研究法。所谓"模型",并不一定是看得见、摸得着的实体模型,其更广泛的含义是指理论模型。这实际上是一种抓住主要矛盾,暂时忽略次要矛盾,突出事物本质,从而使问题得以简化的研究思想和方法。模型方法具有以下三大特点:

一是简单性。物理现象常常是很复杂的,包含很多因素。物理学家常用分析方法把物理对象分解为许多较为简单的部分并给其建立模型,再通过对模型的研究建立起基本规律,最后利用综合的方法把各个较简单的部分综合起来。

二是形象性。为了更好地说明和理解微观世界,物理学家通过模型把微观的东西宏观化,把抽象的东西形象化,从而使人们得到一个比较直观的认识。如汤姆孙提出的原子结构模型——葡萄干面包模型,把原子中的正电荷比作面包,把电子比作嵌在面包中的葡萄干。卢瑟福提出的行星原子模型,把原子核比作太阳,而电子就像是围绕太阳旋转的行星。

三是近似性。模型突出了研究问题的主要影响因素,忽略次要因素,因而利用模型所得到的结论一般是近似的,只有通过逐步精确化和逼近,才可能得出更加接近真实世界的理论。实际上,几乎所有的物理学原理和定律都是以一定的模型为基础进行研究的。例如,力学中的质点、刚体、弹性体等模型,原子结构中的葡萄干面包模型、行星原子模型、原子核的液滴模型等,这些都是物理模型。

类比方法是物理学研究中常用的一种逻辑推理方法,根据两个或两类对象之间某些方面的相似性,从而推出它们在其他方面也可能相似的一种逻辑思维方法,其深层次依据是事物之间存在普遍联系的本性。例如,电磁学中电与磁的相似性不仅反映了自然界的对称美,也说明了电与磁之间存在内在联系。法拉第正是从电与磁的对称性出发,由电能生磁大胆猜想磁能生电,并经历了近十年的不懈努力,通过一系列实验探索,发现了电磁感应定律。

（四）物理学以实验为根基，并将实验作为验证理论的重要手段

物理实验是物理学的基础。物理概念的形成，物理规律的发现，物理理论的建立，往往都需要以实验为其客观基础。物理实验的本质是人们的一种实践活动，是人们认识物理世界的重要途径，其主要目的在于揭示物理世界的规律、特性以及各种物理现象之间的联系。人们在物理实验中，通过感觉器官以及各种仪器设备，不断积累大量的感性资料，收集各类实验数据，并经过抽象和概括等思维加工，将感性认识上升为理性认识，最终得出有关的物理规律。

物理实验不仅是物理学理论的基础，也是物理学发展的基本动力，不少重要的物理思想就是以物理实验为基础的。例如，卢瑟福提出的原子核式结构模型，就是以 α 粒子散射实验所发现的大角度散射现象为基础的；普朗克提出的能量子假设理论，则是以黑体辐射实验为基础的。因此，著名物理学家丁肇中曾指出，自然科学理论不能离开实验的基础，特别是物理学，它是从实验中产生的。

物理学的发展通常需要经历"实验—理论—实验"的过程，通过深入观察自然现象，从复杂因素中选择典型的单个因素进行实验，观察和实验所得的结果进行分析综合，作出必要的假设，建立恰当的物理模型，再利用数学工具得出规律，从而形成一套理论。之后，为了验证理论的正确性和普适性，理论又需要应用到实践中，并经历其检验和校正。

（五）物理学是逻辑严密、定量精密的科学

物理学是以基本概念、基本规律和基本方法及其相互联系而形成的一套严密的逻辑体系，其中，基本概念是基石，基本规律是主干，基本方法是纽带。从伽利略开创了把观察实验、抽象思维同数学方法相结合的研究方法后，物理学就迅速发展为一门精密的定量的科学。物理学的基本定律和原理大都是运用数学语言予以精确表达的，物理学的基本概念和基本规律的定性描述与精确的定量表达相结合，是物理学区别于其他学科的显著特点。

物理学的任何知识，无论是物理概念、物理定律，还是物理理论等，都包括三个基本要素：实验、物理思想（或逻辑、方法）和数学（定量表述或数学公式）。这就是说，任何物理学内容无不具有实验基础、物理学的逻辑思维和数学表述这三个要素，这就为物理学成为严密定量的科学奠定了重要基础。

以上所述的物理学的五个特征，并不是孤立的，而是相互交织、有机融合于物理学之中，这些特征正是物理学被誉为自然科学典范的关键所在。

三、物理学科育人功能与价值

物理学对人类社会发展起到巨大的推动作用，物理学科的育人功能不容忽视。正如爱

因斯坦所言,科学对于人类事务的影响有两种方式。第一种方式是大家都熟知的,科学直接地,并在很大程度上间接地生产出完全改变人类生活的工具;第二种方式是教育性的,它作用于心灵。自17世纪夸美纽斯倡导学校教育以来,便开始了物理学的学校教育,至今已有300多年的历史。如今,物理教育已成为学校教育的重要组成部分,具有其他课程不可替代的作用。

（一）物理教育承载着学科育人使命,旨在发展学生的物理学科核心素养

物理教育承载着物理课程育人的独特使命,发展学生的物理观念、科学思维、科学探究、科学态度和责任是其育人具体目标,对学生认识和理解科学技术世界的必备品格和关键能力具有重要作用。

物理学科核心素养影响着人的认知、情感和行为,通过人的认知、情感和行为表现出来,从而可以被描述乃至被测量。所谓认知,既包括对有关科学概念、原理、定律和理论的认识,也包括科学观念和价值观念在内。所谓情感,既包括在对待科学事物时主观的需要、体验、动机等心理状态和心理过程,也包括行为倾向(态度)。所谓行为则包括在学科学、做科学、用科学方面的行为技能、行为能力以及行为习惯、行为表现等。科学素养的基本内涵是运用科学解决个人和社会问题的能力,而这些能力最终是要通过具体的行为表现的。我国中学物理教学课堂中普遍存在轻视动手、忽视实践的问题,因此有必要特别强调行为因素的重要性。

人的认知、情感和行为相互联系、相互影响,往往复杂地交织在一起。认知有待转化为情感,情感有待转化为行为;认知决定情感和行为水平,行为以认知和情感为基础,情感和行为影响认知。同时,它们都受意识支配。意识层面(或称精神层面)的科学观念、科学思想、科学精神,包括对科学本质、科学的价值、科学技术与人类和社会的关系、科学伦理的认识在内,是更高层次的,它们指导人的认知、情感和行为,是更为基本的品质。

基于上述认识,结合此前人们的研究成果,可以认为科学素养由下列四个层面的要素构成:

（1）意识层面——科学思想、科学精神、科学价值等观念。

（2）认知层面——科学知识。

（3）情感层面——对科学的兴趣、态度和行动取向。

（4）行为层面——科学方法过程、科学的行为习惯、科学实践的能力。

物理学科核心素养是一个抽象概念,从具体的认知、情感、行为到抽象的学科核心素养,历经逐步概括、升华的过程,表现出不同层次。不同个体的科学素养是有差异、有不同水平的。例如,个体的有关行为水平可以表现为解决实际问题、关心有关的社会问题,以及对科学事业、科学文化和科学精神的精神需要等不同层次的水平。从上述认识出发,可以把物理

学科核心素养的各种因素分为不同的领域、层次和水平,从而形成对物理学科核心素养结构的系统认识。

(二)物理教育有助于培养学生的科学文化素质

物理教育有助于学生了解人类生活的物质世界与精神世界,使学生了解人类与大自然之间的关系。

其一,人类对大自然的认识与理解是人类存在和发展的重要内容之一。宇宙、地球、日月星辰为何物,从哪里来,到哪里去等,这些都是最简单的物理问题。而正是这些最简单的物理知识,将直接影响到一个人的自然观。如果一个人知道宇宙是按一定运动规律运动着的天体构成的这一简单的物理基本知识,知道宇宙的构成、演变、过去与未来,那么他很可能成为无神论者,并持有唯物辩证的观点。反之,他可能会倾向于唯心主义,相信天上有天堂和神仙,地下有地狱和鬼神。也就是说,一个人如果没有最起码的物理知识,就会将自然看作凌驾于人类之上的主宰力量。可见,物理知识有助于人们提高认识世界和自然的能力,对提高人的科学精神有着极其重要的作用。

其二,物理教育是现代社会中人的生产生活需要。物理科学的发展带动了其他自然科学技术、文化、经济及社会的发展。高新技术已经渗透到人们的日常生活中,如计算机、手机、人工智能等都运用了先进的科学技术知识,只有很好地了解其所包含的物理知识,人们才能更好地适应现代文明生活。参加现代生产的劳动者都应该掌握一些必要的物理学知识,因而必须学习物理课程。总之,无论是培养科学研究人才还是培养普通生产劳动人员,无论是工作需要还是日常生活需要,一个具有较高文化素质的人必须掌握一定程度的物理知识。

(三)物理教育强化科学实践以增强实际问题解决能力

物理学是技术的基础,并与技术科学和专业技术有着密切的联系。掌握和理解物理理论,有助于人们对技术的掌握、发展和创新。科学实践能力是培养学生适应社会发展和终身发展需要的必备品格和关键能力的重要基础。科学实践能力的培养可提高学生科学素养、增强实际问题解决能力,对科技人才的培养也起着至关重要的作用。

美国国家科学教育标准与评价委员会主席理查德·科劳斯纳及其团队把科学实践界定为如下三个方面:第一,贯穿社会交互性;第二,运用科学语言;第三,使用科学工具与载体。斯坦福大学的乔纳森·奥斯本从科学教学方式的视角对实践进行研究,他认为学生的任务不是创建解释,而是学习和理解已经建立的解释。实践作为科学教学方式应该在教学过程中得到发挥;此外,南希·贝利从认知、社会和文化整合的维度对科学实践内涵进行了研究。科学实践分为确定科学原理、使用科学原理、科学探究和技术设计。确定科学原理要求学生深入理解科学领域的核心概念、基本原理和重要科学规律。使用科学原理要求学生灵活运用科学概念、科学规律等解释科学现象、对证据展开批判或质疑等。科学探究和技术设计要求学生通过实际操作和创意设计,探索未知领域,解决实际问题,将科学知识转化为实际的技术成果或创新方案。

除此之外,学生通过物理实验,掌握了很多在实际生活工作中所需要的测量、操作技能,从而直接或间接地掌握了部分实际问题的解决能力,并容易养成一定的操作规程和按规程做事的习惯。例如,物理学实验中天平的使用、三相电动机的连接、照明电路的安装等,都是和实际问题紧密地联系在一起的。

(四)物理教育从物理观念视角引导学生发现和体会物理之美

学生若能高屋建瓴地审视物理学的"美",能领悟物理学的"简单、对称、和谐"之美,则表明其具有较高的物理观念。物理学的"美"是通过物理学理论来反映和揭示了大自然的美,表现为合乎客观规律与合乎人深层次审美的需求。在物理教育中,应让学生挖掘和体会物理学所蕴含的简单美、对称美与和谐美,以加深学生对物理规律本质的认识,并给学生以美的体验和享受。

1. 简单美

爱因斯坦认为,物理之美的本质就是简单性,即物理学要通过尽可能少的假说或公理,通过逻辑演绎、概括并解释尽可能多的经验事实。科学的一切伟大目标就在于"寻找一个能把观察到的事实联系在一起的思想体系,它将具有最大可能的简单性"。例如,我们熟知的牛顿力学中的简单美就表现为,通过牛顿运动定律,就把天地万物的多种多样的不同机械运动统一起来,并用这个简单的规律给这些现象以合理的解释,这正是简单美的体现。又如,电磁学涵盖电路、电磁场等多种不同的物理规律,而麦克斯韦电磁理论却将这些规律统一在一个结构简单且对称和谐的微分方程组中。

2. 对称美

对称给人一种圆满、匀称和均衡的美感。对称美在科学领域的表现最初体现为自然界物质形态及其运动图景的和谐与对称。关于对称性的内涵,我们可以从表层和深层两个维度来理解。从表层来理解,对称美的主要表现是直观对称美和数学对称美。直观对称美主要表现为空间或时间上的对称。例如,杠杆平衡、物体摆动、平面镜成像等属于空间对称;而地球的自转和公转、交变电流和简谐运动的波形都随时间呈周期性变化等,则属于时间对称。数学对称美是指用以反映和表达物理规律的数学公式的对称性。例如,用正弦曲线表示振动、波动、交变电流等不同含义的物理量,麦克斯韦方程组中的矢积与标积、电场与磁场、常量与变量等都呈现出优美的数学对称。从深层来理解,所有的对称都是基于某些基本量是不可观测的假设。物理学研究表明,一种对称性对应着一种守恒量。例如,坐标平移对称对应着动量守恒,而时间平移的对称则导致能量守恒等。

3. 和谐美

和谐美是指事物或现象的各个要素、组成部分配合得当,井然有序,协调一致,匀称流畅。物理学中的和谐美主要表现为自洽、对称和互补三个方面。例如,经典电动力学的辐射理论对解释绕核高速运转的电子为什么不向外辐射能量感到束手无策时,量子力学却恰恰能完满地回答这个问题,我们称这两个理论之间具有很强的自洽性和互补性。又如,当物体运动速度远小于光速时,相对论力学规律对运动的描述就还原为牛顿力学规律的描述,这也正说明了这两个规律之间的自洽性。

(五)物理课程思政育人启智增慧

物理学蕴含着非常丰富的辩证唯物主义观点、爱国主义以及科学精神,在教学过程中,用辩证唯物主义的观点和方法来阐述物理知识,使学生启智增慧,潜移默化地形成有关唯物主义辩证法、认识论和方法论等方面的观念。

爱国主义是社会主义精神文明建设的重要组成部分。爱国主义教育就是要引导人们树立正确的理想、信念、人生观和价值观。物理教育蕴含着丰富的爱国主义教育内容。例如,我国古代的科学技术在很多领域都长期居于世界的领先地位,如古代的杠杆、指南针等;当今,我国的科学技术在许多领域也取得了可喜的成就,如超导研究、水电资源的开发和利用、长征系列火箭、核潜艇、核电站、核反应堆等。

物理课程内容包含着对学生开展科学精神培养和教育的丰富内容。例如,物理学家的生平事迹以及物理定律、原理的发现过程,不仅能帮助学生深刻理解物理知识,还可以激发学生学习物理的兴趣,激励学生的创新精神,使他们形成坚忍不拔、一丝不苟的科学态度和求真务实的科学精神。此外,牛顿、阿基米德、安培、爱迪生等很多科学家都是学生学习的榜样,通过他们的故事可以对学生进行实事求是、追求真理以及热爱科学的教育。

从上述五个方面来看,物理学科教育具有十分重要的地位,对提高全民的科学素养和科学文化素质、培养知识经济和信息社会所需的现代化建设人才具有十分重要的作用。

第二节 物理课程

物理课程内容主要是回答“应让学生学习什么物理内容”的问题。该问题涉及物理教育目的、物理课程目标、物理学科结构、学生身心发展水平,以及社会经济发展水平等诸多因素。为此,从不同视角、多个维度展开对此问题的探讨。

一、物理课程内容

学科、学生和社会是课程设计的理论基础,也是课程内容选择的重要基础和依据。物理课程内容是指物理学科中特定的事实、概念、原理和问题,以及它们的选择、组织及呈现方式。

(一)物理课程内容设计的制约因素

1. 学科与课程

课程主要以学科知识作为其基本载体。然而,学科知识并不完全等同于课程,课程内容除了学科知识外,还包括课程目标、课程组织、课程实施、课程评价等诸多要素。区别课程知识和学科知识之间的不同,不是要将其完全割裂甚至对立起来,而是要更好地把握它们之间的关系。学科观念的发展变化、价值取向的变化以及内容体系的发展变化都将对该学科的学校课程施加影响。这样,课程中的学科承担的育人功能表现在:作为学校学习的一种有限的素材和学习活动的载体,要引领学生通过学习知识逐步认识学科的发展本质,更完整地体现学科的教育价值,达到启智增慧、培根铸魂的作用。

2. 学生与课程

教育作为人类社会特有的实践活动,是随着社会的进步而不断发展的。教育在其漫长的发展历史进程中,尽管它的价值指向在不同时代背景下有多种多样的表现,但教育发展至今,唯有一个主题在教育中是永恒的,即"人的解放"。在"教育活动就是培养人的活动"这样一个基本命题下,课程的设计应满足并促进学生的发展,成为课程设计与组织的本体性依据,并应成为课程的首要目标;课程的组织和实施必须建立在学生身心发展的规律之上,以学生的发展作为课程的出发点和归宿。总之,学生发展应成为课程结构的核心和课程运行的主线,成为课程一以贯之的根本目标,并对社会和学科产生协调和统控的作用。

3. 社会与课程

任何一门学科课程尽管有其自身的学科背景和知识结构体系,但它总要受到社会的影响和制约。这不仅因为学科课程作为学校教育一个不可或缺的部分,必然承载着学校教育所具有的社会职责(如文化传承、公民培养等),更因为学科课程自身的改革发展和价值追求,必须要和社会的发展及需求相一致才能实现。

社会发展需求对课程的作用是多方面的。第一,课程受社会政治经济制度的影响,事实上是一定社会政治、经济制度的"产物",所谓的"国家课程"或"政府课程"最能体现这一特点。第二,课程受科学技术水平的影响,课程的产生和发展总是伴随着科学技术和生产力的发展而同步进行,科技的发展不仅为课程的发展提供客观性的媒介条件,也向学校课程在内容选择方面提出相应的要求及依据。第三,课程受社会文化传统的影响。社会文化传统作为一种历史的积淀,必然具有社会传承性,这种社会传承性也伴随并影响着学科课程的发展。充分认识社会文化传统对课程的影响,不仅有利于继承和发展本国的课程传统,而且有利于不同社会文化传统背景之下的多种课程的比较研究。

通过上述分析可以看出,社会、学生、学科都是课程的制约因素,它们都在不同的维度上影响着课程设计。课程发展的历史已经证明,孤立的、单一因素制约的课程注定不能实现教育的全面价值追求,唯有三个维度的协调与整合,才能构建出真正符合时代发展的课程。

物理学的各个分支学科,是按照物质的不同存在形式和运动形式来划分的。随着物理学各个分支学科的发展,人们发现,物质的不同存在形式和不同运动形式之间存在着密切的联系。于是,各个分支学科开始互相渗透,物理学逐步发展成为各分支学科彼此密切联系的统一整体。

我国物理课程内容比较偏重学术和学科取向,物理课程的内容主要以经典物理学的知识为主,按照物质运动从简单到复杂发展的组织和排列,即以力、热、电、光、原的顺序排列。这种排序方式逻辑体系比较合理,因为它同人类的认识次序和物理学史的发展大体一致。课程内容的安排遵循由易到难、由简单到复杂循序渐进的原则。当然,不同时期的物理课程内容的排列顺序和组织方式会有所变化。

(二)基础教育阶段物理课程内容选择的经验和要求

教材往往是课程内容的重要载体,经过我国中学物理教育工作者的多年探索与实践,积累了丰富经验。

(1)选择教学内容要适应时代的需要,教材内容要根据社会主义国家建设与发展的要求,充分考虑科学技术的发展水平和方向,让学生掌握进一步学习和工作所需要的物理知识。

(2)教学内容要关注"核心"内容,是物理学中最核心、最基本、最有生命力的部分,主要包括基本物理实验、基本概念和规律、物理方法及科学态度等。教材呈现要尊重物理学科内容的逻辑性和学生学习物理的认识规律,寻找最优的教材结构。

(3)教学内容的深度和广度要以学生的实际水平为基础。教学内容的选择应从学生实际接受能力出发,考虑学生的年龄特征、原有的知识、智力发展水平和潜力,教学内容过深或过浅都不能达到预期效果。

(4)物理学与自然科学其他学科的关系极为密切,它们互相渗透,互相促进。物理教材也应适当介绍物理学与其他学科的联系,教材内容顺序应与数学、生物学、化学等协调。

(5)加强学生实验能力的培养。

（三）物理课程内容选择的动态变化过程

回顾 20 世纪我国物理课程内容选择的取向的变化过程,不难发现,60 年代主要是以"学科为中心",70 年代以"学生为中心",直至 80 年代以来,物理课程的内容正从强调学科中心、学生中心和社会中心的单独取向,发展成为寻求融合并相互渗透,并以寻求三种取向之间的平衡。结合我国物理课程的具体特点,我们要关注以下几个方面。

（1）切实将科学探究贯穿并渗透于物理课程,而不应停留在理论层面。

（2）增加物理知识和其他学科（数学、化学、技术科学等）之间的联系和融合,使学生在更加广泛的背景下学习和掌握物理课程内容。

（3）增加日常生活中的内容,强化情境教学。

（4）加强实验操作和动手能力,我国以往的教学比较缺乏对学生动手和实验能力的培养,课程内容应该设计一些富有教育意义的实验探究活动。另外,学校需要配置相关的实验设备使实验活动切实得到落实。

二、物理课程结构

（一）课程结构的内涵及其重要性

结构是指构成事物多种要素之间关系的组合。物理课程结构主要是指物理课程要素之间的结构和组织形式,它反映了物理概念、物理规律以及课程的相关构成要素呈现在课程中所遵从的逻辑体系和内在联系。

结构主义最早是由法国人类文化学家列维·斯特劳斯提出来的。后来结构主义的思想被引入科学界,皮亚杰的《结构主义》、布鲁纳的《教育过程》也代表了结构主义的思想在教育领域中得以重视。皮亚杰在《结构主义》一书中指出,结构具有整体性（即各个成分之间不是相互混合,而是有规则、有秩序地构成了一个系统）、变易性（系统内空间、时间、持续的有序现象,经常互相变异,即结构不是静态的,而是受某些规律的控制而不断地发生变化）和自我调节性（系统内各组成成分为了达到平衡而进行不断地自我调节）三个特点。

美国著名心理学家布鲁纳认为,不论我们教什么学科,务必使学生理解该学科的基本结构。所谓学科的基本结构是指该学科的基本概念、基本原理以及它们之间的关联性,重视知识的整体性和事物的普遍性,而不是孤立的事实本身和零碎的知识和结论。教学中注重学科的基本结构具有四大好处:

第一,掌握结构有助于解释许多特殊现象,使学科知识更容易被理解和运用。

第二,有助于学生把零散的知识纳入其已有的知识结构,以便更好地记忆和理解。

第三,理解物理学的知识结构,有助于知识技能的迁移,达到举一反三、触类旁通的效果。

第四,有助于缩小高级知识和初级知识之间的差距。

(二)物理课程结构的组织形式

物理学的课程结构根据其内容、功能和观点的不同,表现出多种不同的组织形式,常见的有核心素养目标结构、知识逻辑结构、三维结构模型和知能结构四种,下面就对其内容分别加以介绍。

1. 核心素养目标结构

中国学生发展核心素养是党的教育方针的具体化和细化。为建立核心素养与课程教学的内在联系,充分挖掘各学科课程教学对全面贯彻党的教育方针、落实立德树人根本任务、发展素质教育的独特育人价值,物理学科基于学科本质凝练了物理学科核心素养,明确了学生学习物理课程后应达成的正确价值观、必备品格和关键能力,对知识与技能、过程与方法、情感态度价值观三维目标进行了整合。

物理学科核心素养主要包括"物理观念""科学思维""科学探究""科学态度与责任"四个方面。

(1)物理观念

物理观念是从物理学视角形成的关于物质、运动与相互作用、能量等的基本认识;是物理概念和规律等在头脑中的提炼与升华;是从物理学视角解释自然现象和解决实际问题的基础。

物理观念主要包括物质观念、运动与相互作用观念、能量观念等要素。其具体表现为:学习物理学的基础知识,了解物质结构、相互作用和运动的一些基本概念和规律,了解物理学的基本观点和思想。

(2)科学思维

科学思维是对客观事物的本质属性、内在规律及相互关系的认识方式;是经验事实建构物理模型的抽象概括过程;是分析综合、推理论证等方法在科学领域的具体运用;是基于事实证据和科学推理对不同信息、观点和结论进行质疑和批判,予以检验和修正,进而提出创造性见解的品格与能力。

科学思维主要包括模型建构、科学推理、科学论证、质疑创新等要素。其具体表现为:通过物理概念和规律的学习过程,了解物理学的研究方法,认识物理实验、物理模型和数学工具在物理学发展过程中的作用;参加科学实践活动,发表自己的见解,尝试运用物理原理和研究方法解决与生产和生活相关的实际问题;具有一定的质疑能力,信息收集和处理能力,分析、解决问题能力,以及交流、合作能力。

（3）科学探究

科学探究是指基于观察和实验提出物理问题、形成猜想和假设、设计实验与制订方案、获取和处理信息、基于证据得出结论并作出解释，以及对科学探究过程和结果进行交流、评估、反思的能力。

科学探究主要包括问题、证据、解释、交流等要素。其具体表现为：经历科学探究过程，认识科学探究的意义，尝试应用科学探究的方法研究物理问题，发现和揭示物理规律；能计划并调控自己的学习过程，通过自己的努力能解决学习中遇到的一些物理问题，具有探究解决新问题的自主探究和问题解决能力。

（4）科学态度与责任

科学态度与责任是指在认识科学本质，认识"科学·技术·社会·环境"关系的基础上，逐渐形成的探索自然的内在动力，严谨认真、实事求是和持之以恒的科学态度，以及遵守道德规范，保护环境并推动可持续发展的责任感。

科学态度与责任主要包括科学本质、科学态度、社会责任等要素。其具体表现为：能领略自然界的奇妙与和谐，发展对科学的好奇心与求知欲，乐于探究自然界的奥秘，能体验探索自然规律的艰辛与喜悦；具有敢于坚持真理、勇于创新和实事求是的科学态度和科学精神，具有判断大众传媒有关信息是否科学的意识；关心国内、外科技发展的现状与趋势，有振兴中华的使命感与责任感，有将科学服务于人类的意识。

2. 知识逻辑结构

物理知识逻辑结构主要反映物理学科内容的逻辑关系，表现为物理概念、定律、原理、定理和公式等要素之间的逻辑联系与内在关系。通过对相关学习知识和内容进行逻辑关系的梳理以建立连接和关联，可促进学生对物理知识及其之间关系加深理解和记忆，是课程设计和教学中务必关注的。

下面以静电学部分内容为例，来帮助大家理解知识逻辑结构的分析方法。

学生通过观察验电器金箔张角的大小，认识到该方法可以描述物体所带电荷的多少。并以此为基础，给出电荷量的定义，让学生知道电荷量是描述物体带电荷多少的物理量。通过两个验电器（一个事先带上电荷）用金属棒搭桥的方法观察金属箔张角大小的变化，进而得知金属棒上有电荷移动的现象。之后，再通过演示实验将电流、电荷两个抽象的概念具体化。根据这种设计思想就可以设计出如图 1–1 的知识逻辑图。

3. 三维结构模型

物理知识由实验事实、物理思想（逻辑、方法论）和数学工具（表示形式、计算公式）三种基本要素构成。美国学者霍尔顿基于此提出物理学的三维结构模型如图 1–2 所示，试图用三维坐标图来表示物理课程所包含的各种物理知识，其中用 X 轴表示实验事实，用 Y 轴表示物理思想，用 Z 轴表示数学工具。各种物理知识可以根据其所包含的三种不同类型知识

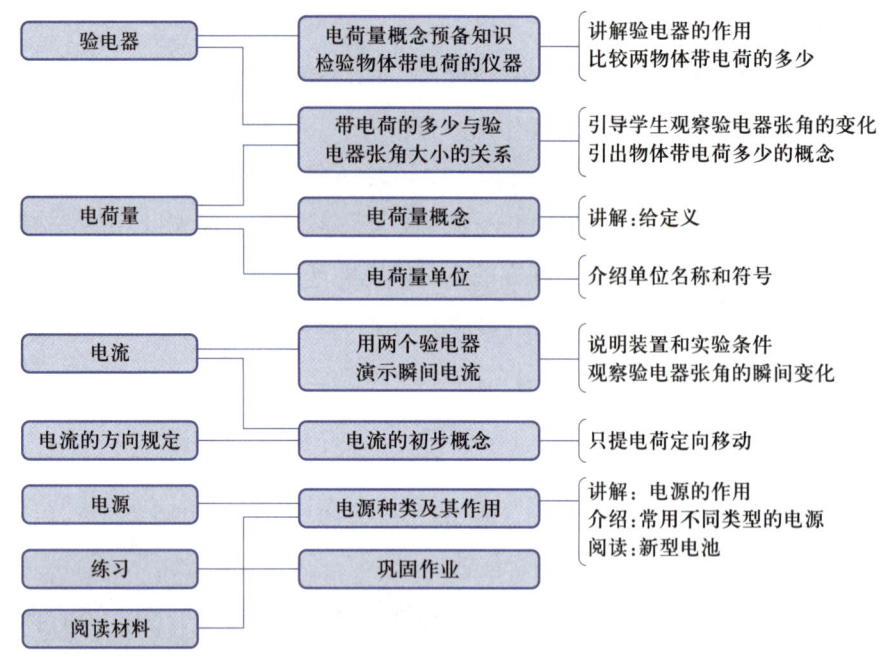

图 1-1 知识逻辑图

的多少放置在坐标中的不同位置。在霍尔顿的三维结构模型中,空间中的点(X,Y,Z)与某一物理概念对应,相关两点连线与某一定律对应。

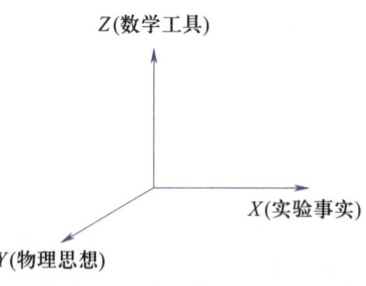

图 1-2 霍尔顿的三维结构模型

这种结构模型抓住了物理知识结构的核心,具有一定的普遍性。它可被用来探讨物理学各个分支学科、各章单元课题的结构。哈佛大学组织了 200 多位专家教授,以霍尔顿教授为主,编写的一套物理教学改革教材《哈佛物理教材》是运用此结构模型的典型代表。

4. 知能结构

知能结构即"知识—方法—能力"结构,是由苏联物理学家费多琴柯提出来的。费多琴柯认为,应从五个范畴来把握和理解物理课程内容:上(实验事实)、中(物理核心理论)、左(科学方法论)、右(数学方法)、下(延伸与运用)五个区间,如图 1-3 所示。

能力只有通过知识的实际运用、方法的反复训练和各种关系的有效综合才能获得。即通过物理核心理论与上、下、左、右四个邻区同时反映该学科所要求的能力结构,而不是脱离知识和方法培养学生的能力。知能结构分析比单纯的知识逻辑结构分析方法更能反映物理学的特征,更全面地反映了知识、方法以及能力之间的关系。当其理论被应用于课程、教材与教学时,教师更容易把握和处理好传授知识、培养方法和能力乃至情感、态度和价值观的关系。知能结构图在力学内容方面的应用举例,如图 1-4 所示。

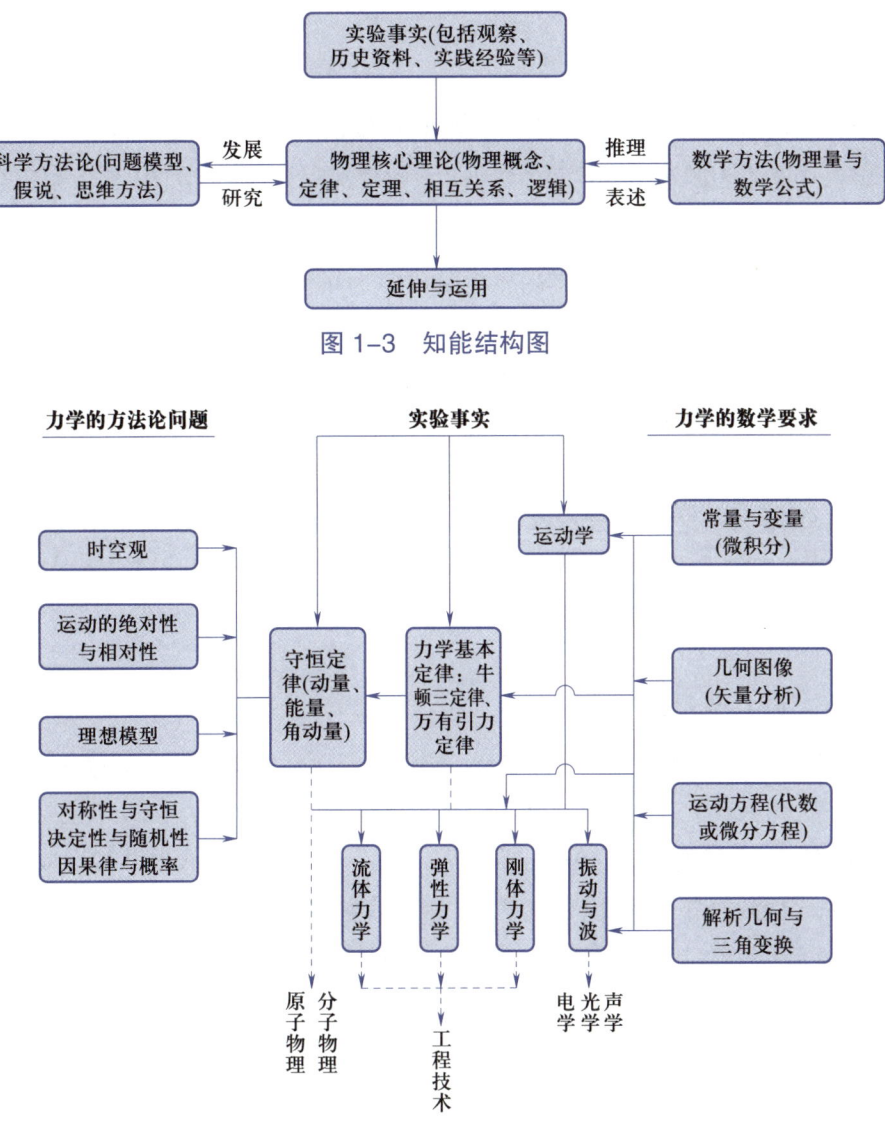

图 1-3　知能结构图

图 1-4　知能结构图在力学内容方面的应用举例

第三节　我国物理课程发展史

我国将物理课程作为一门法定的中学课程,始于 1902 年。经过 120 多年的发展,我国的中学物理课程已经形成了具有中国特色、相对完备的课程体系。它主要经历了旧中国时期中学物理课程的演变、新中国成立以来物理课程的演变以及新时代物理课程发展阶段。

一、旧中国物理课程的演变

我国中学开设物理课程的开端最早可追溯至清光绪二十八年（1902年），壬寅学制的学堂章程规定，中学堂为四年制，第一、二学年开设物理课程，每周2学时。翌年颁布并实施癸卯学制规定，中学堂为五年制，物理课程在第四学年开设，每周4课时。

旧中国时期的中学物理课程开设，对课程的要求比较笼统且极不完善，常常把物理和化学两门课程的要求合在一起论述。例如，《奏定中学堂章程》论述中学堂各学科分科教法时，就将物理与化学两门课程一起论述，指出："讲理化之义，在使知物质自然之形象并其运用变化之法则，及与人生之关系，以备他日讲求农、工、商实业及理财之源。"1912年《中学校令施行规则》指出："物理化学要旨在习得自然现象之知识，领悟其中法则及对于人生之关系。物理化学宜授以重要现象及规律，并器械之构造作用，元素与化合物之性质；兼课实验。"

为了规范和完善中学物理课程，自物理课程在中学开设之日起，根据课程实施情况不断对物理课程进行调整。

二、新中国物理课程的演变

中华人民共和国成立后，党和国家十分重视教育工作，为适应国家对教育的要求，物理课程不断变革，物理教学质量不断提高。物理课程的演变大致经历了两个不同阶段。

一般情况下，将1949年到1986年期间称为第一阶段。中华人民共和国成立后，1949年11月中央人民政府教育部成立，教育部中等教育司在多方调研的基础上决定，"六三三制"初高中两级的中学制度暂不变更，教材内容应适度精简。精简物理课程坚持课程内容尽可能与中国生产建设实际相结合，删除重叠或陈腐部分；初高中之间不必要的重复亦应酌减，充实新的科学成就，起草关于物理课程的文件，经五次座谈会讨论修正，最后由严济慈校订形成了《物理精简纲要（草案）》。该纲要于1950年7月颁布，该纲要规定初中物理在第三学年开设，每周4学时，高中物理在第二学年和第三学年开设，每周3学时，同时要求高中实验每周各1次。为了规范中学的教学内容，1950年9月成立了人民教育出版社，教育部决定中小学教材由人民教育出版社组织统一供应。1949年至1986年，物理课程经历了多次改革，且在改革中不断发展和完善。但是，从本质上看，中学物理课程始终未能跳出"一纲一本"的模式，其主要特征表现为统一要求，即一个教学大纲和一套教材、统一教学内容、统一教学时数和进度。

1986年至2016年期间称为第二阶段。1986年，中华人民共和国颁布并实施义务教育法，义务教育法第三条规定，义务教育必须贯彻国家的教育方针，实施素质教育。随着义务教育法的实施，普通中学的任务定位是为提高全民族的素质，培养有理想、有道德、有文化、有纪律的社会主义公民，并为培养现代化建设需要的各级各类人才奠定基础。为了适应普通中学任务的变化,物理课程也在不断改革,探索实施素质教育的物理课程新模式。在第二阶段,我国的物理课程经过不断改革和探索,实现了物理教学大纲向物理课程标准的转变,构建了中国特色的物理课程新模式。

三、新时代物理课程的发展

（一）准确领悟与把握新时代物理教育发展的任务

2017 年 10 月 18 日,习近平总书记在党的十九大报告中指出:"经过长期努力,中国特色社会主义进入了新时代,这是我国发展新的历史方位。""我国社会主要矛盾已经转化为人民日益增长的美好生活需要和不平衡不充分的发展之间的矛盾。"习近平总书记高度重视教育发展的矛盾问题,并给出若干重要论述,从根本上回答了中国特色社会主义教育发展的一系列方向性、根本性、全局性、战略性的重大问题,为中国特色社会主义教育事业指明了前进方向,为新时代教育改革发展提供了根本遵循。要深学细悟笃行,不断提高政治判断力、政治领悟力、政治执行力,努力掌握精神实质、核心要义,切实增强推进教育高质量发展的信心决心。

习近平总书记在全国教育大会上强调,要在党的坚强领导下,全面贯彻党的教育方针,坚持马克思主义指导地位,坚持中国特色社会主义教育发展道路,坚持社会主义办学方向,立足基本国情,遵循教育规律,坚持改革创新,以凝聚人心、完善人格、开发人力、培育人才、造福人民为工作目标,培养德智体美劳全面发展的社会主义建设者和接班人,加快推进教育现代化、建设教育强国、办好人民满意的教育。

基础教育课程承载着党的教育方针和教育思想,规定了教育目标和教育内容,是国家意志在教育领域的直接体现,在立德树人中发挥着关键作用。

（二）认识新时代物理学科课程标准的确立逻辑

1. 凝练了学科核心素养

中国学生发展核心素养是党的教育方针的具体化和细化。为建立核心素养与课程教学的内在联系,充分挖掘物理学科课程教学对全面贯彻党的教育方针、落实立德树人根本任务、发展素质教育的独特育人价值,物理学科基于学科本质凝练了物理学科的核心素养,明确了学生学习物理课程后应达成的正确价值观、必备品格和关键能力。课程标准还围绕核心素养的落实,精选、重组课程内容,明确内容要求,指导教学设计,提出考试评价和教材编写建议。

2. 更新了教学内容

课程标准进一步精选了物理学科内容,重视以学科大概念为核心,使课程内容结构化,以主题为引领,使课程内容情境化,促进学科核心素养的落实。结合学生年龄特点和学科特征,课程内容落实习近平新时代中国特色社会主义思想,有机融入社会主义核心价值观、中华优秀传统文化、革命文化和社会主义先进文化教育内容,努力呈现经济、政治、文化、科技、社会、生态等发展的新成就、新成果,充实丰富培养学生社会责任感、创新精神、实践能力相关内容。

3. 研制了学业质量标准

课程标准明确了学生在完成物理学科学习任务后,学科核心素养应该达到的水平,将不同水平的关键表现研制成学业质量标准。学业质量标准引导教学更加关注育人目的,更加注重培养学生核心素养,更加强调提高学生综合运用知识解决实际问题的能力,帮助教师和学生把握教与学的深度和广度,为阶段性评价、学业水平考试和升学考试命题提供重要依据,促进教、学、考有机衔接,形成育人合力。

4. 增强了指导性

本着为编写教材服务、为教学服务、为考试评价服务的原则,突出课程标准的可操作性,切实加强对教材编写、教学实施、考试评价的指导。课程标准通俗易懂,逻辑更清晰,原则上每个模块或主题由"内容要求""教学提示""学业要求"组成,大部分学科增加了教学与评价案例,同时依据学业质量标准细化评价目标,增强了对教学和评价的指导性。

课程方案和课程标准必须在教育教学实践中接受检验,不断完善。可以预期,广大教育工作者将在过去十余年改革基础上,在丰富而生动的教育教学实践中,不断提高课程实施水平,推动物理课程改革不断深化,共创新辉煌,为实现国家教育现代化、建设教育强国做出新贡献。

第四节 我国中学物理课程标准概况

国家课程标准作为国家基础教育课程的基本纲领性文件,承载着国家对课程质量和学生发展的基本规范和要求。物理课程标准是国家教育行政部门制定的物理教学指导文件。理解、认识和贯彻落实物理课程标准对于推动教育教学改革、提高物理课程质量和水平具有重要的意义。

中学物理课程标准是由教育部制定的规定了物理课程性质与基本理念、学科核心素养与课程目标、课程结构、课程内容、学业质量和实施建议的教学纲领性的指导性文件。2014年,《教育部关于全面深化课程改革落实立德树人根本任务的意见》提出全面深化课程改革,研制学生发展核心素养体系和学业质量标准等要求。

一、义务教育物理课程标准简介

在教育部的统一部署下,2019年,义务教育物理课程标准修订组(以下简称修订组)正式启动对2011年版课标的修订,于2022年印发了《义务教育物理课程标准(2022年版)》(简称《义教课标(2022年版)》)。课程标准将党的最新理论成果作为课程标准制定和实施的指导思想,以发展学生核心素养为目标,将党的教育方针的具体化、细化落到实处。

《义教课标(2022年版)》由前言、正文和附录三部分组成。前言包括指导思想、修订原则、主要变化;正文包括课程性质、课程理念、课程目标、课程内容、学业质量、课程实施;附录为两个"跨科学实践案例"。

《义教课标(2022年版)》与《义教课标(2011年版)》相比,主要变化有下几个方面。

(一)提炼物理课程要培育的学生核心素养,凸显物理课程的育人价值

针对物理学科性质和教育功能,提炼出物理课程要培育的核心素养的四个方面,即物理观念、科学思维、科学探究、科学态度与责任,凸显物理课程的育人价值。同时,将核心素养的内涵及相关要素,贯穿于课程目标、课程内容、学业质量、课程实施等部分,旨在引导教师将核心素养的培育落到实处,引导学生学会学习、学会合作、学会生活。

(二)以核心素养为引领,构建物理课程的内容主题

义务教育物理课程内容由"物质""运动和相互作用""能量""实验探究""跨学科实践"五个一级主题构成。这些主题不仅包含物理概念与规律,而且包含物理探索过程、研究方法以及科学态度与价值观。这样的主题式设计继承了《义教课标(2011年版)》的内容结构优势,同时通过"实验探究"和"跨学科实践"主题,凸显了物理实验的育人功能以及物理学与日常生活、工程实践、社会发展等的跨学科联系,体现了"知行合一、学以致用"的思想,强调了物理课程的基础性、实践性与综合性。

(三)加强实验探究,凸显物理实验的育人功能

《义教课标(2022年版)》进一步强调物理课程的实践性,凸显物理实验的育人功能。《义教课标(2011年版)》仅在附录中罗列出了学生必做的实验,没有明确的要求及引导。《义教课标(2022年版)》新增了"实验探究"一级主题,含21个学生必做实验,分别为测量类和探究类实验,不仅有物理实验的内容要求,而且通过样例、活动建议等进一步引导和说明,同时还提出学业要求和教学提示等,旨在培养学生发现问题和提出问题的能力、动手操作和收集证据的能力、得出结论并作出解释的能力、表达和交流的能力,有利于发挥物理实验的育人功能。

（四）加强跨学科实践，培养学生的综合实践能力

《义教课标（2022年版）》新增"跨学科实践"一级主题，提炼出"物理学与日常生活""物理学与工程实践""物理学与社会发展"三个二级主题，从低碳生活、健康生活、动手实践及社会热点等方面提出跨学科实践的内容要求，同时给出教学提示和学业要求。这些设计皆凸显了物理课程的跨学科性和实践性，加强了物理学与能源、环境、材料、工程、信息技术等的联系，能更好地培养学生跨学科应用知识的能力、分析和解决问题的能力、动手操作的实践能力，以及积极认真的学习态度和乐于实践、敢于创新的精神。

（五）研制学业质量标准，引导教学与评价改革

依据核心素养内涵，结合课程内容，对学生学业成就具体表现特征进行整体描述。具体而言，修订组根据问题情境的复杂程度、知识和技能的结构化程度、思维方式与价值观念的综合程度等，描述学生学习结果的具体表现，明确核心素养的发展水平与关键行为表现。学业质量标准是学业水平考试命题的依据，能对学生的学习、教师的教学、教材的编写等提供指导。

二、普通高中物理课程标准简介

2014年，普通高中物理课程标准修订组启动了对《普通高中物理课程标准（实验）》（以下简称《高中课标（实验）》）的修订工作，发布了《普通高中物理课程标准（2017年版）》，2020年又对《普通高中物理课程标准（2017年版）》进行了修订，发布了《普通高中物理课程标准（2017年版2020年修订）》（以下简称《高中课标（2017年版2020年修订）》）。本次修订以贯彻落实立德树人根本任务为目标，深入总结21世纪以来我国普通高中课程改革的宝贵经验，充分借鉴国际课程改革的优秀成果，注重落实物理课程育人价值，构建以生活与自然为基础、以学科知识为支撑、以核心素养为主导、具有中国特色的高中物理课程。

《高中课标（2017年版2020年修订）》也由前言、正文和附录三部分组成。前言包括修订工作的指导思想和基本原则、修订的主要内容和变化、主要变化；正文包括课程性质与基本理念、学科核心素养与课程目标、课程结构、课程内容、学业质量、实施建议；附录1为"物理学科核心素养的水平划分"，附录2为"教学与评价案例"。

《高中课标（2017年版2020年修订）》的主要变化体现在以下四个方面。

（一）凸显物理课程的育人功能

在理解物理学内涵的基础上，经过国际比较、国内调研、反复讨论等，凝练出的高中物理学科核心素养是学科育人价值的集中体现，是学生通过学科学习而逐步形成的正确价值观念、必备品格和关键能力。物理学科核心素养主要包含"物理观念""科学思维""科学探

究""科学态度与责任"四个方面,从而更加凸显物理课程的育人功能。

（二）凸显课程的基础性、系统性与选择性

修订和完善高中物理课程结构,为国家物理人才培养、学生的个性发展设计了选择性必修课程和选修课程,体现了课程的基础性、系统性与选择性。

（三）强调课程的实践性与应用性

为了加强对学生物理学科核心素养的培养,本次修订加强了物理实验内容。相对《高中课标（实验）》而言,《高中课标（2017年版2020年修订）》专门提出学生必做实验将有利于引导学生在做中学,体会科学探究内涵,发展学生物理学科核心素养。关于物理课程的实践性与应用性,不仅注重通过实验设计问题情境、促使学生建构物理概念,而且加强了物理学与社会发展、技术进步等方面的联系。

（四）加强课程的可评价性与指导性

《高中课标（2017年版2020年修订）》依据物理学科核心素养中的"物理观念""科学思维""科学探究""科学态度与责任"四个方面及水平,结合课程内容制定了学业质量要求,并且根据问题情境的复杂程度、知识和技能的结构化程度、思维方式或价值观念的综合程度等对学业质量划分了不同水平。学业质量水平的划分,有利于教师学业质量观的改变,进一步明确了物理课程的育人功能。同时强调将物理学科核心素养的要求融入课程的各个方面,无论是内容要求还是实施建议等,皆注重引导教师将物理核心素养的培养落到实处。《高中课标（2017年版2020年修订）》中的样例与活动建议是对内容要求的进一步细化,教学提示是从培养学生核心素养的视角提出的教学建议,学业要求则是从物理观念、科学思维、科学探究和科学态度与责任四个方面提出的对相关内容的要求,教学与评价建议引导教师基于物理核心素养的提升、结合教学实际情况创造性开展教学与评价工作。

三、课程标准对中学物理课程的基础作用

物理课程标准是教材编写、课程实施、课程评估、考试命题的依据,是国家管理和评价课程的基础。

（一）课程结构和内容强调基础性、系统性、选择性和与生产生活结合

《义教课标（2022年版）》的基本内容保持稳定,新增的"实验探究"主题,突出了物理课程实践性特点,给出了"学业要求""教学提示",有助于教材编写中整体设计实验进阶要求,逐步培养学生发现和提出问题的能力、动手操作和收集数据的能力、分析处

理数据和解释数据的能力、表达和交流的能力,侧重"科学探究"素养的培养。当然,实验探究过程也是学习新知的过程,能够提升学生对学习内容的理解,还能引导学生学会学习、学会合作,培养严谨认真、实事求是的科学态度。《高中课标(2017年版2020年修订)》新增了"跨学科实践"主题。依据物理学特点,加强课程与日常生活、工程技术和社会发展结合,形成"跨学科实践"主题,指导和鼓励教师开发更多适合学生的、与物理学科紧密联系的跨学科实践活动,融入自己的教学。《高中课标(2017年版2020年修订)》对课程结构的调整要求也是要有利于落实立德树人根本任务要求,体现物理课程的育人功能;满足普通高中课程方案要求,开设必修、选择性必修和选修课程;遵循学生认知规律及学科特点,设计循序渐进的课程内容;关注学生多元发展,设计具有基础性和选择性的课程;融入理论和实践新成果,设计先进并具有操作性的课程。高中物理有必修课程和三个选修系列课程,这些课程关注学生学习的基本需求,强调高中物理课程的基础性、系统性与选择性,考虑了物理学科的整体特点,为促进学生全面而有个性的发展提供了平台。既为全体学生发展、国民科学素养提升设计必修课程,也为国家物理人才的培养、为促进学生全面而有个性的发展设计了选择性必修和选修课程,体现了课程的基础性、系统性与选择性。引导学生运用所学知识指导和规范自己的行为,养成健康生活的态度和行为习惯。这样的学习主题能够促进学思结合、知行合一,推动物理课程育人方式的变革。

(二)物理核心素养统领下的课程、教学和评价的系统发展

1. 指向核心素养培养的课程和教材建设

《义教课标(2022年版)》在继承《义教课标(2011年版)》优点基础上,提炼出物理课程要培育学生核心素养(与高中一致),凸显物理课程育人价值;以核心素养为引领,构建物理课程的内容主题,继承了内容结构优势,通过"实验探究"和"跨学科实践"主题,凸显了物理实验的育人功能以及物理学与日常生活、工程实践、社会发展等跨学科联系;加强实验探究,新增了"实验探究"一级主题,含21个学生必做实验,并提出明确的学业要求和教学提示;新增"跨学科实践"一级主题,从低碳生活、健康生活、动手实践及社会热点等方面提出跨学科实践的内容要求。

高中课程方案方面,在必修学分比例整体降低情况下,物理课程仍然保持了6个必修学分。《高中课标(2017年版2020年修订)》凝练了物理学科核心素养。物理学科核心素养是对三维目标的整合和升华,它的具体内涵体现在物理观念、科学思维、科学探究、科学态度与责任四个方面。不同于21世纪初国内外诸多理科教育标准中"探究为先"的表述方式,物理观念作为首位关键词是对物理学基本概念的提炼和升华,是从物理学视角解释自然现象和解决实际问题的基础。科学思维强调了物理学独特的思维方式和方法论,且注重与其

他科学课程共通的思维要素。在课程内容方面,围绕"少而精"的某一核心概念重构教学内容,特别是注重那些整合性、跨学科以及可迁移的物理内容,有助于学生形成深层理解,逐渐形成结构化的概念体系。《高中课标(2017年版2020年修订)》还规定了21个学生必做实验,体现物理学科的育人内涵,物理学是以实验为基础的学科,物理课程应注重引导学生进行科学实践。将有利于引导学生做中学,体会科学探究内涵,发展学生物理学科核心素养。

在继承原有教材基础上,高中各版本教材依据课程标准,重点从以下几方面进行了修订。第一,在册次编排上,各版本高中物理教科书与新课程结构保持高度一致。各版本均包括3个必修册次和3个选择性必修册次,形成了既兼具基础性与选择性、关注全体学生的学习需求,又为学生有个性发展搭建平台的教材体系。第二,强化育人功能,注重物理核心素养的培养。新修订教材在体现新版课程标准内容要求变化的基础上,着重创设问题情境,增加实践类教学活动,将科学观念、思维方法等渗透于真实情境下的问题解决之中,从而发展学生的物理学科核心素养。第三,与时俱进,体现时代要求。新修订的教材以当代科学技术的新进展、新成果替换了较为陈旧的素材、案例、配图。第四,注重学习内容的层次设计。为契合逐级递进的核心素养表现水平,各版本教材通过多样的栏目设计增强教材内容的层次性。最为明显的是习题的分级,大部分版本的教材将章习题、节习题划分出多个层次,使教材练习反馈系统充分反映学业质量的分级要求。

而围绕新版课程标准的要求,反复修订配套的教师用书和教辅资料,为课堂教学提供了依据和出发点。在各级培训和教育科研的共同影响下,教师对课程和教材的理解不断加深。课堂教学设计已经能够更好地针对学情、落实目标、发展目标。大部分地区初步完成了从"教教材"向"用教材教"的转变,而且以项目学习为代表的很多教学模式、学习活动的设计已经走到现有课程教材的前面。

2. 基于核心素养培养,"学为中心,科学探究"的课堂教学改革继续深化

新版课程标准都使用大量篇幅对课程实施提出了具体建议,再次强调"注重科学探究,提倡学习方式多样化"的课程理念,在"提高全体学生的学科素养"课程目标的引领下,物理课堂在继承优良传统的基础上进一步发展,在优化教学内容的基础上,进一步强化自主、合作、探究的学习方式,增加学生参与科学实践的机会,通过多样化的教学方式,促进学生的深度学习与对科学本质的理解。以学生为中心的理念逐渐深入人心,发展了一批以"发展思维""动手探究"为主要特征的物理课堂教学模式,教师在"做中学"的教学中,要精心设计,不仅要关注学生"做"的过程、预期实验现象的出现等,而且要有提高学生物理学科核心素养这一明确教学目标,明晰这些过程和现象是为了培育学生哪方面的核心素养。"做"不是目的,通过"做"培育学生的核心素养才是目的。此外,课堂教学也越来越注重帮助学生构建理解物理学科的整体图景,并使其了解物理学科的本质。在概念与规律教学方面,当前中学物理课堂更加关注物理概念的建构和物理规律的推导过程,更加注重核心概念和关键

能力在现实情境中的应用。教学方式逐渐从单一讲授式转变为自主、合作、探究等多样化教学方式，尤其是对科学探究能力的重视，探究式教学已成为物理课堂教学的重要组成部分，并在实践中探索出灵活多样的探究方法，进一步丰富了探究教学的内涵，凸显"做中学"的育人价值。学生合作学习的机会明显增加，并探索出线上线下相结合、课堂内外一体化、全班与小组结合等多种合作学习方法。除了课堂教学模式的改革外，物理教学资源建设也是提高教学质量的重要途径，倡导信息化课程教学资源建设，国家智慧教育公共服务平台的上线是我国基础教育数字课程资源建设进展的标志性事件，借助现代科学技术，通过向广大学校、教师、学生和家长提供各种教学服务和教育教学资源，实现促进教育均衡发展的目的。

许多地区积极推进"选课走班"教学，"一生一表、走班上课"成为高中教学新形态。选课走班突破了长久以来拘泥于班级和固定教室的传统教学空间理念，学生可以根据自己学习兴趣选择课程，到相应的教室上课。除了选课外，部分学校还赋予学生选择任课教师的权利，这对任课教师的专业水平和个人素质提出了更高的要求，在一定程度上推动了高中物理教师的专业发展。选课走班的实施过程中也暴露出一些问题，例如，选课组合多导致教学组织和管理监督难度变大，对教室、实验室、物理教师的需求增加，空间不足或教师负担加重，等等。

3. 重视评价引导，遵循学业质量标准，促进中学物理课程评价的科学化

评价是落实课程改革理念、保证课程实施质量、实现核心素养目标的重要抓手。21世纪以来的物理课程改革，始终坚持以评价促发展的评价理念，倡导建立多元评价体系。

《义教课标（2022年版）》按照物理学科核心素养的四个方面，描述了学生的学业质量具体表现，不同等级的学业质量水平，刻画得更具体、明确和清晰，有利于教师对教学要求的把握。为了更好地做好质量评价的引领作用，在每个主题的"内容要求"后，都结合本主题内容按照核心素养的四个方面提出具体的"学业要求"，采取结合内容的分要素表述，对学生学业成就具体表现特征进行整体描述，使学生学业成就评价更加科学规范，便于教师把握。初中阶段不同学科都针对自己学科特点制定了学业质量标准，绝大多数省份也已初步建立了"学业水平考试＋综合素质评价"的高中招生录取模式，改变了目前高中招生将部分学科成绩作为单一录取依据的做法，并开展依据不同科目特点完善考试方式和成绩呈现方式的改革探索。在课程标准的指导下，很多地区的教学评价无论主题、形式还是方式都逐渐变得丰富多元，行为观察、情境测试、小组评议、成长日志等都被纳入物理教学评价。

在普通高中课程标准修订过程中，修订组探索了物理学科核心素养的测评问题，制定了学业质量要求，并且根据问题情境的复杂程度、知识和技能的结构化程度、思维方式或价值观念的综合程度等，将学业质量划分为5级水平。其中，学业质量水平2是高中毕业生应达到的合格要求，是学业水平合格性考试的命题依据；学业质量水平4是用于高等院校招生的

学业水平等级性考试的命题依据。2019年《国务院办公厅关于新时代推进普通高中育人方式改革的指导意见》指出,普通高中学业水平考试成绩是学生毕业和升学的重要依据。除综合实践活动课程纳入综合素质评价外,国家课程方案规定的其他科目均实行合格性考试,考试内容为必修内容。高校招生录取所需学业水平考试科目实行选择性考试(也称等级性考试),考试内容为必修和选择性必修内容。截至2022年底,我国一共29个省(区、市)启动了高考综合改革。物理作为基础学科,高等院校大多数理工农医等专业都要求报考本专业的考生高考选考物理学科。

物理学业质量标准的制定将引导物理教学发展和学生物理核心素养的提升,指导教师结合教学实际情况,创造性地开展教学与评价工作,促进中学物理课程评价的科学化,进一步落实物理课程的育人功能。

 1-1 旧中国中学物理课程的演变

 1-2 新中国物理课程的演变

 1-3 物理学主要分支内容简介

 **思政育人**

1. 结合本章内容,以小组为单位探讨物理课程的独特育人功能,并在班级里开展演讲活动。

2. 物理课程包含的要素较多,请以角色扮演的形式再现物理学发展史的某一历史场景,总结得出物理课程思政育人的切入点、活动形式及其育人效果。

思考讨论

1. 物理学有不同分支,但为何它们都属于物理学范畴? 请简要解释。

2. 物理学科内容丰富,请谈谈物理课程内容具有哪些典型的特征。

3. 如何认识物理学科结构及其育人价值?

4. 通古鉴今,回顾我国物理课程发展历史,对新时代物理课程有什么启发?

5. 物理课程标准对物理教育活动的重要作用表现在哪些方面?

第二章

中学物理课程资源的开发与使用

学习导航

中学物理课程资源
的开发与使用

- 中学物理课程资源的含义、作用和意义
  - 中学物理课程资源的含义、作用及功能
  - 物理课程资源的分类
- 中学物理课程资源的选择、开发与运用
  - 中学物理课程资源的选择
  - 中学物理课程资源的开发
  - 课程资源在物理教学中的运用
- 物理教育的文献资源
  - 物理教育文献资源概述
  - 物理教育文献资源检索工具及检索策略
  - 物理教育文献资源的获取、选择与评价
  - 物理教育文献资源的利用
- 数字化物理课程资源
  - 信息技术在物理教育中的运用
  - 数字化物理课程资源的特点、类型及电子数据库
  - 网络教学平台

问题驱动

1. 物理课程资源对物理教育活动有什么作用？
2. 如何选择、开发与运用物理课程资源？
3. 怎样根据某一物理课程内容选择适切的物理教育文献资源？
4. 数字化的物理资源有哪些类型？
5. 你比较善于运用哪些物理课程资源？

1. 形成中学物理课程资源的重要观念,知道其含义及作用。
2. 具备中学物理课程资源选择、开发及运用的关键能力。
3. 具备根据物理教学内容选用文献资源和数字化资源的核心能力。

物理课程资源是物理教育活动的重要基础,是物理教育系统的重要构成要素,是提高物理教育质量和效益的重要条件和保障。可以说,没有高水平物理课程资源的开发,就不会有高水平的物理教育。

第一节　中学物理课程资源的含义、作用和意义

明确中学物理课程资源的含义,基于其内涵探讨、思考其对物理教育的作用,对提升物理教育高质量和内涵式发展具有重要深远意义。

一、中学物理课程资源的含义、作用及功能

(一)中学物理课程资源的含义

教育资源是构成教育系统的基础要素,对促进教育目标和教育功能实现具有直接作用。一般而言,资源既包括作为人类生存与发展的物质基础的自然资源,又包括与开发和利用自然资源密切相关的人力、科技与教育等社会资源。中学物理课程资源有助于物理教育目标的实现,它是物理教育所需的自然资源和社会资源的总称,其中既包括人类的精神产品,又包括人类的物质产品。

课程资源与课程存在密切的关系。一方面,课程资源是课程的前提,它是课程开发与课程实施的素材和条件,是课程的来源和母体,课程资源只有经过选择加工并运用才能真正进入课程;另一方面,有课程就一定有相应的课程资源作为前提,课程实施的范围与水平取决于课程资源的丰富程度和开发运用水平。

关于课程资源的概念,当前学术界没有一个公认的定义。《教育大辞典》对课程资源的定义是"为设计课程和制定教学计划服务的各种可资利用的途径、方法"。中学物理课程资源可划分为两大部分:作为物理教育内容来源的教学材料资源与作为保障物理教育正常进行的教学支持资源。物理教学材料资源是教学主体在教学过程中直接与之相互作用的客体,是符合一定教学目标和教学要求的,包括用于教学的知识经验及其载体和手段。所谓物理教学支持资源主要指支持学生有效学习的外部条件,包括相关设备的支持、信息的支持、人员的支持等。

中学物理课程资源包括物理学科资源、学生学习资源、物理教学资源等。物理学科资源是物理学科内容的所有载体的统称。学生学习资源是学生进行学习的精神和物质基础,是指那些与学生学习活动有联系的一切外部条件。物理教学资源是课程设计、编制、实施和评价等整个过程中可资利用的一切人力、物力及自然资源的总和。教学资源和学习资源则与学科资源互有交叉。教学资源是教学过程中能够利用的条件,学习资源是学生学习过程中能够利用的条件,学科资源是课程发展过程中能够利用的条件。

（二）中学物理课程资源的作用与功能

中学物理课程资源对物理教育的作用主要表现为：中学物理课程资源的丰富性、适切性和开发运用的水平决定着物理教育目标的实现范围和实现水平；中学物理课程资源的开发和利用，对于转变物理教育的功能和学习方式具有重要意义。中学物理课程资源在教学过程中能为学生提供书本以外的学习经验，使学生通过实践活动等方式加强理论与实践的结合、形象思维和抽象思维的结合，以理解科学概念和理论，从而有效培养学生科学探究能力。物理教育网络上的资源，不仅能提供互动学习的机会，还可让学生了解科学与科技发展的前沿问题，开阔学习视野。在物理教育实践中，教师可在课堂上使用不同类型的资源，学生亦可在教师指导下利用这些资源独立学习。因此，中学物理课程资源有助于学生建构知识，建立个人的学习策略、沟通能力，以及积极的价值观和态度，为终身学习奠定重要的能力和实践基础。

中学物理课程资源系统具有两种不同的功能：

（1）中学物理课程资源的物质和观念内容对人类文化的储备功能；

（2）中学物理课程资源对教学活动的支持功能。

中学物理课程资源是物理教育目标实现及课程实施的基础和保障，其开发、利用的程度和质量，会对物理教育系统的正常运作产生一定的影响。从某种意义上说，没有中学物理课程资源就没有物理教育的存在。物理教育实施的范围和水平，不但取决于中学物理课程资源的丰富程度和拓展广度，更取决于中学物理课程资源的开发深度和利用效率。没有广阔且开放的中学物理课程资源根基，就没有丰富多样的物理教育实践活动的开展与实施。充分利用现有中学物理课程资源，积极开发新的资源，是深化物理教育改革、提高物理教育效益的重要途径。积极开发物理教育资源，使校内外潜在的课程资源转化为现实的课程要素，能丰富物理教育的内涵，扩展物理教育的外延，使科学教学融入生活并走向开放，使教师的角色范式和功能得以更新。

《全民科学素质行动规划纲要（2021—2035年）》强调通过建立校内外资源衔接机制、推动馆校合作、科技人员进校园、丰富科学教育活动、加强家庭科学教育指导等措施，促进学龄前至中小学阶段的科学启蒙与素质提升，实现学校、社会和家庭的协同育人。基于上述要求，物理教师需要转变观念，增强课程资源意识，从学校的"小圈子"中跳出来，注重利用社会资源，是十分必要的。

二、物理课程资源的分类

物理课程资源具有多样性和价值潜在性的特点，这就要求物理教师独具慧眼，善于在多样化的、参差不齐的课程资源中挖掘有价值的、有效的物理课程资源，在教学实践中加以利用。

物理课程资源的科学分类对课程资源的开发具有重要的指导意义。物理课程资源的内容非常丰富，按不同的标准可将其分为不同的类别。如图 2-1 所示。

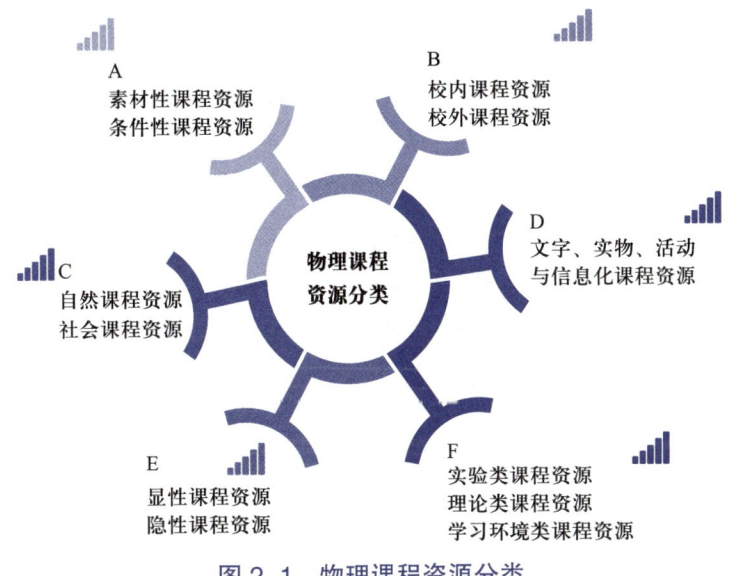

图 2-1 物理课程资源分类

（一）素材性课程资源与条件性课程资源

素材性课程资源指作用于课程且能够成为课程的基本素材或来源的资源，如物理教科书、教师和学生的教学参考用书、科技图书、录像带、视听光盘、计算机教学软件、报刊等属于素材性课程资源。条件性课程资源多指直接决定物理课程实施范围和水平的人力、物力、时间、媒介、设施、环境，以及课程认识状况、观念以及心理准备等。现实中许多课程资源既包含着课程的素材，又包含着课程的条件，如学校现有的教学设施，包括图书馆、实验室、互联网、科技馆、展览馆和博物馆等。

（二）校内课程资源和校外课程资源

校内课程资源包括与物理学习和教学相关的校藏书刊、校内的各种场所设施、校内人文资源、校园校风、学风、各种教育活动、校办工厂、校园网、校内教师员工、学生等人员。校外课程资源包括学生家庭、社区乃至整个社会中各种可用于教育教学活动的设施以及丰富的自然资源。其中，社区图书馆、科技馆、博物馆、游乐园（游乐园中与物理知识相关的设施）、气象站、地震台、水文台、工厂、农田、科研单位等都是宝贵的物理课程资源。

学生家长与家庭里的图书、报刊、电脑、学习工具等也是不可忽视的课程资源。也有学者在空间分布维度上细化，将物理课程资源分为课堂内的物理课程资源、校外的物理课程资源以及介于两者之间的物理课程资源。课堂内的物理课程资源是教师有意构建的有利于物理课堂教学的课程资源；校外的物理课程资源则是校外的各种社会机构提供的有助于学生物理学习的课程资源；而介于两者之间的物理课程资源则指物理教师没有意识到它的作用，但能给学生的物理学习提供较大帮助的课程资源，这部分物理课程资源与校外物理课程资源的最大区别在于学生每天都能感受到它，能帮助学生理解和应用所学的物理知识。

（三）自然课程资源和社会课程资源

自然课程资源指可以作为物理课程资源开发和利用的自然资源。如太阳光、水等自然景观和现象都可以成为物理课程资源。社会教育资源包括生活实践、家庭教育、社区设施、人文环境等，主要来源于报刊、电视、科技馆、公共图书馆，以及工厂、农村、科研单位、院校等。

（四）文字、实物、活动与信息化课程资源

文字资源以书面或电子形式呈现物理知识，如教科书、期刊、电子书籍等，它们是学生学习物理概念、原理的主要信息来源。实物资源涉及实验室器材、模型等具体物品，通过直观展示物理现象，帮助学生加深理解。活动资源包括实验操作、科学探究、竞赛讲座等，它们强调参与和实践，提升学生的动手能力和科学素养。信息化资源则利用现代信息技术，如在线课程、虚拟实验室、教学软件等，提供灵活多样的学习资源与互动平台，适应数字化时代的学习需求。这些资源共同构成了物理课程资源的多元化体系，支持学生的全面发展。

（五）显性课程资源和隐性课程资源

显性课程资源是指看得见、摸得着，能为教师和学生所感知，教师和学生很容易开发，或者别人已经开发好，可以直接运用于教育教学活动的物理课程资源，如教科书、学校实验室的各种实验仪器、教师的教学活动和学生的学习活动等。隐性课程资源一般是指以潜在的方式对物理教育教学活动施加影响的课程资源，如学校和社会风气、家庭氛围、师生关系等。隐性物理课程资源要经过教师和学生的深入思考和分析才能充分挖掘出来，它的有效开发与利用取决于教师的综合素质水平和学生的思维水平。

（六）实验类、理论类与学习环境类课程资源

实验类课程资源强调动手实践与直观感知，包括物理实验设备、材料及指导资料，它们为学生提供亲身体验物理现象、验证理论知识的平台。理论类课程资源则侧重知识的传授与逻辑思维的训练，包括教科书、教学参考书及科学发展前沿报道，它们构建了系统的物理知识体系，培养学生的理论素养。学习环境类课程资源则关注学习氛围与环境的营造，涵盖

学校实验室、图书馆、社会场馆及人际互动,它们为学生创造一个有利于物理学习的外部条件,促进学习效率与体验的提升。

第二节 中学物理课程资源的选择、开发与运用

中学物理课程资源的选择、开发与运用是物理课程实施的支撑和保障系统,学校和教师应该成为课程资源建设的重要力量。

一、中学物理课程资源的选择

（一）中学物理课程资源的选择依据

中学物理课程资源的选择其实质就是对资源进行评价和取舍的过程,是教师运用资源进行教学不可或缺的重要环节。从课程论角度讲,至少要经过三个方面的过滤筛选才能确定课程资源的开发价值。第一是教育哲学,即课程资源是否有利于实现教育的理想和办学的宗旨,是否反映社会的发展需要和进步方向。第二是学习理论,即课程资源是否与学生学习的内部条件相一致,是否符合学生身心发展的特点,是否满足学生的兴趣爱好和发展需求。第三是教学理论,即课程资源能否与教师教育教学修养的现实水平相适应。另外,中学物理课程资源的选择还需依据当前的物理课程标准。

（二）物理课程资源的利用原则

1. 科学性原则
坚持科学性原则是指,在利用物理课程资源时,要考虑其所包含的教育知识和内容是否正确,能否为教学活动提供相关参考,是否会产生歧义或存在科学性错误,使用科学的物理课程资源和科学使用好物理课程资源。首先,所使用的物理课程资源本身必须符合自然界发展的客观规律,是建立在科学事实基础上的资源。其次,教师要以学生发展为中心来组织各种资源,促进学生学习物理课程,关注学生认知发展水平的"最近发展区",过于简单或过于深奥的资源都不利于物理课程学习。

2. 教育性原则
坚持教育性原则是指,在利用物理课程资源时,要考虑该资源的教育意义,看它是否对学生的身心发展起到促进作用,是否符合课程标准和教学目标,是否有利于激发学生的学习动机和提高学习兴趣,是否有利于物理教育中教和学活动的开展。不同的资源会体现出不同的教育价值,同一种课程资源在不同的物理内容或教育对象面前也会体现出不同的教育

价值。因此,利用物理课程资源既要抓住有利时机,又必须最大限度地体现物理课程资源的教育价值。

3. 实效性原则

实效性原则强调关注每一种物理课程资源的实际使用效果,要结合当地的地域特色、文化背景及学生的个性特点,选择那些能给学生带来最大效果的资源,帮助学生学习物理课程,这样才能做到因材施教,确保高效而有意义的学习。

4. 针对性原则

一般说来,每一种物理课程资源对于不同的物理课程目标具有不同的作用和功能,不同的物理课程目标就需要利用不同的物理课程资源。但是,由于物理课程资源本身的多质性,同一物理课程资源又可以服务于不同的课程目标。坚持针对性原则是指,在利用物理课程资源时,必须明确物理课程目标,在此前提下,有针对性地分析与物理课程目标相关的各类物理课程资源,认识和掌握其各自的性质和特点,这样才能保证利用课程资源的针对性和有效性。

5. 简约性原则

坚持简约性原则是指,在利用物理课程资源时,不要简单堆砌,要精选精用,力争用最典型的课程资源揭示尽可能多的复杂而深奥的物理本质,使学生的物理学习过程变得简单而高效。如通电直导线在磁场中运动的专题教学中,学生普遍对导线、磁场方向及斜面的空间位置关系模糊不清,从而导致无法准确地描述出导线所受各力的方向和导线的运动规律。对此,可以让学生用书本代替斜面(即在桌面上把书本的一端垫高即可),用红色的笔代替导线(笔尖的方向代替电流的方向),用黑色的笔代替磁场的方向(让笔尖的方向与磁场的方向一致),然后按问题的要求把问题所描述的空间模型搭建起来,学生在此基础上分析出重力、支持力、摩擦力和安培力的方向,最后对照实际搭建的空间模型按不同的视角做出力在空间的截面图,借助力学、运动学及牛顿运动定律的有关知识进行分析,就能使一类复杂问题迎刃而解。

二、中学物理课程资源的开发

(一)中学物理课程资源的开发模式

中学物理课程资源的开发是指通过提取、组织、加工等程序,使潜在资源变成物理课程资源形式等策略,再按照一定的规则和方式将有价值的资源纳入物理教育实践。中学物理课程资源的开发对于拓展物理教育研究的范围和领域,以及对物理教育本身的发展具有重要的理论和实践意义。

根据不同的属性和标准,中学物理课程资源的开发模式可划分为如下几类。

1. 以开发主体为标准

课程资源开发模式可以分为：以学生为主体的课程资源开发模式，以教师为主体的课程资源开发模式，以家长为主体的课程资源开发模式。

2. 以开发空间为标准

课程资源开发模式可以分为：学校内的课程资源开发模式，家庭内的课程资源开发模式，社区课程资源开发模式。

3. 以运行机制为标准

课程资源开发模式可以分为：政府主导型的课程资源开发模式，企业与市场主导型的课程资源开发模式，综合型的课程资源开发模式。

（二）物理课程资源的开发原则

物理课程资源的开发应遵循如下原则。

1. 以人为本原则

所有资源的开发应把人力资源的开发放在首位，充分调动广大物理教师、学生及其他相关工作人员的主动性和积极性，充分挖掘人力资源的潜力，并且在开发中要始终以满足学生的发展需要为中心。

2. 可行性原则

开发前一定要对自己及其合作者的开发能力有一个比较准确的定位，量力而行、因地制宜，以免半途而废。此外，还要考虑到课程资源对学生教育的可行性，以免造成资源开发上的浪费。

3. 效益性原则

开发前要对资源可能产生的效果和所需付出的开发代价进行科学论证，坚决避开那些代价高而作用小的资源开发，要把主要精力放在"经济实用"的物理课程资源开发上。

4. 实验资源优先开发原则

物理学是一门以实验为基础的学科，物理理论的得出建立在大量实验事实的基础上，物理理论的正确性最后还要靠实验来检验，因而物理实验资源对物理理论的教学起着至关重要的作用。从学生的认知特点来看，直观性极强的物理实验对激发学生学习兴趣很有效，学生通过实验现象所获得的感性认识将对物理学习产生良好的导向与激励作用。

（三）物理课程资源开发常见形式

1. 教科书的开发

教科书是物理教育中最为重要的资源，教师在教学中要对教科书进行二次开发，使它更适合学生、更适合于实际的教学条件，但这并不意味着教师在任何时候都需要将教科书精加工后讲授给学生。教师在对教科书进行加工和改造的过程中,有时需要为学生留出一定的空间,让学生亲自在原始资源背景中寻找有价值的东西。提倡开发利用课程资源,并不意味着可以将教科书置之不理,因为它仍然是最重要的课程资源。在物理教科书的改革进程中,物理教育内容的选择、编排、设计不再像过去那样过分追求学科知识体系的完整性,而是更加注重融入人与自然和谐发展的理念。物理教材应该增加科学、技术与社会,以及生活和物理学史等方面的内容,使教学内容更加贴近学生、贴近社会、贴近科技发展。

2. 学校和教师的开发

学校是对学生进行物理教育和科学探究最为集中和高效的学习场所,物理课程资源是完成物理教育的重要保障。可利用的学校课程资源有实验室及相应仪器设备、图书及报刊、教学软件、教学挂图、投影仪、音像资料等。教师在利用学校的这些教育资源时,要根据教学内容对资源进行合理的选择。例如,教师想用神舟十九号升空的资料导入新课,可以通过网络搜索相关视频、动画或图片;教师想以伽利略研究自由落体的物理学史料丰富教学内容,可以让学生在课前对相关资料进行收集,并将其带到课堂上进行交流讨论。总而言之,教师应充分发挥主观能动性,积极开发课程资源。

3. 社区的开发

相对于有限的学校课程资源而言,社区是一个广阔的资源中心。社区资源包括家庭乃至整个社会中各种可用于物理教育教学活动的设施和条件,以及丰富的自然资源。如社区图书馆、博物馆、展览馆、动植物标本馆、森林动物园、植物园、海洋馆、科技馆、研究机构、疾病预防控制中心、医院、园林绿化部门、公园等,都有较为丰富的与物理教育相关的课程资源。农村学校更具有丰富的自然资源,让学生利用自然资源学习,不但能培养学生的观察和实践能力,还能培养学生热爱自然和保护环境的意识。

如果有条件,可带领学生参观科研机构、高校实验室、高新技术开发区、示范农场、工厂、农村等,组织学生在那里劳动和服务,以增加学生的实践经验,让学生体验科学与生活的密切关系。学校可与当地企业形成合作伙伴,由企业为学校提供一些需要的实验材料,帮助学生了解科学、技术和企业发展之间的关系。充分利用社区资源,能使物理教育突破“以学科为中心”或“以学问为中心”观念的束缚,摆脱“以教材为中心”的倾向,更好地体现科学·技术·社会(STS)的教育理念,从而全面提升学生的科学素养。

在教育实践中,我们应有意加强学校和社区之间的沟通,发挥学校和社会教育的综合功能,以推动教育质量的提升。

4. 家庭的开发

在物理教育中,家庭是进行物理教育的重要平台和环境,蕴含着丰富的中学物理课程资源。家庭教育对于激发学生学习科学的兴趣、帮助他们形成科学概念、将科学知识和生活相联系有着极为重要的作用。许多著名科学家的成功首先来自家庭教育。1967年诺贝尔化学奖得主、英国化学家乔治·波特,在童年时期,他的好奇心极强,总有问不完的问题。父亲受教育不多,经常被问得张口结舌,但他常常买来科普书籍,和儿子一起从书中寻找答案,还为儿子买来工具和材料进行科学小实验。母亲担心儿子会把家里弄得乱七八糟,父亲就特意在院子里搭建了一个小棚子,供儿子使用。在父亲的精心呵护下,波特后来成长为一名科学家。

5. 大众传媒的开发

大众传媒主要包括报纸、杂志、广播、电视和互联网等媒介。由于科学技术对社会的强大影响和作用,科学的有关话题常常成为大众媒体关注的热点。因此,大众传媒成为广泛存在的中学物理课程资源。与科学技术有关的新闻报道,经过教师的选择和加工,就可以成为教学素材,它具有时效性强的特点,更容易引起学生的兴趣和关注,有利于培养学生对科学学习的兴趣和热情。

三、课程资源在物理教学中的运用

(一)灵活恰当利用课程教学中的资源

课堂教学是师生、生生之间交往互动,课堂教学具有不确定性,许多新生成的课程资源都在教师的预设之外。面对这种状况,如果教师能够充分发挥其聪明才智,捕捉临时生成的有利于教学的氛围、环境、信息和机会等方面的资源,恰当地加以利用,及时调整预设的教学方案,根据实际情境,形成新的教学设计,不仅会使教学设计更具生成性,而且会使得课堂更加鲜活,课堂教学的有效性也会得到提高。

【示例1】 磁铁的磁极

在"磁铁的磁极"一节课的教学中,某教师计划利用吸附在黑板上的各式磁铁(马蹄形、条形、环形)进行演示实验,进而讲解磁铁磁极的判断方法。课堂上,当他正要进行演示实验时,蹄形磁铁由于吸附能力不足,突然从黑板上掉了下来,摔成几块。面对预设之外的事件,该教师不仅没有慌乱,反而顺水推舟,引导学生观察已碎的磁铁,并提出问题:"教材中出示的磁铁,形状基本都是条形的,磁极比较容易判断。对于形状不规则的磁铁,如何判断其磁极?"该问题的提出,不仅改变了课堂上的突发混乱局面,而且引发了学生的热烈讨论和积极思考。趁着学生讨论的热情,该教师放弃了原有的教学设计方案,把传统的讲授改为学生合作探究磁铁磁极的判断方法,课堂生成的教学活动方案更贴合实际课堂氛围,因而取得了更好的教学效果。

(二)利用生活中的课程资源

物理学研究的是自然界最基本的运动规律,自然界中的物理现象妙趣横生,生活中的物理现象也蕴藏着无穷的奥妙,如果能加以利用,并在教学中体现,就能使学生体会到物理就在身边,激发学生对物理学习的兴趣,养成留心生活的良好习惯,培养学生的科学素养。实现"从生活走向物理,从物理走向社会"。

【示例2】 杠杆原理

某教师在进行"杠杆原理"教学时,给出了这样一幅生活图景:下雨天,汽车车轮深陷在坑洼里,很难离开,司机在多次推动无效的情况下,利用撬棒,选定适当支点,轻松地抬起车轮,脱离了困境。对于这一现象,学生虽然留意过,但却不知其所以然,从生活现象引入物理话题,激发了学生学习兴趣。教学结束时,教师引导学生观察生活中剪树枝的大剪刀、理发剪刀、手术用剪刀的不同之处,指出其中所蕴含的物理知识。让学生在用所学知识解释生活中实际问题的过程中,把学习的物理知识内化为自己的知识,为今后的学习、工作及终身发展奠定基础。

(三)体现跨学科与真实情境的课程资源运用

信息化时代为物理教育提供了教学媒体、网络、科普读物等大量的科技资源,如果教师能够提取其中有意义的部分,并在物理教学中善加利用,不仅可以丰富课堂活动,而且能够拓宽学生的知识面,让学生在基础知识的学习中关注到科技发展,增强科学素养。

【示例3】 超重与失重

"超重与失重"的教学中,教师可以通过整编网络视频资料,让学生观察分析神舟载人飞船发射过程中宇航员何时超重,何时失重,以及宇航员在太空中完全失重情况下的行走、睡眠情况等;寻找航天科普读物,让学生自主学习介绍载人航天器的用途,"神舟号"飞船"三舱一段"的作用等。通过课堂教学,不仅使学生学习相关的物理知识,还普及了航天科普知识,使学生对国家的航天事业产生关注,激发了学习兴趣。

(四)物理实验课程资源的运用与再创造

任何教学活动都需要一定的课程资源支持。课程资源的短缺限制了教师教学形式的选择。利用生活中的材料,开发设计新型物理实验,能够丰富教学素材,为教师的教学设计提供多种可能性,帮助教师实现教学方式的多样化。

【示例4】 摩擦力

某乡村教师在进行"摩擦力"教学时,发现实验室弹簧测力计数量不足,无法让学生亲自体会摩擦力的大小,只能通过演示实验的讲解完成教学任务。为了克服这种限制,结合当地农民在田边林荫下常做的一种游戏,该教师设计了"土包子会吃草"实验。如图2-2所示,在地上用铁铲挖一个小坑,找根细圆木棒横放于小坑口;再用铁铲盖住坑口,并用湿土掩埋铁铲,堆成小土包;小心抽走细木棒,使坑内与外界通过木棒留下的小孔空气对流;在小孔口放一段节节草，上下轻拍铲柄，节节草会慢慢被小土包"吃进去"。由于节节草有小毛刺，当节节草朝顺刺方向运动时，摩擦力较小，容易滑动；反之，摩擦力较大，难以滑动。当铁铲翘起时，坑内压强减小，外界空气经小孔进入坑内，形成气流，气流带动节节草而被吸进坑内。当铁铲复位时，空气从小孔外流，由于此方向节节草对地摩擦力较大，节节草不会被带出来。这样便形成了"土包子吃草"的现象。新的实验不仅让学生从直观上感受到了摩擦力的大小，激起了学生的兴趣，也使得教师摆脱了实验器材不足的困境，将课堂讲授变为课题研究活动实现了教学形式的多样化。

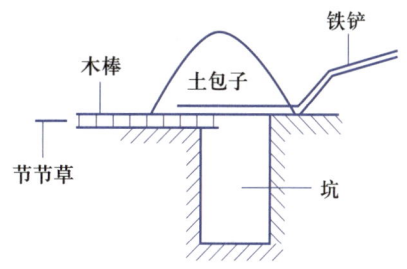

图 2-2 "土包子吃草"结构示意图

总之，教师要善于开发和利用各种教育资源，在教学过程中，灵活地选择和运用多种不同的教育资源，不断提升物理教育教学质量。

第三节 物理教育的文献资源

物理学来源于人类的生产实践和科学研究，是人类在科学与技术领域内认识和改造物质世界的产物，是人类智慧的结晶。科技文献既是科学技术成果的记录，又是科学技术得以积累、继承、创造和发展的一个基本要素。拥有物理教育文献资料，就具备了开展物理教育学习和研究的基础。

一、物理教育文献资源概述

（一）物理教育文献的定义

在人类社会中，任何知识都来源于社会实践，而知识的存储、交流和利用大多是通过文献来实现的。凡是人类用文字、图形、代码、符号、声频、视频等方式和技术手段将知识或信息记载在一定载体上所形成的记录，统称为文献。简言之，文献是记录着知识或信息的物质载体。其中，知识和信息是文献的实质内容与灵魂，物质载体是知识、信息存储和传递的主要工具和外在形式。文字、图形、符号等都是记录或表达知识和信息的手段，是无形的知识、信息与有形的物质载体的联系物。文献具有传播其所承载的知识和信息的作用，并通过人类活动而发挥其功能。

物理教育文献是指记录人类物理教育活动过程、成果、发展历程的文献资料，是人类在这一领域智慧和实践的结晶。物理教育文献不仅反映了物理教育的历史发展及现状，而且体现了不同的历史发展时期物理教育的结构和体系。从物理教育发展历程看,物理教育文献的存在形式和体系随着物理教育的发展不断变化,它体现了物理教育累积、继承、演化和变革的基本关系等特性,形成了由不同时间和空间领域内各种类型物理教育文献构成的物理教育文献系统。

(二)物理教育文献的主要类型

根据文献的性质、特点和编辑出版形式的不同,物理教育文献主要有以下七种类型。

1. 图书

图书是对某一领域理论或实践的研究成果、经验或知识的系统论述或总结。它往往以期刊论文、会议论文、研究报告等一次文献为基本素材,并经作者加工、重组而成。图书提供的知识一般比较系统、全面、可靠,起着综合、积累和传递知识的重要作用。

2. 期刊论文

期刊论文指采用统一名称,定期或不定期出版的连续出版物。其特点是出版周期短,发刊速度快、数量大、内容多,发行面广。期刊的内容一般是原始文献,许多新的研究成果大多首先在期刊上发表,因此,期刊论文是获取新信息的主要来源,是极其重要的信息源。

3. 研究报告

研究报告是关于某项科学研究和革新成果的报告或阶段进展情况的实际记录。它比期刊论文更快地反映科学研究和技术革新成果,内容高度专门化,常常具有一定的保密性。研究报告一般以单行本的形式出版。

4. 专利文献

专利是国家对发明创造的法律保护。广义上的专利文献应该是一切与专利有关的文献,包括专利说明书、专利公告、专利分类表、专利文摘等。狭义的专利文献一般指专利说明书,它是专利文献的主体。专利文献是极其重要的信息源,蕴藏着丰富的科技信息。

5. 会议文献

会议文献一般是指各种科技会议上的论文或书面发言。物理学科的重要发现有很大一部分是在会议文献中公开的,而且一些会议论文不在其他刊物或出版物上发表,即使发表也要经过较长一段时间,因此会议文献越来越受到科技界的重视,它已成为科技人员了解本专业的发展水平和最新研究成果的重要信息资源。

6. 政府出版物

政府出版物指各国政府部门及所属机构发表、出版的文件,大体上可分为行政性文件(如法令、方针政策、规章制度、统计资料等)和科技文献两大类。其中,科技文献包括政府各部门的科研报告、技术政策等。科技文献对人们了解某一国家的科学技术和经济政策及其演变等情况有一定的参考价值。

7. 学位论文

学位论文是为了取得某一级学位而提交的论文,包括学士论文、硕士论文和博士论文。学位论文的特点是:论文的水平和质量差别较大,论题比较专一,阐述系统、具体,有一定的独创性观点,经过一定的审查,故有一定的参考价值。随着教育信息化的深入发展,我国已建成了专门的硕博学位论文库,如中国知网的硕博论文库和万方学位论文库,为查询相关资源提供了极大方便。

除了以上七种类型之外,还有其他类型的文献,在此不再一一介绍。

二、物理教育文献资源检索工具及检索策略

检索文献信息资源是信息时代每一个人获取知识和学习的有效途径。有人说,懂得如何能查找到所需要的知识就等于掌握了知识的一半。信息检索和查阅能力(reference)与传统的能力3R(即阅读reading,写作writing,计算arithmetic)形成4R能力。文献信息检索就是在浩瀚的文献海洋中迅速查找所需要的知识或信息的过程。因此,如何以最少精力、最短时间充分获取文献信息,成为人们亟待解决的实际问题,而信息检索正是有效解决这一问题的最好途径,它可以帮助人们快、准、全地获取所需信息,最大限度地节省查找时间,使文献信息得以充分利用。

信息检索是信息用户与信息源之间的媒介,是联系信息生产者与信息需求者的中间环节,是信息交流和传递的重要过程,是提高文献利用率和科研效率的重要手段。

(一)物理教育文献信息检索

信息检索的全过程包括信息的存储和信息检索两个过程。有存储信息才有信息检索,信息存储和信息检索是方向相反而又相互依存的两个方面。检索可以理解为"检"与"索"的统称,检是"选检""归类",是指从众多的加工对象中挑出性质相同的集中起来,经筛选、整理、分析、标引,将得来的信息产品归纳到一个统一的系统中,即从众多的信息源中筛选合乎既定要求的情报信息,予以标引、存储和积累,以待利用。"索"代表"索取"的含义,是"存入"的逆过程。因此,信息检索是一个获得信息资源的操作过程,必须借助一个特定的信息系统,而且必须以存储为前提条件。

信息检索的基本原理就是检索者将检索提问的标识与存储在检索工具中的信息特征标识进行比较,如果信息特征标识与检索提问标识相一致,或者信息特征标识包含了检索提问标识,那么,具有这些特征标识的信息就从检索工具中输出,输出的信息线索与检索者所需的信息线索大致吻合。

（二）物理教育文献信息检索类型

1. 目录

目录是经过著录的一批相关文献，并按照一定次序原则编排而成的一种揭示与报道文献信息线索的工具。目录多以图书的形式单卷出版或多卷连续出版，提供给广大读者使用参考。目录的特点是以文献的自然出版形式，如整本书、整张图、整份资料为著录单位存储和供检索的。例如图书馆目录，一般主要用来检索图书馆有哪些自己所需要的图书、期刊等。目录的著录款目通常包括以下各项：书名项或刊名项；著者项；出版项（包括出版者、出版地点、出版日期、版次等）；稽核项（包括页数、图表、开本、装订形式、定价等）；业务注记（指图书馆在目录上做的业务记载，包括索书号、登录号、分类号、主题词、存储地点等）。

目录具有不同的类型，但在实践工作中常用的目录主要有图书目录、报刊目录、专题目录等，下面分别对这几种目录加以简介。

（1）图书目录

以图书为收选对象，又称为书目。此类目录因同图书馆的藏书和出版业的出版目录关系密切，又可细分为馆藏目录、营业目录、推荐目录和联合目录等，还可按收选的学科范围分为综合性书目、专题性书目、专科性书目等。另外，各图书馆和出版部门会出版报道性书目或推荐性书目，这些书目以介绍新书为特点。

（2）报刊目录

以特定图书文献部门收藏的期刊、报纸或某些出版部门出版的刊物为主要收录对象，编制成综合性、专科性或专题性的目录。这些目录不仅可以形成某个国家、地区或特定语言的报刊，还能形成具有收藏价值的馆藏报刊目录、专科报刊目录，旨在为读者提供详细报道和便捷的检索服务。

（3）专科或专题文献目录

以期刊、图书中的某一专门学科或某一专题内容为对象，适当增加专利文献、科技报告及有关研究论文等，形成某一专门领域的文献目录，或某一专题性质的文献目录，以供读者集中了解本专业范围的最新文献，满足特定领域的文献信息需求，具有较大的参考价值。

2. 索引

索引是将图书、期刊等文献中的一些重要的、有检索价值的知识单元，如主题词、分类号、著者姓名、名词、公式、数据、事实、机构、论文篇名等，根据需要——分析摘录出来，并注明它们所在的页码和文献号，再按一定的顺序编排组织起来，构成检索的途径，这种检索工具称为索引。

索引根据其属性和功能的不同，可分为很多类型，下面介绍几种常用的索引。

（1）主题索引

主题索引是将文献中具有实质意义的词语或能揭示文献主题概念的词语抽出来，经过规范化处理之后，再按字序排列起来组织标识系统，或在各主题词下面给出副标题词、文摘、文献出处，或在各主题下面给出篇名性的说明语或关键词性的说明语，然后在说明语的后面列出文摘号，以这种方式编制的索引被称为主题索引。

主题索引给检索者提供从研究课题的主题概念出发查找文献线索的途径。主题索引主要包括四种。

① 关键词索引。它是由文献中具有实质意义的词（即关键词）按字序排列而成的。一篇文献被抽出的若干关键词，每个都轮流排在首位，因而从各个关键词着手都能查到该篇文献。

② 主题词索引。主题词是从文献中优选出来并经严格规范化处理的词，它能表达文献内容特征，词间有严密的语义关系，又具组配性能。

③ 标题词索引。标题词是自然语言中比较定型的事物名称，是经过规范化、用以表达文献主题内容的词、词组或短语。标题词索引就是用标题词组织成的索引系统，它是最早的一种主题索引。选择标题词要借助于规定的标题词表，以便选准标题词。

④ 单元词索引。单元词是经过规范化的、能表达文献主题最小概念单元的词，是不能分解的独立词汇。检索时，根据提问把有关的概念单元组配起来进行查找。

（2）著者索引

著者索引是以文献作者姓名的顺序排列，并在著者名字后面列出文摘号，以这种方式编制的索引被称为著者索引。著者索引为检索者提供从已知著者姓名入手查找文献线索的途径和方法。

（3）分类索引

分类索引是将文献内容所属的类号按隶属关系排列起来，并列出与分类号相应的类名，以这种方式编制的索引被称为分类索引。它是以科学体系分类为基础，按照一定的观点和原则，结合文献的特点，采用概念划分方法，将文献组成具有展开、隶属关系的索引体系。分类索引给检索者提供从学科分类角度查找文献线索的途径。

3. 文摘

文摘是以简明扼要的文字摘述文献的主要内容，向读者报道最新研究成果，传递文献信息和查询文献线索的一种工具。它著录文献外部特征，更着重描述文献的内容，是原文浓缩后的产物，是系统报道、积累、检索一次文献的主要检索工具，是检索工具的主体、二次文献的核心。

（1）文摘的特点

① 浓缩性。文摘是对原文的高度浓缩，它以凝练的文字表述完整的信息，以最小的篇

幅提供最大的信息量,使文摘在一定程度上起到原始文献的作用。

② 客观性。文摘是对原始文献的简要的真实的复述,它忠实于原文的本来面貌,客观准确地摘录它的内容要点,不作解释说明,更不进行引申评论。

③ 检索性。文摘不仅有规范化的编制系统、标引和著录格式,还具有引导性和检索性。文摘注明文献的出处,提供检索原文的线索,并且提供检索用的辅助索引,如主题索引,著者索引、年度累积索引,使读者从不同的角度检索刊物中的每一篇文摘。

(2)文献的类型

文摘的类型有多种,按照文摘编写方式及其对文献的揭示程度,可以划分出最常用的三种主要类型:指示性文摘、报道性文摘和简介性文摘。

① 指示性文摘,是把原文的主题范围、目的、方法指示给读者,不直接摘录原文的论点和数据。它主要适用于那些篇幅过长、内容较散的文献,如泛论性或评论性的文献等,一般不涉及具体的技术问题。其字数一般在 100 字左右,简短扼要,起到题解作用。

② 报道性文摘,是在对原文献进行深入的语义和逻辑分析的基础上进行高度浓缩而形成的。它概括地叙述原文献所有或部分重要信息,包括研究对象和目的、观点和方法、主要结论、全部论据及其价值等。报道性文摘所含信息量大、参考利用价值高,在一定程度上能够取代原始文献。该类文摘的篇幅一般为 300~500 字。

③ 简介性文摘,仅著录文献的外表特征,涉及文献的内容性质,或仅提供简单的说明性和注释性的文字。

(三)科学文献信息检索工具的使用

检索工具是用来报道、存储和查找文献线索的工具。一般说来,检索工具应具备以下五个条件:明确的收录范围;有完整明了的文献特征标识;每条文献条目中必须包含多个有检索意义的文献特征标识,并标明供检索用的标识;全部条目按照一定规则科学地组织成为一个有机整体;有索引部分,提供多种必要的检索途径。

一般来说,信息检索主要有以下三种方法。

1. 手工检索方法

手工检索法是针对印刷型文献而言的查找信息的最常用方法,有以下三种具体的检索策略。

(1)追溯法

追溯法也称为文献追踪法。此法不是利用确定的检索工具,而是利用已知文献的某种指引,如文献附的参考文献、有关注释、辅助索引、附录等追踪查找文献。根据已知的文献指引,查找到一批相关文献;再根据相关文献的有关指引,扩大并发现新的线索,去进一步查找。如此反复追踪扩展下去,直到检索到切题的文献。用追溯法检索文献,最好利用与研究课题相关的专著与综述,因为它们所附的参考资料既多且精。此种方法一般在缺乏检索工具或对检索工具的使用不熟悉,以及文献线索很少的情况下使用。其优点是简单方便,容易查找。缺点是漏检和误检的可能性较大。

（2）直接查检法

直接查检法指不依靠检索工具,通过浏览或查阅原始文献直接获取文献信息的方法。其优点在于,能够明确判断文献所包括的信息是否为自己所需要的信息,缺点是难以获得全面的文献,且费时费力。如果检索课题单一,文献相对集中,又熟悉书刊检索,则可用这种检索方法,而当涉及主题多、文献离散度较大的课题,就难以通过此种方法获得理想的检索效果。

（3）间接检索法

间接检索法是借助于检索工具获取所需文献的方法,一般包括顺查法、倒查法、抽查法以及综合法。

① 顺查法:是一种从旧到新的顺时序的查检方法,一般需要了解检索课题的背景、发展和历史简况,再通过有关的参考工具核实和深入了解该课题的实质性内容和概貌,从而选择比较适宜的检索工具,从问题产生的年份着手查起,直到满意为止。

② 倒查法:指由新而旧的逆时序的查检方法。多用于查找新课题或为老课题查找新资料。课题对近期的状况比较重视,从新情况开始查到一定的基本资料时为止,时间终点视课题要求而定。其优点是省时省力,检索效率较高,但查到的资料不如顺查法齐全,容易出现漏检,因而对课题研究的全貌不易把握。

③ 抽查法:根据课题的要求,针对所属学科处于发展兴旺时期的若干年进行文献信息查找。用这种方法能获得相对集中、具有代表性且能反映学科发展水平的文献信息,往往能起到事半功倍的效果。其优点是检索效率高,检索效果好,但要求在检索之前须掌握该学科的发展情况,熟识该课题发展的特点,以便正确地选择抽查的时间范围。

④ 综合法:是以上各种检索方法的综合使用,即先通过选出的检索工具查出一批相关文献,然后再利用这批文献所附的参考文献进行追溯查找,从而得到更多的相关文献,如此交替循环使用,直至满足检索需求为止。综合法是一种"立体型"的检索方法,其检索效果较好。

2. 机器检索法

机器检索法是指借助电子计算机等设备进行文献信息资源检索的方法。

电子计算机检索具有检索速度快、检索途径多、检索效果好等特点。电子计算机检索的方法是以概念组配系统为基础的概念组配方法,检索时通常需要把用户信息提问的复杂概念分解为若干单元概念,此时,各个单元概念仅能表达用户需求的各个侧面,必须将各个单元概念加以恰当的逻辑组配,才能表达出用户提出的一个完整的概念内容,检索出所需的文献信息。

三、物理教育文献资源的获取、选择与评价

信息检索工作是一项实践性和经验性很强的工作。对于不同的研究问题或课题,常常采用不同的信息检索和获取方法,具体步骤和方法应因题而定,因人而异。但在实际检索工作中,遵循信息检索基本原理,依照一般程序和步骤,往往会取得较好的检索效果。

物理教育文献检索的步骤如下。

(一)分析检索课题,明确提出要求

检索课题是指根据查找文献信息的需要拟定的问题。在检索之前,首先须对待检索课题进行认真分析,明确检索的目的和具体要求,以便使检索提问符合检索工作的要求,做到检索与提问一致,避免盲目检索。在分析课题的基础上,还要辨明检索课题的类型,是查文献、查事实,还是查数据,以及要求查找文献信息的时间范围、学科范围等,以求对检索课题有总体认识。

(二)选择检索工具

当检索课题明确以后,就要选择与课题相符、质量较高、检索手段比较完善的检索工具。主要考虑该领域有哪些可适用的工具,其出版时间和所概括的范围能否包括拟检的问题,其质量和权威性如何,是否具备多种检索途径等。一般对检索工具的要求是:收录文献资料的专业范围广、类型齐全、数量大、报道速度快、文摘详细,并附有各种索引。检索时,既要选择专业性检索工具,也要考虑使用综合性检索工具,以获得满意的查全率。

选择检索工具时,可利用有关的指南、检索手册等对各种工具书进行比较和选择,从而确定更适合课题要求的检索工具。

(三)确定检索途径和检索方法

检索途径和检索方法的选择,取决于检索课题的要求和已掌握的情况。如果课题检索的泛指性较强,即所需文献的范围较广,选用分类途径较好,检索方法可以选用顺查法,以全面了解课题的研究背景、发展及现状;反之,若课题检索的专指性较强,所需资料比较专深,选用主题途径较好,检索方法可选用倒查法和抽查法,以获得该课题的最新文献信息。检索途径和方法选择不当,会造成误检和漏检,从而影响检索效果。

(四)实施信息检索

以上所述皆为检索的准备阶段,有些更带有策略性的问题,在检索前应进行全面的考虑。检索过程的实施一般可分三步进行。第一,试查,按已选定的检索工具和方法,抽样或

小范围初查,若发现问题,可对检索方法作适当修改。第二,正式查,利用检索工具进行查找,通常利用工具的目次、分类表、主题词表、类目索引或检索手册等辅助性工具,以使检索更为直接准确。第三,补查,检查结果发现仍不能满足需要,或发现新的查找线索,可进一步做些补查工作。

(五)获取原始文献

根据检索所得的题录或文摘,可以查找到原始文献的作者、所在刊物及收藏单位,然后利用馆藏目录或其他各种目录,在馆藏中查找原文或向其他收藏单位索取原文或复印件,也可通过查得的作者联系地址或作者单位向作者本人索取。至此,一次信息检索的过程即可结束。

四、物理教育文献资源的利用

(一)阅读文献以掌握研究进展

研究相关课题时,一般都是在他人有关研究的基础上开展的。因此,在开展研究之前必须先了解已有的研究成果,而通过文献了解当前的研究进展是最为常用的一种方法。文献综述通过对尽量齐全(数量通常多达几十或几百篇)的有关文献进行高度信息浓缩和学术加工,比较全面而又深刻地反映某一专题的发展水平及其研究动向,是文献资源利用的集中反映。在阅读文献资料的过程中,应首先关注综述性的文献资料。综述性的文献有助于了解该研究领域的全貌,可以开阔视野;然后再阅读与课题有关的文献,了解自己所选的研究课题所处的位置。

(二)注意阅读方法

文献资料的数量往往很多,要注意阅读方法。有些内容需要精读,有些则可粗读。阅读时要善于整理,整理就是自己加工、吸收的过程。在阅读文献的过程中,研究者应对他人的观点加以批判性的分析,不能教条主义,也不能迷信名人和权威;分析资料时要抓住本质,并分析其可靠性;引用他人的试验数据和结果时,要注意其研究方法和特定的条件;很多情况下,获得不一样的数据和结论,与试验方法和条件有很大的关系;要尽可能扩大资料阅读的范围;最后,可以在整理消化的基础上写作一篇或几篇文献综述。这时已经有了比较系统的思路和比较清楚的认识,也形成了自己的看法。

(三)重视消化吸收

在物理教育活动中积累的丰富的实践或实验资料,只有经过科学地整理才能成为科学信息,经过对这些信息进行理论综合和重构才能使之成为系统的知识。所以,必须重视有关信息资料的收集整理、消化吸收。

第四节　数字化物理课程资源

数字化赋能教育是新时代教育关注和探讨的热点问题,本节内容主要介绍数字化物理课程资源和网络教学平台如何在物理教育中有效应用,并赋能物理教育促进学生核心素养的发展。

一、信息技术在物理教育中的运用

信息技术可以为物理教育提供更多的数字化资源,提供新的学习和交流工具。信息技术与物理教育相结合是国际物理教育发展的趋势。

(一)信息技术在物理教育中的运用

信息技术可以为物理教育提供大量可共享的教育信息,增强教学内容的丰富性、拓展性、多样性,增加教学方式的主动性、探索性。运用信息技术有利于学生学习方式与教师教学方式的改变,有利于促进学生积极主动地学习,从而推进素质教育的全面实施。

应用多媒体显示技术可以创造适宜的学习情境,激发学习兴趣和积极的情感,引导学生思考问题、研究问题和解决问题,实现教学方式的变革。有些信息科技产品能支持学生进行科学探究,例如,以计算机辅助数据的采集、记录和处理;以计算机仿真帮助学生建立和使用模型,来解释一些崭新且愈趋复杂的现象。

现代信息技术不仅是丰富的教育资源,而且是有力的教学工具,改变着教师的教学方式和学生的学习方式。运用现代信息技术,优化教学过程,能有效地化枯燥为有趣、化抽象为具体、化静态为动态,为学生创造一个有利的学习环境,从而调动学生的学习兴趣和思维的积极性。

(二)信息技术在物理教育中的运用模式

物理教育中应用信息技术的基本教学模式主要有如下几种。

1. 用信息技术为物理教学创设适宜的情境

应用多媒体显示技术可以创造适宜的学习情境,激发学生学习兴趣和积极性,引导学生从不同角度和方式思考问题、研究问题和解决问题,实现教学方式的变革。在丰富的信息环境中,学生由于产生身临其境的感受而成为积极学习的主体,教师则成为学生学习活动的组织者、引导者与合作者。

2. 用信息技术进行时空变换以利于观察、思考和理解

物理研究对象的范围很广,大到宇宙天体,小到原子电子,都是学生不能直接感知的,学生学习起来感觉比较困难。借助技术进行时空变换,化抽象为具体,化静态为动态,将宏观的天体微观化,将微观世界的现象宏观化,在多媒体计算机上模拟展现研究对象的形象,模拟它们运动过程及机制,从而促进学生对科学概念和科学过程的深入理解和认识。很多物理过程和化学变化现象瞬间发生、稍纵即逝,学生对实验的观察很难细致全面。计算机动画技术能很好地重现某些物理或化学变化现象,且可根据教学的需要随时进行控制,或快或慢地模拟控制实验过程,将真实但又瞬间发生的"物理过程"再现出来。

3. 运用信息技术支持科学概念的转变和建构

物理教育中有很多科学概念或科学过程往往比较抽象,虽有教师讲解,但学生常常也难以理解。通过现代教育技术的模拟和演示,可以展示通常不能观察到的各种研究对象,使稍纵即逝的过程变慢,使极其缓慢的过程在瞬间发生,从而帮助学生更好地感知有关的科学事实和科学现象,进而更易于理解和掌握科学概念,了解科学过程。例如,"导体在电场中达到静电平衡的原理",学生看不到自由电子的移动,因此较为抽象和难以理解,可以用多媒体模拟这个平衡过程:将导体放入匀强电场中,用红色小球表示导体中的自由电子,由于受到电场力的作用自由电子向导体的一端移动,最后达到静电平衡状态。该模拟实验能使学生很直观地观察和体会到其中的原理,而无须教师抽象而又低效地反复讲解。又如,在研究横波的形成及其规律的教学中,要是仅仅使用绳子进行教学演示,学生很难理解横波是各个质点的相继运动而产生的原因。如果使用计算机模拟横波的产生过程,速度放慢绳子上各个质点的运动,清晰地展现在学生眼前,学生就较容易理解横波的形成过程了。

4. 运用信息技术改进学习过程

运用信息技术资源和工具可以有效地化枯燥为有趣,提升学生学习科学的动机和兴趣;利用现代信息技术可以优化教学过程,为学生创造一个宽松有利的学习环境,促进学生积极思维。具有互动功能的多媒体能把信息不同的表述方式与学习方法联系起来,从而使学生积极参加学习活动。多媒体教学教材还能提供不同的学习路径,让学生按照最适合自己的学习方式和进度学习。

5. 运用信息技术支持科学探究

有些信息科技产品能支持学生科学探究活动,其具体的操作方式有:① 以计算机辅助数据的采集、记录和处理记录数据。② 模拟、仿真和虚拟。有关日常现象的模拟可帮助学生把抽象概念具体化。事实上,模拟也可用来协助学生进行科学探究。例如,以计算机仿真物体在不同摩擦力情况下的运动,让学生预测、验证和思考力与运动间的关系。通过模拟进

行科学学习,能帮助学生验证假说并修正学生的错误认识。

6. 以计算机为媒介开展网络协作学习

有些计算机软件,如 Knowledge Forum 软件,它能把学生汇聚成一个学习和建构知识的学习组织。学生在以该软件所创设的平台上,可以分享信息、共同探究,并以网络形式把学生的不同想法进行交流并建构成新知识,使得个人知识得以转化和升华。另外,互联网提供了更多促进学生主动学习的机会。例如,可以让学生开展不同学校之间学生的合作,交流、报告或意见,与科学家交谈与提问,以及发表研究报告等。

信息技术在物理教育领域应用的关键因素在于,是否拥有一个资源丰富且易于使用的学习资源系统。一般认为,一个学习资源系统主要应包括以下六个方面的内容:第一,学习理论和学习方法的指导,促进学生明确学习目标,提高学习效率。第二,电子课文,将学习内容以超文本的形式表示,并插入必要的图片、声音、动画和视频片段。第三,专家系统,它凝聚了教和学的丰富经验,可以解决学习时的各种疑难。第四,学生自我评价系统和智能监测控制系统,便于学生进行练习和自我测试,便于对学习过程提供及时、有效的指导。第五,在线交流系统、网上讨论区和电子邮箱,便于学生与学生、学生与教师之间的相互交流和沟通。第六,网络学习资源导航系统,借助该系统可以使学生能方便地找到与学习内容相关的网络资源,从而提高学习效率。

在物理教育中,教师通过应用信息技术,对物理教育所需信息进行选择、处理和再加工,创建便于学生自主探究学习的物理教育内容系统。这个系统以超文本方式组织教学信息,为学生提供多种学习途径。不同学生根据各自不同的认知特点和学习风格,进行科学学习和意义建构。学生通过应用信息技术,获取、处理、应用学习内容的信息,经过协商、讨论、对话和做出反应,进行学习内容的意义建构以及学习效果的自我评价。在实际操作过程中,教师和学生之间的互动和反馈过程中,也需要不断运用信息技术。信息技术在物理教育中的应用模型如图 2-3 所示。

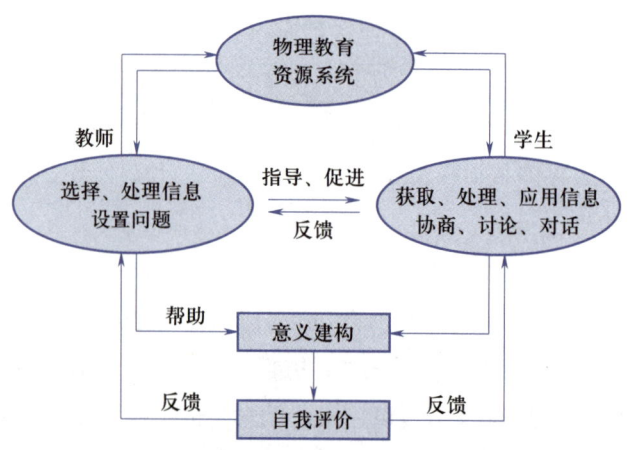

图 2-3 信息技术在物理教育中的应用模型

二、数字化物理课程资源的特点、类型及电子数据库

互联网的信息资源种类繁杂,形式多样。这个巨大的信息资源库覆盖了不同学科、不同领域、不同地域、不同语言的信息资源。

(一)数字化物理课程资源的特点

从信息资源可否被有效利用的角度看,在检索和利用网络信息资源的过程中存在三大困难:一是不知所需的信息在哪里,从成百上千的相关内容的网站中不停点击搜索、检索很难;二是找到所需信息后,确定其来源、时间等相关信息很难;三是所需要的信息可能是需要申请注册并收费使用。因此,要想充分高效地使用网络信息资源并不是一件非常容易的事。网络的信息量在急剧增长,知识总量在迅速膨胀,这些都增加了查找有价值的信息和知识的难度。目前,人们在进行网络信息的查询和利用的过程中,大多数使用网络搜索引擎。搜索引擎是收集、整理网上信息资源并按一定规则加以组织,为人们提供相应的规则提取信息的线索,并能直接链接到相关站点的网上信息搜索工具。

(二)数字化物理课程资源的类型

根据网络信息资源内容和用途的不同,可将网络资源大致分为以下四种类型。

普通型,主要反映某类学科知识或某一方面的信息,一般不具备站内搜索功能,只是通过链接来组织各种内容信息。

专门资料型,通常就某学科或出版类型而提供全面的内容信息。

数据资料型,通常是按内容、地域、时间、出版所有权或者其他分类,组织起来的相关数据集合,如百科全书、年鉴、手册、产品样本等参考工具等。

即时资料型,通常是微信公众号、抖音、网上论坛等实时产生的信息资源。这类网络信息由于发表方便,随意性较大,多数是由个人发布的信息,利用价值不大。

(三)较有影响的电子数据库资源

目前,电子图书多是辞典、指南、百科全书、文摘、索引等工具书。由于电子型工具书比印刷型图书有更多的优点和更灵活的检索方法,因而受到用户的普遍欢迎。目前,国内电子数据库中,最具代表性的是以收集电子期刊文献为主要内容的有中国期刊全文数据库和维普中文科技期刊数据库。

中国期刊全文数据库由清华大学中国学术期刊电子杂志社主办。该数据库按学科划分为理工、农业、医药卫生、文史哲、经济政治与法律、教育与社会科学、电子技术与信息科学等数个专辑。

维普中文科技期刊数据库是国内另一个具有代表性的综合性的科技文献数据库。它收录了 1989 年以来出版的 9 000 余种期刊刊载的文献,并以每年 100 万篇的速度递增。学科范围覆盖了自然科学、工程技术、农业、医药卫生、经济、教育和图书情报等专业。该数据库能提供全文下载、题录下载、打印、OCR 图文转换等功能。

国外电子期刊数据库也有很多,例如 ScienceDirect 就是比较有影响的电子期刊全文数据库之一。该数据库是世界著名的学术出版社 Elsevier 公司(荷兰)将其旗下 1 500 余种期刊集成的电子版,具有很高的学术声誉。ScienceDirect 包含了 1 200 多种期刊,其中化学、生物学、医学、药学以及相关学科的期刊就有 500 多种,并且不同学科的数据资源数量分布比较均衡。

另一类是电子图书数据库。该类型数据库中最具有影响的是超星电子数字图书馆,它成立于 1999 年,是全球最大的中文数字图书馆,由北京超星信息技术发展有限责任公司研制,它可以向用户提供数十万种中文电子书的免费或收费阅读、下载、打印等服务。从该数据库所获得的文件的扩展名是 pdg 格式,若要阅读该数据库的图书,需要安装超星图书阅读器才能使用,超星浏览器可以在其网站下载。

三、网络教学平台

网络教学不仅需要教师具备一定的计算机应用能力,更为重要的是,在教学活动中教师应能按照学生发展和课堂教学的一般规律开展教学,从而确保网络教学成为一种真正高效的现代化教学方式。网络教学应坚持以学生的"学"为中心,而不应仅仅表现为教学材料的网络发布,教学中应重视学生与教师、学生与学生之间的充分沟通与交流。实现网络教学的这些功能,需要一个功能完备的网络教学平台作为支撑。

物理教育网络资源管理模型可以分为管理层和资源层,如图 2-4 所示。管理层主要负责全面的系统管理、课件管理及试题管理任务。它借助 Web 服务器的强大功能,进一步实现了参考资料的便捷管理、问题答疑的高效处理以及实验辅导的细致指导。资源层则通过

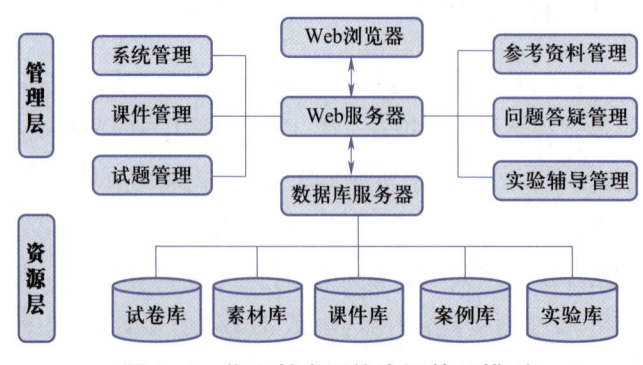

图 2-4 物理教育网络资源管理模型

数据库服务器,为用户提供了丰富的资源储备,包括试卷库、素材库、课件库、案例库及实验库等。这些多样化的资源通过 Web 服务器被生动、直观地呈现出来,方便用户随时查阅和使用。管理层侧重管理与服务,而资源层则侧重资源的存储与呈现,两者协同工作,共同构成了物理教育网络资源管理的完整体系。

网络教学平台一般由网络课程开发系统、网络教学支持系统、网络教务管理系统和网络教学资源管理系统四部分组成,分别实现网络课程开发、教学实施、教务管理和教学资源管理等功能。网络教学支持平台是建立在通用的 Internet/Intranet 基础之上的,它是专门为基于双向多媒体通信网络的远程教学活动提供全方位服务的软件系统。在丰富的科学教学资源的基础之上,教师根据教学要求与教学计划,并根据自身的教学特色,开发网络教学课件,借助于网络教学的一些支持工具,开展双向的远程教学,教学管理系统可以保障这种教学更加高效和规范。

(一)网络课程开发系统

网络课程开发系统是基于教学内容和教学设计的框架,对网络课程进行构思、设计以及制作的过程。该系统要求制作软件能够简化教师开发网络课件和教学设计的流程,并确保生成的文件能在网络上运行。主要要求包括:

(1)支持网络多媒体开发:能够导入和编辑多媒体素材,快速生成网络课件。

(2)提供素材库与管理软件:解除教师寻找和制作素材的麻烦。

(3)提供模板和向导库:方便教师使用预设的模板和向导进行课程开发。

(4)支持网络化学习模式:如协作学习、发现式学习等,并提供相应的学习内容。

网络课程的开发还需得到网络教学资源库的支持,包括媒体素材库、试题素材库等,这些资源为网络课程的开发提供重要的支持和保障。

(二)网络教学支持系统

网络教学支持系统建立在 Internet/Intranet 基础之上,为远程教学提供全面服务。该系统包括:

(1)双向远程教学:教师根据教学要求和教学计划,结合自身特色开发课件,并借助支持工具进行远程教学。

(2)个性化学习:系统能根据学生的能力和认知风格,动态呈现最适合的学习内容。

(3)师生交互:提供同步/异步讨论园地、课程电子邮箱等交流工具,以及桌面视音频会议系统,支持多媒体交流。

(4)评估与答疑:提供测试系统以检测学习效果和教学成效,同时提供自动答疑和人工答疑功能。

教学支持系统需能够同步、实时或非同步地支持教学过程,确保师生交互的有效性和快捷性。

（三）网络教务管理系统

网络教务管理系统的主要目的是确保教学能够顺利运行和开展,包括课程管理、教务管理和系统管理三个模块:

（1）课程管理:设置和管理专业课程,制定和调整培养计划,分配课程相关设施和资源。

（2）教务管理:进行教师和学生注册认证、学籍与档案管理、资料统计与分析等。

（3）系统管理:进行系统设置与维护管理、权限控制和资料备份。

管理系统使学生、教师和管理者能够方便地保存个人信息、设置课程与教学计划、查看学习档案等。

（四）网络教学资源管理系统

网络教学资源管理系统主要对各种教学资源进行采集、管理、检索和利用。这些资源包括媒体素材库、试题素材库、案例库等。系统需:

（1）建立索引信息:以便快速查询、浏览和存取资源。

（2）组织和管理资源:按学科和素材类型组织资源,并标记不同属性,便于归类存储和检索。

（3）提供资源管理系统:以强大的系统对资源进行管理和支持。

教学资源库是网络教学的基础,为网络课程的开发和远程教学提供重要的资源支持和保障。同时,测试和评价系统也是教学资源管理系统的重要组成部分,包括试题库、测验试卷生成工具、测试过程控制系统和测试结果分析工具等。

试题库的主要功能,就是将某门课程的试题资源按照一定的教育测量理论加以组织,为测试试卷的生成与作业的布置提供试题素材,并为学生考试成绩的评价提供学科结构的支持。

测验试卷的生成工具,就是要根据测试的目的,自动从试题库中抽出试题,组成符合教师考试意图的试卷,根据考试的目的不同,可以分为智能组卷、相对评价组卷、绝对评价组卷三种成卷方式,还可以在同一要求下生成不同的 A、B 卷,以防作弊。

测试过程控制系统,主要完成对网上测试过程的控制,如远程实时监控,在需要时锁定系统,不允许学生进行与测试无关的浏览,控制测试时间,到时自动交卷等。

测试结果分析工具,一般是根据每道题的知识点和学生的答题情况,对一些教育测量指标作统计与分析,根据这些测量指标所具体指示的意义,调整教学过程和活动。

作业布置与批阅工具,可以在试题库系统的基础上,自动形成作业,并在网络上发布、收集和批阅。学习评价的合理与否直接关系到学生学习的积极性,并影响其学习态度。

评价系统可从以下几个方面考虑,将其设计得更加科学与合理:一是学生参与学习过程的评价和自我评价;二是同伴之间的评价;三是教师对学生学习过程和结果的评价;四是相关人士对学习的评价。

2-1

教育资源平台及相关课程简介

 思政育人

1. 查询并剪辑《大国重器》的视频片段,挖掘其反映中国科学技术的领先性及重要性。

2. 获取某个物理学科核心内容的相关资料,明晰其育人功能和表现。

3. 探索选择与运用物理课程资源实现育人功能的有效策略。

 思考讨论

1. 什么是物理课程资源?结合教学实际谈谈你对开发物理课程资源的看法。

2. 举例说明开发课程资源有利于体现物理新课程的教学理念。

3. 举例说明开发课程资源对教师专业发展的作用。

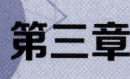

第三章

中学物理教学理论

学习导航

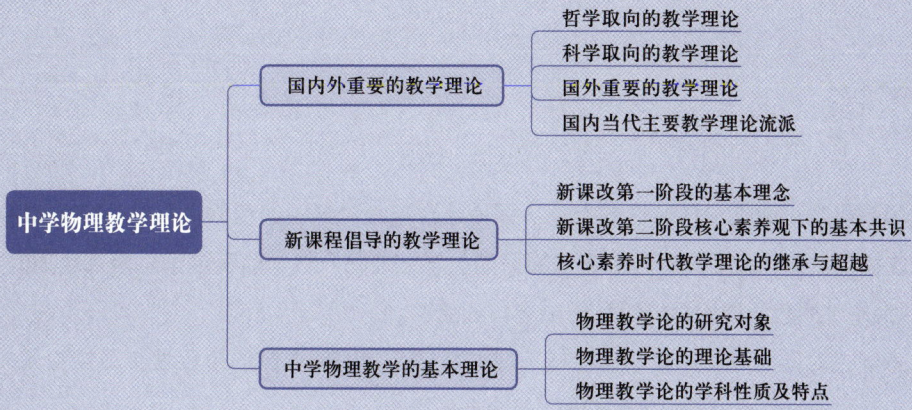

哲学取向的教学理论
科学取向的教学理论
国内外重要的教学理论
国外重要的教学理论
国内当代主要教学理论流派

中学物理教学理论
新课改第一阶段的基本理念
新课程倡导的教学理论
新课改第二阶段核心素养观下的基本共识
核心素养时代教学理论的继承与超越

物理教学论的研究对象
中学物理教学的基本理论
物理教学论的理论基础
物理教学论的学科性质及特点

问题驱动

1. 有几种研究取向的教学理论？它们对教育的进步意义是什么？

2. 新时代倡导的教学理论有哪些？其进步意义体现在哪里？

3. 新课改的阶段性成果有哪些？你对新课改有何看法？

4. 物理教学论是研究什么的学科？其基本理论和基本理念是什么？

1. 把握教学理论的发展趋势,了解各种教学理论的优势和不足,在中学物理教学实践中具有灵活、创造性运用各教学理论的能力。
2. 知道课程改革的阶段性成果,理解两个不同阶段成果之间的传承和超越关系,立志做有扎实理论学识,勇于实践的教育探路人。
3. 掌握物理教学论的基本理念,从宏观上把握物理教学论的研究方向,立志做尊重学生、富有科学精神和人文底蕴的教育引路人。

教学内容

　　教学是极富挑战性和创造性的工作。即使最富有教学经验的优秀教师也不免常常困惑:可不可以这样教? 为什么要这样教? 还有更好的教学方法吗? 教学能否给学生带来预期的变化? 每当此时,先进的教学理论总能给我们以方向和启发。

　　本章通过对国内外普通教学理论梳理、阐释,结合我国新课改的阶段性实践经验和成果,以及物理学科的学科特点,对物理教学进行理论上的探索。

第一节　国内外重要的教学理论

古往今来,国内外先贤伟人对教育的思考和求索从未停止。两千多年前,我国伟大的教育家孔子就在《论语》中对教育有广泛而精辟的论述。17世纪,捷克教育家夸美纽斯出版的著作《大教学论》,标志着教学理论已逐步系统化和理论化。19世纪,德国哲学家、心理学家和教育家赫尔巴特陆续出版了《普通教育学》和《教育学讲授纲要》两本著作,标志着教学理论已经成为一门独立的学科。

教学论研究基于不同的立论基础,逐渐分化为两种取向的教学理论,一种是哲学取向,另一种是科学取向。

一、哲学取向的教学理论

哲学取向的教学理论主要依据哲学思辨和经验总结而形成。思考的主要问题是教育要培养什么样的人?如何有计划地改变人性?受过教育的人意味着什么?以什么样的方式呈现什么内容才能实现这一目的?教学的方式和手段是什么?这些都是哲学取向教学理论的核心问题。

哲学取向的教学理论强调"知识—道德"本位的目的观,通过传递知识来实现道德观念;认为教学过程是知识接受的过程,认识的本质是从生动的直观到抽象思维,从抽象思维到实践,这是认识真理、认识客观实在的辩证的途径;强调科目本位的教学内容,教师在课堂中主要是凭借自身经验和对教育的理解,以讲授法授课。

讲授法最大的特点是教师能充分发挥教学的主导作用,由易到难、由浅入深地传递知识,在短时间里传授大量系统性的信息,能经济而系统地传递人类文化遗产。

讲授法的局限性在于过于强调学科知识的结论性和接受性,易束缚学生的主动性和创造性,束缚学生的思维,从而削弱实用知识和技能的教学,影响学生适应社会生活的能力。讲授法的课堂交流和沟通的方式单调,难以顾及学生的个别差异。

二、科学取向的教学理论

(一)以行为主义心理学为基础的教学理论

20世纪初,科学心理学的诞生为教学实践提供了新的理论支撑。行为主义心理学认为,学习就是在刺激和反应之间形成联结,强调环境在学生学习过程中的决定性作用,强调强化和邻近在学习中的价值。教师教学就是为学生创设适当的环境,给学生提供充足的刺激,小步骤地引导、强化学生行为,达到塑造和矫正学生的作用。

著名行为主义心理学家斯金纳创建了程序教学理论,强调具体和明确的知识技能学习目标,教学内容被分成许多相互联系的小台阶,并形成系列,使学生逐步掌握知识技能。学生每前进一小步就能知道自己学习的结果,并得到反馈和强化。根据行为主义学习理论编写的教材,不仅可以由教师来教,也可以通过教学机器呈现,让学生自学。

程序教学理论不仅促进了学习理论的科学化,加速了心理学和教育学的有机结合,也推动了教学手段的科学化和现代化。但是斯金纳用行为主义教学理论机械指导教学的努力是有争议的。实证研究表明,采用程序教学的实验班的教学效果并不比采用传统教学方法的对照班的教学效果好,人们对行为主义教学理论的质疑之声不绝于耳。

(二)以认知主义心理学为基础的教学理论

认知心理学家批判行为主义无视人的能动性。认为在学习的过程中,是个体作用于环境,而非环境引起人的行为变化。学习是认知结构的改变,内部动机是促进学习的主要动力,即 SOR 理论。该理论由刺激(stimulus)、个体(organism)和反应(response)三个主要变量组成,强调这三个变量之间的相互作用和影响关系。

认知心理学有两个主要的观点:一是不平衡原则,二是学生新的认知结构受到原有认知结构的影响。

20 世纪 70 年代后,认知心理学运用信息加工的观点研究认知活动,其研究范围主要包括感知觉、注意、表象、记忆、思维、言语等心理过程,探讨了个体在新旧知识之间的加工活动。认知心理学的这些研究成果导致了教学理论的革命性变化,启发教师在教学过程中要关注学生的心理特点和原有认知结构,教师要创设适当的问题情境,为学生提供适当的刺激,使学生在新旧知识之间建立联系,在解决问题的过程中掌握知识、技能,形成解决新问题的能力。信息加工学习理论也提醒教师,学生短时加工的能力是有限的,要给予学生信息加工充分的时间。信息加工对学生的学习是有益的,它既有利于学生将短时记忆转变为长时记忆,也有利于学生对信息进行提取。这一时期涌现出如布鲁纳的认知—发展说、奥苏贝尔有意义言语学习教学理论、班杜拉的社会认知论,以及加涅的学习条件理论等著名的学习和教学理论。

(三)以人本主义心理学为基础的教学理论

20 世纪 60 年代,人本主义心理学开始崛起,主张心理学应该探讨完整的人,而不是把人分割成行为、认知等从属方面。真正的学习能够使学生发现自己独特的品质,发现自己作为一个人的特征。从这个意义上说,教学即促进,促进学生成为一个完善的人。美国人本主义心理学家罗杰斯的非指导性教学就是人本主义教学理论的典型代表。

罗杰斯认为,如果教育能提供适宜的心理气氛的话,学生的创造力和与此息息相关的应变能力就能够形成,从而完成自我实现。在非指导性教学过程中,教师起到一个促进者的作用。教师通过与学生建立融洽的个人关系,以解决学生的情感问题为目标,促进学生成长。罗杰斯把促进者在教学过程中表现的作用界定为四个方面:帮助学生澄清自己想要学习什么;帮助学生安排适宜的学习活动和材料;帮助学生发现所学东西的个人意义;维持促进某种学习过程的心理气氛。教师要与学生之间建立真诚、接受、理解的态度品质,特别是以真诚为第一要素。

(四)以脑科学为基础的教学理论

随着脑成像技术的兴起和发展,极大地促进了脑科学的发展。通过探测学习活动中脑神经系统运行的过程机制(脑科学技术可以清楚、直观、及时地检测到实施教学刺激后,学生脑区被激活的位置、激活的顺序、激活的时间、程度等)以及脑的结构和功能的变化,科学家可以精细地揭示学习者认知活动发生的特点与规律。以此为基础,教育者就能为教什么、如何教、为什么这样教、如何教更好等问题找到依据。

例如,现代脑科学告诉我们,视觉是人类最强大的感官通道,大脑中枕叶加工视觉信息的过程非常复杂,加工量非常庞大,但这一切的运转却都是高速且自动化的,枕叶对此并不会感到不堪重负,人们对视觉加工的过程也毫无感知。人脑在零点几秒之内就能完成对整幅图像的扫描,并同时完成对图中关键信息的辨识和初步解析。如果在学习新知识时能够激活枕叶,枕叶就可以对知识的视觉表征进行自动化处理,为认知加工提供大量的素材与线索,从而大幅提高额叶的认知加工能力。

实证研究表明,教学过程中有意识地激活大脑不同的功能区域,充分调动学生的听觉、视觉、空间加工和逻辑思维,而不是一味地通过语言讲授,可以提高教学效果。如果让学生有动手实践的机会,增强学生体验,调动更多感官参与学习,学习效果更佳。

又如,为了取得好的学习效果,有人挤压睡眠时间以保证学习时长。然而脑科学研究发现:深度睡眠能够帮助大脑建立和延伸树突分支,把最新的记忆变为长时记忆。树突越多,与细胞的连接越多,大脑识别新经验与以往经验关联程度的能力就越强。睡眠有助于大脑将新的知识"黏合"进记忆,长时间深度睡眠不足甚至可以引起"脑中毒"。

正电子发射计算机断层显像扫描显示,来自大脑感受器区域的信息只有通过杏仁核才能进入海马体,然后通过海马体进入额叶,信息在这里被加工并储存进入长时记忆。如果杏仁核受到压力或过度刺激,会引起过量的代谢反应,通往存储记忆的通路将会堵塞,负责推理和长时记忆的代谢活动将受影响。这些证据说明,在高压状态下,学习内容不能进入脑中枢的信息处理中心。因此,课堂教学要尽量避免过度刺激杏仁核,保持适中的学习难度和挑战,重视激发学生的好奇心和参与度,把杏仁核调适到理想的活动状态。

时代发展对人才培养提出了新的要求,生僻的、碎片化的、僵化的知识将失去在大脑中存储的意义,而系统的、广泛联系的、能灵活应用的知识才是我们教育的目标。要实现有机知识体系,教学的根本变革就是要实现从"教师教"到"学生学"的转变。相较于单个知识点的练习,综合性、主题性的学习和作业可以更好实现知识的系统化,项目式学习就是一个很好的选择。教育的意义是将支离破碎的碎片知识联系化、结构化、融通化,解决实际问题,从而促进学生发展。

伴随着科学家在脑科学领域取得越来越多的突破,人们就可以更清楚地认识脑、解码脑,从而达到保护脑的目的,甚至还可以矫正、发展和塑造脑。建立在脑科学基础上的教学理论虽然刚刚起步,还没有形成系统的理论,但是也正因如此,这对教育工作者来说是一片广阔的新天地,值得大家全身心投入其中并进行广泛研究和探讨。

从哲学取向和科学取向的教学理论的特点和价值来看,哲学取向的教学理论侧重哲学的思辨和理论化建设,主要关注教学的目的(伦理)和内容(认识论)的问题,强调对教学的深层次理解和探讨。而科学取向的教学理论则有所不同。其中,行为主义和认知主义教学理论坚持心理实验或实证的方法,试图探寻教学的程序、方法及其背后的心理学机制;人本主义取向的教学理论兼取行为主义和认知主义中有益的理论,并进一步强调学生是一个需要自我实现的完整的人,它坚持在教学过程中,教师应作为促进者,而学生应作为主体;脑科学取向的教学理论试图从脑的生理机制上为探寻教育的客观规律找到依据。在不同的时代,可以说哲学取向和科学取向的教学理论都有其存在的价值和进步性,即便在今天,它们依然对教育工作者具有独特的启发意义。

三、国外重要的教学理论

古今中外,人们对教育的思考很多,从源于教学实践的经验总结,到教学思想逐渐成熟,再到形成教学理论指导教学实践,在这样一个漫长的历史进程中,人们对教育的理解越来越深刻和趋于科学。接下来简要介绍对我国当代教育影响深远的几种国外教学理论。

(一)布鲁姆的教学目标分类理论

教学目标分类理论的主要代表人物是美国著名心理学家和教育家布鲁姆。他认为,学生的行为在教学活动中是可以观察和描述的,因此可以把学生的学习行为表现作为教学目标分类的基础。布鲁姆立足于教育目标的完整性,将教育目标分为认知、情感和动作技能三个目标领域,并按照由低到高的顺序把每个目标领域再细分为多个层次和水平。

与教学目标分类理论一脉相承的是掌握学习教学理论。布鲁姆"依目标而教""为掌握而学"理论,倡导的是相信绝大多数的学生在学习能力、速率和动机方面没有本质差异,产生学习差异的因素主要是家庭和学校环境,如果学生有足够多的时间学习,受到合适的教育,就能学会任何想学的东西。教育的根本任务是为每个学生提供均等的学习机会,为需要帮助的学生提供充足的时间和帮助,让每个学生都得到理想的、适合个性需要的教学,让每个学生都得到发展。

布鲁姆的教学理论相信每个学生都能学好。秉持每个学生都能得到发展的学生观,不仅对 20 世纪 80 年代的美国,也对我国基础教育改革、教学质量提高、促进学生进步有很好的借鉴意义。但是,教育家、心理学家甚至哲学家对布鲁姆的目标分类教学理论的批评从没有间断过:首先,教育目标分类过于条分缕析,分析有余但各领域之间综合不足,导致完整人性被割裂开来,容易使教学内容变得狭隘和机械化。其次,教育目标分类理论以指导教育测评为最初目的,有结果无过程,教学实践成为"黑箱摸索",不利于教学理论对教学实践的指导。最后,教育目标是否能全面体现学生的发展水平?所有的教学目标都是可测量的吗?这些问题也值得探讨。另外,通过超额的学习时间来使学生达到掌握水平,似乎并不是改进学生学习的理想方法,这在一定程度上加重了学生和教师的负担,甚至会影响整个教学的正常进程。可以说,布鲁姆的教学理论对我国的教学改革有过指导作用,但是它的不足也促进我们不断思考和突破,从三维目标到核心素养目标的提出,都是我们教学改革的探索和尝试。

(二)奥苏贝尔的有意义学习教学理论

20 世纪 60 年代,美国认知教育心理学家奥苏贝尔区别了动物学习规律和人类学习规律的不同,提出了有意义的学校学习。

奥苏贝尔认为,有意义学习的心理机制是同化,是学生认知结构中吸收原有知识并固定新知识的过程。同化的结果是新知识被掌握,原有认知结构发生变化。同化是有意义学习的核心概念。

有意义学习有三种同化方式:下位学习、上位学习和并列结合学习。下位学习是指学生原有观念在概括程度和包摄范围上高于要学习的新观念,下位学习又包括派生的下位和相关的下位学习。上位学习是指学生认知结构中原有的概念在概括程度和包摄水平上要低于新学习的观念。一般来说,上位学习比下位学习要慢和困难。如果学生在新的学习中,原有认知结构中既无上位也无下位的适当观念可以用来同化新概念,但他的认知结构中却有某些可以类比的观念用来解释新观念,这样的学习被称为并列结合学习。例如,在中学物理教学中,我们常常用水压类比电压,水位差类比电势差,由于新旧知识之间没有上下位关系,而只有横向类比关系,学习的发生会比较困难。

奥苏贝尔认为,促进学习迁移的认知结构的三个变量是:原有认知结构中具有上位的、包容范围广的概念和命题,原有观念巩固而清晰,原有观念与新学习观念之间具有可分辨性。

奥苏贝尔重视学生学习过程中的情感因素,提出了驱动学生学习的三种内驱力:认知内驱力(求知欲),是推动学生学习的最重要的动力;自我提高的内驱力,是学生自我意识增强,希望在家庭和同伴中获得地位和受尊重而产生的内驱力,是一种外在动机;附属内驱力,是年龄较小的学生有得到长者认可的需要,这也是一种外在动机。奥苏贝尔认为,动机因素虽然不直接参与新旧观念的相互作用,但能通过努力和集中注意力来影响学习,能起到"催化剂"的作用。

由此,奥苏贝尔认为,有意义学习的发生要具备三个条件:学生具备有意义学习的心向,学生认知结构中具有同化新知识的适当知识基础,学习的新材料具有逻辑意义。奥苏贝尔提出,设计"陈述性组织者"和"比较性组织者"的先行组织者来促进学生知识组织的技术,并通过不断分化和综合贯通,促进学生形成纵横贯通的学习结构。

奥苏贝尔辩证地阐述了接受学习和发现学习的关系,认为发现学习不能完全代替接受学习。学校学生的学习大多是以学习书本知识、间接经验为主,讲授式教学和接受学习是教师教学和学生学习的主要方式。我们提倡的是有意义的接受学习和有指导的发现学习。在教学实践中,尤其是新一轮基础教育改革浪潮中,有教育工作者过分强调学生的直接经验,而忽视学生系统、完整知识的学习;过分强调自主、合作、探究式学习方式,而把接受学习与机械学习等同起来,与死记硬背相提并论,从而错误地走向教与学的另一个极端。

(三)建构主义教学理论

建构主义认为,学习是获取知识的过程。知识的获得不是通过教师传授,而是学生在一定的情境,即社会文化背景下,借助他人(包括教师和同伴)的帮助,利用必要的学习资料,通过意义建构的方式而获得的。建构主义学习理论认为"情境""协作""会话""意义建构"是学习环境中的四大要素。

学习情境必须有利于学生对所学内容进行意义建构。在教学设计中,强调创设复杂学习环境和布置真实学习任务,包括"含糊的"和结构不良的问题。

协作贯穿学习过程的始终,无论是学习资料的搜集与分析、假设的提出与验证,还是学习成果的评价直至意义的最终建构等过程,都需要协作。

会话是协作过程中不可缺少的环节。小组成员间通过会话商讨如何完成学习任务,制订学习计划,通过会话,每个成员的思维成果为整个学习群体所共享,可以说,协作的过程就是小组成员会话的过程,所以,会话是达到意义建构的重要手段。

意义建构就是帮助学生对当前学习内容所反映的事物性质、规律以及该事物与其他事物之间的内在联系达到深刻理解。这种理解在大脑中的长期存储形式就是"图式",也就是关于当前所学内容的认知结构。

建构主义认为,学生是学习的主体,教师不能代替学生学习。教学的过程是激发学生主动建构知识的过程。教师要创设各种情境,帮助学生利用先前的知识和已有的经验在当前的情境中进行知识的建构。这种建构是学生的自我建构,而不是教师灌输知识的结果。

教师是学生学习的引导者、辅助者。在传统教学中,教师是教学活动的绝对主体,主导着教学的进程。但是建构主义主张,教师的价值应更多地体现在创设教学情境,激发和引导学生主动探究,通过提供协作和会话的机会和过程,帮助学生完成自主建构的学习过程。

教学活动应注重过程。在教师创设的学习情境中,学生经历困惑、认知冲突和好奇,从而提出问题,积极主动地进行探究,在协作和会话中发展思维、各种能力、态度与责任,完成学生学习的主动建构。

建构主义在教育教学中逐渐焕发出强大的生命力。皮亚杰对发生认识论的阐述,对全面深刻地理解建构主义非常有帮助。皮亚杰认为,一切经验发源于动作。主体个别、具体的物理动作的简单抽象产生主体的物理经验,这种抽象是经验抽象。反身抽象是对主体动作协调或动作系统的抽象,抽象的结果是逻辑数学经验。皮亚杰认为,建构就是把经验抽象和反身抽象结合起来,以形成外源性物理知识的进化和内源性逻辑数学知识的进化。没有经验抽象,就没有运算的内容,反身抽象得不到发展。反之,如果只追求经验抽象,人的思维就会停留在较低的层次上,很难发展更高级的思维。

赵凯华教授认为,教师教学过程中,如果把原始问题分解或者抽象成一定的数学模型给学生,那么学生遇到真实复杂的原始问题时,往往不知所措。因此,我们创设物理情境时,应尽量给学生创设真实、复杂的问题情境,使学生经历从复杂的混沌的情境中提出问题,发展抽象思维。

皮亚杰也强调,智力的发展是主体内化建构和外化建构双重建构的结果。我国传统教育都很重视学生的内化建构,教师将知识组织得井井有条,对学生可能出现的错误和误解都讲得深刻透彻,学生的一切学习活动——听讲、做题、考试等都围绕内化建构展开,但是学生的外化建构却被相对忽视了。知识的外化建构是指让学生有机会在不同的情境下去应用他们所学的知识,是学生认知的外向发展。从思维层面分析,知识的外化建构是个性化极强的活动,它以独立提出问题、分析问题、解决问题为基本特征,表现在面临待解决的新问题时,调用认知结构中所有内容及各种能力,并将其组织起来,整理成适合解决新问题的方案。知识的外化建构过程是创造性思维发展的过程。

皮亚杰的双重建构机制给我们的启发:在课内要注重复杂、真实的教学情境的创设,让学生能在实际问题情境中建构知识,并有机会运用知识解决学生实际生活中的原始(结构不良的)问题,发展学生的抽象思维,达到知识结构的重整,使物理教育进入知识学习与应用结合的新阶段,构建有生长力的知识结构。在课后要注重以小制作、小发明、小创作及论文的形式把课堂上所学的知识用于因果解释和技术创造。注重学生认知的外化建构对完善学生认知结构非常有益。

四、国内当代主要教学理论流派

改革开放以来,我国广大教育工作者积极吸纳我国优秀的传统教育思想,并广泛借鉴欧美先进的教育理论,结合我国本土教育,创造性地探索出多种具有中国特色的教学理论。这些教学理论中,既有一线教师从实际教学中提炼出的有效教学方法升华而成的具有普遍指导意义的教学理论,如江苏省特级教师邱学华的"尝试教学理论";江苏省南通师范学校第二附属小学特级教师李吉林,借鉴我国古代文艺理论中的"意界说"和脑科学的相关发现,创建的"情境教育理论";也有教育理论研究者以国外教学理论为基础,紧密结合我国中小学教学实践所提出的教学理论,如中国社科院心理研究所研究员卢仲衡提出的"自学辅导教学理论"。此外,在我国比较有影响的几种教学理论还有以下几种。

(一)合作学习教学理论

靳玉乐教授等人关注的"合作学习"教学理论,从中国源远流长的传统教育中汲取智慧,也整合了如系统论、社会互动理论、群体动力论和马克思主义的"人的本质"理论,强调交往在人的全面发展中的作用等先进理论。正是因为理论基础深厚、理论的多元化,合作教学理论迅速成长为颇具影响力的教学理论。合作教学理论认为,合作教学是一个系统,它包含三种基本的互动方式:师生互动、生生互动和师师互动。其提倡的教学目标观、教学过程观、教学师生观、教学形式观、情境观、评价观等,对今天的课程改革颇具启发意义。

(二)创新教育理论

20世纪90年代末,以中央教育科学研究所(现中国教育科学研究院)提出创新教育理念为发端,全国各教育研究机构和学校展开了轰轰烈烈的创新教育研究,在实践和理论建设方面均取得了显著成果。创新教学理论以生命教育理论、智慧复演理论、建构主义和活动教学理论为基础,通过设计丰富的课堂活动,激发学生的主动精神和潜能,促进学生主动建构知识并发展能力。同时,创新教学理论也阐述了教师主体和能动性是如何体现的,这对中小学教师准确理解创新教学理论并能动地实践创新教学理论,无疑是非常有帮助的。

创新教育教学理论倡导活动建构的教学思想,把创设丰富的"活动"作为学生建构知识和发展能力的基础;倡导大课堂理念,从学校的课堂向外延伸,走向家庭、社会、自然这个大课堂,实现课内知识与课外实践、理论知识与实际知识、知识学习与能力发展的有机统一;倡导并构建了大课堂的四个阶段(构建动场、自主学习、交流探究、综合建模),这是创新教学理论的核心内容。体现以自主学习为中心的教学范型、以问题探究为中心的教学范型、以情境体验为中心的教学范型、以实践活动为中心的教学范型。创新教育教学理论提倡的以学生为本,重视学生自主建构、中心问题探索、课内知识向课外延伸解决实践问题,注重学生、家庭、社会和自然有机融合的育人理念,是非常先进的。

(三)思维型教学理论

北京师范大学林崇德教授指出,思维品质是发展智力和能力的突破口,非智力因素对学生的发展至关重要。胡卫平教授基于智力理论,用十余年时间开发了提高学生思维能力和创造力的"学思维"系列活动课程,在经历了从理论到实践再升华理论的过程后,林崇德教授和胡卫平教授提出了"思维型教学理论"。

思维型教学理论认为,学生思维的发展是思维型课堂的核心。培养学生的思维能力,要遵循五个基本原则:动机激发、认知冲突、自主建构、自我监控和应用迁移。思维能力是由思维内容、思维方法和思维品质构成的有机整体,要测试思维能力,应从这三个因素协同考虑。青少年的思维能力在每一阶段有一种相对稳定的结构,教育教学要适应并挑战这种结构,促进学生思维结构改组和发展。学生思维能力处于学生核心素养中的核心地位,是发展其他核心素养的基础动力。

此外,思维型教学理论也从操作层面强调了以下几个方面。

1. 情境与问题

教师创设情境应基于生活实际,接近真实情境。在学生最近发展区引起认知冲突,激发积极思维。问题的设计应具有思维性和挑战性、开放性和探索性、准确性和适切性、层次性和条理性等特点。

2. 探究与合作

要求引导学生基于问题进行独立自主探究,并在此基础上进行合作交流,或者在学生独立思考的基础上开展合作探究。合作交流的课堂教学氛围和谐,师生关系平等。教师能创设有利于合作互动的教学情境,有利于合作互动的高认知问题,能面向全体学生,具有良好的课堂组织能力,教师能及时引导,学生相互激发,以情感互动为基础,达到思维互动。

3. 总结与反思

要求引导学生对所学的知识和方法进行系统的概括与总结,建构合理的知识结构、认知结构和学科结构,同时反思学习过程中和探究过程中的经验和教训,提高学生的自我计划、自主实施、自我反思的能力。

4. 应用与迁移

强调将所学的知识与方法应用迁移到真实情境和其他领域中去,将在学习过程中形成的积极态度、创新精神、行为规范和价值观,以不同形式迁移到日常生活中。良好的应用迁移要具有相关性、典型性、思维性、引导性、实践性、全面性。

如今思维型教学理论已经在我国(多个省市)、瑞士、俄罗斯等国家的 2000 多所学校落地并推动当地的课程、教学、评价改革,引领教师发展,是相对科学、理论架构比较完善和操作性较强的教学理论。

（四）陕师大 – 思乐德（SSD–SLD）教学理论

陕西师范大学物理学院的李贵安教授及其团队，长期致力于推动大中小学一体化课堂改革创新研究与实践，在长期的理论研究与实践探索支撑下，陆续推出了 PACE 三元创新课堂、EFFECT 育人推动模式、SSD–SLD 育人新课堂等一系列的研究成果。其中，SSD–SLD 是 six–states–degrees, student–learning–developing 的简写，中文谐音为"陕师大 – 思乐德"，是李贵安教授团队的代表性成果，其核心理念有以下几点。

1. 学生为主（student–centered teaching，简写为 S）

教师教学须以人为本，学生中心开展教学活动。从教学设计到课堂教学再到学生课后所需要的拓展指导，教师不再是单边的教学活动指令的输出者，而是转换角色成为学生发展平台的设计者、搭建者，是学生活动的参与者、建议者、引导者。学生是教学活动的主体，学生在探究性的活动中建构知识、发展能力，在自己主动思考以及师生、生生合作中创造性地发展思维，培养精神，完成教学目标。

2. 学习为基（learning–based classroom，简写为 L）

课堂教学应是基于学习的课堂，将传统的教室转化为学堂。一定要避免课堂一片热闹、课后没有收获的尴尬局面。教师应精心设计课堂教学，创设科学的问题情境，组织有效的合作活动，引导学生通过师生、生生合作将思维从发散状态引向纵深发展，有意识地发展学生分析、综合、评价、创造性等高阶思维。

3. 发展为要（developing–oriented education，简写为 D）

课堂教学着眼于学生的发展，强调教学要聚焦学生核心素养的养成、终身学习能力和习惯的养成、尊重学生的个性发展和思想道德的培养。

李贵安教授团队形象地把三个英文字母"SLD"对应的汉语拼音字母"SLD"（音为 Si、Le、De）谐音化为汉字"思乐德"，强调了课堂教学应该渗透多维度思考、快乐学习和立德树人的宗旨。SLD 教学理论的概念如图 3–1 所示，"为党育人、为国育才"作为动力引擎。

李贵安教授团队在"SLD"教育理念指引下，初步提出了基于多维度的课堂评价新体系 SSD，即 six–states–degrees，如图 3–2 所示，从学生学习状态的六个视角、学习表现程度的六个维度创造性地提出课堂评价体系。

如今，李贵安教授团队在"SSD–SLD"课堂革命新理念指引下，以学院本科生教学为主阵地，多门课程为依托，践行课堂革命，取得了丰硕的教学成果，受到广大师生的广泛赞誉。李贵安教授被誉为推动课堂革命从陕西师大行动到陕西、西北、西部，乃至全国行动的推动者和实践者，更被《中国教师报》推选为"2018 年度致敬课改人物"。

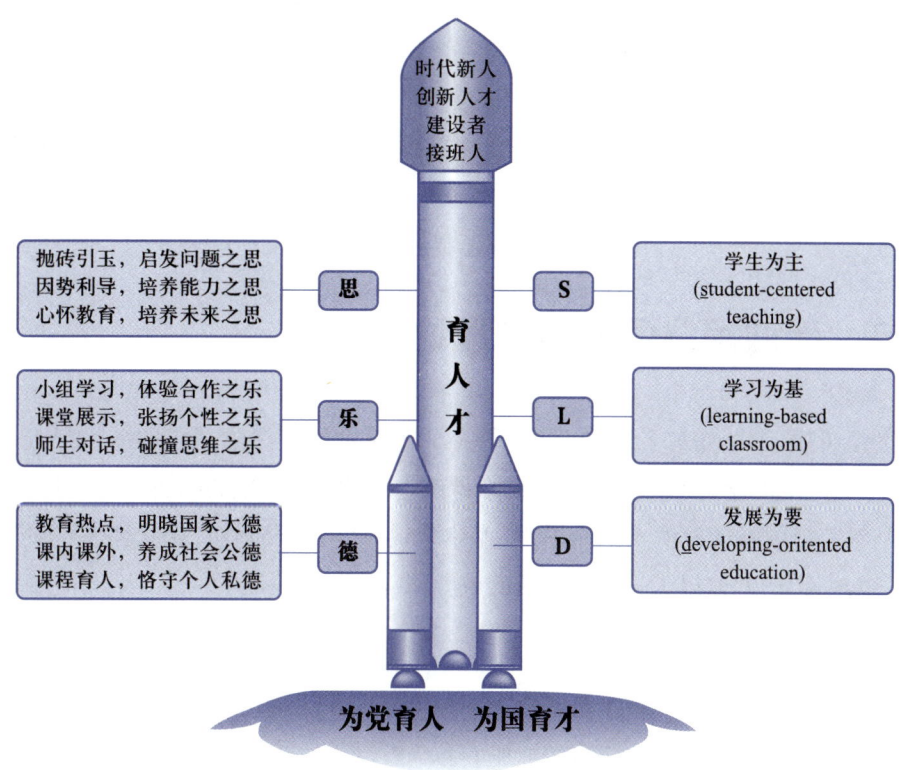

图 3-1　SLD 教育理念的内涵（航天模型）

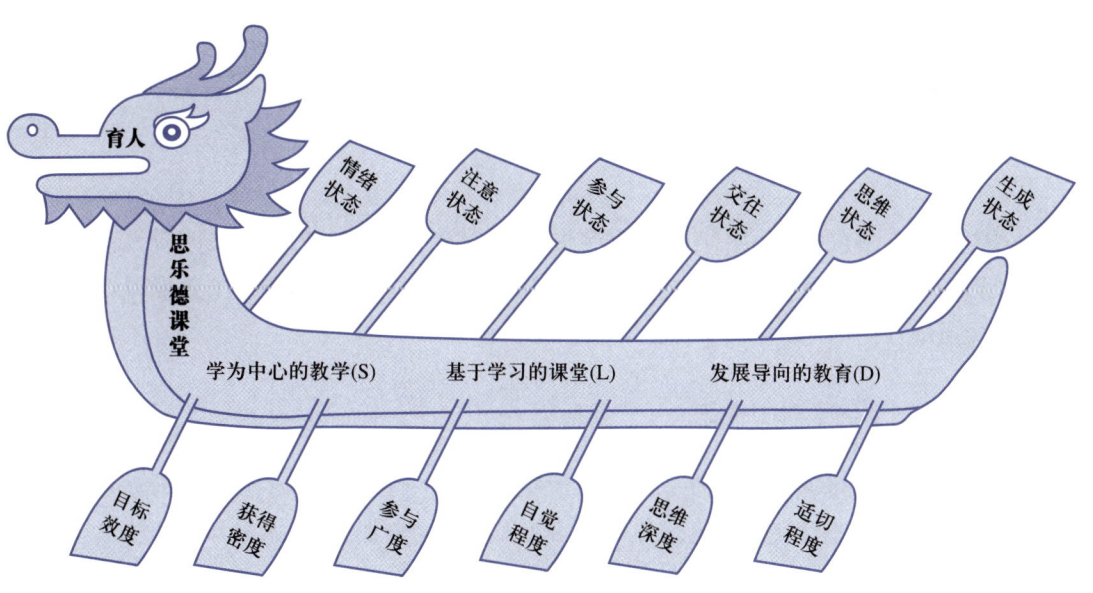

图 3-2　SSD 课堂评价体系（龙舟模型）

可以说,国内教育研究工作者对教育的思考和探索从未停止,在广泛吸收我国优秀教育文化和国外先进教育思想的精华、立足我国当前教育状况和师资力量的现实条件下,我国教育工作者提出了许多凝聚多方智慧、各具特色的教学理论,在国际教育的殿堂中贡献了中国教育界的智慧,并不断吸取教训,努力前行。相信通过我们的努力,一定会探索出一条适合我国本土的教育之路。

第二节　新课程倡导的教学理论

21世纪伊始,为培养具个性化、能终身学习,并适应国际激烈竞争的新世纪人才,我国推动了新一轮的基础教育课程改革(简称新课改)。新课改以实现素质教育为理想目标,到2014年基本完成了新课改的第一个阶段,基本建成了我国素质教育课程体系,逐步明晰了新课改的基本理念,并取得了一系列瞩目的成就。

一、新课改第一阶段的基本理念

(一)从强调"双基"教学走向"三维目标"教学

1978年后,全日制十年制中小学各科教学强调"双基"教学,即强调基础知识和基本技能教学。随着时代的发展,"知识本位"教育逐渐凸显了其育人的局限性。2001年启动的新课改应时代的需求,将"能力本位"的育人理念提到显著的位置,从而提出"知识与技能、过程与方法、情感态度与价值观"的三维育人目标。

(二)以人为本的育人新理念

以学生为本,就是要相信学生、尊重学生、依靠学生、发展学生,为学生的终身发展打下基础。以学生为本还意味着要突出学生的主体地位,教师在教学的过程中要处理好与学生的双主体地位,教为主导,学为主体。

(三)丰富学生生活的理念

新课程提倡教材编写和教师教学要基于学生生活、贴近学生生活,从学生生活经验出发,给学生良好的体验和感受,组织各种活动课程丰富学生生活,并大力开发展社会和家庭资源,使学生将学习延伸至课后,丰富学生生活。

（四）少讲多学,以学定教的理念

少讲多学是本次课改素质培养的根本要求,是教法的一次重大变革。教师在课堂中关注的重点是学生学得如何,因学定讲;教师教学方法应多样化,重在启发、激发学生思考和主动学习,因学定教;学生学得怎么样,主要从学生的情绪状态、注意状态、参与状态、交往状态、思维状态、生成状态六个方面评价教师的教学,以学评教。

（五）变被动接受学习为积极主动学习的理念

为培养学生的创新精神和创新思维能力,必须改变学生以往被动、消极、接受式的学习方式和死记硬背的学习方式,使学生积极主动参与并乐于探究、勤于动手,在"做中学""尝试中学""体验中学",倡导自主学习、合作学习和探究学习。

（六）开发多元智能的理念

开发智能不仅要提高各种智能的水平,还要在构建合理有效的智能结构上下功夫。人在优势智能方面通常会表现出更高的创造力,发现并培养学生的优势智能是教育教学的重要任务。各种智能相对独立,同等重要。在单调的活动中难以有效培养学生的多种智能,要在教学过程中设计培养学生多种智能的活动与场景,要通过加强学生多元智能的评价保证和促进教育教学效果。

（七）以评价促发展的理念

建立发展性评价体系:评价主体多元化,尤其强调自我和同伴的评价;不仅关注结果,更关注过程;特别重视评价在过程中的激励与导向作用;在量化评价和质性评价中,更注重质性评价;不仅评价学业,同时评价情感态度、价值观,以及创新精神和实践能力等综合素质。

二、新课改第二阶段核心素养观下的基本共识

自 2015 年始,我国课程改革一方面继续坚持素质教育的方向和理念,一方面着重探讨信息时代对个人、社会和教育发展提出的新挑战。教育部确立了以发展学生核心素养为目标的课程改革方向。核心素养是学生应该具备的、能够适应终身发展和社会发展需要的正确价值观、必备品格和关键能力,它由学科核心素养和跨学科核心素养构成。当前全世界共同倡导的跨学科核心素养有合作、交往、创造性和批判性思维。

核心素养时代的基础教育改革也在如下方面达成了共识。

（一）整合的素养观

整合的素养观强调各种素养要素相互融合、相互关联，以整体的视角来理解和培养人的素养。按照整合的素养观，应该创设充满关爱、包容、安全和支持性的环境，让学生可以自由探索，允许不断失败。要给学生提供机会去面对各种真实的任务和问题，让他们能够积极探索未知、敢于迎接挑战，在应对和解决各种复杂开放的现实问题或任务过程中逐渐发展创造性、批判性思维、沟通交流和团队协作能力，强调并理解在整合的生态系统中发展整合的素养，而非机械的、割裂的、技术性的素养，能否让学生形成这种观念，这是当下课程改革的关键点。

（二）依托情境培养核心素养

当个体直面复杂现实问题或任务时，首先经历的不是特定知识或技能的应用，而是无法实现目标的困惑。为了消除这种疑惑，个体通过持续地探索与尝试，不断观察、预测、实践和反思，试图建立情境、观念和结果之间明晰的内在关系。正是在解决各种现实情境中问题的过程中，逐渐发展了学生根据情境和任务需求的变化，灵活调动和重组已有经验或资源，创造性地解决问题的素养。

因此，学校课程只关注学生掌握学科知识与技能以形成观念，不足以培养学生的核心素养。核心素养的培养必须以情境为依托，学生对当下情境或任务进行判断和分析，调动、重组、整合和运用相关资源，对方案、进程或社会互动进行计划、监控和评估，对结果进行解释和论证等，促进学生建立情境、观念和结果之间的关联，从而培养学生的核心素养。

（三）学校育人的深刻理解

课程强调关注学生成长的社会文化环境建设。从更广阔的背景和广泛的视野下（哲学、人类学、心理学、社会学等）关注学生的发展和培养，注重学生与社会文化情境之间的互动，理解学生是在错综复杂的社会文化环境中浸润性成长。

从育人要素的面面俱到到强调不同生活领域、不同情境中育人的正确价值观、必备品格、关键能力，并进一步细化为学科核心素养，并强调在教学实践中对学科核心素养和核心素养进行整合，以避免对育人的整体性和综合性进行割裂。

育人从即时效应到强调持久效应。抛弃学校育人的短视的实利主义，追求对学生终身有益的育人因素，并在各个学段适时进阶，贯通设计。

美育可以唤醒的学生心灵，培养学生对美的敏锐直觉和捕捉能力。有人说：现代社会中科学与艺术是两个领域，然而它们在山底分手，却在山顶会合。天体、银河有宏观之美；微观世界的美同样让人惊叹；数理逻辑的缜密和严谨是一种美，体育的力量、速度与激情则融合了挑战和超越的精神之美。美育应该是超越艺术门类教育的。我们要在参与不同艺术门类、理解不同艺术语言的基础上,寻求和发现一种美的通感。有了对美的知觉和发现美的眼睛,学生就拥有在嘈杂世界里安放宁静心灵的力量,拥有了纯洁道德和丰富生活的源泉。

重视培养学生的元认知能力。学习科学研究成果表明,具有创新精神的人,一个成功的学习者,知道如何规划学习,会使用学习策略,并能对自己的学习进展进行有效监控,当学习遇到挑战和困难时,能有意识地调整策略,有意识地补充、提高学习技能,能在群体协作和社会共享中调节学习等。这种自我意识能力、自我调节能力和自我适应能力都属于元认知能力。培养学生的元认知能力应成为课程和教学中育人的明确目标。

(四)强调"做中学"

素养导向的学校教学主张学习即是对社会文化情境的调适,学习即是实践参与。在不确定的情境中提出并界定问题,诊断问题的关键之所在,生成问题解决的思路和方案。素养导向的教学要求学生学会就正在做的事情提出问题,花很多的时间决定做什么,如何去做。因为许多现实问题是多因素纠缠在一起的,是结构不明的,因此准确界定问题、明确任务是关键,这是与结构明确的解题过程不同的。素养导向的教学要求有明确的成果导向(OBE),需要收集事实或者证据、整理文献或数据,开发和设计模型,进行制作或者形成有证据的结论从而提供某种咨询服务。基于项目的学习(PBL)和STEM教学越来越成为学校"做中学"的有力抓手。要注意学校课堂情境下的实践参与和社会情境下的实践参与不同,可以互为补益,但都是从尝试、错误中学习,注重的是育人价值的实现而非追求活动效益。

(五)学生核心素养评价

"以学生为中心"的育人理念下,我们如何评价学生学习的情况和学生核心素养的发展情况呢? 如何对我们的教学提供反馈和指引呢?

传统的评价质量观强调测量结果的客观性,最为典型的就是以信度和效度为评价质量的唯一标准。核心素养时代更加关注评价的整体性和情境性,因此,以重视评价过程意义为标志的教育计量评价方式产生了。

核心素养时代评价文化的特点有:内容上指向核心素养的多个维度,不仅关注学生学习的结果,而且关注学习的过程;方式上重视终结性评价和形成性评价的相互补充,且评价和反馈形成一个连续的循环体;主张在真实情境中进行有意义和学生感兴趣的学习,评价学生动态的过程性转变;主张整合表现性评价、档案袋评价等多元评价方式;主张学生为评价过程负责任。基于此,有学者提出核心素养评价标准应把可重复性、真实性和直接性纳入信度和效度的新内涵,从而提出了核心素养质量评价标准的整合框架。核心素养评价方案作为一个整体,必须满足本框架中的所有标准,大家所熟知的知识测试能够被包含在一个完整的核心素养评价方案中,而另一部分或许是非常真实的表现性评价。

三、核心素养时代教学理论的继承与超越

20世纪80年代,布鲁姆的目标分类教学理论传入我国,并在相当长的时间内影响和促进着我国的基础教育。按照分类目标教学理论框架,学科教学内容指向课程的核心概念、技能或原理,即教师熟知的"知识点"。认知维度则分成了识记、理解、应用、分析、综合和评价等不同水平。在实际应用过程中,由于应用、分析、综合和评价之间的界限不清晰,认知维度在我国逐渐简化成识记、理解、应用三个层次,为广大一线教师所熟知。

受行为主义学习观的影响,人们认为学习是线性的、有序的。教师需要把学习内容或任务细分成一系列具体的知识点或更简单的任务,然后遵循小步子和及时反馈的原则,按照从简单到复杂,从识记到理解再到应用的学习顺序,先掌握完成复杂任务所需的每个前提概念或技能,然后不断组合,直至最后完成复杂任务或实现教学目标。因此,在日常教学中,学生需要花费大量时间背诵抽象的概念、公式,练习许多孤立抽象的习题和碎片化的技能,为形成高阶的认知能力打下基础。从教学效果来看,这种教学引起的认知大多是"浅层学习",而我们期待的那种对知识的深度理解、多种思维及元认知介入的高阶思维、着眼知识迁移、力求实践创新的"深度学习"很难发生,而深度学习是培养学生核心素养的必备条件。

深度学习怎样才能发生呢? 或者说,核心素养的养成应该在一种什么样的教学情境下发生呢? 奥苏贝尔的有意义学习曾做过早期的阐述,后来建构主义进一步发展了对深度学习发生的认识:应该将学生置身于发现式、探究式或建构式学习情境中,包括不同学科情境和现实生活情境。通过开放性问题、任务或者项目,引导学生在解决问题或完成项目的过程中,不断的探索与反思、互动或协作,尝试学科实践,主动建构学科或跨学科思维,建构发展(跨)学科观念,学会运用和整合学科知识体系,设计与执行方案,解释和论证假设,这就是建构主义理论的核心观点。

当然,学习过程不可能绕过浅层学习而直接进入深度学习,学习是由浅入深的推进过程,没有浅层学习就不能实现深度学习。核心素养时代的基础教育,我们并不简单地否定或者排斥传统教学中强调的识记、理解和解题练习,以达到知识的迁移和应用。不是完全反对教授法和接受教学,而是强调将识记、理解和应用等学习活动置于对学生有意义的情境中,通过解决具有现实意义的真实性问题或任务,使学生理解学习的意义,激发和保持学习兴趣和动机,让学生意识到学习不是单纯的识记和理解他人知识的过程,而是一个不断生成问题和解决问题的过程,是一个不断探索和创造的过程,也是一个社会互动、协商和建构的持续过程。在这个过程中不断推动学生学习向深度发展,通过多样化的情境创设,为学生提供了

发展批判性思维、社会协作、自我认识与调节、创造性等核心素养的机会。

从行为主义到认知主义再到建构主义，三大学习理论在互相诘难的过程中不断发展、完善和融合。行为主义的优点在于注重精确的、量化的实证研究，所有研究结果都是建立在科学实验的基础上，学习理论成为一门科学是从行为主义开始的；但其缺点是将人类认识的复杂过程简单化，认为人类的思维过程是不可理解的"黑箱"。认知主义对人脑是如何进行学习的问题进行了探索，对工作记忆、长时记忆以及认知负荷作了充分地关注和研究，注重对知识的精致化和深加工，同时加强了专家与新手的比较研究，将知识进行了分类，如陈述性知识、程序性知识、策略性知识和元认知等，这对于高阶思维和迁移能力的培养具有很好的启发作用；其不足之处是忽视了真实问题情境创设，忽视了人类学习的社会性、情境性和实践性等因素。建构主义则很好地弥补了认知主义对情境的忽视，并充分体现了学生的主体地位，由以往教师的"教"为中心转变为以学生的"学"为中心；其不足之处是在实际教学中因过于强调学生的体验和自主建构导致课程耗时过长，而受到一线教师的质疑。

从认识论的基础来看，行为主义和认知主义秉持客观主义知识观，认为知识有客观性，人们对客观世界的认识凝练成的客观性知识必须得到尊重和传承，它们是人类智慧的结晶，教学目标不能缺少对结果性知识的理解和掌握。建构主义则认识到知识在学习过程中显现出建构性，教学中不应僵化地看待知识，而要催化知识的活性成分，摈弃传统教学只重结果而忽视过程的做法，修正传统教学只有承认和接受而无怀疑与批判的思维惯性。客观主义与建构主义的融合，构成核心素养导向的教学认识论基础。

客观主义知识观促使人们追求教学的科学化，在此过程中，产生了各种各样的教学模式，模式化教学对知识的记忆、理解、加工、运用有积极的作用，但对于培养学生的核心素养，特别是高水平学科核心素养，则显得力不从心。科学的教学观则是以人为本，在"生命教育"层面审视教学的本真，以研究教学情境、教学生成、教学智慧和教学创新为基本宗旨，教学目标着眼学生的素质发展。教学要有模式，教学更需要科学地使用和合理地创新模式。因此，教学的科学观与科学的教学观相互贯通融合，是核心素养导向的教学论基础。

综上，核心素养时代的基础教育，在指导我们教学的理论方面，强调的是继承与超越，摈弃和融合，而非简单的肯定或否定一切。

第三节　中学物理教学的基本理论

物理教学论是普通教学论的一个重要分支，综合运用多门学科的基础理论和知识方法，研究中学物理教学过程及其遇到的各种问题，对中学物理教学起着重要的指导作用。本节我们从物理教学论的研究对象、理论基础、学科性质及特点三个方面做一个总体的介绍。

一、物理教学论的研究对象

从夸美纽斯的《大教学论》开始，人们对教与学的关系和过程中存在的问题进入了一种自觉的思考阶段。到了 18 世纪，赫尔巴特的论著《普通教育学》标志着教学论从经验科学发展成为理论科学。不论发展到哪个阶段，教学论都承担着从教与学的过程中发现问题，探究现象，揭示教学规律和促进有效教学的任务。王策三先生认为，对于一门科学来说，至关重要的问题就是明确自己的研究对象。那么教学论的研究对象是什么呢？

受苏联教学论思想的影响和马克思辩证唯物主义方法论的指引，我国学者在很长一段时间秉持教学论的研究对象是教学的客观规律的观念。

西方的教学论研究者则认为，教学活动涉及教师、学生、教学环境、教学行为、教学结果等复杂变量，这些变量都会影响学生的学习，但教师不能直接控制复杂的变量，而是要在教学研究中测定不同类型的变量，并研究它们之间的关系，即认为教学论的研究对象是各种教学变量和教学要素。

李秉德先生认为，现代教学论的研究对象与任务在于探讨教学的本质与有关规律，寻找最优的教学途径与方法，以达到培养社会所需人才的目的。黄甫全先生认为，教学论是教育学中一门关于教学问题的分支学科，教学论的研究对象是教学问题。

还有学者从教学论研究是侧重教学实践，还是兼顾理论与实践的角度，来阐述教学论的研究对象。

综上，我们认为，教学论的研究对象就是以有效教学为宗旨的教学问题，强调教学论是对教学规律的研究。研究对象是一种主观与客观、流变与稳定、事实与价值、传统与现代的整合与统一，最终达到培养社会所需人才的目的。

和普通教学论相比，物理教学论研究的是物理教学中的相关问题，描述物理教学中的现象和探究现象和问题背后的教育规律，培养和发展学生的物理学科核心素养，追求物理教学的最优教学效果，全面体现物理学科教育的功能。物理教学论更加充分、具体地体现物理学科特点，具有独立的研究范围和研究对象。就此而言，它和普通教学论属于特殊与一般的关系，表现出个性与共性的差异，普通教学论的共性必然寓于物理教学论的个性之中。

物理教学论的特殊性突出表现之一，在于它的研究范畴是物理教学，研究对象是物理教学中面临的各种问题。虽然物理教学中的问题很多，但不外乎普遍性的问题和个别、具体的问题两类。物理教学论着重研究物理教学中的普遍性的问题，并且揭示物理教学过程中的一般规律和基本特点。它的研究成果在物理教学实践中要能发挥指导和预见作用，从而使人们对物理教学实践的研究和描述建立在坚实的理论基础之上。

物理教学论是在动态发展中不断充实和完善的,动态发展性既是它的特色,也是它活的灵魂。学习物理教学论一定要深刻理解它的理论含义和实质,并将其创造性地灵活应用于教学实践。此外,我们要与时俱进,随着物理教学的发展,要不断研究物理教学中出现的新问题,总结新的教学经验,提炼先进的理论研究成果,用它们更新、丰富、充实和完善物理教学论的理论体系和知识结构。

二、物理教学论的理论基础

物理教学论研究的是中学物理教学中的各种问题,探究问题背后的客观教学规律,从而对中学物理教师的教学实践起到指导作用,以达到最优的教学效果和发展学生核心素养的目的。物理教学论是一门受多学科指导的、综合性的、多学科交叉的学科,那么哪些学科会指导和影响物理教学论呢?下面探讨对物理教学论发挥了积极作用和影响的理论基础。

(一)物理学与物理教学论

作为教育工作者,我们也许会思考一个问题:为什么在新一轮基础教育课程改革中,强调培养学生的物理学科核心素养?我们对物理学科承担的育人使命的理解有什么更深刻的变化吗?

物理学是一门什么样的学科?它是如何建立并逐渐发展起来的?什么样的素养对物理学的发展有重要的推动作用?反过来,通过对物理学的学习又能促进学生哪些重要的、时代所需的素养呢?这些素养对学生更好地探索自然、创造性地利用规律造福人类有帮助吗?毫无疑问,物理学的知识、技能、思想方法和历史发展是物理教学论的基础,决定了物理教学的问题是与物理学科的学科特点相关的方向,同时物理教学论也应从理论的高度,揭示物理教学的本质、学科核心素养的范畴,揭示物理教学的规律,以对学生相关素养的培养起到预见和指引作用。

纵观我国基础教育的历次改革,物理教学论都在物理课程标准的制定、物理教学内容选取、教材编写、教学实施、教学评价等方面取得重要的突破和进展,发挥了重要的理论指导作用。同时,我们也应该认真思考物理学科在发展学生核心素养、全面育人的过程中发挥的不可替代的独特作用,体现和实现时代赋予物理教学的任务和目标。物理学与物理教学论之间是相互影响、相互作用的,物理教学论指导物理教师科学育人的同时促进物理学的发展,物理学的学科特点和与学科特点相吻合的育人任务规定着物理教学论的基础和研究方向,物理教学论将在物理教学实践中不断得到丰富、发展和完善。

（二）教育科学与物理教学论

教育科学是物理教学论的重要基础,它的原理、原则和方法对物理教学论的研究具有积极的指导作用。教育科学特别是普通教学论的发展对物理教学论的研究和发展产生着重要且深刻的影响。

科学心理学自诞生以来,发展异常迅速,并且被应用于社会实践活动的各个领域,产生了心理学的诸多学科。其中教育心理学、发展心理学、学习心理学等分支学科对教育教学领域产生了直接而重要的影响,它们的理论、原理与方法奠定了教学论发展的重要基础和条件。教育心理学、学习心理学直接研究教学过程和学习过程中的心理现象,其研究成果和理论为教学目标体系、教学内容体系等的科学化提供了理论依据,促使人们在研究物理教学的过程中,自觉地注意教学对象的年龄特征和个性差异,结合物理学的具体特点和学生的知识基础、接受能力、心理发展等编写教材,设计教学模式、教学方法和教学进度。

学习心理学的理论与教学论的研究关系极为密切,它的理论观点直接影响着人们的教学观念、教学设计和教学论的研究。行为主义者把研究学习的公式概括为S-R,即刺激－反应,使教学论研究仅注意到提供的刺激与学生的反应两个方面。认知学派的理论认为学习的公式为S-O-R,其中O代表学生,这种理论促使教学论的研究更加关注学生原有的知识、能力、情感等内部因素。人本主义的学习理论认为,在学习过程中,认知、情感和行为三者密不可分,这就使人们研究教学时,全面考虑学生的认知、情感、行为等多个方面,更加关注学生的信念、理想,自我概念,情感态度和价值观等。

建构主义观点对学习和教学产生了重大的影响,我国学者指出,统整的建构主义是研究和实施素质教育的重要理论依据,即使是核心素养时代的基础教育,建构主义依然对中学物理教学起着重要的指导作用。依据建构主义的知识观,在设计课程结构编写教材等方面,要自觉创建一种开放的、浸润的、积极互动的学习文化,以帮助学生克服知识学习的机械性,增强知识的弹性,促进知识的迁移。依据建构主义的学习观,学生应基于自己与世界相互作用的独特经验去建构自己的知识,并赋予经验以意义。依据建构主义的课程观,课程要用情节真实复杂的故事呈现问题,营造问题解决的环境,让学生在解决复杂真实问题的过程中活化知识,变事实性知识为解决问题的工具。依据建构主义的教学观,教学应该通过设计一项重大任务或问题以支持学生积极的学习活动,帮助学生成为学习活动的主体,设计真实、复杂、具有挑战性的学习环境与问题情境,诱发、驱动并支撑学生,同时对学习的内容和过程进行反思与调控。目前我国基础教育课程改革已经进入了核心素养时代,这一轮的基础教育改革,吸收了建构主义的思想观点。用建构主义的观点研究物理教学中的问题,就会促使我们在物理教学过程中更加注重发挥学生的主体作用,更加关注学生的学习、生活经验,关注社会发展和科学技术的发展,关注创设真实情境,促使学生积极主动地学习,促进学生全面、和谐地发展。这些研究对物理教学中更好地揭示教学的客观规律,促进学生核心素养更好发展,优化教学效果起到良好的指导作用,同时也丰富并促进物理教学论不断发展。

教育学与社会学的结合,形成了一门新兴的边缘学科——教育社会学。依据教育社会学的观点,教学本身就是一个社会活动系统,教学过程就是一个以人际互动为中心的社会活动过程。学校、班级是一个小型的社会系统,教学活动中的每个成员都承担着多重的社会角色,教学活动不仅是以知识传递和学习为基础的教育过程,而且是学生个性心理品质训练与养成的发展过程,还是在人际互动为中心的社会过程教学中对学生个体社会化的养成。在研究物理教学中的问题时,这些观点不但能够开拓我们看问题的视野,而且有助于从不同角度对物理教学问题产生更深入、科学的认识,从而揭示其中的客观规律。

最近二十多年来,随着脑成像技术的飞速发展,人们对脑的生物结构和脑学习的神经系统运行机制研究初见成果,以脑科学为基础的教学理论逐渐凸显其蓬勃的生命力。脑科学从实证的角度为物理教学的效果、物理教学内容的选择、物理教学方式的变革等提供了坚实的基础,这无疑对物理教学论的科学性提供了一定的保证。

(三)系统科学与物理教学论

系统科学是 20 世纪 40 年代迅速发展起来的学科。“系统”是系统科学的重要概念。所谓系统,就是指相互联系的若干要素组成的具有一定结构和功能的整体,相关性、结构性、功能性和整体性是每个系统必备的特点。从系统科学的观点考察,学校的教育教学作为一个整体,完全具备系统的基本特点,构成了一个教育教学系统。因此,把系统科学应用于教育教学研究,必然有助于我们对教育教学中有关问题的理解和认识,也有利于揭示教育教学过程中的客观规律。

系统科学中,控制论是关于生物系统和机器系统中的控制和通信的科学;信息论是关于各种系统中信息的计量、传递、变换、贮存和使用的科学;系统论是关于研究一切系统的模式原理和规律的科学。控制论、信息论、系统论(以下简称“三论”)三者是相互联系的,它们共同构成了横跨多学科的综合性学科,从而使“三论”的原理和研究方法具有普遍性和广泛的应用性。

“三论”作为一个整体,有三条最基本的原理:反馈原理、有序原理和整体原理。反馈原理指出,任何系统只有经过反馈信息,才能实现控制。或者说,没有反馈信息的系统,要实现控制是不可能的。教育教学活动是由师生共同参与的有目的的活动,要想达到目的就必须进行控制。根据反馈原理,要实现对教学的有效控制,师生双方都要收集并利用教学方面的反馈信息。教师根据反馈信息,不断调整教学内容和教学速度,改进教学方法,以便取得良好的教学效果,实现对教学的控制。学生根据反馈信息了解自己学习的优势、不足和学习过程,改进学习方法,实现对学习的控制。师生双方由反馈而实现的控制是完成教学任务、实现教学目标的重要保证。

有序原理告诉我们,任何系统只有开放、与外界有信息交换,才可能有序。或者说,与外界无信息交换的封闭系统要实现有序是不可能的。所谓有序,是指系统由较低级的结构转化为较高级的结构。就教学系统而言,教师教学能力和教学质量的不断提高是从无序向有序的转变;学生的全面发展,不断进步和不断提高素质是从无序向有序的转变。有序原理对教学的重要指导作用表现在:它启示我们在教学过程中,师生双方都要保持开放,要乐于并善于和外界不断地进行广泛交流,这样才能不断改进教学、不断进步,不断提高教学质量。

整体原理表明,任何系统都是有结构的。系统的整体功能不等于各部分孤立的功能之和。或者说,没有结构的、没有整体功能的系统是不可能存在的。教学系统包含多个要素,教师、学生、教学客体、教学媒体、教学环境等,各要素既有各自的功能,它们之间也存在相互联系和作用,表现出教学系统具有一定的结构,这种结构使教学系统具有教书育人的整体功能。整体原理对教学系统的指导意义是:教学中要使各要素之间配合协调,达到最优的教学效果。教学中要时刻注意培养学生德、智、体、美、劳全面发展。在某一学科的教学中,不能仅仅孤立地教给学生某一具体知识,要注重并善于发挥教学的整体功能。一方面,教学中要把传授物理知识、培养学生能力以及对学生进行思想教育三者有机结合,融为一体发挥教学的整体功能;另一方面,教学中要加强不同知识间的相互联系,不仅使同一学科知识间相互渗透与综合,而且使不同学科间的知识相互渗透与综合,这样的教学才使学生既能掌握学科的知识结构,也能综合运用不同学科的知识分析并解决实际问题,提高学生综合运用知识分析和解决实际问题的能力。我国正在实施的基础教育课程改革已明确提出课程改革的目标之一是要加强学科间的综合,课程要联系当代社会发展和科技的发展。

总之,系统科学的原理和方法对研究教育教学问题具有重要的指导意义。因此,用系统科学的原理和方法研究物理教学问题,有助于对问题的认识和深刻理解,也有助于物理教学论的发展和科学化。在这方面,广大的物理教育工作者已经进行了大量有意义的探索。

(四)物理教学论与教育技术

传统的物理教学,在教学手段方面,基本上是以粉笔加黑板为主,辅之以物理演示实验、挂图、幻灯片等。现代信息技术的迅速发展,已经对教育教学领域产生了深刻而巨大的影响。实施教育教学的环境、设备等方面已发生了巨大的变化,现代社会对教育教学手段提出了新的更高的要求。把现代信息技术手段和教育相结合,产生了一门新的学科——教育技术学。

教育技术学的理论和实践研究成果，为提高教学效率和教学现代化提供了直接的指导和应用技术。物理学科的特性决定了教育技术在物理教学中具有广阔的应用前景。例如，物理教学必须运用大量的实验给学生提供关于物理事实的感性认识。但是，由于各方面条件的限制，教学中只能为学生提供数量有限的实验。利用现代教育技术就能安全地、方便地、生动地模拟物理实验，使学生充分感知物理现象，认识物理过程，从而变抽象为直观、枯燥为生动。物理实验中，有的数据变化很快难以捕捉，物理现象稍纵即逝，数据处理难度大，随着各种传感器、信息处理软件的出现，这些困难已得到很好解决。再如，物理学研究的对象大到宇宙系统，小到基本粒子，大尺度宇宙系统和微观领域的物理现象往往无法直接感知，学生对此建立正确的表象十分困难，利用现代教育技术手段就能够实现对这类现象和过程的物理模拟，从而帮助学生建立物理表象，认识物理过程和物理规律。人工智能领域的迅猛发展展现了无限的想象力和创新性，为教育技术开启了前所未有的广阔视野。人工智能时代，在物理教学实践中，如何将教育技术与物理教学有机结合呢？这就是物理教学论研究的问题。可见，教育技术学的发展开辟了物理教学论研究的新领域，它必将促进物理教学的现代化和物理教学论研究的不断发展。

三、物理教学论的学科性质及特点

物理教学论研究的是物理教学中的有关问题，揭示的是达到最优物理教学效果、培养学生物理学科核心素养的物理教学规律，物理教学论具有显著的物理学科特点和研究方向，这是区别于其他学科教学论和普通教学论的显著特点。同时，物理教学论关注的是物理教育问题而非纯物理问题，这一点也是有别于物理学科的。物理教学论在物理教学实践中不断得到丰富和发展，不断发展的理论又反过来在物理教学实践中得到检验和再发展，所以，物理教学论是理论性和实践性交融的学科，是立足物理、面向教育的开放的学科。

此外，物理教学论因为涉及多门学科的理论基础，研究的问题多是多要素纠缠的综合性问题，且需运用综合性的研究方法开展研究，所以，物理教学论还具有综合性的特点。

物理教学论独有的学科性质及其综合性、开放性和兼具理论和实践性的特点，要求我们与时俱进，在实践中不断探索、发展物理教学论，并用先进的理论武装和指导我们的教学。

3-1
现代物理学成就和物理课程改革

3-2
人工智能时代如何发展高质量教育

思政育人　请讲述我国教改浪潮中模范人物的一个小故事,结合自身情况谈谈对自己成长为一名新时代物理教师的启发。

思考讨论

1. 两种取向的教学理论在不同历史时期对教育起到怎样的作用?

2. 请你谈谈对建立在脑科学基础上的教学理论的看法。

3. 你对课程改革所提倡的教学理念的哪一条理念感触比较深刻?请简要说明原因。

4. 物理教学论这门学科有哪些学科性质?

5. 中学物理教学中应倡导哪些教学理念? 请就你感兴趣的一条谈谈自己的认识。

第四章

物理教学内容、过程与原则

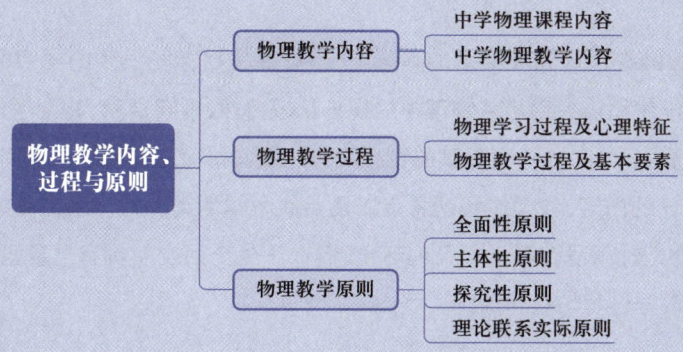

1. 物理课程主要包含哪些内容？

2. 中学生物理认知学习的特点是什么？

3. 什么是教学过程？物理课堂教学过程通常包括哪些环节？

4. 什么是理论联系实际原则？举例说明你对理论联系实际原则的理解。

1. 知道中学物理课程内容框架,能基于核心素养课程目标选择与处理教学内容。
2. 知道物理教学过程包括教和学两个方面,认识教学事件是为了促进教学而设计的教学活动。
3. 理解物理教学的全面性、主体性、探究性及理论联系实际的教学原则,并用于指导教学。

教学内容

　　物理教学是教师在物理课程标准的指导下,根据课程目标和学生的学习需求,运用一定的方法和策略,引导学生积极主动地从物理学的视角认识自然、理解自然,体会科学研究方法,养成科学思维习惯、发展科学能力,树立正确的世界观、人生观、价值观的活动。要有效地组织教学活动,就必须认识教学的内容、教学过程的特点以及组织教学活动有效开展的基本原则,这对于设计教学、优化教学方法、创设有利于学习的环境、促进学生全面发展具有重要意义。本章主要介绍物理教学内容、教学过程与教学原则。

第一节　物理教学内容

一、中学物理课程内容

基于中学生物理核心素养的发展,物理课程标准明确规定了初中(义务教育)及普通高中物理课程内容框架及要求,初中物理课程内容由物质、运动和相互作用、能量、实验探究、跨学科实践五个一级主题构成,其中,物质、运动和相互作用、能量主题体现了物理课程内容的基础性,实验探究和跨学科实践主题则突出了物理课程内容的实践性,它们是相互融合的。课程内容一级主题下有 19 个二级主题,其内容一级主题,二级主题如图 4-1 所示。

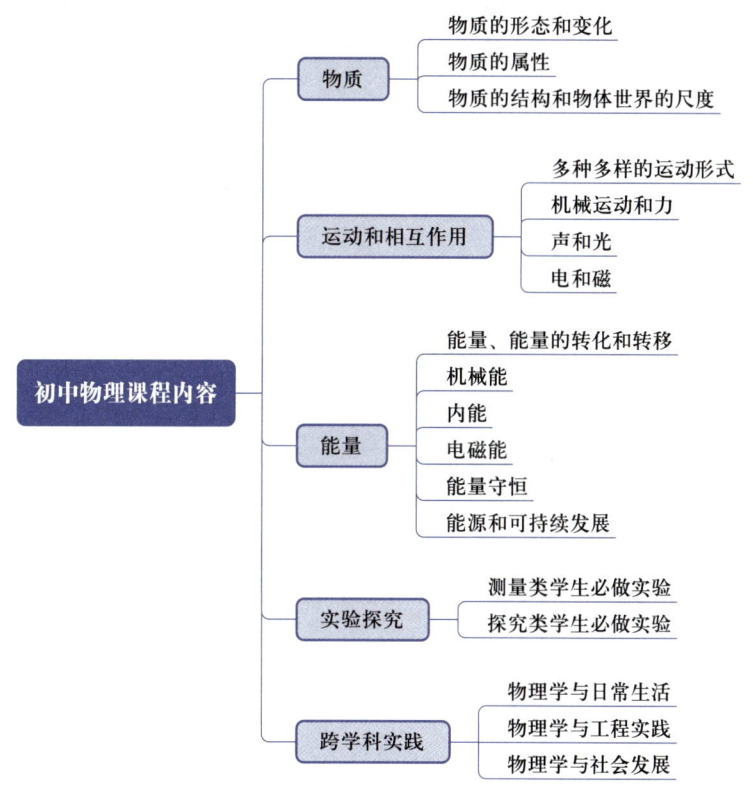

图 4-1　初中物理课程内容框架

高中物理课程是初中物理课程的深化与拓展,旨在进一步提升学生的物理学科核心素养,高中物理课程内容框架如图 4-2 所示,课程标准依据高中生的认知规律及物理学科特点,设计了层次分明的必修、选择性必修和选修的课程内容,既关注了学生的共同基础,又兼顾了部分学生进一步学习的需求。

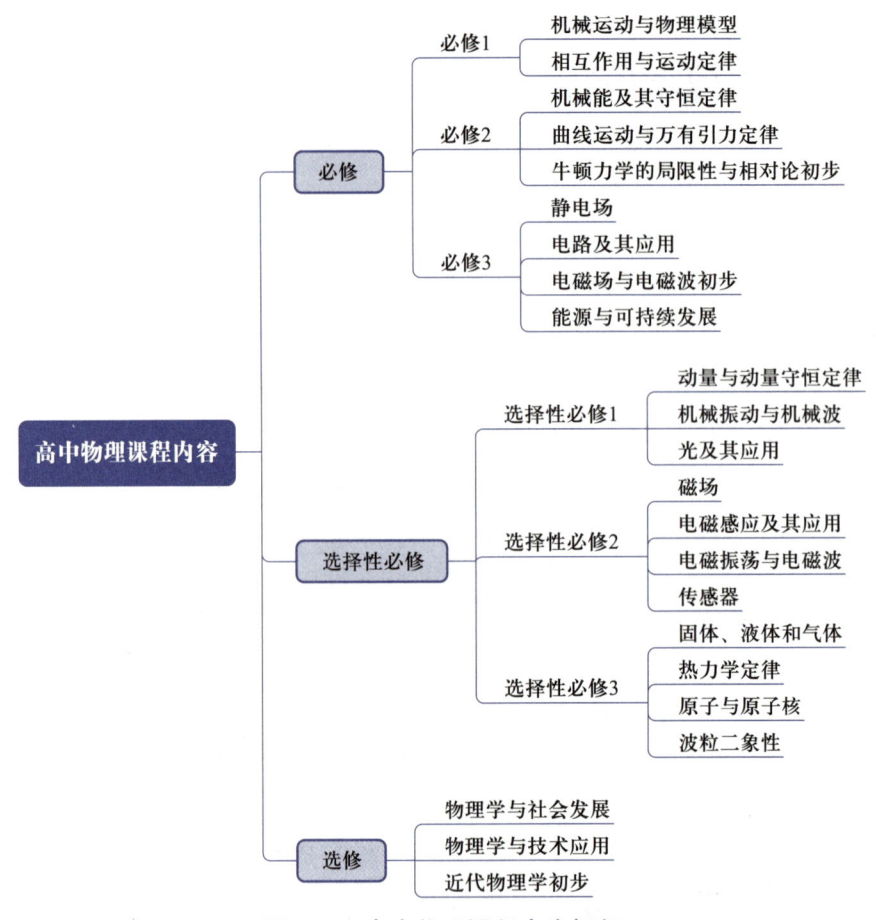

图 4-2　高中物理课程内容框架

从图 4-1 和图 4-2 可以看出,中学物理课程内容涵盖力学、电磁学、热学、光学和原子物理学等多个领域的物理现象、物理概念、物理规律、探究实践等,这些内容由浅入深,由现象到本质,引领学生逐步构建对物理世界更为全面且深刻的理解,体现了课程设计的连贯性与发展性。

（一）物理现象

物理现象是指物理实验及自然界中与物理有关的客观事件或过程,人们通常通过感官观察或借助仪器观测对其进行记录或描述。物理现象十分广泛,如声现象、热现象、光的反射现象、光的折射现象、全反射现象、惯性现象、静电感应现象、磁现象、电磁感应现象等。生活中有很多常见的物理现象,如雨后天空中出现彩虹、冬天早晨窗户上出现冰花、烧开的水不停地翻滚等,是人们可以直接感知到的。也有一些物理现象,如超声波、紫外线、磁现象等,是需要借助仪器才能观测到的。物理学家正是从这些物理现象入手,去研究、探索其本质,逐步建立物理概念,发现物理规律,构筑了物理学的理论体系。

（二）物理概念

物理概念是组成物理知识的基本单元,是一类物理现象的共同特征和本质属性在人脑中概括和抽象的反映。物理概念反映了物理客体的本质属性,故具有客观性和抽象性。许多物理概念不仅有质的规定性,还有量的可测量性,这使得物理概念在描述物理现象时有很高的精确性。物理概念是科学发展特定历史阶段的产物,因而它有一定的适用条件和范围。如质量的概念,在经典力学中是与运动无关的一个量,但在高速运动的情况下,它就是一个与运动速度有关的量了。初中和高中对物理概念的学习要求呈螺旋式上升,如"运动与相互作用"主题的概念,初中有质量、速度、路程、时间、密度、力(重力、弹力、摩擦力、浮力)、压强、功、功率等;高中有力(重力、弹力、滑动摩擦力、静摩擦力、向心力、万有引力、分子力)、时间、时刻、速度、线速度、角速度、周期、频率位移、加速度(重力加速度、向心加速度)、简谐振动、机械波、动量、冲量、矢量、标量、功、功率等,可以看出高中关于力与运动相关概念的学习要求更为深入。

（三）物理规律

物理规律是若干物理概念之间的内在联系,反映了物理现象和过程在一定条件下发展、变化的趋势。例如,力学中的物理规律有胡克定律、牛顿运动三定律、开普勒三定律、万有引力定律、机械能守恒定律、动量守恒定律、动能定理、动量定理等。这些物理规律具有因果性、客观性、近似性和局限性,反映了几个物理量之间的内在联系。这种内在的联系是客观存在的因果关系,使分立的物理概念之间存在逻辑关系,也使相关的规律之间存在着演绎关系。由于物理规律是在实验或假说及数学演绎的基础上建立起来的,与自然规律有一定的差距,因此,物理规律只能近似地反映自然规律,它是相对的真理,有相应的适用范围和局限性。例如,牛顿运动定律只在惯性参考系中成立,它的适用范围有一定的局限性。

（四）探究实践

物理课程标准将实验探究和跨学科实践活动纳入了课程内容框架中,旨在让学生经历科学探究与实践过程,主动建构物理概念,掌握物理规律,形成物理观念,领悟科学方法,发展科学思维能力、探究与实践能力,理解科学、技术、工程、数学、艺术等学科间的关系,形成科学态度和正确价值观。

课程标准明确指出,实验探究主要包括测量类和探究类的学生必做实验,初中和高中各安排了 21 个实验项目,鼓励学生基于观察和实验提出物理问题,形成猜想与假设,设计实验、制定方案,进行实验、获取数据,分析和解释数据,得出结论,交流、评估与反思实验探究的过程与结果,以此构建物理概念,深化对物理规律的认识。跨学科实践则要求学生从物理学与日常生活、工程实践及社会热点问题入手,明确问题,综合运用物理学和其他学科知识、方法及实验操作技能,通过调查、设计、制作、改进等方式将解决问题的想法或创意付诸实践,帮助学生建立全面、系统的知识体系,促进学生核心素养的发展。

课程内容是课程目标的载体,学生在课程内容的学习与研究中将会逐步形成物质观、运动与相互作用观及能量观,发展科学思维与科学探究能力,形成科学态度与正确的价值观。对此,课程内容要求和学业要求中有明确的规定,请参阅本章后的扩展资源。

二、中学物理教学内容

课程标准中的课程内容要求为教学提供了广泛的框架,体现同一课程内容结构的教学材料可以是多种多样的,如不同版本的教科书,用不同的素材、栏目去承载相同的课程内容与课程价值。教学内容是学校传授给学生的知识、技能、技巧、思想、观点、信念、言语、行为、习惯的总和,是教师在课堂上为实现教学目标而呈现的信息,是课程内容在实际教学过程中的具体展开和呈现。教学内容不仅包括知识技能、思想观点、科学方法、态度责任等内容,还包括承载这些内容的图片、视频、案例、故事和实验材料等素材。

课程标准要求教学要充分考虑学生的认知水平和学科特点,针对拟定的教学目标来选择教学内容。其中,教材是最直接的课程教学资源,但是在课堂中,教师面对的是具体的教学对象,会因不同的区域、不同的环境、不同的背景而有差异,所以教材要经过教师的二次加工,才能成为具体的教学内容。基于核心素养的课程目标,教学内容的选择与处理要关注以下几点。

(一)精选教学内容

在具体的教学中,教学内容要以课程内容为核心,包含物理的基础知识、基本规律和核心概念等,这些内容要与实际情境相关联,即在具体的情境创设中,教师要选择与学生生活紧密相关、易于被学生理解和接受的情境素材,将抽象的物理概念和规律融入具体情境中,形成情境材料内容,以帮助学生建立直观感知,促使他们主动积极地建构物理概念并掌握物理规律,建立起关于物理世界的概括性认识。教师还要结合现代科学技术的发展,引入一些具有时代特色的教学内容,以反映学科的前沿动态和实际应用,促使学生在学习中形成相应的物质观、运动观和能量观等物理观念。这些观念又会从物理学的视角引导和支配学生的认识与实践活动,使学生理解科学、技术与社会的关系,能够运用所学的内容解释自然现象,解决实际问题。

（二）关注思维发展

物理概念和规律等知识的学习需要思维加工，思维能够凭借获得的感性材料、已有的经验和知识，透过事物的现象，揭示事物的本质和规律，从而实现对未知事物的认识和理解。因此，在教学内容的选择上，教师要判断教学材料是否符合学生认识规律、遵循逻辑规则，是否利于学生分析与综合、比较与分类、抽象与概括、归纳与演绎等思维方法的训练。如中学物理教学中涉及的质点模型、轻绳模型、轻杆模型等物理模型，对这些模型的构建要基于真实的情境材料，学生通过真实情境材料的比较与分析，洞察事物的本质特征，在抽象和概括的基础上完成模型的建构，从而达到科学思维能力培养的目的。

（三）落实探究实践活动

课程标准对实验探究项目及跨学科实践主题有具体的要求和建议，在实际教学中，教师要综合考虑学生的兴趣和需求、科学探究的过程、实践性和操作性、信息技术和教育资源的利用，以及安全性和可行性等因素，精心设计探究实践活动，引导学生经历提出问题、作出假设、收集证据、分析论证、得出结论、评估交流等过程，建构物理概念、掌握物理规律，促进学生探究实践能力的发展。

（四）体现物理与人文的融合

中学物理课程内容包含物质、运动与相互作用、能量等主题的现象、概念与规律等知识，这些知识中蕴含着丰富的背景材料，承载着特定的人文价值。一些对学生生活有影响、具有时代特征的科技成果，特别是我国现代科技的发展成就，如北斗卫星导航系统、高铁等，不但能开阔学生的视野，增强学生对科学、技术、社会、环境的理解，而且能激发学生的爱国情怀。教学内容还要关注物理学发展史和我国物理学家对物理学发展的重大贡献，以及对学生的影响，能从《墨经》《梦溪笔谈》《天工开物》等历史典籍中挖掘素材，引导学生感悟民族智慧、增强文化自信。

第二节　物理教学过程

教学过程是具体实施教学活动的步骤和环节，在这个过程中教师通过专业的知识和经验，采用多种教学方法和策略，引导学生进行有效学习；而学生则通过积极参与、主动思考，努力理解和应用所学知识，并将所学的知识转化为自己的能力和素养，以实现自身的成长和发展。物理教学过程虽然是一个动态而复杂的系统，不同的课型有着不同的细节，但就学生的认知学习过程而言,是具有一些共性的。下面我们从学生的物理认知学习特点入手来介绍物理课堂教学的一般过程。

一、物理学习过程及心理特征

建构主义学习理论认为,学习的本质是建构,是学生个人主动建构意义的过程,意义的获得取决于学生新旧经验的相互作用。物理学习的过程,从根本上讲是一种认识过程,是学生在个体与物理环境相互作用中认识物理世界的过程,是学生原有的物理认知结构与物理环境中的新知识相互联系和作用,从而在学生头脑中构建新的认知结构,或者对原有认知结构进行调整、补充、丰富和修正的过程,这是一个内部同化与顺应的功能性平衡的复杂过程,是一个思维加工的过程。学生通过观察、听讲、阅读、操作等方式感知物理现象,并将其纳入已有的认知结构中进行同化;当获得的物理信息与原有的知识经验产生冲突时,个体会采用顺应方式,借分析、比较、推理等思维方法达成知识的重构,引起认知结构的重组,以形成新概念,掌握新规律,解决物理问题。物理学习的认知过程如图 4-3 所示。

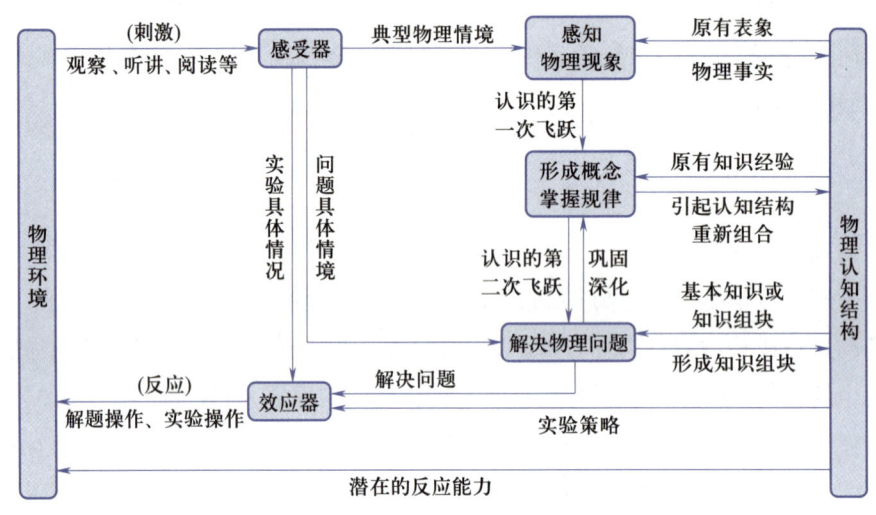

图 4-3 物理学习的认知过程

（一）感知是物理学习的起点

在物理学习过程中,学生从物理环境中接受刺激的形式为观察、听讲、阅读、操作等,其对物理环境的反应形式主要是解题操作和实验操作。物理学习过程最主要的部分则是思维加工过程,思维加工过程可以分为感知物理现象、形成概念掌握规律、解决物理问题三个主要的阶段,这三个主要阶段都与学生的物理认知结构有着密切的关系。

物理学是建立在对物理现象、物理事实、物理过程的感知基础上的,感知物理现象一般要经历感觉、知觉、表象三个过程。

1. 感觉

感觉是人脑直接作用于感觉器官的事物个别属性的反映,是物理认识的开端。由图4-3可以看出,物理学习始于物理环境对学生的刺激,学生以观察、听讲、阅读等形式接受物理环境的刺激,通过感受器把环境刺激转变为神经信息,形成感觉,并进一步与大脑相互作用。物理教学中的物理环境(物理现象和物理过程)主要以光、声、气味、实验等为媒介,作用在学生的感受器上,使学生产生相应的神经冲动传到中枢神经,从而引起视觉、听觉、嗅觉、触觉等,然后进一步与大脑相互作用。

2. 知觉

知觉的产生以头脑中各种感觉信息的存在为前提,并与感觉同时进行,它是大脑对直接作用于感受器的事物整体的反应,是对事物各种不同属性、各个不同部分及其相互关系的综合反应。知觉除了包含感觉之外,还包含其他心理成分,如过去的经验、思维和言语活动等。

3. 表象

表象是建立在现象感知过程的基础上,它具有概括性,既是类化的知觉,又是感觉的概念,是知觉和思维之间的中间环节,是从感性认识到理性认识的过渡阶段。

表象与知觉的主要区别在于,知觉只有当对象作用于感觉器官时才存在,表象则可以在这种作用消失后继续存在。有些表象是对静态的和动态的知觉的再现,称为记忆表象。有些表象是对知觉的概括和重组,称为想象表象。表象是对感觉、知觉的重组和加工,接近理性认识,在感性认识上升到理性认识的过程中有重要作用,但它还没有超出感性认识的界限,仍是感性的具体形象。

(二)思维加工是物理学习的关键

在对物理事实、现象、过程有了清晰且明确的感知之后,思维加工就进入了形成概念和掌握规律的阶段,这是整个物理学习的核心阶段。在这一阶段,经过感知而获得的物理表象在认知结构中原有知识经验的支持下,转化为头脑中的抽象规定。这时学生认识了事物的本质特征和事物间的联系及变化趋势,认识由感性上升到理性,由具体变为抽象,完成了物理学习中认识的第一次飞跃。在这个过程中需要运用比较、分析、综合、判断、推理、想象等方法,通过经历认知定向、找出共同特征、抓住本质属性、进行抽象规定和深入理解概念等过程,得出对客观事物一般特征和规律的认识。

思维加工的各个阶段都同物理认知结构发生相互联系、相互影响和相互作用。离开了认知结构,思维加工的各个阶段是无法完成的。简单来说,认知结构是学生头脑中的知识结构,即已有的观念的全部内容和组织。皮亚杰指出,这个结构是以图式、同化、顺应和平衡的形式表现出来,具有可利用性、稳定性、清晰性和可辨别性。物理认知结构是学生在物理学科的特殊知识领域内已有的物理观念的全部内容及其组织,包括学生个体对物理世界的经验、观念和知识。学生在感知物理现象的过程中,已有的知识、经验、表象被唤醒,如果获得的信息资料与原有的知识经验相冲突,思维就会对相关的信息资料进行分析、比较、判断、综合等,从而形成新知识(概念、规律),建构自己的理解,重组原有认知结构。

(三)解决物理问题是物理学习的必要环节

学生对所学的概念和规律需要进一步完善和巩固,而这一过程必须在运用概念和规律去解决具体物理问题的实践中完成。通常,物理问题的环境刺激经过感受器转变成问题具体情境的神经信息,它以一个支线的形式直接进入解决物理问题的阶段,问题的具体情境与认知结构中提供的基本知识或知识组块相互作用,形成解题策略,推动效应器工作,使口或手按一定的顺序和时间完成解题操作。

解题操作实现了学生对物理环境的可观察到的反应,使原来物理环境中未知或不完整的具体问题变成已知或完整的命题,实现了认识过程中的第二次飞跃,这样学生就通过自己的努力改变了物理环境,从而完成了学习。

物理问题解决的过程比概念形成的过程更为复杂,需要较为复杂的逻辑判断和推理。它是在各种具体的物理情境中推广、应用物理知识,此情境可能是学生不熟悉的,需要学生自己进入问题情境,寻找熟悉的要素进行抽象思维,简化成自己熟悉的物理模型,对问题进行分类,然后选取自己认识结构中的概念、原理、方法等形成认知策略,并运用于给定的问题情境,来实现问题的解决。

(四)良好的个性心理是学习活动顺利进行的动力系统

个性心理是指一个人在外部刺激和主客体相互作用下所反映出的心理状态,良好的个性心理对学习具有调节、控制、维持和补偿的功能,是提高学习质量和促进智力发展的强大动力。个性心理包括个性心理倾向和个性心理特征,个性心理倾向又称为个性动力结构,它包括人的需要、动机、兴趣、理想、信念及世界观等心理成分,集中地表现了个性的社会实质,是人进行活动的基本动力;个性心理特征,是人的心理特点的独特结合,包括能力、气质、性格等。学生物理学习的顺利进行需要其个性心理的支持,即学习兴趣、动机、习惯、注意力、意志力、学习策略和学习能力等对于学习活动的顺利进行起着重要的作用。

稳定的情绪、坚韧的性格和正确的价值观,有助于学生在学习活动中保持专注和投入,从而提高学习效率。教学中要引导学生根据自己的实际情况和能力水平,制定具体、可衡量、可实现的学习目标;学会控制自己的情绪和行为,避免在学习活动中受到不良情绪的干扰;在面对学习中的困难和挑战时,要保持乐观和自信的积极心态,相信自己有能力克服困难并取得成功;在面对学习压力时,鼓励学生与家人、朋友或老师分享自己的感受和困惑,获得情感上的支持和建议。

二、物理教学过程及基本要素

(一)教学过程基本要素

教学过程是师生相互作用的双边互动活动进程,即在特定的教学情境中,学生在教师指导下掌握知识,形成技能,提升能力,发展情感态度与价值观的过程。这是一个以教师为主导、学生为主体,以教学内容为主要认识对象的师生双边活动过程,是由多个教学环节和一系列教学活动组成,旨在实现教学目标、促进学生核心素养的发展。

当前,对教学过程构成要素的看法有多种,如"三要素说""四要素说""五要素说"等。我们认为,教学过程由教师、学生、教学内容、教学手段等基本要素构成,如图4-4所示,其中教师是教学活动的组织者,学习的引导者、促进者和帮助者,离开这个要素,就不能形成教学的双边关系;学生是接受教育的主体,是教学活动的核心,没有这个要素,教学就失去了目标,教师的努力就毫无意义;教学内容是课堂教学的载体,它不仅是学生学习的对象,也为教师提供了指导教学和评估学生学习成果的依据,没有这一要素,教与学就失去了基础与前提;教学手段在教学过程中起着承载和传递信息、促进学习的作用,恰当教学手段可以增强教学的效果,激发学生的学习兴趣,提高教与学的效率。

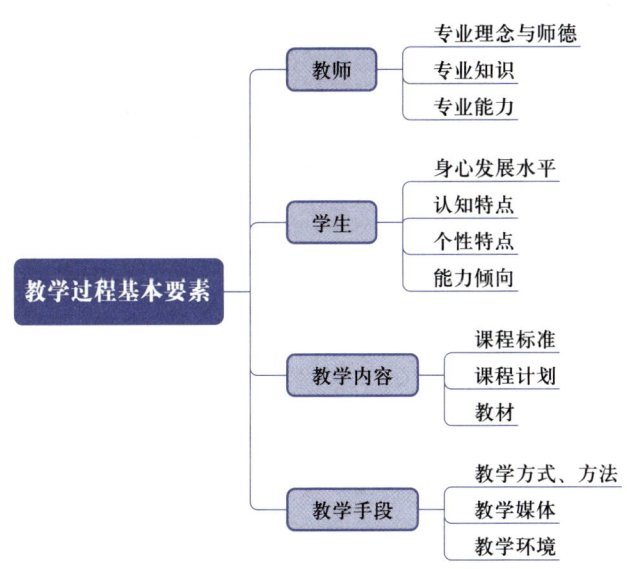

图 4-4　教学过程的基本要素

教学活动是一个复杂的过程,在这个过程中教师要根据学生的需求和特点,选择适当的教学内容和手段,创造有利于学习的教学环境,激发学生的兴趣,引导他们探索知识,提供反馈与评价,从而推动学生的学习和发展;而学生则在教师的指导及教学手段的激励下,主动参与到教学活动中,运用已有的知识经验和认知结构去同化或顺应外部的教育影响,达到理解和掌握教学内容的目的,以此逐步建立起对客观世界更准确和深入的认识,发展能力,形成科学态度和正确价值观。

（二）物理教学过程

物理教学过程是教师根据一定的培养目标、教学目的和学生身心发展的特点,运用各种教学手段和方法,以观察和实验为基础,密切联系学生的学习生活和社会生活实际,引导学生经历各种活动认识物理世界,掌握物理学科的基础知识、基本结构和基本方法,训练基本技能,促进学生智力、能力和非智力因素的全面发展,形成辩证唯物主义世界观基础,培养高尚的思想道德品质和良好个性的过程。教师、学生、教学内容、教学手段是物理教学活动过程不可缺少的基本要素,它们为实现物理课程目标而相互联系和相互作用,构成了完整的物理教学系统。在这个教学系统中,学生是主体,教师是主导,教学内容是主体学习的对象,教学手段则是学习的条件,它们相互作用的结果就是提高学生的物理学科核心素养,促进学生全面发展。

教学过程是教学活动的实施环节,直接决定了教学质量,而教学活动的顺利开展离不开教师教学前的用心准备和教学后的评价与反思。教师要从教学前的准备、教学活动的实施、教学后的评价与反思这三个方面来把握教学过程,其中教学前的准备涉及教学设计的所有方面,包括教学过程的设计,它是教学活动顺利推进的前提;教学活动的实施是整个教学的核心,呈现了教学的进程,直接决定着教学的效果;教学后的评价能为教学改进和帮助学生发展提供依据,教学后的反思则可以让教师认识到自己在教学中的优势与不足,这对其教学水平的提高有着积极的作用。

1. 教学前的准备

（1）钻研课标,熟悉教学材料

钻研课程标准,就是要明确本学科课程的理念、目标要求、内容标准和教学建议,分析教学任务。《基础教育课程改革纲要（试行）》指出:"义务教育课程标准应适应普及义务教育的要求,让绝大多数学生经过努力都能够达到,体现国家对公民素质的基本要求,着眼于培养学生终身学习的愿望和能力。"课程标准明确规定了课程内容,并列出了具体内容要求和学业要求,教师要据此来确定每一堂课具体的教学内容和教学目标。

教学材料一般包括教科书、教师用书等教辅资料,为了更有针对性地进行教学,需要对教材内容进行二次加工,因此,教师要先了解教科书的编写意图、组织结构,以及各章节的重点、难点和关键等，挖掘教材及教学资料的教育性、思想性等要素，然后对标物理观念、科学思维、科学探究和科学态度与责任等目标，确定适合课程内容要求的教学材料。

（2）了解学生，明确教学目标

了解学生主要是了解学生原有的知识基础、智力发展水平、学习方法、学习态度和学习习惯等。根据每一课题（单元）的具体要求，重点了解和研究学生在接受新课中可能遇到哪些困难，会产生怎样的问题，会采取什么样的态度等。在充分分析学生的知识水平、生活经验及解决问题的方式和深度等基础上，依据课程标准要求，从物理观念、科学思维、科学探究和科学态度与责任四个方面明确教学目标，确定教学重点、难点，使教学符合学科、班级、学生的实际。

（3）组织内容，设计教学

教师在钻研课程标准，熟悉课程与教材内容、了解学生、确定教学目标的基础上，要选择和组织教学内容、设计教学活动的实施方案。即站在学生的角度，从学生的认知特点出发，进行教学过程的设计，需要考虑如何组织情境素材、如何开展教学活动，如何运用恰当的方法、采取合理的进程、实现既定的教学目标。为便于学生掌握学习内容，在设计教学过程时，教师要将教学内容转变为序列化的教学活动，这些活动应该遵循物理知识的逻辑顺序和学生的认知发展规律，从简单到复杂、从具体到抽象，以确保学生能够循序渐进地学习。

（4）制定方案，编写课时计划

为了保证教学活动的顺利进行，还需要将设计好的教学活动序列转化为详细的教学计划，包括每个活动的时间安排、所需资源、教师行为和学生行为等方面的内容。一般的教学计划包括学期（或学年）教学进度计划、课题单元计划、课时计划。我们所讨论的课时计划，即教学方案（教案），是备课工作中最为深入、具体的一个环节。一个完整的教学方案应包括：上课班级、学科名称、授课时间、课题、教学目标、课的类型、教学重难点、教学方法、教具、教学过程、设计意图、教学反思、板书设计等。其中，教学过程包括一堂课教学内容的详细安排、教学方法的具体运用和时间的分配等，这是教学方案的主体部分，也是教学活动实施的重要依据。

教师在编写教案时，应该对教学活动的目标、结果及形式等，做到心中有数，特别是涉及实验探究类课程内容时，要提前做好实验材料的准备工作，它直接关系到课堂活动的顺利进行和学生的学习效果。教师要列出实验所需材料清单，完成实验操作与演练，记录实验操作中的注意事项等，确保教学实施过程中实验活动的顺利开展。教学前的准备是教师的备课过程，不仅要收集相关的教学材料、了解学生、明确教学目标、选择恰当的教学方法和组织形式、编写教案之外，还要调整好自己的心理状态，准备以最佳的精神面貌出现在学生面前。

2. 教学活动的实施

教学活动的实施是教学的重要环节，它涉及教学计划的执行、教学方法的运用、师生互动以及教学资源的利用等多个方面，呈现了教学的活动进程。在进入数字化教育时代的今天、线上、线下混合式教学的实施拓展了教学过程的时空。为了帮助师范生把握教学过程本质，我们这里所讨论的教学活动的实施场地主要限定在课堂。

课堂是教师和学生平等沟通、学习交流的场所，课堂教学活动是师生在规定的时间内，根据教学的目标，选择适合的方法，有计划进行的双边或多边互动的活动，它是将教学方案转化为实际教学行为的过程。新课程理念倡导的教学活动的组织应该遵循学生的学习心理过程，突出学生的主体地位。

学生在学习活动中，大脑会进行一系列的信息处理过程，如感知、接收、理解、记忆和应用新知识等，这些过程在很大程度上是"内部激活"的，即它们是由学生内部的认知机制和动力驱动的。当一个知识被掌握后，它会自动成为下一个知识的输入基础，推动学生不断掌握新知识。例如，当学生理解了物理中的力的概念后，这个概念会成为他们学习重力、弹力、摩擦力的基础。然而，这些内部激活的学习动机和学习行为实际上会受到外部事件的影响，例如，教师的讲解可以提供新的信息和观点，激发学生的思考；学习资源的丰富性可以影响学生的信息获取和理解方式；同学之间的讨论和合作可以促进知识的共享和思维的碰撞等。这就意味着教师可以通过调整和优化外部条件（如学习资源、教学方法、学习环境等）来影响学生的内部认知过程，从而实现有效的教学。因此，教学活动的实施就是支持学生产生内部的学习动机和学习行为的教学事件。

教学事件是为了促进教学而设计的教学活动，如表4-1所示为课堂常用的教学事件，旨在通过引起学生注意、提供学习指导、反馈与评价等事件促进有效教学。

表4-1 课堂常用的教学事件

序号	教学事件	与学习过程的关系
1	引起注意	接受神经冲动模式
2	明确学习目标	激活执行控制过程
3	激起对习得的先决性能的回忆	把先前的学习提取到工作记忆中
4	呈现刺激材料	突出特征以利于选择性知觉
5	提供学习指导	语义编码，提取线索
6	引出行为表现	激活反应组织
7	提供行为表现正确的反馈	建立强化
8	测量行为表现	激活提取，使强化成为可能
9	促进保持和迁移	为提取提供线索和策略

教学的首要任务是引起学生的注意，只有当学生的注意力集中在教学内容上时，他们才能有效地接收和处理信息。明确学习目标有助于学生在学习过程中保持专注，并确保学习

活动的有效性和针对性。在教学的某些环节,刺激学生回忆已有的知识,有助于建立新旧知识之间的联系,有助于学生更好地理解和掌握新知识。教学目标的达成需要为学生呈现各种刺激材料(如文本、图像、视频、实验等),为学生提供丰富的信息来源,这些材料不但有助于激发学生的学习兴趣,更重要的是促进他们的认知和理解。在教学活动的实施中,教师要为学生提供必要的学习指导,帮助学生将新信息转化为有意义、有组织的知识结构,促进深入理解。课堂是师生双边的互动过程,教学要通过设计问题和任务来引导学生的行为表现,让学生有机会展示他们对所学内容的认识和理解。及时的反馈则可以建立强化机制,促使学生更加积极地参与学习,并努力达到更高的标准。学生的学习成果可通过测量学生的行为表现来进行评估,并据此提供反馈,这也是强化的重要环节,通过测量,学生可以了解自己的学习情况,从而调整学习策略。学习的最终目的是使学生能够将所学知识长期保持下来,形成能力并在新的情境中能灵活应用。表4-1中教学事件1、2、3是为学生的学习做准备的,而教学事件4至教学事件9都与学习过程有关,这些教学事件并不是孤立存在的,而是相互交织、循环迭代的。例如,在教师提供学习指导后,可能会引出学生的行为表现以检验学习效果;在学生提供反馈后,教师可能会根据反馈结果调整教学策略或学习目标。在实际的课堂教学活动中,教师需要根据具体的教学内容灵活运用各种教学策略和方法,以促进学生的有效学习和发展。

根据以上的教学事件,结合教学主题,我们可将一节新课的课堂教学活动分成六个基本阶段:心理准备阶段、感知阶段、理解阶段、巩固阶段、运用阶段、检查与评价学习效果阶段。

心理准备阶段是激发学生兴趣动机和求知欲的阶段,在进行设计时就是要围绕课堂目标充分考虑学生的学习兴趣和动机,通过创设情境,提出问题,引起学生的注意、告知学生学习目标,或者通过复习引起学生对已有知识的回忆,建立新旧知识的联系。

感知阶段的教学活动则要根据教学内容的要求,通过事例、模型、实验、视频等方式呈现刺激材料,引导学生感知这些材料所呈现的现象,帮助学生在观察、思考与实验探究活动中形成相应的表象。

理解阶段的教学活动要根据教学内容的性质与知识学习的要求,为学生提供学习指导,选择合适的思维形式,引导学生开展分析、比较、综合和概括等思维活动,帮助学生理解知识的内在逻辑和关联,形成自己的知识框架和认知体系。这个过程中要注意激发与调动学生积极的态度、情感,观察学生的行为表现,并及时提供反馈,建立强化机制。

巩固阶段的教学活动则要根据教学内容的特点以及学生对知识的理解,进行讨论、练习和总结等活动,分析学生理解与掌握新知识过程中可能存在的主要问题和主要障碍,评估学习成效,并让学生了解自己的学习情况,形成长时记忆,达到巩固深化所学知识的目的。

运用阶段的教学活动则应根据实际教学环境和条件,针对具体教学内容和目标,为学生提供新的情境问题和新的任务,让学生运用所学知识解决问题,从而加深理解并实现知识的内化,形成高阶思维能力。

检查与评价学习效果阶段,则可以通过作业、测试、项目报告等多种方式对学生的学习效果进行检查和评价。评价的目的是了解学生的学习成果和存在的问题,查漏补缺,帮助学生更好的发展,同时也为后续的教学提供反馈和改进的依据。

从以上介绍可以看出这六个阶段是依据学生的学习过程提出的,它们相互衔接构成了一个完整的课堂教学过程。但是在实际教学中则需要根据具体的内容和学生的特点灵活地调整每个阶段的教学方法和策略,以实现最佳的教学效果。如实验教学可采用科学探究的方法,即课堂上引导学生基于观察和经验提出问题并进行猜想假设,为验证假设是否正确,引导学生设计并进行实验,收集数据,分析论证,最后得出结论,并进行交流与表达,以达到感知、理解的目的;复习课则可以突出巩固和检查两个阶段,将重点放在巩固深化、查漏补缺上。当然,教学活动中学生的主体性是一定要关注并加以落实的,具体可能通过启发引导、学法指导、因材施教、及时反馈等方式让学生在民主、宽松、和谐的教学氛围中积极主动地得到全面发展。

3. 教学评价与反思

教学评价着眼于改进教师教学行为、改进学生的学习,提高课堂教学质量,为教师的教和学生的学提供反馈信息。通过评价可以判断教师的教学目标设置是否合理,是否符合学生的认知能力;反思教学准备与教学实施阶段有无改进之处,教师本人对教学内容和教学目标理解是否深刻。通过评价可以评定学生的学习效果,总结学生的学习成果,确定学生后继教学内容的学习起点,对学生的学习过程进行反馈;通过评价学生可以了解到自己的优点和不足,从而有针对性地调整学习策略,提高学习效率。

教学过程的评价设计包括检查、测量与评估等方面。检查与测量主要是针对学生的学习成效,既可与"检查与评价学习效果阶段"相对应,又可穿插到教学的各个环节,可以通过课堂提问、巩固练习、课堂作业、书面测验、研究讨论、实践操作等方式来获得数据支持评价。教学过程的评价设计还应注意引导学生学会自我检查和自我评价,促使学生自觉调控学习过程,不断强化学习动机,逐步增强学习能力,努力使课堂教学过程中的评价活动成为学生认识自己和教育自己的一种教育方式。

第三节 物理教学原则

教学原则是根据一定的教育目的和教学过程规律而制定的指导教学工作的基本准则,是指导教学活动的一般原理,对于全面完成教学目的,提高教学质量,确定教学内容,选择教学方法和教学形式,组织和实施教学过程,都起着重要的指导作用。

中学物理教学是以物理文化为学习内容的教学活动,由于其学科特点和研究对象的特殊性,使得中学物理教学除应遵循教学过程的一般规律以外,还应从物理学科本身的特点出发,结合中学生学习物理的心理特点和认知结构来组织教学活动。在新课程背景下,介绍以下几种教学原则。

一、全面性原则

全面性教学原则是指在教学中要关注学生的全面发展。新课程着眼于学生核心素养的提高与发展,物理课程主要从物理观念、科学思维、科学探究、科学态度与责任四个方面来培养学生的核心素养,这是物理课程育人价值的集中体现。物理观念是在学生掌握物理知识,并应用于实际情境,从而深化对物理世界的认识过程中构建起来的。物理观念是以知识为载体,其目标立足于让学生学会;科学思维与科学探究,是课堂教学的操作系统,提出了物理学习中的思维方法和研究方法,其目标立足于让学生会学;科学态度与责任,是课堂教学的动力系统,能够激发学生的学习动力,引导他们形成正确的价值观和行为习惯,其目标是立足于让学生乐学。在学习过程中,这四个方面是相互关联、相互促进的。全面性原则就是要从课程目标出发,立足于核心素养的四个方面来设计和组织教学与评价,积极引导学生在物理学习中发现、总结和掌握物理知识,形成物理观念,发展科学思维与探究实践能力,激发学生积极的学习热情和正确的学习态度,形成正确的价值观和积极的人生观,以达到全面发展的目的。

每个学生都是独立的个体,具有自己独特的个性和特质,这使他们在思维、情感、行为等方面表现出不同,他们在学习新知识、适应新环境方面可能存在差异,所以全面性原则还包括教学要面向全体学生,要考虑每一个学生的个性特点及个体差异,充分考虑他们的兴趣、特长和发展需求,创造一个尊重和包容的学习环境,鼓励学生积极主动学习,支持学生根据自己的个体差异设定目标、规划学习,并提供个性化的指导和反馈,帮助学生在学习中不断进步。

二、主体性原则

主体性原则是指在教学过程中,学生是学习的主体,强调学生学习的主动性和积极性。建构主义学习理论认为,学生的学习是一个积极主动的建构过程,是根据原有认知结构主动地、有选择性地知觉外在信息,建构当前事物的意义,而不是被动接受外在信息。真正的学习不是简单的信息的积累,而是包含由新、旧经验的冲突而引发的观念转变和结构重组。因此,在教学过程中,必须重视学生的主体性,充分发挥其主体作用,根据学生的实际情况来选择教法、实施教学方案,让学生积极主动地参与教学活动,主动地思考与实践。学生只有通过自己的学习实践,才能实现发展核心素养的目的。

美国著名心理学家罗杰斯说过:"成功的教学依赖于一种真诚的理解和信任的师生关系,依赖于一种和谐安全的课堂气氛。"主体性原则主张在课堂教学中建立平等、民主、和谐的师生关系,让学生真正成为学习的主人,最大限度地满足学生自我发展的需要,充分体现学生学习的主体性。

三、探究性原则

科学探究是人们探索和了解自然、获得科学知识的重要方法,探究式学习是学生学习物理的重要方式,物理教学中的科学探究可以是科学领域里的探究,即提出关于自然界的物理问题,去寻求答案,深化理解;也可以是学生在课堂上所进行的探究,即学生为获取知识、领悟科学的思想观念而进行的各种活动,包括观察、测量、制作、提出假设、进行实验、提出模型和交流等。探究性原则倡导教学中要鼓励学生主动参与,通过科学探究的方式来获得知识技能、形成物理观念、掌握科学研究的方法、提高科学思维能力,形成科学的态度与社会责任感。它是素质教育对学生知识能力、态度、精神培养的综合载体和有效途径。

探究性原则要求教师在教学过程中不能直接给出物理概念、原理和规律,而是要创设情境,设计一系列问题,引导学生通过观察、实验、测量、分析、推理和讨论等过程,发现物理现象的本质和规律,从而获得对物理世界更为深入的认识,这种方式能够激发学生的学习兴趣和求知欲,培养他们的探究实践能力和创新思维。探究性原则注重学生的主体性,强调学生在学习过程中的主动参与和独立思考,这意味着学生不再是知识的"接收器",而是真正成为学习的主体,而教师则由单纯的讲授者变为学生学习的引导者和协助者。

四、理论联系实际原则

"从生活走向物理,从物理走向社会"的课程理念将物理学习与实际、生活联系起来,无数的实践都证明,要使学生从物理科学方面具有适应现代社会生活的科学文化素养,就要在教学中认真做到联系实际,联系生活。

物理教学中的理论联系实际原则,首先,物理教学要从理论与实际的联系上引导学生理解教学内容,善于将来自生活中所涉及的物理现象转化为物理问题,注意运用所学知识去分析问题和解决问题,有意识地培养学生用所学理论知识去分析解决日常生活、生产实际问题;其次,物理教学要把课堂学习与社会实践结合起来,以信息化的社会生活作为背景,理解物理学在社会实践中的运用,理解科学技术与社会的关系,具有可持续发展的观念;最后,物理学是一门以实验为基础的自然科学,物理实验是提高学生实践能力的重要途径。

每个教学原则在教学活动的进程中发挥着独特的功能和作用,综合运用各种教学原则,发挥教学原则的整体性功能和作用,才能实现教学过程的最优化。

扩展资源

 4-1
义务教育物理课程教学内容
要求及学业要求

 4-2
高中物理课程内容要求及学
业要求

思政育人

　　请阅读《梦溪笔谈》中关于凹面镜成像的描述,谈谈北宋科学家、政治家沈括在物理学中的成就。

思考讨论

　　1. 物理观念是如何形成的,中学阶段需要学生建立的物质观念有哪些? 请举例说明。

　　2. 初中物理课程内容二级主题"能源和可持续发展"是否涉及价值观、伦理或道德的问题? 如果有,那在教学中如何引导学生思考这些问题,并培养他们的推理判断能力和社会责任?

　　3. 教与学是一种相互依存、相互促进的关系,请谈谈你对于教学过程的理解。

　　4. 教学原则是教学的基本准则和要求,请阅读当前的中学物理教材,分析其内容的选择和编排有无体现探究性原则。

第五章

物理教学模式、方法与策略

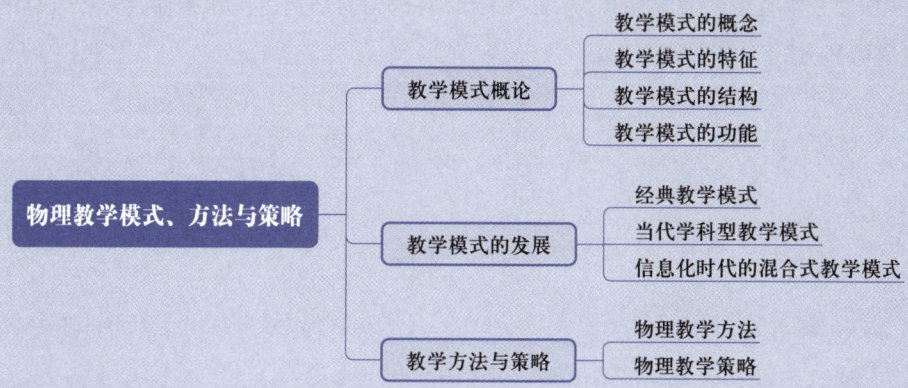

物理教学模式、方法与策略

- 教学模式概论
  - 教学模式的概念
  - 教学模式的特征
  - 教学模式的结构
  - 教学模式的功能
- 教学模式的发展
  - 经典教学模式
  - 当代学科型教学模式
  - 信息化时代的混合式教学模式
- 教学方法与策略
  - 物理教学方法
  - 物理教学策略

问题驱动

1. 教学模式的发展有怎样的趋势？
2. 如何根据高中物理教学内容进行教学方法的选取？
3. 提高课堂教学水平的教学策略主要关注点是什么？
4. 教学模式、教学方法与教学策略的联系和区别是什么？

学习目标

1. 了解教学模式、教学方法与教学策略的基本概念；熟练掌握教学模式的类型、教学方法的各要素、教学策略的内容及其选择依据。
2. 理解教师是学生学习和发展的促进者，把学生作为教学的中心。熟悉中学物理课程标准和教材，能整合教学知识，根据教学内容选择合适的教学模式、方法与策略进行教学。

3. 具有全程育人、立体育人的意识,理解物理学科的育人价值,在物理教学实践中能将知识学习、能力发展和品德养成相结合进行育人活动。

教学内容

正确选择和恰当运用教学模式、方法与策略是设计与实施物理教学的基础,对于顺利完成教学任务、促进学生物理学科核心素养的全面发展具有重要作用。物理教学模式、方法与策略种类繁多,并且随着人们对物理教学规律认识的深化和物理教学改革而不断变化发展。本章介绍一些中学物理教学常用的教学模式、方法与策略,并讨论其适用范围和条件,供教学设计时选择使用、发展创新。

第一节　教学模式概论

教学模式是在一定的教学思想或理论指导下,在实践中建立的相对稳定的教学过程框架结构和活动程序。教学模式体现了人们对学生学习规律的认识,是从不同角度发现、总结学生建构知识、发展能力的规律,指导着人们建立各种组织教学的模式化程序,为广大教师开展常规教学提供可遵循的一般范式。

一、教学模式的概念

"模式"一词是英文 model 的汉译名词,还可译为"模型""范式""典型"等,指介于经验与理论之间的一种具有可操作性的知识系统,是再现现实的一种理论性的简化结构。将"模式"一词引入教学理论,反映了现代教学论研究的一种发展趋势,即综合运用现代科学方法论,探讨教学过程中各种变量间的相互作用及其多样化的表现形式,动态地研究教学流程中各个环节的构成样式及其具体的操作程序。各个环节的构成样式就是教学模式的结构框架,突出教学活动整体及各要素之间内部的关系和功能;具体的操作程序就是教学模式的活动程序,突出教学模式的有序性和可操作性。

二、教学模式的特征

教学模式一旦形成就具有概括性、操作性、针对性、整体性、优效性等特征。

（一）概括性

教学模式不是对教学活动的"复写",而是通过图像或象征性的符号来反映教学过程的基本程序及要求,从而在人们头脑中形成一个比抽象理论更具体的框架。因此,它是对某一理论的浓缩,是对实践的提炼,具有概括性。

（二）操作性

一方面,操作性是指教学模式易被教育者模仿,因为教学模式是教学理论的操作化,又是教学实践的概括化。每一教学模式都提供了教学在时间上展开的逻辑步骤,以及每一步骤的主要做法,即操作程序。教师在教学中先做什么、后做什么、再做什么,一目了然,容易操作。另一方面,由于教学活动的复杂性和特殊性,教师、学生及环境等因素既不能也没有必要像自然科学实验那样受到精确控制,所以模式的操作程序只能是基本的和较稳定的。

（三）针对性

任何一种教学模式都是针对教学实际问题或问题某个方面而建立的,因此,它有自己特定的教学目标和使用范围,不可能包罗万象。从这一意义上讲,世界上不存在普遍有效的模式,也不存在最优的模式。然而,教学模式与教学目标又绝非一对一的关系,往往是一对多或多对一的关系。一般而言,一种模式具有多种目标,在多种目标中又有主次之分,其中主要的目标便是各种模式间相区别的特征之一,也是人们有针对性地选用模式的重要依据之一。

（四）整体性

教学模式是从整体视角设计教学活动的框架,它既要明确规定教学活动中的教师、学生、课程等要素的地位与作用,又要具体说明在教学活动中发挥重要作用的其他因素,如教学物质条件、教学组织形式、教学时间或空间等。由于教学模式几乎涵盖了教学论体系中的基本内容,所以教学模式又称为"微型教学论"。这一特点强调,在理解和运用教学模式时,必须采用全面而综合的视角。

（五）优效性

教学模式是在一定思想理论指导下建立的,并经教学实践的不断修正、补充、完善而形成。因此,它运用了更加适宜的理论,汇集了教学实践中的优秀成果,是对众多成功教学活动的精炼概括,致力于提高教学质量,故教学模式具有优效性。

三、教学模式的结构

任何教学模式都有其内在的结构。教学模式的结构是由教学模式所包含的诸因素有规律地构成的系统,完整的教学模式一般包括以下几方面的要素:基本观念、功能目标、静态结构、动态结构、操作策略等。

（一）基本观念

基本观念是指蕴含在教学模式中的教学理念。每一种教学模式都是基于建构者的某种教学理念而提出的。教学理念就是对教学的理解。教学理念不同,所建构的教学模式就会不同。例如,"传递—接受"式教学模式的基本观点是:教学是让学生掌握人类已有的知识;而"引导—发现"式教学模式的观点是:教学就是让学生自己去发现知识。

（二）功能目标

功能目标是指教学模式所具有的功能或者通过它所能实现的目标。每一种教学模式都是为特定的教学目标服务的,没有一种教学模式可以实现所有的教学目标。例如,"传递—接受"式教学模式的基本功能就是让学生掌握知识;而"引导—发现"式教学模式的基本功能是发展学生的问题意识和探究能力。

(三)静态结构

静态结构是指在教学模式中,教师、学生、课程等要素之间的结构关系。在不同的教学模式中,教学基本要素之间的关系不同。在"传递—接受"式教学模式中,教学基本要素之间的结构为:教师将课程知识直接传递给学生;而在"引导—发现"式教学模式中,教学基本要素之间的结构为:教师鼓励学生自己去发现隐藏在情境中的知识。

每一种教学模式都有其特定的逻辑步骤和操作程序,它规定了在教学活动中师生应该先做什么、后做什么,各步骤应当完成的任务。

(四)动态结构

动态结构是指运用教学模式进行教学时的基本程序。这是一种教学模式区别于其他教学模式最直接的标志,是教学模式结构中最核心的部分。"传递—接受"式教学模式的基本结构为:复习旧知识、讲授新知识、使新旧知识系统化、复习巩固、作业练习;而"引导—发现"式教学模式的基本结构为:创设情境、发现问题、提出假设、进行探索、验证反思。

(五)操作策略

操作策略是指运用教学模式时应采取的技巧,或者说,是指为了充分发挥该教学模式的效果,教师在操作时应注意的问题。例如,"传递—接受"式教学模式的教学基本策略有:教师的讲授应该明确、具体、生动;知识应该以能接受的方式由浅入深地呈现;教学过程中应注意调动学生的积极性等。而"引导—发现"式教学模式的基本策略有:要将问题隐藏在情境中;充分放手让学生自己去探索;结合具体例子加强探究方法的指导等。

四、教学模式的功能

(一)教学模式的中介作用

教学模式是从整体上思考教学过程的一种工具,是理论与实践间承上启下的"中介",是联系教学理论与教学实践的教学技术。教学模式具有典型性、可学性和模仿性,具有较强的理论功能和实践功能。

首先,任何教学模式都是一定教学理论的具体体现,构建教学模式所依据的教学理论不同,教学模式的功效也不同。各种教学理论都可构建出行之有效的教学模式,通过教学模式把教学理论与教学实践联系起来,有利于动态把握教学过程的本质和规律,更好地发挥教学理论对教学实践的指导作用。其次,教学模式的实践功能集中体现在它是可学的、可模仿的教学技术和技能。任何教学模式都是针对某种教学环境,研究如何把学生的认知和行为组织起来,实现预定的教学目标。它从教学实际出发,提出有关教学变量和教学程序的安排,具有简明、具体、易操作的特点,有利于人们对教学过程的理解和掌握,方便在教学实践中应用,以提高教学质量,达到教学目标。

(二)教学模式的方法论意义

教学模式研究是教学研究方法论领域的一种革新。长期以来,人们在教学研究中较为重视采用分析方法,孤立地探讨教学的各个组成部分,而忽视各部分之间的联系或关系。同时,研究往往局限于对各部分关系进行抽象的、辩证的理解,而缺乏能够体现教学活动特色和可操作性的具体探讨。教学模式研究指导人们从整体视角综合地探讨教学过程中各因素之间的互相作用及其多样化的表现形态,动态地把握教学过程的本质和规律,对加强教学设计、研究教学过程的优化组合也有一定的促进作用。

第二节　教学模式的发展

系统完整的教学模式是从近代教育学形成独立体系开始的,"教学模式"的概念在 20 世纪 50 年代以后才出现。随着科学技术的发展,教育面临着科技革命的新挑战,促使人们利用新的理论和技术去研究学校教育和教学问题。现代心理学和思维科学对人脑活动机制的揭示,发生认识论对个体认识过程的概括,认知心理学对人脑接受和选择信息活动的研究,特别是系统论、控制论、信息加工理论等的产生,对教学实践产生了深刻的影响,也给教学模式提出了许多新的课题。因此,这一阶段在教育领域出现了许多的教学思想和理论,同时也产生了许多新的教学模式。

一、经典教学模式

(一)赫尔巴特的教学模式

19 世纪,教育发展最明显的特征是心理学开始进入教育研究领域并逐渐成为教学研究的重要基础之一。德国的赫尔巴特试图在科学的心理学理论基础上建立系统的教学理论,成为第一位用心理学理论揭示教学过程规律,并以此创建教学模式的教育家。赫尔巴特认为,必须按照学生心理活动的规律去组织教学,才能有效地给学生传授知识。而学生的学习过程也如人的心理过程一样,是一个"统觉"的过程,是新经验和已经构成心理的旧经验联合的过程。新经验只有同已在"统觉团"的旧经验发生联系时,才能将没有关联的情境呈现给学生。那么,教师选择合适的教学内容和有序组织教学就显得尤为重要。

赫尔巴特提出"明了—联合—系统—方法"的操作程序,试图为教师提供在任何条件下均可普遍运用的教学范型。

（1）明了。教师将教学内容分解成各个构成部分,尽可能简练清楚地讲授,让学生对新知识有清楚明了的认识。在教法上可采用讲解、实例、演示等多种方法。这一阶段,教师应设法引起学生学习的兴趣,并使其将注意力集中到学习内容上。

（2）联合。将"明了"阶段所获得的观念与原有的观念结合,在旧观念的基础上向新观念过渡。由于在新旧观念联合的过程中,学生还不知道学习的结果如何,因此,教师主要采用分析教学。在这一阶段,教师应保持学生的注意力,促使学生积极地思考。

（3）系统。学生在新旧观念联合的基础上,获得确切的定义和结论（新观念）。此时,要使分解成各个部分的教学内容形成整体,成为一个系统,在教学方法上教师多采用综合法。

（4）方法。学生将系统化的知识加以运用,并融会贯通。教师可采用让学生独立完成各种练习或学习任务,以及按要求修改作业、练习等方式。

赫尔巴特教学模式强调有序地给学生传授系统知识,这不仅在当时而且在现在都具有积极意义。他尝试在科学心理学基础上对教学过程进行分解,由此形成"明了—联合—系统—方法"这一程序,它基本符合人类的一般认识规律。后经赫尔巴特的学生莱因将"明了"进一步分解为"预备—提示",将"系统—方法"改为"总结—运用",形成"预备—提示—联合—总结—运用"五段程序,它成为相当一段时间里课堂教学的经典程序。

赫尔巴特虽然强调兴趣在教学中的地位及作用,但从其整个理论来看,他把观念获得看成一个被动的过程,忽视学生学习的主动性以及对学生个性、能力的培养。他把操作程序看作是唯一的,从而忽视了教学活动的复杂性。从程序内部看,学习也是从书本到书本,难免造成学习内容与实际脱节。也正因如此,20世纪初,当世界各国的政治、经济、科学、文化发生巨变时,赫尔巴特教学模式受到了挑战。

（二）杜威的教学模式

杜威将学生比作太阳,认为一切教育措施都应围绕这一中心旋转。教学目标不是为了未来生活准备,而是为了解决现实的问题。让学生学到个人应对环境、社会的实用手段,其核心是培养学生创造性的思维能力。学生学习的内容不应是直接接受前人的经验,而主要是学习、组织、改造自己的经验。教学程序主要是学生通过自己的"做"、通过参与一系列探索性活动来创造、积累经验。

杜威教学模式操作程序为"真实情境—产生问题—占有资料—解决方法—检验想法"。

（1）真实情境。教师为学生提供一个真实的生活情境，它可以是校外出现的情境，也可以是日常生活中使人感兴趣和从事活动的那些作业的情境。总之，情境一定要尽量真实，要贴近生活，尽量模拟社会。

（2）产生问题。在情境中促使学生主动提出疑难，并将学生置于欲解决疑难的境地。

（3）占有资料。教师提供学生要解决问题的必要资料。如果需要，还可利用直观教学，对问题开展直接的观察。

（4）解决方法。针对问题，学生提出自己的解决方法、方案，并根据现有资料大胆推论、猜想、假设。

（5）检验想法。按照确定的方案，验证解决问题的想法，看它是否有效。

杜威的教学模式，要求教学内容与学生生活实际相联系，从学生感兴趣的问题入手，有利于培养学生解决问题的能力。学生在愉快的活动中积累经验，无疑会提高学习兴趣。但他采用的"探究式"学习不能全盘替代学校教学的其他模式，因为其适用范围是有限的。他要求学生主要学习直接经验，也不符合现代学校教育对教学的要求，必将导致学生所学的知识不够系统。

二、当代学科型教学模式

20 世纪 50 年代以来，各国教育家们从各自的角度和立场出发，对教学模式进行了大量研究，涌现出许多新的教学模式。下面介绍几种当代国外主要的教学模式。

（一）信息加工教学模式

信息加工教学模式主要是基于认知学派的信息加工理论，着眼于知识的获得和智力的发展，具体包括以下模式。

1. 概念获得模式

概念获得模式以布鲁纳、古德诺、斯汀为代表。其目标是使学生通过体验所学概念的形成过程来培养他们的思维能力，主要反映了认知心理学的观点，强调学习是认知结构的组织与重组的观点。其教学基本程序是：教师选择和界定一个概念—教师确定概念的属性（教师准备选择肯定和否定的例子）—将学生导入概念化过程—呈现例子—学生概括并定义—提供更多的例子—进一步研讨并形成正确概念—概念的运用与拓展。

2. 归纳思维模式

归纳思维模式以塔巴为代表。它是为帮助学生学会归纳、推理等思维方法而创立的概念形成模式，是一种着眼于信息处理的教学模式。其教学基本程序是：形成概念—诠释资料—应用原理—反思概念形成。

3. 探究训练模式

探究训练模式以萨奇曼为代表。其目的在于让学生掌握科学家用以组织知识、形成原理的各种方式，教会学生进行科学探究的一般程序及掌握探究的某些技巧。其教学基本程序是：提出问题—搜集资料—验证假设—系统解释—得出结论。

4. 先行组织者模式

先行组织者模式以奥苏贝尔为代表。奥苏贝尔认为，若要促进有意义学习的发生和保持，最有效的方法是利用适当的引入性材料对当前所学新内容加以引导。这类引导性材料便于建立新、旧知识之间的联系，从而能对新内容起固定、吸收作用，这种引导性材料被称为"先行组织者"。可以用来对新观念（即新概念、新命题、新知识）起固定、吸收作用。根据原有观念和新观念之间的三类关系，先行组织者有上位组织者、下位组织者、并列组织者三类。先行组织者模式的教学基本程序是：选择材料—设想学习过程—呈现预备性材料或新材料—抽象出新信息—运用活动强化。

5. 生物科学探究模式

生物科学探究模式以施瓦布为代表。施瓦布要求学生运用生物科学家的科学探究的工作方法来学习。他认为，科学应该被视为概念的结构，这个结构可能因为发现新的证据而被修改，科学教育应该体现这一科学的观念。施瓦布建议，教师首先着眼于实验，在知识传授之前，利用实验引导学生学习。该模式依据皮亚杰的建构主义的理论，注重学生的前认知，注重体验式教学，培养学生的探究和思维能力。其教学基本程序是：提出问题—猜想与假设—制订计划（或设计方案）—进行实验—解释与结论—反思与评价。

施瓦布还提出三种实验教学模式：方式一，学生根据实验手册或课本教材中提出的问题及研究方案进行实验，以发现学生未知的联系；方式二，教材只提出问题，研究方案和问题的答案留给学生自行提出；方式三，学生直接面对现象提出问题，收集证据，并根据自己的研究提出科学的解释，这是一种最开放的方式。

6. 信息加工教学模式

加涅提出了信息加工理论。依据信息加工理论，加涅认为学习的条件分为内部条件和外部条件，内部条件又进一步分为基本先决条件和支持性先决条件。支持性先决条件在学习过程中起辅助作用，如果缺少基本先决条件则是不行的。不同的学习类别需要不同的学习条件，并能产生五种类型的学习结果：言语信息、智力技能、认知策略、动作技能、态度。

加涅的学习层级理论，主要适用于智慧技能的学习，其基本观点是：学习任何新的智慧技能都需要某种先前的学习，学习是累积性的。按照复杂性程度的不同，由简单到复杂，加涅将智慧技能分为八个层次：信号学习、刺激—反应学习、连锁学习、言语联想、辨别学习、概念学习、规则学习和高级规则学习。其中前四类学习是学习的基础形式，总称联想学习。学校教育更关注的是后面四类的学习。

加涅用计算机的信息加工过程描述人的学习过程,他的学习理论要点是:注意、选择性知觉、复诵、语义编码、提取、反应组织、反馈。按照电脑加工信息的步骤(环境—接收器—登记—编码—反应器执行监控—效应器—环境),其教学模式分为九步:引起注意—告知目标—刺激回忆—呈现刺激材料—提供学习指导—引发行为—提供反馈—评价行为—促进保持与迁移。

加涅认为,学习的九个阶段可分为三个部分,即准备、操作和迁移。准备包括接收、预期、提取到工作记忆中,对应的教学事件是引起注意、告知目标、刺激回忆先前的知识。操作包括选择性知觉、语义编码、反应、强化,对应的教学事件是呈现刺激材料、提供学习指导、引发行为、提供反馈。迁移包括提取和强化、提取并一般化,对应的教学事件是评价行为、促进保持与迁移。

(二)个性教学模式

个性教学模式主要反映了个别化教学理论与人本主义心理学的观点,着重于人的潜力和整个人格的发展。具体包括以下模式。

(1)非指导性教学模式:以罗杰斯为代表,这是他根据自己的心理治疗方法建立的一种灵活的教学模式,以帮助学生自主学习。

(2)创造历程模式:以戈登为代表,旨在发展学生的创造能力。

(3)意识训练模式:以舒茨、布朗为代表,把人本主义心理学引入课堂,以心理治疗和格式塔治疗技术为基础,创立了以提高人的意识为指向的模式。

(4)课堂会议模式:以格拉尔为代表,把群体咨询技术作为建立课堂群体的基础,主张利用团体咨询技术来增进班级学生间的沟通,以进行心理卫生的教学。

(三)合作教学模式

合作教学模式所依据的是社会互助理论,着重强调教学各个成员中师生之间、学生之间的相互影响和社会关系,以培养学生的社会性和品格的发展。具体包括以下模式。

(1)群体调查研究模式:以塞伦为代表,以群体理论为基础,主要对某些社会问题进行群体调查研究,提出调查报告,再共同评价,以解决问题。

(2)角色扮演模式:以谢夫特为代表,教学时采用戏剧中角色扮演的方式,让学生通过角色体验来研究个人价值和社会价值,从而明确他们自己的立场。

(3)法理学探究模式:以奥利弗为代表,帮助学生研究公共争端及认识社会价值。

(4)实验室训练模式:借助美国国家训练实验室的做法,帮助学生更好地理解社会,学会更有效的社会技能,以应对社会的变化。

（5）社会模拟模式：有发挥巨大作用的模拟工具，主张用"互动游戏"作为学校中有效的训练方式。

（6）社会探究模式：强调教学要探究社会生活的本质，特别是重视对社会问题的研究，主张在教学中通过学生的讨论而产生解决社会问题的假设，收集有关支持假设的资料以谋求答案。

（四）建构主义教学模式

建构主义教学模式以皮亚杰的建构主义理论和维果茨基的最近发展区理论为基础，倡导学生是知识意义的主动建构者；教师是教学过程的组织者、指导者、意义建构的帮助者、促进者；教材所提供的知识不再是教师传授的内容，而是学生主动建构意义的对象；媒体也不再是帮助教师传授知识的手段、方法，而是用来创设情境、协作学习和会话交流，即作为学生主动学习、协作式探索的认知工具。具体包括以下模式。

1. 支架式教学

支架式教学应当为学生建构对知识的理解提供一种概念框架。这种框架中的概念是为发展学生对问题的进一步理解所需要的，为此，事先要把复杂的学习任务加以分解，以便于把学生的理解逐步引向深入。

支架式教学是以苏联著名心理学家维果茨基的最近发展区理论为依据的。维果茨基认为，在测定学生智力发展时，应至少确定学生的两种发展水平：一种是学生现有的发展水平，另一种是潜在的发展水平，这两种水平之间的区域称为"最近发展区"。教学应从学生潜在的发展水平开始，不断创造新的最近发展区。支架教学中的"支架"应根据学生的最近发展区来建立，通过支架作用不停地将学生的智力从一个水平引导到另一个更高的水平。支架式教学由以下几个环节组成：搭脚手架—进入情境—独立探索—协作学习—进行小组协商、讨论—效果评价。

2. 抛锚式教学

这种教学要求建立在有感染力的真实事件或真实问题的基础上，确定这类真实事件或问题被形象地比喻为"抛锚"，因为一旦这类事件或问题被确定了，整个教学内容和教学进程也就被确定了（就像轮船被锚固定一样）。建构主义认为，学生要想完成对所学知识的意义建构，即达到对该知识所反映事物的性质、规律以及该事物与其他事物之间联系的深刻理解，最好的办法是让学生到现实世界的真实环境中去感受、去体验（即通过获取直接经验来学习），而不仅仅是听取别人（例如教师）关于这种经验的介绍和讲解。由于抛锚式教学要以真实事例或问题为基础（作为"锚"），所以有时也被称为"实例式教学""基于问题的教学"或"情境性教学"。抛锚式教学由这样几个环节组成：创设情境—确定问题—自主学习—协作学习—讨论与交流—效果评价。

3. 随机进入式教学

由于事物的复杂性和问题的多面性，要做到对事物内在性质和事物之间相互联系的全面了解和掌握，真正达到对所学知识的全面而深刻的意义建构是很困难的，往往从不同的角度考虑可以得出不同的理解。为了克服这方面的弊病，在教学中就要注意，同一教学内容需要在不同的时间和情境下、指向不同的教学目的、采用不同的方式加以呈现。换句话说，学生可以随意通过不同途径、不同方式进入同样教学内容的学习，从而获得对同一事物或同一问题的多方面认识与理解，这就是所谓"随机进入教学"。显然，学生通过多次"进入"同一教学内容形成对该知识内容比较全面而深入的认识。这种多次"进入"，绝不是像传统教学中那样，只是为巩固一般的知识、技能而实施的简单重复。这里的每次"进入"都有不同的学习目的，都有不同的问题侧重点。因此，多次"进入"的结果，绝不仅仅是学生对同一知识内容的简单重复和巩固，而是获得对事物全貌的理解，产生认识上的飞跃。随机进入式教学由这样几个环节组成：呈现基本情境—随机进入学习—自主学习—思维发展训练—小组协作学习—学习效果评价。

三、信息化时代的混合式教学模式

线上线下混合式学习是一种将传统的师生面对面教学与数字化学习相结合的教与学的新方式。混合式教学既能发挥教师在教学过程中的引导、启发、监控等主导作用，又能体现学生在学习过程中的积极性、主动性和创造性，将传统的面授课堂教学与现代网络多媒体教学方式结合起来，以获得更好的教学效果。以下是常见的三种混合式教学模式。

（一）翻转课堂教学模式

翻转课堂是把传统课堂中教师在课堂上讲授知识，学生课后进行问题解决的教学模式颠倒过来，变成学生课前学习教学视频，课堂上则在教师的指导下进行问题解决、合作探究等深层的学习活动。翻转课堂的核心在于通过对传统课堂的翻转，把大量的直接讲授移到课外，从而解放了宝贵的课堂时间，用来进行有意义的深度学习。

我国学者将翻转课堂教学模式分为课前、课中、课后三个阶段。课前，教师录制微视频，制作其他的资源，上传到学习平台上；学生下载学习平台上的资源开展自主学习，主要为观看微视频、学习 PPT、完成导学案，时间富裕的同学进行知识拓展。课中，是整个翻转课堂的核心，也是学生有效学习的重要阶段。教师根据课前学习收集的问题将学生分成若干个小组，教师根据问题的特点可让学生进行多种方式的探究（PBL、案例、任务驱动等），同时根据课前学习情况适时提供个别指导。学生协作中共同存在的问题，教师给予帮助或师生一起讨论。学生探讨完问题后，针对具体任务，以个人或小组形式练习巩固。最后教师与学生开展成果交流会，如展览会、报告会、小型比赛等。课后，师生需要对课前、课中的表现或成果作出评价和反思。教师针对学生学习情况,调整教学计划,改变教学方法。此外,教师需要将学生的评价记录表、课程成果、教师评语等作为学生的阶段性成果妥善保存。课后,既是此次课堂内容的结束,也是下一个教学流程的开始。

（二）双师课堂教学模式

双师课堂模式,作为介于线下面授和线上直播之间的一种模式,采取主讲与助教相互配合的方式,将线上与线下相结合,一名教师可以同时给多个线上班级上课,每个线下班级配备一名辅导教师为学生提供服务。主讲教师通过视频直播的形式讲解课程内容,其上课内容还可以进行回放或二次剪辑,形成学校教学资源的沉淀。助教教师在课上负责与主讲教师配合开展教学及互动,观察并记录学生课堂表现,维持课堂秩序,在课后以线下或在线形式,负责答疑、批改作业、课后测评、讲解习题及与家长沟通等服务工作。相较于纯在线的方式,双师课堂的学生在教室内进行学习,保证了学习氛围和学习积极性;此外,双师课堂的课堂趣味性和互动性较强,利用学习平台的多种互动功能,如红包、抢答、趣味对抗、AI 随机点名等,可以激发学生兴趣,课堂氛围好。

（三）基于 MOOC+SPOC 的教学模式

MOOC 以“短视频”为基本教学单元的碎片化学习模式,为学生创建了一个交互式的学习平台,提升学生的课程学习体验。SPOC 以本校教学为主,课程教学基于在线教学平台,运用数字化教学资源和教学方法,开展微视频、随堂测验、作业、互动讨论、考试等教学活动,是MOOC 本土化的一种学习模式。

根据混合式教学模式的新要求,教师根据教学目标的总体要求,对现有课程教学设计、单元内容、知识结构等进行改革,对课程教学内容进行碎片化处理。按问题组织知识点,在MOOC 平台上搜索围绕知识点展开、清晰表达知识框架的短视频模块集,并提供课程辅助资料、拓展资料等。课前,教师通过 MOOC 平台及时掌握学生课前学习情况。课中,教师根据学生课前在 MOOC 平台的学习反馈情况,有针对性地讲解相关知识点,并提出问题、创设情境、布置任务,学生通过协作训练、研究探索、交流讨论来解决问题并完成任务。教师根据课中反馈,布置课后拓展训练项目,丰富学习内涵,延伸学习成效。课后,教师通过设置互动讨论主题与问题引导,形成线上答疑与线下讨论社区,师生充分互动,有效促进师生之间、学生之间的资源共享、互动交流和自主式与协作式学习,构建在线课程与课堂教学相结合的混合式教学模式,实现大规模共享与校内混合式教学。

基于 MOOC+SPOC 的混合式教学模式采用线上线下相结合的考核方式。线上考核包括视频学习进度、随堂测验、作业、互动讨论、线上综合测试等环节,线下考核包括线下课和线下考试。线上综合测试一般要求学生在 2~3 天内任选时间段,以线上课程平台作答的形式进行。线下考试主要采用笔试方式,根据课程特点及教学要求选择闭卷考试,考试时间一般安排在学校考试周进行。

第三节　教学方法与策略

教学方法一般是指在某种教学模式下,教师和学生共同为实现教学目的、完成教学任务所采取的工作方式组成的方法体系,它包括教师的各种工作方式和学生的各种学习活动方式。教学策略则是对完成特定教学目标而采取的教学活动程序、教学方法、教学形式和教学媒体等因素的总体考虑。

一、物理教学方法

教学方法体现了教师活动和学生认识活动的相互关系:教师的"教法"是通过学生的"学法"来体现的(教师的主导作用),学生的"学法"是在教师的指导下的学习方法(学生的主体作用)。例如,当教师利用边讲边实验的方法讲课时,学生必然要采取归纳的抽象思维方法进行学习,在教师的指导下获得由实验归纳出来的物理规律。

目前教学方法举不胜举,可以按不同的分类法,使其从属于不同的序列。如按教学任务来划分,有传授知识的方法,形成技能、技巧的方法,巩固知识、技能的方法,检查知识、技能的方法等;按获得知识的途径来划分,有口授法、直观法、实践法等;按教学的某一特点而形象命名,有悬念法、暗示法、图示法等。

下面,结合物理学科教学的特点,介绍几种中学物理教学中常用的教学方法。

(一)讲授法

讲授法是依靠教师的语言,并辅以演示实验和各种直观教具,使学生掌握知识发展能力的教学方法。讲授法主要由讲授和演示这两个因素构成,还有实验、练习、提问、讨论等其他因素相配合组成。采用这种方法的课堂教学以讲授配合演示为主线贯穿始终。讲授法是物理教学中应用最广泛的一种教学方法。它既用于传授新知识,也用于巩固旧知识;既可以描述物理现象、叙述物理事实、解释物理概念,又可以论证原理、阐明规律。讲述的内容越系统,理论性越强,采用此方法的机会越多。讲授法有以下基本要求:① 科学性;② 逻辑性;③ 启发性;④ 突出重点;⑤ 简明生动;⑥ 讲解得当。

(二)谈话法

谈话法是通过师生间"问题性的对话"活动来传递和交流信息,它能较好地集中学生的

注意力,调动学生的积极性,对培养学生的语言表达能力和思维能力有一定的作用。运用谈话法应做到以下几点:

(1)所提问题必须题意清楚、要求明确。例如,在进行功的计算教学时,提出如下问题:"用 30 N 的拉力把重 20 N 的物体提升 1 m 时,力做了多少功?"显然这个问题题意不清,要求不明。因为题目中没有明确力是哪个力,拉力、重力、合力所做的功各不相同,所以答案也不确定。

(2)应从教学内容、教学重点和学生的实际出发,问题要分层次、有连贯性,要编写成详细的谈话纲要,提纲中每一个问题的答案要写明确,还要充分估计学生可能给出的各种不同的答案。对于那些不确切,甚至错误的答案,要准备好解决的办法。在谈话过程中,要注意保护学生的积极性,鼓励学困生参与谈话。

(3)问题要面向全体学生提出,并且要让全体学生思考后再指定学生回答。一个学生回答时,应要求全体同学注意听,并时刻准备补充意见;如果学生回答不出或完全答错,则教师要加以引导;若教师引导后学生仍然答不出,可请其他同学补充回答。一般来说,教师不要急于下结论,要发挥学生的积极性,鼓励学生自己解决问题。

(4)谈话法的问题一定要有思考价值,那种没有思考价值的问题,如"对不对""要不要""是不是"等,不宜作为谈话法的问题。

(三)讨论法

讨论法是指教师根据教学内容和教学目的事先提出问题,学生通过各种途径,包括课本、教学参考、阅读其他文献、网上查询,或亲自进行各种观察、实验,获取各种资料,然后在课堂上展开讨论,以获得知识、发展能力的教学方法。讨论是师生双边互动式教学方法的构成因素,是学生在教师的指导下,经过自己的积极思考和相互交流,以加深理解和解决问题的一种教学方法因素。讨论的形式有小组讨论、全班讨论或两种形式的结合。讨论能促进学生口头语言表达力的提高,在讨论过程中,学生能够集思广益,相互启发,扩大信息和思维的容量。讨论还能充分暴露学生在认知中存在的问题,使教师及时获得反馈信息,以便增加教学的针对性。组织好讨论的关键在于提出恰当的讨论问题、有效地展开问题和适时地解决问题,并注意将话题保持在问题上,促使每个学生都积极参加讨论。讨论法可以较好地调动学生学习的积极性和主动性,有利于培养学生发现问题、提出问题、分析与解决问题的能力。运用讨论法要注意做到以下几点:

1. 选择好讨论题

能否选择好讨论题是讨论法教学成功与否的一个关键。讨论的问题最重要的是要有针对性、启发性和趣味性:要针对教材的重点、难点和关键;要启发学生的思维活动,引起思维上的冲突;要能激发学生讨论问题的兴趣,使学生有解决问题的强烈愿望,从而展开热烈的讨论。还有一点需要引起注意，即问题要具体，切合学生的实际，不能太大、太深，也不能太容易。讨论题要具有两难性。确定讨论问题时，选择学生容易产生模糊认识的问题，使他们在讨论中互相启发，并摒弃错误观念，形成正确的结论。这样才能使课堂出现热烈讨论的场面，达到启迪学生思维、增强教学效果的目的。

2. 创造一个良好的讨论环境

教师在学生的讨论中起到控制和引导作用，要以平等的方式参与学生讨论，对学生的离题现象或理解上的偏差予以提醒。既要防止放任自流的讨论方法，也要防止使讨论流于形式化和表面化，并培养学生积极参与讨论的习惯。

3. 做好讨论的小结

学生对问题的讨论结束后，并不意味着讨论法已经获得了应有的效果，教师对讨论结果的处理是一个很重要的因素。要肯定学生的正确观点、认识，并提出充分的论据说明其正确在哪里。类似地，也要指出学生的错误观点并阐明其错在哪里。还要对所讨论的问题作适当的扩展和延伸，以加深学生的理解。小结可以采用边讨论边小结和讨论后小结两种方法。一般情况下，学生应自己先小结，然后师生共同补充，最后达成一致的意见，并用文字、图表或公式表达出来。

（四）实验法

物理学习以实验为基础，大部分原理和规律都来自实验，实验法是物理学习的基本方法。实验不仅能培养学生的观察能力、实验操作能力、实验设计能力、抽象概括能力和归纳演绎能力，还能培养学生的科学态度和科学素养。把观察、实验这种人类对客观事物的认识方法与物理教学有机地结合起来，就构成了物理教学中常用的实验法。这里的实验不是教师做的演示实验，而是学生在课堂上亲自动手做的实验。这种方法的特点在于学生能直接与所要认识的事物相互作用，从而取得对研究的事物的具体而生动的认识。在物理教学中运用物理实验能给学生学习物理创造一个良好的基本环境。学生在进行物理实验的过程中，要亲自进行观察、操作记录等，既动手又动脑。这不仅能使学生主动获得物理知识、提高实践能力，而且能促进其科学品质和世界观的形成。

（五）自学法

自学是教学方法中培养学生自学能力、让学生"学会学习"的重要手段。自学包括阅读、思考、记笔记、推理、探究等多方面的能力，这些能力在课堂教学的各环节都非常重要。这种方法主要是学生在教师的指导下，通过他们自己阅读教材或有关资料主动获取知识。对于物理学习而言，自学不仅包括能理解教材的内容，还包括通过阅读，能做实验，能计算，能解释物理现象，以及能灵活运用知识解决问题等。运用自学法时，教师在教学的指导思想上要改变"重教轻学"的倾向,还要注意在课堂教学中留给学生一定的自学时间。

(六)练习法

练习对知识的学习、巩固、深化和迁移有着重要作用。练习通常有两类,一类是巩固性练习。这是为了巩固某一种知识而设计的练习,它既是一种必要的、少量的机械模仿,更是经过变形、变式、变换后的概念、原理和规则的训练。为了巩固和深化知识,学生还必须进行有针对性的、反复的和综合的练习。另一类是发展性练习。这种练习着眼于发展学生的某种智力或能力,培养学生的某种科学思维方法,通常采用一些经过精心设计和选择的练习或训练来达到定向发展的目的。在使用这种教学方法时,教师需要注意避免以下两种错误做法:一是学生对所学的知识尚未有"一定的理解"甚至完全不懂时,就要求他们练习;二是把练习片面地理解为演算大量习题,搞"题海战术"。

(七)演示法

演示法是指在教学中出示某些能被感知的事物,以便学生形成表象。演示与教学手段的联系最为密切。演示能使学生从感性上认识一定的客观事物,为获得理性认识打下基础。

演示分为静物演示和动态现象演示。前者包括实模型、图片等的演示,后者包括实验演示、活动图像演示。科学技术的进步使动态现象的演示方式越来越丰富。

二、物理教学策略

教学策略是在教学目标确定以后,根据已定的教学任务和学生的特征,有针对性地选择与组合相关的教学内容、教学组织形式、教学方法和媒体形成的具有效率意义的特定教学方案。教学策略与教学方法,既有密切联系又有区别:教学方法的选择和运用只是教学策略的一部分,教学策略包含对教学过程中其他相关资源的合理组织、调控和管理。教学策略具有综合性、可操作性和灵活性等基本特征。

随着现代教学论的不断发展和教学实践的深入,诸多有效的教学策略出现了。这些策略可从不同的角度进行归类。

(一)依据教学活动因素分类

教学策略常依据构成教学活动的主要要素为中心,形成其策略框架,并对其他相关因素进行整合,得到以下四类教学策略:

(1)方法型策略。由于教学方法在呈现学习信息和引导学生学习活动上的差异,方法型教学策略又分为讲授型策略(直接向学生系统地传授知识、技术)和发现型策略(使学生自己发现问题,并通过解决问题掌握知识、技术)两类。

（2）内容型策略。内容型策略侧重教学内容的特征和需要。知识的获得可以分为强调知识结构和问题解决两类。前者称为认知结构策略，即主张抓住主要知识，构建简明而有机的知识体系；后者则称为问题解决策略，不仅能培养学生发现、解决问题的能力，而且有着创新的意义。

（3）方式型策略。它是以教学组织形式为中心建构策略框架的，可以分为教师中心策略和学生中心策略。前者指教学内容、时空和情境都是学校和教师决定的，教师在教学活动中起主导作用；后者则是为适应学生个体学习方式的需要，学校和教师提供相应的教学资源，并帮助和引导学生学习，学生在教学活动中是主体和中心。

（4）任务型策略。它是指以教学任务或学习类型为中心，在分析任务、创设学习条件的基础上，形成教学策略框架。任务型策略可以分为练习性策略、问题定向性策略和综合能力策略。

（二）依据教师教学行为分类

依据教师在课堂教学情境中的行为方式及其发挥的功能，可以把教师行为分为主导教学行为、辅助教学行为和课堂管理行为。相应的教学策略分为以下三种：

（1）主导教学行为策略。主导教学行为可分为呈现、对话和引导三类，与之相应的教学策略即呈现策略、对话策略和引导策略。呈现策略因采用教学手段而异，主要有讲述、板书、动作、声音、图像和多媒体等；对话策略主要包括问答和讨论；引导策略主要有课内外练习指导、阅读指导、活动指导、实训实习指导等。

（2）辅助教学行为策略。辅助教学行为是指教师为激发学生的学习意向或学习情感、创建学习情境所表现出来的行为。辅助教学行为策略为主要教学行为服务，包括学习动机的培养和激发、有效的课堂交流、课堂强化技术和积极的教师期望等。

（3）课堂管理行为策略。课堂管理是指为了保证课堂教学的秩序和效益，教师对课堂中的人与事、时间与空间等各种因素及其关系进行协调的行为。课堂管理策略主要包括课堂问题行为管理策略和课堂时间管理策略。

（三）依据教学过程构成要素分类

依据教学过程构成要素可分为以下三种：

（1）组织策略，是有关教学怎样进行，呈现什么内容以及如何呈现这些内容的策略。教学组织形式有集体授课、个别化学习和小组学习。教学活动主要包括导入、主体、结论和评价四个组成部分。

（2）传递策略，是有关确定恰当的教学媒介以及如何对学生进行分组的策略。

（3）管理策略，是指在教学设计过程中对选择何种组织策略和传递策略的决策。

（四）依据学习结果性质分类

学习结果按其性质不同,大致分为两类,即"事实、规则与动作顺序"和"概念、模式与抽象理论"。为了获得不同性质的学习结果,教师需要采取不同的教学策略,主要有以下三种类型:

（1）直接教学策略,是以教师为中心,以教授事实、规则和动作顺序为目的的教学策略。它强调知识的获得,并由教师向学生提供知识信息。

（2）间接教学策略,是以教授概念、模式和抽象理论为目的的一种教与学的策略。它强调探究、发现和解决问题,鼓励学生主动形成概念。其功能有:内容组织、概念形成活动（归纳和演绎、类比）、使用正例和反例、利用问题指导尝试、探索和发现、利用学生观点、小组讨论等,推动教学有效进行。

（3）提问教学策略,是指教师设计和组织好问题,向学生提问,并要求学生作答的策略。"问题"一般分为封闭性问题（聚合性问题）和开放性问题（发散性问题）两种。前者对掌握事实、规则和动作程序最有效,后者对掌握概念、模式和理论最有效。

 **扩展资源**

 5-1 教学模式的历史发展与趋势

 5-2 探究式教学模式案例

 **思政育人**

1. 结合本章内容,查找相关资料,了解我国古代经典的教学模式与教学方法的特点。

2. 了解中华人民共和国成立后,特别是改革开放以来,我国各时期自主探索的教学模式、教学方法、教学策略及其影响。

 **思考讨论**

1. 观摩中学物理教学实际案例,并说明课堂教学中所运用的教学模式,并对其特点进行总结,阐明与经典教学模式的异同处。

2. 观摩中学物理教学实际案例,试对课堂教学中所运用的教学方法及教学策略进行分析。

3. 请谈谈你对教学模式、教学方法及教学策略之间关系的理解。

学习导航

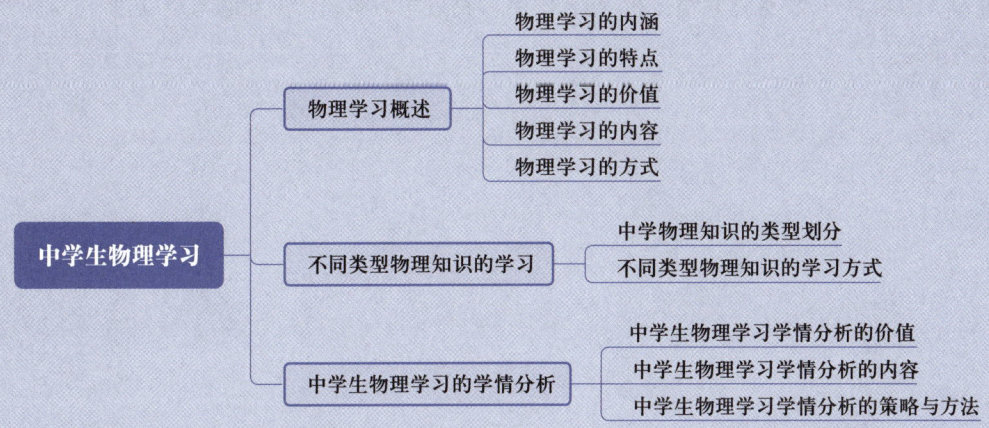

物理学习概述 ── 物理学习的内涵
物理学习的特点
物理学习的价值
物理学习的内容
物理学习的方式

中学生物理学习 ── 不同类型物理知识的学习 ── 中学物理知识的类型划分
不同类型物理知识的学习方式

中学生物理学习的学情分析 ── 中学生物理学习学情分析的价值
中学生物理学习学情分析的内容
中学生物理学习学情分析的策略与方法

问题驱动

1. 物理学习有哪些特点?
2. 物理学习的内容包括哪些方面?
3. 不同类型物理知识的学习方式有哪些?

学习目标

1. 掌握物理学习相关理论与实践操作的知识、技能,确立运用科学理论改造教育教学实践的价值观,促进教师职业能力的养成与发展。
2. 学会识别、分析、解释并解决中学生的物理学习困难,能运用正确的认知策略来提升学习质量,并树立相应的信念。

　　本章主要围绕物理学习展开,旨在帮助学生更深入地理解物理学习的本质,提升学习效能。从物理学习的内涵入手,探讨物理学习不仅仅是对知识的记忆与掌握,更是对自然现象的探究、对科学思维的锻炼以及对实践能力的培养。通过物理学习,学生能够建立科学的世界观,培养逻辑思维能力,提升解决实际问题的能力。本章分析了物理学习的特点,明确了物理学习具有严谨性、实验性、理论性、方法性等特质;讨论了物理学习的价值及内容,指出学生学习物理学能塑造学生物理观念,培育学生的科学精神,增强学生的探究能力,强化学生社会责任;深入剖析了不同物理知识的学习方式;通过学情分析,结合学生在物理学习中的常见问题与难点,提出优化学习效能的策略。

第一节 物理学习概述

本节内容主要包括物理学习的内涵及其理论体系,为进一步认识物理学习及其独特性奠定了基础,也为理解物理学习的价值、熟悉物理学习的内容、掌握物理学习的方式提供了认知基础。

一、物理学习的内涵

学习是发生在特定环境中的知识、经验和情感等不断发展的活动。物理学习是在学校教育场域中开展的以物理学科为对象的学习活动。

一方面,物理学习是发生在学校教育环境中的学习,是在教师有目的、有计划地引领指导下的学习,是根据教育规律对学生身心施加影响的活动。这种学习以前人积累的间接经验为主,不要求学生完全借助自主探究和实验设计获得学习经验,只是在教师引导下模拟完成物理科学家的科学探究。这样既能规避求知的曲折性,强化学习过程和学习效果,又能让学生体验科学发展的历程,从中学习推进科学发展的方法,为适应、改造和引领未来社会发展而准备着。

另一方面,物理学习是发生在客观物理环境中的学习,在学习内容与学习方法上和其他类型的学习有一定区别。即便是相同的客观环境或客观事物,在不同学科视角中也会有关注点的差异。例如,点燃的蜡烛在化学老师眼中是燃烧过程中化学反应的载体,在语文老师眼中是驱散黑暗的光明使者,在数学老师眼中则是火焰曲线的方程表达式,而物理老师则会思考蜡烛燃烧的能量、光谱及火焰的运动等。

物理学习的两个环境相互交织、共同构成了物理学习的环境基础,其中学校教育环境是作为形式存在的,客观物理环境是作为实质存在的,二者共称为物理学习环境。所以物理学习本质上是学生与物理学习环境互动共生的过程,这种互动共生将会引发学生在思想和行为上持久而积极的变化。

二、物理学习的特点

物理学习是基于物理学科知识和客观事物而展开的学习活动。物理学习的特点始终受物理学科特点的影响。

(一)物理学科的特点

物理学作为一门自然科学,有其自身的基本特征和学科属性。

首先,物理学是一门精密科学。它以实验假说、精密测量、量化分析、数学算法等方式来剖析自然规律,并以此揭示物质、能量、空间、时间及各部分之间的相互关系等。

其次,物理学是一门以实验为基础的科学。很多物理原理、命题和假设都是基于物理实验、数据分析等过程得出或发现的,并且物理命题、概念和规律的正确性能够被无限次验证。

再次,物理学是一门理论科学。自然界运行发展的基本规则、方式和相互关系等都需要物理学去提炼归纳、总结反思。

最后,物理学是一门具有方法论意义的科学。它提供了多种认识、分析、运用自然物质和运动规律且行之有效的方法、策略和思路,为人们认识自然、适应自然和超越自然提供了方法论的引领。

(二)物理学习的特点

1. 物理学习具有严谨性

物理学习需要借助数学作为语言和工具,方便更好地做量化分析。物理现象的表征、捕捉和呈现,物理概念的表述、计算和运用,数据的收集与分析,物理规律的定义与图像的模拟呈现等,都需要借助数学计算和数学模型来完成。

2. 物理学习具有实验性

物理学习需要从观察和实验中理解、掌握和运用物理知识、技能和方法。学生只有认真观察物理现象,掌握物理实验的操作步骤和物理问题的计算过程,才能将物理知识、原理、命题等内化理解透彻,才能在观察中感悟物理观念、形成科学态度、发展探究能力。

3. 物理学习具有理论性

在物理学习中,学生既能够从物理现象或生活问题中抽象概括出物理模型或物理原理,也能借助生成的模型思维或物理观念去审视生活问题,揭示日常生活中物理现象背后的物理原理。学生通过物理学习,建立起物理观念和模型思维,掌握物质、运动、能量、空间和时间相互作用的规则与原理,并能理解自然规律,会运用物理技能或方法解决现实问题,这是物理学习的核心追求。

4. 物理学习具有方法性

在某种程度上讲,物理学习就是科学研究方法的学习。只有借助科学严谨、适切有度的研究方法,学生才能准确捕捉物理问题或物理现象背后的物理概念、原理和命题;才能验证物理概念、原理和命题的确证性;才能综合运用多种方法解决复杂的现实问题。例如,在探求电阻大小受何种因素的影响时,会同时运用观察法(查看电流表数值的变化)、转换法(将电阻大小与电流大小进行转换)、归纳法(综合归纳材料、线长、截面、温度等信息对电阻的影响)、变量控制法(控制截面面积、温度、材料等)等方法。

三、物理学习的价值

物理是自然科学领域的一门基础课程,物理学科核心素养是学科育人价值的集中体现,学生可以通过物理学习逐步形成正确价值观念、必备品格和关键能力。根据新版课程标准可知,物理课程要培养的核心素养包括物理观念、科学思维、科学探究、科学态度与责任四个方面。据此,物理学习的价值主要体现在以下几个方面。

（一）塑造学生的物理观念

物理观念是指关于物质、运动及其相互关系、能量和时空等内容的基本看法和认识,体现为物理原理或概念在人脑中的概括凝练和理论升华,是揭示自然现象与问题和解决现实问题的认知基础。通过物理学习,学生能够逐步在头脑中生成对物质、运动、能量、时空等内容相关的理性认识和思维框架,进而掌握认知和解决物理问题的理论方法和实践思路。

（二）培育学生的科学精神

科学精神是基于客观事物的本质属性、存在规律及其相互关系的理性思考;是基于事实经验和理想模型等对事物原理、本质及其属性抽象概括的表现形式;是用以理性分析、论证、推理和解决问题的科学品质的内化;是立足客观实际和科学理性对不同观点或结论进行合理质疑与深刻批判的理念。学习物理能够锤炼学生理性思考、批判和质疑的精神,帮助学生从纷繁复杂的物理问题或物理现象中抽丝剥茧,找到问题的本质及其解决的思路,进而实现从模型建构、科学推理到论证与完善的一体化发展。

（三）增强学生的探究能力

探究能力是指通过观察和借助实验方式找到物理问题、提出物理问题的假设或猜想、拟定合理的实验方案、科学全面地获取数据信息、解读与运用研究结论,以及评价与反思探究过程和结论等方面的能力。学生学习物理时,在真实问题情境中寻找问题、作出假设、设计方案、收集数据、分析数据、解读数据并完成经验交流,这一过程可以增强学生从提出问题到论证再到反思的问题解决能力。

（四）强化学生的社会责任

社会责任与科学态度是指对科学、技术、社会、环境之间关系的辩证认知和对所肩负责任使命的认同与践行。在学习物理的过程中,学生逐渐认识并深化对科学本质的认识,洞悉科学探究是兼具创造性和破坏性的事业,了解科学技术所应遵循和践行的伦理道德规范,能够独立自主地发表基于证据的看法,辩证审视科学与社会、环境和人类发展的关系。这都表明,物理学习可以强化学生的社会责任感,可以培育学生的科学态度。

四、物理学习的内容

结合物理课程标准和物理学科知识体系,物理学习的内容应当由物理知识、物理观念、物理学方法、物理知识结构、物理转化和物理技能构成。表 6-1 简要呈现了物理学习内容的分类、构成要素和实例。

表 6-1 物理学习内容的分类、构成要素及实例

类型	构成要素	要素说明	示例
物理知识	物理现象	实验基础和自然界中与物理相关的实际现象	被踢出去的球继续运动一段才会停下
	物理概念	物理现象所具备的共同属性或本质特征	速度表示物体在单位时间内通过的位移
	物理规律	用以表示若干物理概念间相互关系,事物在物理变化中稳定、客观的必然趋势	整个系统所受到的外力的矢量和是零,则系统动量守恒
物理观念	物质观念	对物质的基本看法和基本观点	宇宙是由物质构成的
	运动和相互作用观念	对运动和相互作用的基本看法和基本观点	运动和静止都是相对的
	能量观念	对能量的基本看法和基本观点	整个物质转化过程中的能量变化是遵循守恒定律的
	时空观念	对时空的基本看法和基本观点	在惯性参照系中,牛顿运动定律是成立的
物理学方法	观察法	有目的、有计划、持久地观看物理现象或物理实验的变化与步骤的认知行为	在日常生活中借助温度测量工具观察气温变化
	实验法	按照一定步骤,有计划地探索物理问题或验证物理观点的方法	在实验室借助电器实验设备开展串联、并联电路的搭建
	模型法	借助理想化的物理建模方式,探索解决问题的可能思路	将一辆从北京到上海的火车视为一个运动质点的过程模型表现形式

类型	构成要素	要素说明	示例
物理学方法	类比法	对比两个概念或事物具有相同或相似属性,进而推断二者在其他方面可能也有相似或相同点的方法	电荷周围有电场,磁极周围有磁场,电荷间的作用力需要电场传递,类推磁极间的相互作用力也需要磁场传递
	数学方法	运用数学原理或公式来描述和表征物理概念及其属性的方法	比值定义法,如密度大小就可以通过计算质量与体积之比得出
物理知识结构	实现物理概念、规律间逻辑关系的清晰化	弄清楚各个物理概念、物理原理在一个整体系统中的作用机制和相互关系,所占据的时空位置等	将力的性质、力的作用效果及度量、基本规律、运动度量和运动类型等概念串联成整体,共同描述力这个核心物理概念的整体架构
	完整的物理知识结构	将已清楚的物理概念的整体结构框架置于物理学方法、物理观念等多个维度进行综合理解	借助运动观、牛顿定律、实验法、数学方法和能量守恒定律等共同构成经典力学的知识结构体系
物理转化	做习题	解答源自生活的物理问题,间接实现物理知识向生活问题的转化迁移	通过计算火车过桥洞的时间,估算火车长度
	科学·技术·社会（STS）	帮助学生辩证理解物理科学在人类社会进步中的影响	通过核污染来反思物理科学的价值二重性,增强热爱和平、重视环保的价值认识
物理技能	智力技能	以合乎法则的心算、估算、速算、合理假设等方式解决问题	当受力分析能力成熟后,就能直接看出不太复杂情况下物体所受力的情况,而不需要依次画出来
	操作技能	通过练习、训练等生成和巩固一套合乎法则的行动策略	通过大量练习掌握测定和分析气温变化的能力

五、物理学习的方式

物理学科具有精密性、实验性、观察性和强调方法的特质,这决定了物理学习的方式应当也必然是综合化的。

（一）理论与情境相结合的学习方式

物理学习需要掌握和理解大量抽象概括的物理原理、命题、概念的内涵和本质规律，帮助学生在头脑中自主建构物理观念，生成关于客观世界如何构成、如何运转和如何维持结构稳定性的理性认识。但是物理学习也需要回归日常社会生活，学生要从生活世界中感知、体验和认识物理现象，从中归纳凝练出现象背后的物理规律或物理原理。这就要求学生做到理论与情境相结合，既要在学理层面理解和内化物理原理，生成科学理性的物理观念，也要在实践层面扎根问题情境，学会从问题情境中检验物理规律或命题的正确性，并在理论与实践的交融中感悟和理解科学与社会的辩证关系。

（二）线上与线下相结合的学习方式

现代信息技术的发展引发了学习方式的革命性转变。传统的以实体化空间开展物理学习的方式迫切需要与虚拟化空间中的数字化学习方式相结合。物理学习中存在的诸多晦涩难懂且不易于借助静态图片、板书等方式呈现的知识点及其结构模型，完全能够在虚拟化数字空间中被真实还原并三维化呈现，数字化呈现形式减少了学生理解抽象物理概念的难度，增加了仿真学习的趣味性。这就要求学生适当采取线上与线下相结合的学习方式，既要在实体化空间内学习物理知识，也要借助数字化手段在知识获取、表征和运用中的优势条件，增强物理学习深度。

（三）独立与合作相结合的学习方式

为了促进学生独立自主学习，避免被动接受知识所引发的惰性心理，教师应关注学生主体地位在学习过程中的体现，努力将学生培养成物理知识的探索者和创造者。同时，作为复杂的认知活动，学习不能脱离社会生活的关系性本质。因此，在学习型社会中，物理学习需要走合作学习和互助学习的道路，培养学生与他人合作探求、共享学习成果的价值观。这就要求学生要采取独立与合作相结合的学习方式，既要确保物理学习过程时刻处于自我监控、自我指导和自我强化的进程中，时刻保持自身学习的自主性，也要学会与他人合作，共同参与学习过程，培养合作互助精神和协同学习的能力，构建合理的学习共同体，最终实现高质量学习。

（四）接受与探究相结合的学习方式

在强调知识授受的传统教学模式中，学习就是对从教师端传输过来的知识、信息、技能等进行再加工和再生产的过程。这种学习是接受式的，预设了学生缺乏自主探究意识和能力，认为学生无法自选学习主题、内容、进度和节奏。但在强调学生全面发展和自主探究精神的新时代教育语境中,倡导学生释放学习能动性,培养学生自主发现问题、提出假设、收集数据、分析数据、得出结论和反思整个研究过程的探究式学习,显得尤为重要。这就要求学生既要适当按照接受式学习方式,掌握相对封闭化和难以自主理解、运用的高深物理知识,又要主动强化探究性学习的能力,在教师指导下自主选定研究问题,并在探究过程中发现问题、解决问题和反思问题解决的适切性。

第二节　不同类型物理知识的学习

物理现象与物理规律的复杂性,决定了物理知识体系本身的复杂性和多样性。因此,对中学物理知识进行合理分类,并理解不同类型物理知识在学习方式上的差异性很有必要。只有这样,学生才能用精准、有效和科学的方式掌握物理知识。

一、中学物理知识的类型划分

根据学习心理学关于知识属性与类别的划分,知识既可以分成陈述性知识与程序性知识,也可以分成显性知识与隐性知识,还可以分成确定性知识和地方性知识。

实际上,在物理学习语境中,知识的分类存在多元化标准。但就物理学科知识与学生个性全面发展的紧密程度而言,按照物理学科核心素养的标准来划分和理解物理知识类型更具有可行性和必要性。新版课程标准基于核心素养发展要求明确物理课程目标,并根据核心素养发展水平研制了学业质量标准。若以学生的核心素养发展水平为预期学习结果倒推物理学习内容的类型,也契合物理课程性质,符合学生身心发展规律。基于此,物理知识可以分为体现物理观念的知识、蕴含科学思维的知识、指向科学探究的知识和渗透科学态度与责任的知识。

(一)体现物理观念的知识

物理观念是从物理学视角形成的关于物质、运动和相互作用、能量等内容的总体认识,是物理概念和规律等在头脑中的提炼与升华,是从物理学视角解释自然现象和解决实际问题的基础。据此,我们认为,体现物理观念的知识就是能够借助物理知识与思维来认识、解释、分析和改造世界的高度凝练化的知识,它主要包括物理物质观知识、物理运动观及其相互作用类知识、能量观知识等。

物质观知识,从物质存在的宏观形态(液态、气态和固态)和微观形态(磁场、原子、电场等)展开,逐步揭示和展现物质的运动性和普遍联系性,并最终表征为学生对物质属性和存在方式的理性认知和解决现实问题的过程。在现实物理教学语境中,关于物质形态、属性、特征及其存在方式的物理概念、命题、规则、定理等,均属于这类知识的范畴,并且对微观形态中原子、磁场、电场和分子等物理概念或原理的解释与描述,同样属于物质观知识的范畴。

运动观及其相互作用类知识,主要包括那些能够帮助学生树立起世界是不断运动的认识论、方法论和价值论内容,如物理知识体系中的直线运动、天体物理学、简谐振动、电磁运动等均属于该类知识范畴。在实际物理知识学习中,速度、时间、位移、路程等概念也被用来描述和解释物质运动的状态和属性。例如,在简谐运动章节学习中,物体运动的周期、频率、振幅等被用于描述和解释简谐振动的规律。更重要的是,物理知识中这些蕴含物质运动观及其相互作用的知识,还帮助学生树立辩证发展的人生哲学观。

能量观知识,主要包括那些描述物质在运动或变化中能量的存在形式、能量的守恒性、能量的相互转化、能量的耗散与节约等内容,同时也暗含能量守恒与相互转化的辩证哲理类元素。这些知识能够帮助学生理解物质变化过程中的能量变化与转化,解释物质属性变化的原因与结果,形成万物守恒的哲学思想和珍爱自然资源的生态良知。

(二)蕴含科学思维的知识

科学思维是科学活动中生成和应用的思维,是人脑对事物的存在方式、内在规律、本质特征及其相互关系的间接化和概括化反映。这种思维涵盖问题假设、实验设计、证据解释、推断解读、结论反思等诸多方面。在物理学视野中,科学思维指的是从物理学视角来认知和把握物质属性、特征及其内在属性的方式与手段,是基于物理模型的抽象概括、事物关系的归纳推演、物理结论的科学论证和物理观点的质疑创新。相较于其他类型物理知识,科学思维类知识具有高度抽象和凝练归纳的属性,无法从书本或实验中直接获得,而是经由学生头脑的信息深加工过程逐渐生成发展的。

科学思维类知识主要包括内容、过程和方法三类。科学思维内容类知识既指那些可被观察和实验的感性材料(如事物的形状、运动方式或质量等),也指那些经由语言、符号和图像来表征的抽象材料(如借助时间与位移图像表征机械运动,借助欧姆定律来理解电压、电阻和电流之间的关系等)。科学思维过程类知识包括提出物理问题、寻找支撑事实、做出实验假设、数据分析处理、结论分析综合、过程反思反馈等相关内容。科学思维方法类知识则指向蕴含类比、综合、集成、跨界、融合、交叉、归纳、演绎等科学方法的要素,能帮助学生完成物理问题到物理方法再到物理结论的思维转向。在物理学习中,这类知识多表征为模型建构、科学推理、科学论证及质疑创新等。

(三)指向科学探究的知识

科学探究,意为基于观察、实验等方式提出问题,生成关于问题的假设或猜想,根据问题属性设计研究方案,执行方案并收集和处理数据,根据数据分析结果得出结论并给予合理解释,最终站在整体视角审视和反思研究过程是否合理、研究方法是否适切、研究结论是否可信的过程。在物理知识分类的视野中,关于科学探究的知识主要涉及物理实验的步骤与方法、问题解决的基本步骤与环节、物理解题的步骤及其相互衔接的逻辑等。

实际上,获得科学探究类知识的过程,应该是学生主动尝试、练习和掌握,进而获得理性思维和科学方法的过程,而不是教师去传递、教授如何展开研究的过程。例如,在物理教育教学中,关于如何从生活世界中捕捉和分析具体问题、抽丝剥茧地分析问题并找到根源、科学选择实验方法和制订研究计划、熟练掌握数据收集与分析的方式、对数据反映的结果进行理性分析和评判,这类知识就是科学探究类知识。这类知识通常不会像知识点那样清晰而完整地罗列在教材中,而需要学生在完整的实验探究情境中反复体验感知、多次运用才能获得。

(四)渗透科学态度与责任的知识

渗透科学态度与责任的知识,主要是指那些能够揭示科学本质属性,认识科学、技术、社会、环境之间的辩证关系,并能够凭借这种理性认识内生出探求真理和严谨求实的科学态度,以及恪守道德规范和科学伦理、具有保护环境并推动社会可持续发展的时代使命感和责任感的知识。

这类知识的来源渠道有三个。一是直接来自物理教材。教材中关于物理学家如何发现物理问题并严谨而持续地追问答案的故事,包含从事科学事业所需要的严谨求真、孜孜不倦精神。二是来自任课教师的言传身教。物理教师在课堂教学中所展现出的严谨认真、质疑创新和探究能力会间接渗透和感染学生,进而使学生浸润在科学精神和科学态度营造的学习文化生态中,逐渐内生出科学态度与社会责任感。三是来自学生对现实生活中物理科学技术应用的直观体验与深层反思。借助物理科学技术体验或感受到生活世界的美好,或者看到物理科学技术滥用或缺乏监督对人类社会或人的身心健康造成的危害,都会刺激学生产生对物理科学技术本质及其价值的深刻反思,进而生成如何理性把握科学技术造福人类社会的使命感和责任感。

二、不同类型物理知识的学习方式

物理知识的获取方式是多元的。根据新版课程标准的要求,在物理教学中彰显学生学习的自主性、互助性和研究性是当前物理教育改革的重点。同时,在信息化时代和智能化时代到来的背景下,鼓励学生掌握数字化学习方式。在此基础上,不同类型物理知识的学习方式若顺应知识自身属性和特征的内在要求则会有更好的学习效果。

（一）深度学习

物理概念、命题、定理、规律等物理观念性知识，多以抽象和概括形态出现，要求学生超越技能模仿和知识识记的浅层学习，转而通过深度学习实现物理概念、命题、定理、规律与学生认知结构的统整融合，在个体心智中建构出关于何为物理、物理的属性，以及物理存在与发展样态的意义结构。

物理观念性知识具有深奥性和难以把握的特点，这决定了学生需要借助深度学习来理解物理概念、命题、定义和原理。学生需要尽量避免从事知识强制识记、复述、多做练习题等停留在思维浅层的学习活动，转而需要借助分析、综合、类比、归纳、演绎和抽象化物理知识的过程刺激高阶思维的发展。例如，在学习摩擦力章节时，学生要反复对滑动摩擦和静摩擦的作用原理、转化条件、影响因素等进行全面比较，才能准确掌握摩擦力在不同情境下的作用方式，熟知摩擦力的属性与特点。当然，教师也要在学生深度学习过程中发挥引领者和指导者作用，尽可能提供学生自主理解和建构物理概念、命题、定理、规律的学习环境及充裕的学习时间，为抽象物理概念的准确理解和内化提供保障。

（二）自主学习

物理概念、命题、定理、规律等的类比分析、迁移运用、性质归纳等均属于科学思维性的知识，主要从物理学视野反映事物存在与发展的本质属性、内在规律及事物间相互作用的方式与影响。科学思维的养成与发展，总是基于学生自身能动性和自主性的，如果总是被动接受思维或方法上的灌输，尽管学生在某些层面能够实现科学思维在自身文化素质结构中扎根，但并不具有深刻性和持久性。

科学思维的养成与发展具有自主性和能动学习特点，这要求学生采取自主学习方式，在充满学习热情和满怀学习动力的基础上，探究物理的本质属性、内在规律及物理结构间相互作用的原理。学生要心无杂念地专注于物理知识本身，较少受到外部环境和自身学习负面情绪的影响，并按照自身学习能力制订切实可行的学习计划，及时监督学习进程并反馈学习结果，实现自我监控和自我管理。教师也应鼓励学生自主学习，帮助学生树立自主学习的责任意识和掌握自主学习技能，并培养学生通过自主学习获得新知识或新发现的学习品质。例如，鼓励学生课下自制潜望镜，并以此为契机激发学生的能动性和行动力。

（三）探究学习

关于如何开展实验研究、如何验证结论的准确性、如何验证研究假设的合理性等科学探究性知识，需要学生在实验情境中不断动手操作才能熟练掌握和运用。这类知识主要涉及物理问题的发现与凝练、问题的根源猜想与可能的假设、物理实验的科学设计与执行方案的拟定、物理数据收集与分析的方法、物理实验结论的得出与解释,以及物理实验过程与结果的深度反思等内容。

通过设置亲身参与和主动探究的学习方式,能够帮助学生深刻理解和运用物理探究技能,进而发展出探究一般生活问题和学术问题的基本模式,以及借助科学探究模式观察和审视人类社会生活诸多方面的探究品质。例如,课后学生可以就"内能"开展实验探究,拿出底部留有少量水的矿泉水瓶,挤压矿泉水瓶,适当拧松瓶盖以观察看到何种现象(瓶口不能对着人)。教师引导学生思考为什么会出现这种现象,就能帮助学生理解内能及其释放等内容。再如,教师可鼓励学生借助温度计监测室内温度与室外温度的数值,并坚持一定周期,制作关于室内气温和室外气温的温度折线图,引导学生解释为何两者存在差异,这种差异是什么造成的。

(四)在做中学

纸上得来终觉浅,绝知此事要躬行。从课本或教材中获得物理知识虽然较为简便有效,但物理知识能否被学生深刻理解并运用、学生能否通过理解和运用物理知识生成理性的科学哲学观念是存疑的。事实上,科学态度与社会责任性知识需要学生深入实践情境,在做中学,检验知识的可靠性,并在此过程中感知和审视科学与社会、科学与自然、人与人之间关系的依存性。

在做中学,要求学生深入问题情境和生活实际,在复杂多变的动态环境中运用知识解决问题,并在此过程中检验物理知识或技能的情境限制性,观察物理知识或技能的运用对社会、自然和人类自身产生了何种影响,进而评判这种影响的合理限度。在实际物理学习情境中,学生需要带着强烈的反思精神去运用物理知识或技能去解决问题。例如,学生可以通过力的相互作用原理深刻理解看待事物作用的二重性;敲击不同物品获得相关声音,并产生要减少噪声污染的价值信念;从饭店飘香的现象中理解分子热运动的原理,并产生及时扔垃圾以减少垃圾恶臭影响的环保理念;等等。

第三节　中学生物理学习的学情分析

一、中学生物理学习学情分析的价值

学情分析的意义在于帮助教师充分了解学生在物理学习前的知识储备、学习习惯、思维方式、学习动机、学习信念等情况,从而采取更贴近学生身心发展特点和物理知识内在逻辑

的方式,为学生核心素养发展提供精准化、科学化和人性化的教学支撑。具体来说,学情分析具有以下价值。

(一)学情分析彰显了以学生为中心的育人理念

传统教学强调教师中心、教材中心和课堂中心,这种以教师为主体的教学价值观,往往把学生视为被动接受知识的"容器",将充满温度的教学转化为单向的知识灌输过程。基于教师中心理念,教师更关注自身对教材的理解程度、对教学环节的衔接安排、对教学环境的营造创设和教学效果的及时评价,较少关注学生的既有认知与物理知识间的关联、学生学习动机水平、学生学习策略的运用情况,导致教学深陷"目中无人"的泥淖。

开展学情分析,关注学生的个体差异,了解学生群体的学习状态和学习心理,这正是对教学中心主义的理性纠偏,这是从学生学习主体性出发审视教学目标适切性、教学内容匹配性、教学方法合理性和教学评价精准性的有益探索。

(二)学情分析指明了教师教学设计的思路方法

学情分析为教学设计提供了思路指引和行动依据。一方面,对学生认知水平、学习状态、行为习惯和学习需求的精准识别和科学诊断,能够全景化、立体式和全方位地呈现出学生群体的真实学习样态。这种真实样态的识别、诊断和分析,为教学目标的设定、教学内容的遴选、教学方法的运用和教学效果的测评提供了认知前提。另一方面,学情分析作为教学实践的初始环节,为教师提供了重新审视既有教学设计步骤合理性和环节衔接性的行动依据。学情分析搭建起学生认知水平、能力状况和学习情感与物理知识、概念、原理、实验间的适配空间,能够最大限度地将学生认知水平与学科知识统整融合到学生心智健全的过程中。

二、中学生物理学习学情分析的内容

在明确了学情分析对学生发展和教师教学的独特价值后,就需要进一步回答学情分析到底分析什么、从哪些方面展开等问题。学情分析的内容比较广泛,学生既有的知识结构、学生的兴趣爱好、学生的思想状态、学生的认知水平和学生身心发展的阶段特征、学生的生理心理状态、学生的个性特点、学生的学习信念与学习习惯、学习节奏与学习策略等,都可以看作是学情分析的内容要素。

(一)对学生生理和心理特征的分析

初高中生还处于身心快速发展、心智不够健全和极易冲动暴怒的阶段。这一阶段学生往往情绪波动较大、逆反心理较强,不喜欢被管教,渴望得到他人的理解,具有较强的可塑性和成长性。对学生进行生理和心理分析，就是要从该阶段学生身心发展的阶段性特征出发，理解这个群体的思想状态、心理状态和身体机能发展情况，合理预计教学过程可能出现的问题，并做好前期预防和过程干预，从而确保教学过程更顺畅、合理和科学。

例如，可以对该年龄段学生的思维习惯进行诊断，分析他们擅长形象思维还是抽象思维，善于表达还是善于写作，喜欢理论学习还是喜欢实验探究，喜欢单打独斗还是喜欢合作学习，注意的广度和深度如何。对这些问题的诊断和分析，能够有效提升教学针对性和有效性。

（二）对学生既有认知水平的分析

在讲授新课之前，教师对学生自身知识储备情况、技术操作能力、学习方法掌握情况和学习策略运用情况等进行科学合理的分析，才能科学找准新授课程的知识起点，避免因知识起点较高引起学习困难或知识起点较低引起学习倦怠的问题。

教师可以结合物理学科核心素养育人目标和本节课教学重难点，确定本节课的重难点，明确学生该掌握哪些知识，该具备何种经验，该生成何种情感，并用分析结果观照学生现实样态，找出差距和不足。教师既可以借助问卷、访谈、观察和测验等方式进行正式、全面和系统的诊断分析，也可以借助随机抽查、随堂提问和随堂测验等方式进行非正式、个性化的诊断分析，并根据诊断分析的结果灵活调整教学难度和进度。

（三）对学生个体异质性的分析

学生是个性化、独特的人。学生成长经历、家庭环境、生活体验和自我意识的差异性决定了学生个体间具有较强异质性。不同学生具有不同的学习能力和学习习惯，即便同一个学生，在不同环境、情绪和心态下，也会呈现出不同的学习信念和学习行为。特别是学生本身受非智力因素影响较多，导致自身学习习惯、思维、兴趣、意识、个性、情感等异于他人，这就更需要教师进行精准分析，合理应对。

善于分析学情的教师一般采取两种策略来诊断学生的个体差异：一种是分析本班学习成绩优秀的学生和学习成绩不佳的学生，找出差距区间，从而为后续教学的设计优化提供可能；一种是直接分析占比较大的中等水平学生情况，掌握绝大多数同学的认知水平、知识结构、实践能力和学习动机。

（四）对学生学习策略运用的分析

教学不仅涉及教师的教，还涉及学生的学。只有教与学深度融合，才能达成最佳教学效果。诚如陶行知先生所言："我以为好的先生不是教书，不是教学生，而是教学生学。"[1] 这意

---

[1] 《陶行知全集》第1卷，四川教育出版社1991年版，第22页。

味着教师在进行学情分析时,必须关注学生对学习方法的掌握、理解和运用情况,从而为指导学生学法创新提供支持。

年级、学科、知识点等方面的差异决定了学生对学习方法和学习策略的运用存在差异。教师应当也必须事先了解学生学习方法的熟练程度和学习策略的运用水平,并根据学生既有水平进行相应的指导,提升学生的学习能力。

（五）对学生可能遇到的学习困难的分析

物理学习中总会出现各种无法预期的学习困难,这些困难会成为教学实施和学生学习的障碍。优秀的教师应该结合该阶段学生身心发展特点、物理学科知识的特性,用信息技术为学生赋能,科学合理地预测学生在学习过程中可能遇到的困难,并对这些困难的解决方案进行前瞻性构想。

三、中学生物理学习学情分析的策略与方法

中学生物理学习学情分析的策略与方法对于确保教学适合学生的学习需要、提升教学质量具有重要意义。它能够帮助教师准确了解学生的知识基础、学习风格及认知特点等情况,从而设计出更符合学生实际的教学方案,有效提高学生的学习效果。

（一）常用的学情分析策略

中学生物理学习的学情分析策略,可以从分层分类了解学生特点、利用技术工具赋能分析过程、积极倾听学生声音获取直接反馈,以及注重后续的教学反思与改进措施这四大方面展开,其核心目的在于全面且精准地把握学生的学习情况,进而优化教学方法与内容提升教学质量。

1. 分层分类了解学情

在宏观上,要超越教师分析学情的认知局限,意识到学校所在区域及学校本身都是学情分析的主体。因此学情分析不应该只是授课教师的责任,也是整个学校乃至相关教育管理部门的责任。教育管理部门可以对所在区域学生的整体情况进行诊断分析,从而全面掌握学生的整体学业发展水平;学校可以通过大数据平台、访谈、问卷、邮件、匿名信等方式全面了解本校学生的认知水平、精神状态和价值倾向;教师则可以借助多种方法开展学情分析,精准把握学生身心发展特点,开展有针对性的教学。

2. 技术赋能分析学情

信息技术融入教育已成趋势。学情分析应该强化数字融入水平,通过构建学情分析平台、创建学情分析数据库、开发学情分析技术指南和开展数字智能化学情分析相关培训等方式强化技术,赋能学情分析的效果。例如,学校可以开发学情诊断软件,通过答题时长监测、

陷阱题正确率统计、正常题准确度计算、无效数据自动筛选排除等方式提升数据准确性和可信度。教师还可以借助数据资源对学生成长轨迹进行纵向比较和横向比较,全面客观地评价学生。

3. 通过倾听掌握学情

相关研究表明:善于倾听学生的心声有助于增进师生间情感,提升教师对学生的影响力。因此,教师要挖掘学生语言、行为、表情背后的深层原因,应当也必须采取倾听心声的策略。教师应该以故事倾听者的姿态走进学生的心灵空间,营造共情氛围,达到润物细无声的效果。

4. 重视后续反思改进

教师要意识到学情分析不仅是为了诊断学生学习情况和遇到的学习困难,更是为了以问题为导向,重新优化创新教育教学过程,持续改进教学模式,提升教学效果。教师要在把握学情现状的基础上,反思既有模式的弊端和可能的突破点,从而设计改进步骤和保障措施,促成教学创新。

(二)常见的学情分析方法

学情分析既要关注学生整体发展状态和学习水平,也要关注学生间的个体差异性。这就要求教师采取多元化、分层式和系统化的方法,全面客观地掌握学生情况,为后续授课提供认知支撑。

1. 观察法

观察法要求教师以参与式或非参与式方式观察学生在学校或课堂上的表现,这种表现主要涉及学生的语言、行为、表情、神态、精神状态等。观察时应该结合所要了解的内容,灵活地选择观察场地、时间、类型和方式。

2. 材料分析法

教师可以对学生学习涉及的材料进行收集、整理、分析和凝练,从中发现学生在学习或生活中遇到的问题,及时了解学生的心理变化和情感倾向,从而为诊断学生身心发展状态和学业发展水平提供素材支撑。材料可以是过程性的,如学生的档案资料、学习作品或成长记录等;也可以是结果性的,如学生的成绩单、作业、实验报告、读书笔记等。

3. 深度访谈法

教师应该借助深度访谈的方式,倾听学生的声音,了解他们在生活或学习过程中面临的困惑、问题和挑战,洞悉他们的认知水平、思维方式和行为逻辑,理解他们的学习动机和学习习惯。这种方法能够实现师生间的温情互动,有助于加深师生感情。

4. 问卷调查法

当需要整体了解和系统把握学生学习状态、思维状态和情感状态时,教师可以采用问卷调查法。在调查前明确调查主题,并对调查主题进行操作性拆解,并以拆解后的要点作为问卷题项设置的依据,编制具有较好信效度的问卷。需要注意的是,问卷数量要达到数理统计样本不低于 30 个的基本要求,才具有解释力。

5. 能力测验法

能力测验法是一种有效判断学生学习水平和能力状态的方法。根据教学需要,能力测验可以是书面的,也可以是口头的,可以是实际操作的,也可以是理论演绎的。教师可以根据需要灵活选择能力测验的类型、难度和频率,全方位、立体化地了解学生。

6-1

多维聚焦学习心理学

1. 物理学理论实践等知识推动了社会文明的发展,但在人类文明发展历程中有些科技发展也给人类带来了灾害,我们应该如何筑牢科技伦理防范的思想阵线?

2. 请查阅相关资料,收集相关小故事,了解总结科学家们在工作中体现的科学思想、科学方法、科学家精神。

1. 中学生物理学习困难的原因是复杂多元的,如何准确识别和分析中学生物理学习困难的根源?

2. 物理知识转化为物理核心素养的机制是怎样的? 请用自己的话描述知识建构的一般过程。

3. 物理学习认知策略优化改进的关键在学生,但这是否意味着教师不需要参与这个过程?

4. 请对特定案例所表现出的学习困难进行识别和分析,并结合学习心理学相关理论找出应对学习困难的策略。

5. 模拟学生在物理学习中可能出现的认知策略偏差,并根据认知偏差类型找到相应的解决策略。

学习导航

物理概念教学
- 物理概念的含义、特点和分类
  - 物理概念的定义与特征
  - 物理概念的内涵与外延
  - 物理概念的形成
  - 物理概念的分类
- 物理概念学习的思维特征
  - 科学层面
  - 过程层面
  - 主体层面
- 物理概念的教学过程
  - 创设物理概念的学习情境
  - 运用科学方法建立物理概念
  - 运用物理概念解决具体问题
- 物理概念教学的基本模式
  - 基于物理思维方法的教学模式
  - 融合已有教学理念的教学模式

问题驱动

1. 物理概念是物理事实吗?
2. 在物理学中为何要引入概念来研究物理现象?
3. 深度学习物理概念的主要行为表现是什么?
4. 如何科学评价自己对物理概念所建构的理解是否科学正确?

1. 学会分析物理概念学习的思维特征。
2. 解释物理概念的含义、分类和特点。
3. 分析物理概念教学的基本模式,解释物理概念教学目标、过程和评价的关系,能对物理概念教学进行系统化设计。

物理概念是客观事物的共同特征和本质属性在人头脑中抽象概括的反映,是物理现象和物理过程的抽象化和概括化思维的产物,也是学生观察、分析、解释物理现象过程中所建构出的有意义理解。物理学习首先是从物理概念和规律的学习开始的,是学生实现自己思维进阶的重要的学习内容和训练思维的主要媒介。

第一节　物理概念的含义、特点和分类

学习物理概念首先要明确物理概念的含义、特点和分类。下面主要讨论物理概念的定义与特征、物理概念的内涵与外延、物理概念的形成及其分类等。

一、物理概念的定义与特征

物理概念是对事物本质的感知，是逻辑思维最基本的手段和形式。可以看出，物理概念既具有客观属性，又具有主观属性。客观属性是指概念的研究对象是客观存在的；主观属性是指概念的主观定义，即人们所建构出的、对事物本质理解的程度和深度存在差异或目的有所不同。

（一）物理概念的定义

物理概念是客观事物的共同特征和本质属性在人头脑中概括和抽象的反映，是物理现象和物理过程的抽象化和概括化的思维形式。物理概念是由一系列的物体、事件（包括物理现象、物理规律等）和符号组成，以它们之间的共同特征为基础而组织起来的，用某一特定名称或符号来指代它们。例如，力是描述物体间相互作用的物理量，用来说明物体的运动状态如何受到其他物体的影响。力的大小和方向用有向线段来表示，线段的长短表示力的大小，箭头的方向表示力的作用方向。力的概念所研究的对象可以是实验室的滑块，也可以是生活中的人、车或系统等。不论是强大的力，还是微小的力，所有的力都具有使物体改变运动状态或产生形变的共同特征。因此，力的本质属性是对物体间相互作用的高度抽象化、符号化和具体量化的描述。

物理概念的表述必须符合学生的认知水平和思维发展阶段的特性。在教学过程中，物理概念的学习应随学业水平的提高而深化，但必须都是科学的，即学生所建立起来的概念可以流于科学的表面、存在部分片面与含糊，但是随着学习阶段的不断发展，学生对概念的理解也要逐步深化。例如，在初中阶段，学生主要集中在对简单电路、电流、电压、电阻这些比较直观的电学知识的学习上。通过连接简单的串联、并联电路，利用电流表、电压表来测量电路中的电流和电压，理解欧姆定律，此时，学生对电学的认知主要停留在能够观察和测量的电路元件以及它们之间的关系层面。在高中阶段正式引入电场的概念，学生开始理解电场是一种客观存在的特殊物质，它是电荷周围存在的一种能传递电荷间相互作用的物理场。学生通过观察带电小球在电场中的受力情况，如在两个平行金属板间加上电压形成匀强电场，放入带电小球后小球会受到电场力而发生偏转，借此理解力的性质，并学习电场强度这个物理量。

物理概念也具有发展性,其定义是不唯一的。例如,初中阶段将质量的概念定义为物体所含物质的多少,而高中阶段将其定义为物体所受合外力与其得到的加速度之比。伴随科学与技术的发展,对物理概念的研究方法和技术也在不断发展变化,它将会带来新的认识。

物理概念有定量和定性之分。定量的物理概念称为物理量,物理量又可分为状态量和过程量。状态量是描写状态的物理量,如速度、动量、机械能、压强、温度等都是状态量。状态量往往也可以用状态函数来表示。过程量是描写过程的物理量,如位移、功、热量等都是过程量,不同的过程具有不同的量值。

定性的物理概念是用来表示某事物区别于其他事物的物理本质特征或者能表示基本类别、归属或性质的物理概念,如机械运动、电磁波、电磁振荡等。

(二)物理概念的特征

物理概念是反映物理现象和物理过程本质属性的一种抽象,是在大量观察实验的基础上,运用高度抽象概括的思维,把事物共同的本质特征加以概括而形成的。因此,物理概念不仅具有一般自然科学概念的共性,也具有自身的特性。物理概念具有以下几个主要特征。

1. 确定性

一个物理概念的确立往往以大量的观察与实验研究为基础,具有在限定条件下绝对的确定性。

2. 抽象性

物理概念是物理现象和过程的一种抽象,是在大量观察与实验的基础上概括而成的本质属性。

3. 阶段性

物理概念也在不断发展,同一个物理概念在不同阶段的定义、适用条件和范围也可能不同。例如,质量这一概念在牛顿经典力学中被视为物体的固有属性之一,决定了物体的惯性大小,不随物体的运动状态变化。但在爱因斯坦的相对论中,质量还与能量密切相关,在接近光速的情况下,物体的质量随着速度的增加而增大。

二、物理概念的内涵与外延

(一)物理概念的内涵

物理概念的内涵是某个概念所包括的一切对象的共同本质属性的总和。对概念进行定义要解释概念的内涵,也要指出它所反映的对象所共有的本质属性的逻辑关系。例如,速度是单位时间内物体所通过的位移,也是描述物体运动快慢的物理量,这是速度的内涵。速度大小可用公式 $v=\dfrac{\Delta x}{\Delta t}$ 计算,速度取决于物体本身位置变化的情况,而与物体的形状、质量和体积无关。其中用到的科学思维是比较思维在物理学中的创新运用,即测量单位时间内物体通过的位移来比较物体运动的快慢。

(二)物理概念的外延

物理概念的外延是指具有概念所反映的本质属性或特有属性的对象,在教学中常称为概念的使用范围。"力"的概念外延包含了多种具体的力。例如,重力,它是由于地球对附近物体的吸引而使物体受到的力,苹果落地、瀑布水流下落等现象体现的都是重力的作用;弹力,即物体发生弹性形变时产生的力,弹簧被拉伸或压缩后会产生弹力,拉弓射箭时正是弓对箭的弹力让箭射出;摩擦力,相互接触且有相对运动或相对运动趋势的物体间产生的力,如人走路时鞋底与地面的摩擦力就是使人前进的动力,而汽车刹车时靠车轮与地面间的摩擦力就是让车停下来的阻力。同样,能量有多种不同的形式,例如,机械能,它包含动能和势能,物体因运动具有的动能,飞驰的汽车具有较大动能,物体由于被举高或者发生弹性形变具有的势能,高处的石块有重力势能,被拉伸的橡皮筋有弹性势能;热能,如热水所具有的能量,通过热传递能改变其他物体的温度;电能,存在于电路中,能让灯泡发光、电机运转等;化学能,如燃料燃烧释放能量,电池内部存储化学能等,都是能量概念外延所涉及的具体表现形式。可见,物理概念的外延是量的方面,它解释概念所反映的对象范畴。学习物理概念的外延时,常用的科学思维有逻辑推理思维、类比拓展思维等,使用的科学方法有知识迁移方法、合成与分解方法等。

三、物理概念的形成

物理概念的形成包括科学家建立物理概念的过程和学生经历有意义建构过程建立物理概念的过程。从认识论的角度来看,这两个形成过程是紧密联系的,都是以感觉、知觉和表象为基础,通过分析、综合、抽象、归纳、概括等思维加工活动,经历从个别到一般、从具体到抽象的思维过程。下面从认识论的角度叙述物理概念的形成过程。

(一)物理概念的形成基础

物理概念的建立是基于对物理现象、物理过程的抽象,必须通过日常感知活动或者实验观测等一系列的实践活动,才能获得研究物理问题的感性材料,这是物理概念的形成基础。

1. 日常感知活动
日常感知活动是指学生在日常生活和学习中通过与环境的相互作用而获得感性材料的

过程。例如,在日常生活中,通过对各类物体运动的观察和分析,建构对物体运动的理解,这种通过感知活动获得的感性知识是形成物理概念的基础。但是由于学生观察和认知的局限性,所获得的认识可能存在一些错误,进而形成了前概念或初概念。例如,在"自由落体运动"一课的学习中,由于之前的生活经验,学生往往会认为重的物体比轻的物体下落得快,形成了错误的前概念。教师在教学过程中要通过情境创设、实验探究等教学活动,引导学生分析和纠正已有的错误前概念。

2. 观察

物理学起源于观察,观察是物理起源的根本,是指在物理概念的形成过程中,有计划、有目的的知觉活动。将观察两字分别拆开来看,《新华字典》对"观"字有三种释义,分别是看,即察看;看到的景象或样子;对事物的看法、认识。所以,观并不是单纯的旁观、观看,而且要形成自己对事物的看法与认识。"察"则有仔细看、调查、分辨等意。不仅流于看的表面,更要仔细、细微地调查,有自己的分析与思考,才能分辨"是非"。由此可见,所谓观察,就是对物理概念形成科学的感性认识的过程,是由感性认识上升到理性认识的基础。这不仅是一种综合感知,更是思维的主动建构。例如,学生通过观察演示实验、学生实验和生活中的物理现象等形成自己的感性认识。

3. 经验事实

经验事实包括生活中的现象和实验观察的结果,是指人们通过感官(视觉、听觉、触觉、嗅觉、味觉)直接观察或体验到的关于客观世界的现象。它是基于实际的观察和经历而获得的知识内容。例如,学生需要经历指导式科学探究的过程,对事物的本质产生深刻的认识。

(二)物理概念的形成过程

物理概念的形成是指在经验事实的基础上进行抽象概括的思维过程,此过程可以概括为感性具体阶段、思维抽象阶段和思维具体阶段三个具体阶段。

1. 感性具体阶段

观察和实验是物理学科的基础,其中自然包括大量的直接经验。人们在提出物理问题之后,需要搜索形成物理思维所需要的各种材料,其中往往以直接经验为主,进而获得对物理事物的感性认识。感性认识是客观事物直接作用于人的感觉器官(眼、耳、鼻、舌、身),从而在大脑中形成的对事物的认识。在这一阶段,物理概念并没有被抽象出来,而是通过感官观察到的直接经验进行直观的理解,思维的形成主要依赖于感官的观察,更侧重描述和归纳这些现象的表面特征,可能有些片面与不准确。但这并不意味着感性认识是一个单纯的感性思维过程,相反,它是在理性思维的引导下进行的有目的、有意识、有序的思维活动。经过感性认识,直接经验被加工为对物理事物外部联系、特征的整体表象以及相关资料与数据,即感性具体。例如,人们对物体的大小、形状和颜色等的认识。

2. 思维抽象阶段

思维抽象是对感性具体阶段所收集到的各种表象进行判断、概括。通过对感性具象的分析,以语言符号为中介反映事物,提出关于物理现象普遍性和规律性的假设,逐步形成抽象的物理概念。例如,伽利略通过著名的比萨斜塔实验证明物体的下落速度与物体的质量无关,并经过大量的斜面实验与科学推理,得出自由落体定律。

3. 思维具体阶段

在思维抽象阶段形成的抽象概念会在此阶段同某些具体事物建立联系,即具体化。如果说从感性具体到思维抽象是物理概念认识的第一次跃迁,那么从思维抽象到思维具体则是第二次跃迁。经历从具体到一般再到具体的过程,个体在思维中牢牢把握客观具体对象各方面的本质,以及它们的内在联系和相互作用,将抽象思维跃迁到具体事物中去。例如,通过大量的观察、实验与分析,学习与推理,经历思维抽象过程的第一次跃迁,建构惯性概念,再将惯性概念与实际运动或静止物体的惯性以及惯性的表现方式建立联系,完成思维具体过程的第二次跃迁。

四、物理概念的分类

(一)按照物理概念的逻辑顺序分类

基本概念是本身不必用其他概念定义的概念,如温度、熵、电荷等。导出概念是在基本概念的基础上,借助有关规律和数学公式推导出的新概念,如功、动能、电势等。

(二)按照描述物理概念的方法分类

1. 直接语言表达

可以用词语直接进行表达的概念,如质点、重心、点电荷等。

2. 数学语言表达

借助数学语言表达的概念,常称其为物理量,如势能、功率、电阻等。

3. 反映的物质命名分类

按照物理概念所反映的物质或物质运动本质的不同方面,可大致分为四类:

第一,反映物质的本质属性,如惯性、质量、能量等。

第二,反映物质的某种性质,如加速度、密度、功率等。

第三,反映物质间相互作用的关系,如摩擦力、电场力、万有引力等。

第四,描述物理现象的名称,如沸腾、匀加速直线运动、汽化等。

第二节　物理概念学习的思维特征

物理概念学习具有学习思维的共性特征,还有基于物理概念学习的思维特性。下面从三个层面对物理概念学习的思维特征进行阐述。

一、科学层面

（一）确定性

物理概念是对客观事物的共同特征和本质属性的总结和抽象,反映了物理对象的本质属性和内在联系。物理概念反映客观存在的物理事实,物理事实间的内在关系也是客观存在的。因此,物理概念是基于大量的物理事实(包括物理实验)所建构起来的,它近似于物理事实,又高于物理事实,它所反映的是物理事实的本质。

物理概念的学习要从物理学视角对客观事物的本质属性和内在规律之间的相互关联进行认识,故认识的对象是明确的。例如速度、质量、动量等研究对象的事实和规律是客观存在的。

（二）抽象性

物理概念来源于实践,但高于实践。物理概念根源于物理事实,并对这些事实进行归纳与抽象得以建构,它虽与物理事实存在相近之处,却精准地提炼出了物理事实的核心特征和本质属性。若想深入理解并把握抽象概念的核心,既要研究这些概念同那些对它们所作的论断之间的相互关系,又要研究它们同个体经验的内在联系。因此,物理概念的学习是基于经验事实建构物理模型的抽象概括过程,具有高度抽象性。例如,沸腾、能量、惯性等概念都体现出物理概念本身所具有的高度抽象性。

二、过程层面

（一）发展性

物理概念学习的发展性是指依据事实证据和科学推理对各类看法和定论提出质疑和批判,并进行修正和检验,进而提出创造性见解的能力与品格。一方面,根据中学生的思维特点和学习能力,选取确定物理概念的深度和广度,不断加深学生对物理概念的理解,促成学生对物理问题的深度思考,逐步形成一个较为完整的物理概念。另一方面,物理概念本身是现有条件下推理总结的结果,随着科学、技术和方法的发展,部分物理概念还会发展和变化。例如,初中和高中两个学习阶段对质量概念的认识是逐步加深的。

（二）阶段性

中学生的思维和学习能力处于持续发展中,且不同各阶段的发展水平各异。构建一个完整的物理概念并非一朝一夕之事,而是需要一个渐进的过程。在此过程中,不同的发展阶段对应着不同的教学要求,学生对物理概念的理解也需要从较低层次逐步提升至较高层次。例如,物理概念的进一步深化,有赖于人类对已知和未知物理世界的不懈探索。伴随学生的身心发展、学习能力的提升和所掌握的物理学知识量的增加,学生会不断加深对物理概念的理解,在这样一个发展和变化的过程中逐步构建较为完整的物理概念。

三、主体层面

（一）建构性

建构主义理论认为,学生是学习的主体,通过学习共同体之间的"相互作用",对物理概念进行意义探索,以产生式的形式（或表征）保存于大脑,对物理概念进行意义建构,即面向知识深度加工信息并建构理解。

基于学生经验的物理概念建构具有如下六个基本特征:

第一,学生独立构建对物理概念的个人看法或自我价值;

第二,学生和其他人合作,共同建构物理概念的"社会协商"意义;

第三,学生会把他们的已有的经验与物理概念联系在一起;

第四,在一起思考如何完成学习物理概念活动中的学习任务时,学生提出和回答相关问题;

第五,学生会向其他人介绍他们对物理概念的想法,而且会和全班或组内同学分享自己想要表达的想法;

第六,学生在物理概念学习活动的发生过程中,会反思其个体思维活动和集体思维活动,并且会和教师一起思考评价标准的意义和使用。

（二）灵活性

物理概念学习需要概括认知过程,从研究单一实例,概括到同一类别中的其他实例,即从特例推导出共性。物理概念学习需要辨别认知过程,即特定的实体之间是相似的,其他实体则可能明显与该群体不同。因此,在实际学习物理概念的过程中,先概括后辨别,也可以先辨别后概括,学生可根据个人情况灵活选择。

（三）情境性

人类思想和概念的起源于自身的感性经验，但思想和概念却不能从感性经验中直接派生出来。物理概念学习要在科学领域中运用猜想、分析、综合、推理、论证等科学思维方法，还要在与物理环境和人文环境的相互作用中赋予概念一定意义。

第三节　物理概念的教学过程

物理概念教学应当根据课程标准的相关要求、结合物理概念的特点和学生的认知规律来设计并开展教学活动，其教学过程大致包括以下三个关键环节。

一、创设物理概念的学习情境

在物理概念的教学中，创设恰当、有效的学习情境至关重要，一个能够借以启发和引导学生发现问题、探索事物本质属性的学习情境是激发学生学习动机的重要手段，也是进行教学设计的有力抓手。通过提出问题、分析问题、提出假设、验证假设等问题解决过程，促进学生的直接感知与环境之间产生相互作用，进而创生高阶思维层次的心智活动，产生深度学习。

以下是几种常见的学习情境创设手段。

（一）利用学生日常生活经验

学生在日常生活中具有对物理知识及现象的感性认识，但缺少系统和科学的认知。通过已有的生活经验来创设物理学习情境，是将抽象的物理知识与学生日常接触的事物和现象相结合，帮助他们理解物理原理。例如，乘坐公交车时车突然启动，乘客会向后仰；车行驶过程中突然向左转弯，乘客会向右倾倒。引导学生回忆这些生活经历并思考其原因，经分析发现，这是因为物体具有保持原来运动状态的性质，即惯性所导致的现象。

（二）通过已有知识逻辑展开

新概念的学习往往与学生学过的物理概念和规律之间存在有机联系。从已有知识出发，通过知识之间内在逻辑关系将新概念自然地引申出来，创设学习新概念的情境，帮助学生从原有知识经验中"生长"出新知识，引导学生积极进行意义建构。例如，在高一阶段运动学知识的学习中，可依据已有知识概念建构新概念，由速度 v—速度变化（速度变量）Δv—速度变化的快慢（速度的变化率）$\Delta v/\Delta t$ 的顺序，逐步引出加速度的概念。教学内容不仅更易于学生接受,使学生认识到引入新概念的客观性和必要性,使他们能在已有知识的框架内自然地建构新的知识体系。

(三)典型教学事例

教师可以布置具有一定挑战度的学习任务,以培养学生问题解决能力为目标,以发现问题、分析问题、提出假设、验证假设为主线,设计学习活动,促进学生深度思考问题,助力学生思维的进阶。

例如,学习"摩擦力"时,可创设这样的情境:先邀请两位班级内力气大的学生到讲台上;让这两位同学使出最大的力气将两本交错相插的书拔开(图7-1),另外安排两位学生在后方做好保护工作,防止进行实验的学生摔倒。大部分学生会觉得拔开两本书应该不难,但实际上两位力气大的学生也不能将两本书拔开。

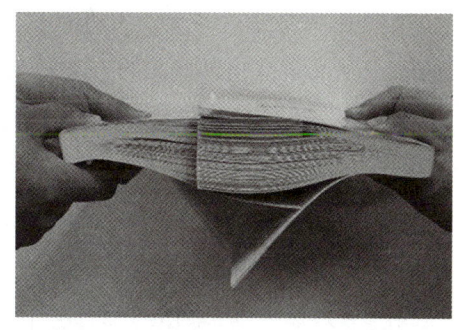

图7-1 拔开两本交错相插的书

面对这种意想不到的结果,学生产生浓厚的学习兴趣,进而激发了主动探索的积极性。教师可以设计一系列问题。

设问:为什么交错相插的两本书无法轻易被拔开?

追问:这两个物体之间是否存在某种作用力? 这种作用力是如何产生的?

深问:如何轻松拔开两本书?

观察现象:首先,观察两本书交错叠放在一起时,尝试分开它们,发现它们相互紧密地结合在一起,难以分开。这个现象提示我们,书本之间可能存在某种作用力,使它们无法轻易分开。

提出假设:两本书之间的摩擦力可能是导致它们无法分开的主要原因。因为两本书并未发生相对滑动,摩擦力的作用阻碍它们发生相对运动。

创新设计解决方案:如何能够克服这些静摩擦力,将插在一起的两本书完好无损地分开? 摩擦力的产生与纸张之间的弹力相关,如何消除纸张之间的弹力是难点。

设计实验:有了问题和解决思路之后,设计实验,并尝试验证自己的假设。再通过小组的讨论优化自己的设计方案。

由此可见,运用实验创设情境,先激发学生的学习兴趣和积极性,引发学生主动思考并提出疑问,再布置分析问题、提出假设、验证假设等学习任务,通过解决具有一定难度的问题训练学生的科学思维,提高其解决问题的能力。

此外,通过介绍生动有趣的物理学史故事或事实,在观察物理现象时提出启发性的问题,以及运用图表、视频等多样化的方式创设学习情境,都能有效激发学生的学习兴趣,深化学生对物理概念的理解。

二、运用科学方法建立物理概念

物理概念是对物理现象、过程等大量感性材料进行科学抽象的产物。运用科学方法建立物理概念，是一种系统性思维的过程，通过观察、假设、实验、分析和总结等思维加工过程，逐步形成对物理知识的理解。在教学中，运用科学方法帮助学生深入理解物理概念，不仅能增强他们的科学素养，还能培养学生的问题解决能力。在物理教学与学习过程中，运用科学方法建立物理概念，能够帮助学生更好地把握概念的内涵与外延，提高学习效果。

理想模型法是忽略研究对象的次要因素，突出主要因素，将研究对象简化为一种理想化的模型，从而建立物理概念的方法。在物理学中，许多概念都是基于理想模型建立的。例如"质点"这一概念，在研究物体的运动时，如果物体的大小、形状和体积对所要研究的问题影响极小，可以忽略不计时，可以将其看作是一个有质量的点，即质点。

比值定义法是用两个或多个基本物理量的"比"来定义一个新的物理量的方法，从而建立新的物理概念。这种方法在物理学中应用广泛，能够揭示物理量之间的本质联系。例如，"速度"这一概念，它是用位移与发生这段位移所用的时间之比来定义的，即 $v=\dfrac{\Delta x}{\Delta t}$，描述了物体运动的快慢。同样，"加速度"是用速度的变化量与发生这一变化所用的时间之比来定义的，即 $a=\dfrac{\Delta v}{\Delta t}$，描述了物体速度变化的快慢。

三、运用物理概念解决具体问题

学习科学研究表明，当学生被鼓励通过知觉、运动、语言、先前知识建构新的经验和概念时，学习将会更加有效，即学习活动越倾向于建构意义，就越有益于学生进行有效的知识建构。当学生初步掌握物理概念后，教师应及时为他们提供运用知识的机会，使学生能够将抽象的物理知识与具体的物理问题相结合。将新学到的物理概念运用于实际问题的解决，能够加深学生对概念的理解。这一过程不仅能够增强学生的自信心，还能激发学生深度学习的兴趣和动力。因此，教师应逐步引导学生掌握如何正确运用物理概念分析和解决实际问题，帮助学生培养科学思维，从而在不断实践中深化对物理知识的理解。

例如，在学习牛顿第一定律时，以培养学生解决问题的能力为目标，夯实发现问题、分析问题、提出假设、检验假设等解决问题能力的四个要素，设计学生深度参与和训练高阶思维的学习活动。

第一，设计发现问题环节。伽利略长期观察小球滚动实验，对亚里士多德的观点提出了质疑：当小球沿着斜面向下滚动时，它的速度将会增大，因为有一种使物体加速的外界原因；小球沿着斜面向上滚动时，其速度将会减小，因为有一种使物体减速的外界原因。那么，当小球沿着水平面向前运动时运动状态又如何?

第二,设计分析问题环节。设问:与理论推理不同,小球沿着水平面向前运动,跟小球沿着斜面向上滚动一样,都在做减速运动,为什么?

第三,设计提出假设环节。追问:如果减少这个使物体减速运动的外界原因,物体将会如何运动?

第四,设计验证假设环节。深问:如果一直减少这个外界原因,物体的运动将会发生什么?

要求:首先,学生独立思考并设计一个验证自己假设的实验方案。其次,通过小组讨论优化方案。最后,小组确定实验方案,并进行实验,观察和分析实验,获得实验结论。

总之,物理概念教学要按照学生认知发展规律设计学习过程和活动,学生学习某个物理概念需要一个缓慢的学习过程和高阶思维的训练过程。

第四节　物理概念教学的基本模式

物理概念本身具有抽象性、确定性、发展性和建构性等特征。学生的思维水平和学习阶段之间往往存在差异,对物理概念的学习同样会受到这些因素的制约。同时,不同物理概念之间也各有其特点和差异,因此,帮助学生建立物理概念的过程所需的学习材料、教学程序以及所对应的思维模式也会有较大的差别。由此,就需要不同的物理概念教学模式来应对复杂的物理概念类别。

物理概念的教学模式有很多种,从构筑这些模式的出发点来看,大致可以分为两类:一类是从物理概念本身所蕴含的物理思维出发的模式,如归纳模式、演绎模式、探究模式、类比模式、比值定义模式等。另一类是将教育界或其他学科中已较为成熟的教学模式同物理概念教学相结合所形成的模式,较为常见的有 5E 教学模式、支架式教学模式、深度学习模式等。

一、基于物理思维方法的教学模式

(一)归纳、概括、抽象的教学模式

思维是人们对客观事物间接的、概括的反映。在感性认识的基础上,人们通过运用概括、抽象、分析、综合、归纳、演绎等基本的思维方法,形成物理概念,进而通过判断和推理,达到对事物本质及其规律性的深刻理解。其中,归纳、概括、抽象的教学模式,是依据大量物理事实,从诸多具体事例中通过归纳、概括、抽象的思维方法提炼出一般性物理概念的教学模式,它包含理想化方法与实验举例法两种结构,为学生掌握物理概念提供有效的支持。

物理概念教学中最简单的理想化方法是理想模型方法。理想模型方法一般适用于模型类的物理概念教学，其教学模式流程如图 7-2 所示。该模式的过程环节可以简化为：问题引入—找到所有因素—分清主次因素—忽略次要因素，突出主要因素—建立物理概念—确定概念的内涵和外延。理想模型方法的思维特点是忽略原型的次要因素，集中突出原型的主要因素，抓住主要矛盾，摒弃次要矛盾。例如，力学中的质点模型、热学中的理想气体模型、电磁学中的点电荷、光学中的点光源等物理概念的建立过程。

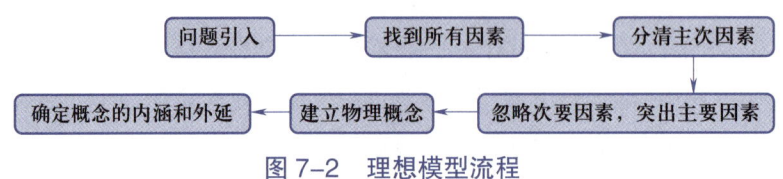

图 7-2　理想模型流程

实验举例法通常运用于事例类的物理概念教学，其教学模式的流程如图 7-3 所示。该模式先列举多个物理感性材料实例，通过科学抽象提炼本质属性，然后给出定义及物理量的定义式，并阐述其物理意义与适用范围，最后将新概念与相关的物理概念进行对比分析，明确它们之间的区别和联系，以加深理解。

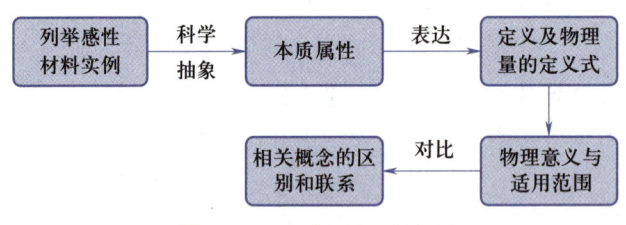

图 7-3　实验举例法流程

（二）演绎的教学模式

演绎与归纳相对，是依据某类事物都具有的一般属性、关系去推断个别事物所具有的属性、关系的思维方法。在物理概念教学中，演绎的教学模式常用于从过程量推导到状态量或从状态量推导到过程量的物理概念。其教学模式流程简洁明了：基于旧知识，运用逻辑关系或数学方法推导，进而得出新知识，如图 7-4 所示。

图 7-4　演绎的教学模式流程

（三）类比的教学模式

类比思想源于逻辑学，类比法是一种从特殊到特殊或从一般到一般的逻辑推理方法，是基于对比两类对象间某方面存在的相似或相同之处，从而推理出两类对象间还存在其他相似或相同之处的逻辑推理方法。在物理概念教学中，常将已知的物理现象和过程，与未知的物理现象和过程进行对比，寻找其中的相似之处或联系。基于这些相似之处，可以推测未知的物理现象和过程可能具备已知物理现象和过程的某种特性和规律。类比的教学模式流程如图 7-5 所示。

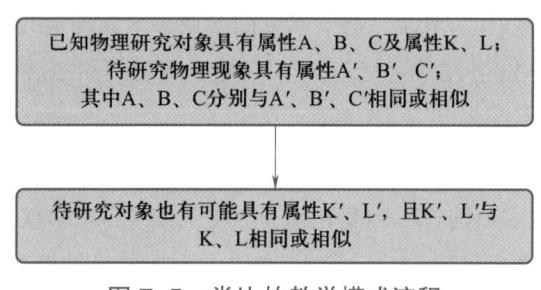

图 7-5　类比的教学模式流程

类比的思维模式包含两类，一类是从一般到一般的类比，例如，从电生磁的现象出发，猜想并通过科学实验验证磁也能生电；另一类是从特殊到特殊的类比，例如，机械波和光都具有衍射和干涉的特性，因此光和波一样也被认为具有波动性。

（四）定量物理概念比值定义法的教学模式

比值定义法的基础是比较法，比较法是指比较研究对象之间差异性和共同性的思维方法，它是概括和抽象的前提。在物理概念教学中，比值定义法是指将两个或多个物理量分别作为分子和分母，把它们得到的比值定义为一个新的物理量。然而，采用比值定义法要满足以下三个条件：一是客观需要；二是新定义的物理量与用来定义它的两个或多个物理量之间存在因果逻辑关系，且这两个或多个用来定义它的物理量可测；三是这些物理量的比值具有区别性和确定性，即能揭示事物的本质特性，且比值是定值，有意义。

在物理概念教学中，比值定义法教学模式流程如图 7-6 所示。其教学流程可简化为：被定义量—确定两个间接相关的物理量—文字定义—再讨论相关物理量—讨论物理意义—运用比值法得出定义式。

比值定义法并非一种简单的数学方法，它深刻揭示了物理量之间的内在关联。依据物理公式中各物理量之间的关系，比值定义法通常分为两类。第一类是绝对关系，此类物理量体现的是物质或物体的固有特性，其属性由自身所决定，不依赖于用以定义的其他物理量，

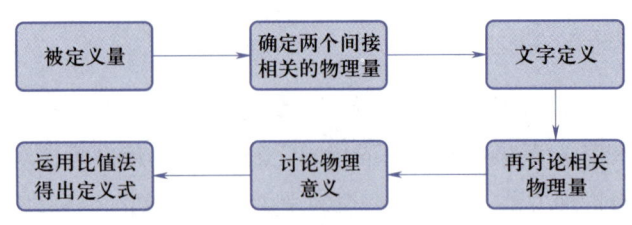

图 7-6　比值定义法教学模式流程

并且其定义或测量需要借助一个能够反映某种性质的检验实体来研究。例如定义电场强度 E 时,用检验电荷在电场中的电场力 F 和检验电荷 q 的比值来定义。第二类是相关关系,此类物理量的属性受外部条件制约,其定义需要借助两个或多个物理量的相对量(增量或变化量)的比值来界定。例如用 Δx 和 Δt 的比值来定义速度 v,用 Δv 和 Δt 的比值来定义加速度 a。

(五)科学探究教学模式

实验举例法通常适用于具有明确量化定义的物理概念,科学探究应该是一种积极主动的探究过程,学生通过亲身体验,更好地理解知识,并获得对科学本质的理解。《高中课标(实验)》明确了提出"科学探究"的七要素,涵盖了从提出疑问到交流合作的完整过程。《高中课标(2017 年版 2020 年修订)》对此进行了修改,将其归纳为问题、证据、解释、交流四个主要要素。前者适用于在特定的物理实验情境中探究物理概念,后者则适用于用理论逻辑推导来探究物理概念。将这两种科学探究要素进行整合,可以得到适用于物理概念的科学探究教学模式。科学探究教学模式流程如图 7-7 所示。

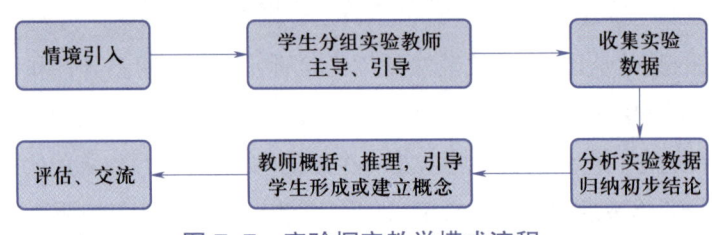

图 7-7　实验探究教学模式流程

二、融合已有教学理念的教学模式

(一)5E 教学模式

5E 教学模式是由美国生物课程研发所开发的一种教学模式,其是一种以学生为中心的教学设计模型,通常用于科学教学,特别适用于生物、物理等自然科学领域。5E 教学模式起初是为生物学教学所研发,而生物课堂教学的核心正是概念教学,对概念的构建与应用是该模式的重要内容,因此也非常适合对物理概念的教学。

5E 代表五个教学阶段:引入、探索、解释、迁移和评价。5E 教学模式五个教学阶段的目标、具体做法和注意事项如表 7-1 所示。

表 7-1 5E 教学模式

阶段	目标	具体做法	注意事项
引入	激发学生学习兴趣,激活学生已有知识和经验	教师通过提问、展示引发学生的认知冲突与好奇心,帮助学生建立学习动机	1. 了解学生已有概念 2. 情境应贴合生活
探索	让学生亲身体验新概念的构建过程	教师设计和组织实验或问题解决任务,通过直接经验来理解物理概念	1. 营造良好学习氛围 2. 发挥学生主体性
解释	帮助学生将探索阶段形成的初步概念转化为完整的物理概念	教师引导学生总结、讨论他们的发现,并提供正式的科学解释,帮助学生明确新学到的物理概念	1. 鼓励学生表达自己对概念的理解 2. 解释概念过程中媒介的丰富性
迁移	学生将新学到的概念应用到新的情境中,从而拓展概念的内涵和外延	教师鼓励学生在新的情境中应用所学概念,解决更复杂的问题,或者设计新的实验,深化对概念的理解	1. 加强概念的深度和广度 2. 迁移的情境应同生产生活实践相结合
评价	评估学生对物理概念的掌握情况,并为后续教学提供反馈	教师通过各种形式的评价(如小测验、实验报告、项目展示等)来检测学生对概念的掌握程度,识别学生的困难并给予反馈	1. 明确评价的目的 2. 注重评价方式的多样化和全程性

(二)支架式教学模式

支架式教学源自维果茨基的最近发展区理论,强调教师在学生学习过程中提供适时的支持和帮助,逐步引导学生从依赖教师的帮助到独立完成任务。支架式教学的核心理念是教师通过有针对性的引导,帮助学生在学习过程中掌握新知识和技能,并最终能够自主学习和解决问题。

高中物理概念繁多且较为抽象,尤其是对比初中阶段而言,物理概念的难度明显增加。理解高中物理中的一些概念如电势、电势能、电磁场等,往往需要学生经历丰富的情境体验并投入大量精力,需要学生进行抽象思维且经历较为复杂的心理过程。妥善处理这些物理概念的教学至关重要,有助于学生更好地适应高中阶段独特的教学方式和学习要求。为此,采用支架式教学方法,通过构建知识支架,将学生已有的概念框架与所需达到的概念学习目标相连接,促进学生在自己的努力下实现学习目标,进而提升其学习成就感。

　　教师对学生最近发展区的准确界定是实施支架式教学的前提条件。课前,教师应充分了解教学内容和学生的能力水平,并根据所确定的最近发展区,从学生当前的认知起点出发构建学习支架,帮助学生对即将学习的内容有所预期,从而创造适宜的学习情境。概念教学设计通常包括引入物理概念、建立物理概念、巩固与应用物理概念,以及教学评价与反思等几个步骤。在引入物理概念阶段,教师可以通过设置物理情境或采用提问式设疑等方式,为学生搭建学习支架,激发学生的学习兴趣与思考。在建立物理概念的过程中,教师应注重引导学生独立探索,培养其发现学习和解决问题的能力。同时,可以通过小组合作、讨论交流等方式,促进学生之间的协作学习,增强其团队合作能力。在教学评价与反思环节,教师不仅要对学生的学习情况进行客观全面的评价,还应分析课堂教学效果与学生的掌握情况,并据此在后续教学中进行调整和改进,以提升教学质量。支架式教学模式如图7-8所示。

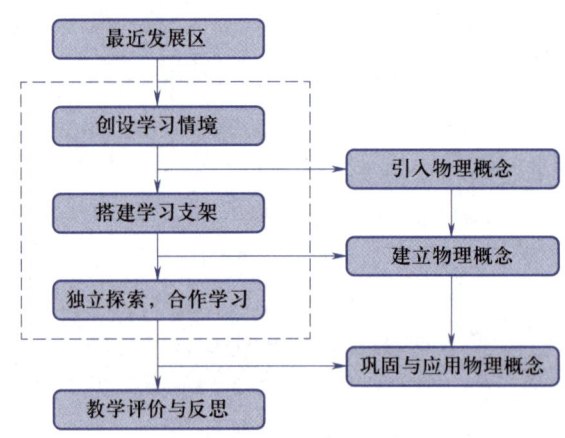

图 7-8　支架式教学模式

（三）深度学习视域下的教学模式

　　深度学习的教学往往以培养学生高阶思维能力和核心素养为目标。它通过引导学生对知识进行深层次的理解和应用,促进学生构建系统化的知识框架,培养分析、综合、创造等高水平认知能力。物理概念反映了物理现象与过程的本质属性,而概念建构过程离不开科学思维和方法的运用,是促进学生科学思维发展、促进学生进行深度学习的最好时机。与浅层学习相比,深度学习强调学生在学习过程中的主动参与和知识的迁移能力,不仅注重"学会",更注重"会学"。

　　以通过对物理概念的教学来培养学生的科学思维为例,可以采用阶梯式教学,用"小步子"的方法对物理概念的教学进行精细化处理,从而帮助学生在掌握物理概念的同时得到思维上的发展。可以将学生思维活动形式细化为辨别、分化、类化、抽象、检验、概括、符号化等过程。激发"辨别"思维,教师需设置情境提供不同的刺激模式,以便学生在知觉水平上初步分析;随之引导其进行"分化",从物理学视角辨别事物的各种属性;继而利用对比、类比等方法逐步发现表象各异事物间的内在联系,找到其共同属性,体现"类化"思维;"抽象"过程对思维能力要求很高,此时教师选择适当的先行组织者材料,鼓励学生尝试提出有关事物本质属性的假设;回到问题情境中对假设进行推理、"检验"确认;最后课堂小结,师生通过"概括"理清新概念的建构逻辑,明确概念的内涵与外延,形成概念;在"符号化"过程中用符号表示思维加工的成果,表征概念。对课堂活动的细化并不是切割教学过程,反而是将"教"与"学"视作整体,以系统的视角组织课堂,教师通过进阶的教学环节设计使学生充分参与课堂,在教学环节的推进过程中,让知识获得与思维发展水到渠成。这种深度学习视域下的教学模式如图 7-9 所示。

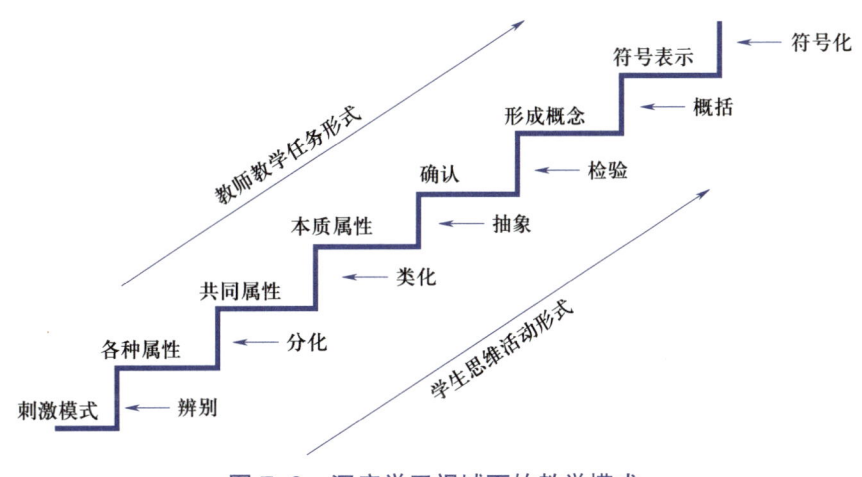

图 7-9 深度学习视域下的教学模式

7-1
运用高阶思维创新设计学习任务

7-2
物理概念教学案例

1. 科学精神培养:请结合物理概念教学中的实验谈一谈如何培养学生严谨的科学态度和追求真理的精神。
2. 生态文明建设:请结合能源、环境等物理概念教学谈一谈如何引

导学生关注能源问题、可持续发展和生态环境保护问题。

3. 国家安全教育：请结合工程实践中相关概念教学，阐释国家安全的重要性和科技在国防中的作用。

1. 概念性物理知识是指物理学中一些基本概念、原理和理论，它们形成了物理学的核心框架。概念性物理知识主要包括哪些内容？

2. 事实性物理概念是指描述客观存在的事物、现象或规律的概念，它们反映客观事物的本质属性和内在联系，具有普遍性和必然性。请说一说事实性物理概念的特点和具体分类。

3. 程序性物理知识是指以程序化的方式呈现、分析和解决物理问题的物理知识，它主要包括哪些内容？

4. 请结合实际案例解释已有知识对新概念的形成具有怎样的促进作用。

5. 请谈一谈小组探究活动中如何布置学习任务，以培养学生深度思考、质疑精神和创新能力。

第八章

物理规律教学

物理规律教学
- 物理规律的含义、特点和分类
  - 物理规律的含义
  - 物理规律的特点
  - 物理规律的分类
- 物理规律学习的思维特征
  - 物理概念是物理规律学习的前提和基础
  - 理想模型、理想过程是物理规律学习的纽带
  - 多重、多级思维是物理规律学习的思维形式
  - 理想实验是物理规律学习的特征方法
- 物理规律的教学过程
  - 创设物理情境，通过感知活动形成科学问题
  - 实施科学探究，通过思维加工建立物理规律
  - 理解物理规律，通过深入讨论诠释规律本质
  - 运用物理规律，通过科学方法解决实际问题
- 物理规律教学的基本模式
  - 实验探究模式
    - 科学探究模式
    - 实验验证模式
    - 实验归纳模式
  - 理论探究模式
    - 理论演绎模式
    - 理论归纳模式
    - 理论假说模式

1. 什么是物理规律，物理规律的特点和类型有哪些？
2. 物理规律学习的思维特征具体表现在哪些方面？
3. 物理规律教学遵循的一般过程是什么？对应怎样的认知机制？
4. 物理规律教学的基本模式有哪些？各种模式有怎样的特点？

学习目标

1. 形成对物理规律的准确认识,并能用规范语言准确描述物理规律的含义、特点和分类。
2. 明晰物理规律学习的思维特征,能举例说明理想模型、理想实验、多重思维等特征在规律教学中的具体体现。
3. 能阐述物理规律的教学过程,明确其实践意义、认知特点,以及物理规律形成过程中蕴含的科学方法。
4. 能根据不同的教学内容选择适当的教学模式、采用灵活多样的教学策略实施有效教学。

教学内容

　　物理概念、物理规律、科学方法及其相互关系共同构成了中学物理的知识架构。其中,物理概念是基础,物理规律是核心,科学方法是纽带。物理概念学习是掌握物理规律的基础和前提,物理规律学习会进一步加深学生对物理概念的理解,科学方法则渗透于物理概念建立、物理规律形成的过程中。由于物理知识的应用主要体现在运用物理概念、物理规律解释现象和解决实际问题中,同时,学生的物理学科核心素养也是在观察、实验、探究和分析物理现象,理解、掌握和运用物理概念与规律解决实际问题的过程中不断发展起来的,所以,在中学物理教学中,基于物理概念实施好物理规律教学就显得尤为重要。

第一节 物理规律的含义、特点和分类

物理规律是客观存在的,需要人们去认识与探索。在实施物理规律教学时,先要理解物理规律的含义、特点及分类,才能更好地掌握和运用物理规律。

一、物理规律的含义

物理规律是物理现象或物理过程在一定条件下发生、发展和变化的必然趋势及其本质联系的客观反映。它建立在物理概念的基础之上,反映了在一定条件下某种物理现象或物理运动发生和发展的必然性,揭示了其中各相关要素之间内在的必然联系。物理规律与物理概念的区别在于前者是客观规律,后者是思维形式;前者是有条件的,后者是无条件的。

例如,光的反射定律反映了反射光与入射光之间的内在联系;动量定理反映了物体所受到的冲量与其自身动量改变量之间的本质关联;公式 $F=ma$ 是对物体所受合外力与其加速度和自身质量之间关系的客观呈现。物理规律的表现形式多样,主要包括定律、定理、原理、定则、公式等。

物理规律是物理理论的基础,它与物理概念共同构成逻辑关系和谐的物理知识体系。教师引导学生探索发现物理规律的过程,可以激发学生的学习动机,发展学生科学探究的兴趣,提高学生的科学探究能力,训练学生的科学思维,进而促使学生逐步形成严谨认真、实事求是和持之以恒的科学态度、科学精神,以及对社会的责任感。

二、物理规律的特点

一般而言,物理规律有三个显著的特点。

(一)物理规律是物理现象和物理过程中各要素间必然联系的客观反映

物理规律是客观存在的,它揭示了事物的物理运动在一定条件下必然发生、发展和变化所遵循的过程。物理规律的客观存在性表明,它不以人的意志为转移,人们也不能随意创造规律。换句话说,人们需要凭借大量的生产实践和观察实践去发现规律。

物理规律反映了物理现象和物理过程中各要素间的必然联系,具体表现为在某种物理状态下或物理过程中各要素之间在一定条件下遵从的必然关系。物理现象和物理过程中的各相关要素,通常由物理概念来表征,而这些物理概念常常是一些定性的物理量,且与测量及数学表述相联系。从这个意义上说,物理规律实质上揭示的是物理概念之间的必然联系,而物理规律的探索和发现则是在物理概念基础上的理性认识过程。物理规律所呈现的物理

量之间的联系既可以用文字表述,也可以用数学关系式或图像表述,因此,物理规律也可以说是物理概念之间关系的逻辑表达和数学表达。

例如,牛顿第二定律涉及质点、力、加速度、质量等物理概念。研究对象是质点,力、加速度和质量是三个可测量的物理量。在质点运动过程中,牛顿第二定律表明了质点所受的力和其加速度及质量之间的定量关系,揭示了质量为 m 的质点受到力 F 的作用,必然产生加速度 a 的规律。再如,欧姆定律涉及导体、电流、电压、电阻等物理概念。研究对象是导体,电流、电压和电阻是三个可测量的物理量。欧姆定律表明了通过导体的电流和导体的电阻以及加在导体两端的电压之间的定量关系,揭示了在导体不变时,其两端的电压和通过导体的电流的比值不变的规律。

(二)物理规律是观察与实验、思维与想象和数学推理相结合的产物

物理规律所描述的物质结构和物质运动以及物理量之间的内在联系都是客观存在的,因此,物理规律的发现必然要建立在大量观察、实验和实践的基础之上。

由于物质世界的复杂性,单凭直观的观察和实验并不能全面地认识到其中的本质联系。人们必须以观察和实验所得到的事实为依据,运用逻辑推理,剔除非本质的偶然联系或无关因素,忽略次要因素,确定主要且本质的因素,并创造性地建构能够解释和预测相关现象的各种关系模型。可见,在人类认识和了解客观物质世界的过程中,物理规律的发现与观察、实验、思维、想象以及数学推理等过程密不可分,它们是人类智慧的创造性产物。

发现于 1785 年的库仑定律是电磁学的基本定律之一,它是继牛顿万有引力定律之后的第二个作用力与距离平方成反比的物理规律。法国物理学家库仑正是借鉴了万有引力定律中力与距离平方之间的定量关系,通过类比的思维方法进行推测,并设计了电扭秤实验和电摆实验,最终发现了库仑定律。不仅如此,库仑还依托实验得出了磁力同距离平方成反比的规律。可见,库仑定律是观察与实验、客观事实和物理思维相结合的产物。在库仑定律的发现过程中,我们也认识到类比方法在科学研究中起到的重要作用。

(三)物理规律具有一定的适用条件和适用范围

物理学被称为实验科学,因为物理规律的发现大多离不开实验。人类通常是在观察和实验的基础上,忽略特定情境下的某些无关和次要因素,将实际的研究对象、所处的物理状态、发生的物理过程简化并创设理想模型,进而揭示不同物理量之间的内在联系。可见,物理规律是对客观存在要素关系的一种近似描述。

例如,欧姆在 1826 年发现了欧姆定律,其描述是"在同一电路中,导体中的电流跟导体两端的电压成正比,跟导体的电阻成反比"。在实际电路中,流过导体的电流的热效应是不可避免的,但在一定条件下(常温或温度不太低),电流的热效应可以忽略不计,欧姆定律就

变得"精准"适用了。又如，牛顿第一定律中"物体不受摩擦力，小车就永远运动下去，且速度保持不变"的推论。实际运动过程中，摩擦力是不可避免的，实际生活中也找不到没有摩擦力的理想运动的例子，所以只有当摩擦力足够小时，我们才可以将其理想化为不受摩擦力的情形。

物理规律的成立需要一定的条件，同时，它的应用也有适用范围，即物理规律在使用过程中存在一定的局限性。例如，大家熟知的牛顿第二定律，其适用对象首先要能被理想化为质点；其次，运动被限定在宏观低速范畴中，且所选择的参考系必须是惯性参考系。也就是说，对于高速运动的微观粒子，牛顿第二定律不再适用，或者说，如果将转弯中的小车或加速运动的电梯视为参考系，牛顿第二定律在其中也不适用。

有些物理规律可能会超越原来的适用范围而成立，但仍需要限定条件。例如，经典力学中的动量守恒定律，无论是对宏观物体还是微观粒子，无论是低速运动还是高速运动，该定律都适用。动量守恒定律的使用前提条件是，研究对象在定律应用的方向上所受到的合外力必须为零。当然，在内力远大于外力的物理问题中，外力作为次要因素可以忽略不计，此时，动量守恒定律依然适用。

三、物理规律的分类

按照不同的视角，物理规律可以分为不同的类型。从知识范畴角度可分为力学规律、热学规律、电磁学规律、光学规律等；从分析角度可分为定性规律和定量规律；从建立基础和获得过程角度可分为实验规律、理想规律、理论规律等。

（一）实验规律

物理规律大多是基于观察和实验，并通过分析归纳总结出来的，这些规律可以称为实验规律，如杠杆平衡原理、欧姆定律、牛顿运动定律、楞次定律、法拉第电磁感应定律等。

（二）理想规律

有些物理规律仅靠实验无法直接获得，人们需要在足够数量的经验或实验事实的基础上，经过科学思维加工，排除无关因素、忽略次要因素、抓住主要因素和主要矛盾，建立理想模型，在理想状态下归纳总结出来的规律，称为理想物理规律，如牛顿第一定律、真空不能传播声音、理想气体的物态方程等。

（三）理论规律

有些物理规律是以已知的事实为依据，通过推理总结出来的，这一类规律称为理论规律。例如，质点动量定理是牛顿第二定律和运动学公式，结合微积分得出的数学演绎结果；

动能定理是根据牛顿第二定律和运动学公式推导出来的。

按照物理规律的表现形式,又可以将其分为物理定律、物理定理、物理定则、物理方程或公式等。

1. 物理定律

物理定律是指从个别物理现象或过程的观察和实验出发,以大量的经验事实为依据,通过归纳法推理得出的一般性结论,如牛顿运动定律、万有引力定律、欧姆定律、光的反射定律和折射定律等。

2. 物理定理

物理定理是在已有概念和规律的基础上,运用数学工具和逻辑推导得出的具有新的物理意义的规律。物理定理需要在实践中验证或经理论证明其正确性。例如,动量定理以牛顿第二定律为前提,通过数学演绎推理而来,其结论具有新的物理意义,反映了冲量和动量变化之间的关系。又如,动能定理是结合牛顿运动定律和运动学公式,经过数学推理得到的,该定理将功(过程量)和动能(状态量)联系起来。

3. 物理定则

物理定则是将物理概念之间的关系具体化为通俗、形象的一些定则或法则,以便于理解和记忆,方便教学。例如,左手定则反映了磁场方向、电流方向和导体受力方向三者之间的关系,安培定则呈现了电流的磁场方向,类似的还有右手定则、平行四边形法则等。

4. 物理方程或公式

物理方程或公式是借助数学工具来表示物理量之间关系的一种物理规律描述方式,如理想气体物态方程、质能方程、光电效应方程、麦克斯韦方程等。

需要注意的是,无论从哪个视角出发,物理规律的分类通常没有严格的界限,它们彼此之间存在许多联系。

第二节　物理规律学习的思维特征

物理规律的教学是开发学生智力、培养学生能力的重要途径。物理规律的习得过程有助于培养学生的科学思维,发展学生的核心素养。与物理概念教学侧重让学生知道"是什么"不同,物理规律的教学更强调"如何做"的问题。解决"如何做"这一问题需要学生理解、探索知识产生的过程,并会用科学的语言描述这一过程及其产生的结论,同时在过程中理解和运用科学方法。

基于此,物理规律学习的思维特征主要有如下几点。

一、物理概念是物理规律学习的前提和基础

认知心理学家安德森将人们通过信息加工可以获得的知识分为陈述性知识和程序性知识。陈述性知识是物理概念学习的主要任务,包括各种事实、概念、原理等;程序性知识是物理规律学习的主要任务,包括如何完成及完成需要的技能。由于程序性知识的学习需要以陈述性知识学习为前提和基础,所以,物理规律的学习离不开物理概念。

学生在学习新的物理规律时,其认知结构中必须要有内化新知识的基础,也就是形成新规律所需的物理概念和已有的逻辑思维能力。学生学习新规律的过程实质上就是新规律的逻辑意义和原有知识经验发生相互作用的结果。例如,牛顿第二定律是建立在加速度、力和质量这些物理概念基础之上的,闭合电路欧姆定律离不开电阻、电流、电压等物理概念的认知基础。

二、理想模型、理想过程是物理规律学习的纽带

实际的物理过程一般都是比较复杂的,在探索发现物理规律和应用规律解决实际物理问题的过程中,需要建立理想模型,经历理想过程。

理想模型是指为了方便研究物理问题,根据研究对象和问题的特点,舍弃次要的、非本质的因素,抓住主要且本质的因素,建立一个易于研究的、能反映研究对象主要特征的新个体或新过程。理想模型的形成是物理规律赖以建立和发展的桥梁。按照模型特点,可以分为对象理想模型和过程理想模型。例如,质点、刚体、弹性体、理想流体、点电荷、原子核式结构模型、黑体(谐振子)等,是对象理想模型的典型代表;自由落体过程、平抛过程、斜抛过程、各种类型的碰撞过程、简谐振动、准静态过程、等值过程、绝热过程等,是过程理想模型的代表。

纵观物理学发展进程,物理规律的形成离不开对象模型和过程模型。例如,为了研究气体的性质和描述气体的物理量间的关系,麦克斯韦建立了气体模型,将气体看作由很小的、完全弹性的、只在接触时才发生相互作用的固体小球组成的系统,依此奠定了气体的分子动理论。当分子间的距离接近十倍或大于十倍分子直径时,可以忽略分子之间的相互作用力,进一步建立理想气体模型。又如,为了研究炮弹从炮膛射出后在空气中运动时炮弹的质心运动轨迹,首先,将炮弹视为质点;其次,在运动过程中,要抓住只受重力、不计阻力的特征,将运动过程理想化、抽象化为抛射体过程模型,炮弹的运动规律就迎刃而解了。对象模型和过程模型在物理规律的建立过程中缺一不可,二者相互依存、共同发展。没有"点电荷"理想模型的建立,就没有库仑定律;没有气体模型和理想气体模型的建立,就没有气体的物态方程;没有质点的建立,就不会有牛顿定律和万有引力定律。可以说,物理的全部定理、定律和公式都是对理想模型的刻画。离开理想模型,物理学的研究寸步难行。

综上所述,理想模型的建立是科学抽象思维的集中体现,其建立过程有助于发展学生的科学想象能力。在物理规律的学习过程中,学生需要在教师的引导下,逐步学会建立模型的方法,养成建立模型的思维习惯。

三、多重、多级思维是物理规律学习的思维形式

物理规律的学习过程中伴随着多重、多级思维的运用。

首先,物理规律在形成之初,需要创设情境,建立对象模型,该过程主要需要形象思维、假设思维、想象思维等。在物理规律探究过程中,需要引导学生在获得充分的感性材料的基础上,按照物理规律形成的过程,运用比较、判断、分析与综合、抽象与概括等思维方法,对感性材料进行思维加工,进而抽象概括出物理概念之间的因果逻辑和内在联系,最终习得物理规律。

其次,由于自然规律是相互联系的,一个物理规律往往会涉及许多物理过程和环节,相应地,物理规律的建立也需要经历多个过程或多个阶段的思维发展。例如,库仑定律反映了静止电荷之间的相互作用力,该力是由静电场传递的,静电场是由静止电荷产生的,而电荷的静止与否与参照系的选择又是相关联的。彼此关联的规律,需要学生经历多次的分析与综合、比较与判断、在不断重复演绎推理和抽象概括的过程中,获得对物理规律的理解和应用。多重、多级思维的具体运用,是发现或建立物理规律最基本的思维过程,也是学生习得物理规律的困难之处。

四、理想实验是物理规律学习的特征方法

物理学是一门建立在实验基础上的学科,物理定理、定律的发现,往往是以实验事实作为依据的,已经建立起来的物理定理或理论,也必须经得起非常严格的科学实验的检验。

理想实验是一种假想的实验,也称为思想实验或思维实验,它是人们在头脑中按实验特点塑造的理想过程,是一种逻辑推理的思维过程,也是发现新规律、建立新理论、开展新研究不可或缺的重要方法。例如,伽利略的理想斜面实验,一方面使人们对力和运动之间关系的认识有了划时代的转变,阐明物体的运动并不需要外力来维持,奠定了牛顿第一定律的建立,另一方面又论证了自由落体运动是匀加速直线运动。又如,爱因斯坦的闪电理想实验,提出了同时性的相对性概念,成为狭义相对论发展的关键。

第三节 物理规律的教学过程

物理规律教学是中学物理教学中的重要环节。在实际教学过程中,不仅要考虑规律自身的特点和教学要求,还要考虑学生的认知水平和发展科学素养的要求。因此,物理规律的教学

应注重在教师的引导下,让学生经历提出问题、探究规律、讨论规律和应用规律的有序过程。

物理学科核心素养强调要从物理观念、科学思维、科学探究、科学态度与责任四个维度去培养学生。物理规律教学的有效组织有利于发挥学生的课堂主体地位,实现"以学生发展为中心"的教育理念。

一、创设物理情境,通过感知活动形成科学问题

物理规律是科学家基于大量事实依据,通过实验、逻辑推理、数学演绎、模型建构等过程得出的。所以,在实际教学中,先要创设便于促成问题形成的物理情境,通过情境创设引导学生发现与研究主题相关的问题。根据物理规律的特点,可以将情境创设大致分为两类。一是通过观察某一(类)物理现象或过程形成科学问题。此类物理情境的创设应尽量来源于生活和生产技术实践或者实验,以便给学生提供充分的感性认知,从而建立物理规律与实际生活之间的联系。二是在学生已有的知识基础上,通过分析引申发现新的问题,此类情境创设有利于培养学生缜密的逻辑思维能力。中学教学可借助讲授、视频资料、提问、演示实验、学生实验等多种手段创设有效的物理情境。

例如,在楞次定律教学中,可以借助演示"楞次环实验"创设情境,楞次铝环如图 8-1 所示。两个等大的细铝环由一根横梁连接,其中,一环闭合,一环断开。当条形磁铁的一端垂直插入或拔出闭合的铝环时,发现实验装置可以绕支点沿不同方向转动;而当条形磁铁的一端垂直插入或拔出断开的铝环时,实验装置不会发生转动,这充分说明感应电流的产生需要一个闭合回路。通过实验,学生还可以直观地观察到磁铁插入或拔出闭合的铝环时,出现远离或靠近磁铁的实验现象,暗含了感应电流所产生的磁场与原磁场的方向及磁通量变化的联系,为解读楞次定律的"来拒去留"搭建了很好的感性认识桥梁。

又如,在动量定理教学中,可以结合具体实例进行分析。当搬运易碎物品时,在其周围铺设柔软的填充物,汽车碰撞试验中车头出现严重损坏以及模拟人的瞬间弹起,鸡蛋从同一高度分别落在硬质地面和盛满纸屑的盒子里时造成不同结果等,引发学生思考并建立物体动量改变量和所受冲力与碰撞时间之间的关系。当然,教师也可以从牛顿运动定律解决碰撞问题时遇到的困难入手,引导学生发现问题。

在物理情境的创设中,一定要借助真实的生活现象、实验、视频等资源引导学生发现问题,此外,利用学生的认知冲突来创设情境也是有效途径之一。物理情境不仅要给学生提

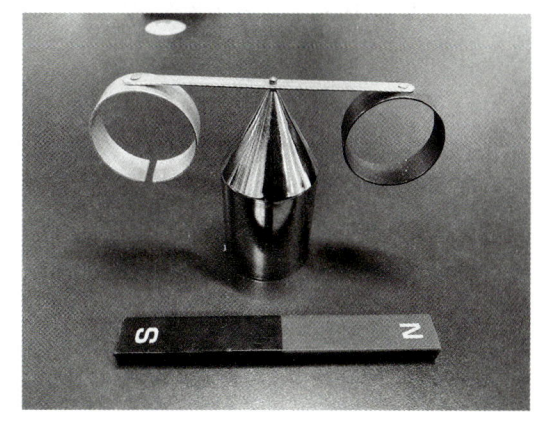

图 8-1　楞次铝环

供感性认知,还要能激发学生的学习兴趣和求知欲。

二、实施科学探究,通过思维加工建立物理规律

围绕研究主题提出科学问题后,教师要通过教学活动引导学生完成探索规律的过程。在该过程中,教师要以促进学生发展为目标,通过适时鼓励和积极引导调动学生的研究兴趣和学习内驱力,在思维加工的过程中实现学生的有效自我探究。

例如,沸点随大气压强的变化规律,影响蒸发快慢的因素,电磁现象中的左、右手定则等,均可以借助日常经验或实验数据得出结论。此外,还可以借助数学推理、类比等思维方式实施物理规律教学。例如,动量定理可以从旧知——牛顿第二运动定律出发,先写出质点在恒定外力作用下所受合外力的表达式,再借助加速度与速度的关系进行力的表达式的变换,从而得到新的物理量(冲量)及该物理量与动量增量之间的关系。通过数学推导不仅可以得到动量定理,还可以让学生领会冲量的物理意义。中学物理教学中有一些形式上、性质上非常类似的物理规律,这一类物理规律可以借助类比法预设得到,然后借助实验法、数学推理、经典实验回放等途径验证结论,如万有引力定律和库仑定律的彼此对应。

三、理解物理规律,通过深入讨论诠释规律本质

为了加深学生对物理规律的理解,同时使学生能够更好地运用物理规律,在实际教学中,需要对物理规律的本质进行深入而细致的讨论。通过讨论使学生明确规律自身的科学表述、意义及相关图像分析,知晓物理规律的适用条件和范围,理解规律背后蕴含的物理思想,知悉新知与旧知之间的联系与区别,养成运用科学方法分析问题的意识。

在实际教学中,不仅需要学生掌握物理规律的内涵,如定理定律的文字、公式、图像的具体描述,与物理规律紧密相关的物理概念的界定等,还需要学生明晰规律的外延,如规律中蕴含的物理思想、科学方法,规律应用的范围和领域等。楞次定律是电磁学中非常重要的一条物理规律,在教学中,通过实验现象可以使学生获得感性认识,借助多组实验现象可以归纳出楞次定律中"阻碍"的意义,在对该规律本质的认识过程中,可以通过系列问题激发学生主动思考、深入理解楞次定律的本质,问题引导流程如图8-2所示。

牛顿运动定律和万有引力定律是经典力学的核心基础理论,它们在使用过程中均有各自的适用范围,在教学中要特别注意明确这些条件。在万有引力定律的教学中,除了要对公式中的每一个物理量进行严谨、细致的解释以外,还需要界定该定律的成立条件和适用范围,即相互作用的两个物体可以视为质点模型,换言之,物体的大小相较其作用距离可以忽略。在此基础上,教师可以引导学生思考:对于有限体是否能直接使用万有引力定律?答案当然是否定的,对于近距有限体,我们要依据微分学知识来求解万有引力的大小,这些释疑环节都将帮助学生更好地理解和应用定律本身,避免学生产生距离无限小时力将无穷大的错误认识。

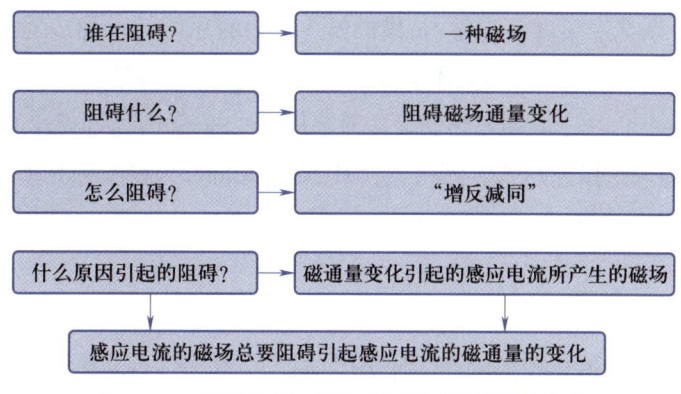

图 8-2 理解楞次定律本质的问题引导流程

四、运用物理规律,通过科学方法解决实际问题

运用物理规律解决实际问题是规律教学要实现的最终目标。在这一过程中,要注意选择不同的典型情境,通过教师引导,师生、生生共同讨论,内化和活化对物理规律的理解;通过展现分析问题的过程,培养学生学以致用的能力;通过显化科学方法的过程,培养学生的科学思维能力。

运用物理规律不是简单求解问题的过程,而要和物理规律自身特点相结合,要和实际问题相结合,要和科学方法相结合,基于科学思维分析并解决问题,从而实现物理与社会生活、科技生产、前沿应用的有效融合,助力提升学生解决实际问题的能力,形成逻辑缜密的思维过程,拓展学生的视野广度,实现物理素养的渗透培养。

第四节　物理规律教学的基本模式

纵观物理学史,物理规律的发现大多是建立在观察和实验基础之上,通过不同的科学方法得到的,如实验归纳、演绎推理、类比推理等。例如,伽利略在发现落体定律的过程中,就将实验和数学推理结合在一起,展示了既有逻辑推理又有实验检验的科学研究进程,具体流程如图 8-3 所示。

图 8-3　伽利略落体定律的研究模式

在实际教学中,为了深化素质教育,课堂上要充分贯彻"以学生发展为中心"的教学理念,通过包括演示实验、探究实验、科学精神宣扬、小组学习、对分教学等在内的融合多重手

段的教学模式,引导学生实现自主学习,借助学生的自我思维活动形成对物理规律的认识、理解和应用,从而充分体现学生的主体学习地位。物理规律的教学模式通常始于真实情境与问题,行于引导与探究,止于应用与拓展。按照获得方式的不同,物理规律的教学模式可以分为实验探究模式和理论探究模式。其中,实验探究模式可分为科学探究模式、实验验证模式和实验归纳模式,理论探究模式可分为理论演绎模式、理论归纳模式和理论假说模式。

一、实验探究模式

实验探究是在不知道某现象的产生原因的前提下,先对该现象的产生做出合理假设,然后设计一系列实验来验证假设的过程。探究实验是科学家对新事物、新现象进行研究时常用的科学手段。教学中的探究实验并不是真正意义上的为了新发现而设计的探究实验,而是在教师指导下,让学生运用已有的知识和技能,以探索者和发现者的身份,通过实验去发现、探索和解决问题,并总结出物理规律的一种教学模式,旨在培养学生的探究意识和能力。其过程通常是教师提出某种现象或问题,然后由学生进行原因的假设,接着根据假设设计实验,完成实验,最终根据实验结果来验证假设,得出结论。

实验探究模式包括科学探究模式、实验验证模式和实验归纳模式。其中,实验验证模式较为传统,这里将重点介绍科学探究模式。

(一)科学探究模式

科学探究模式是指在探究教学理论指导下,在探究教学实践经验的基础上,以探求科学概念或规律为出发点,以探究活动为中心,为发展学生的探究能力、培养其科学精神及态度,为学生的可持续发展,按模式分析等方法建构起来的一种教学活动结构和策略体系。该模式有利于促使学生通过探究知识的发生过程,掌握科学的思维方法,提升自身的科学研究能力。

科学探究教学模式的一般流程为:提出探究课题—猜想与假设—制订计划与设计实验—进行实验与收集证据—分析与论证—评估—交流与合作,共七个阶段。完整的教学活动主要包括:① 学生围绕科学问题、事件或现象开展与原有认知紧密相关的探究学习;② 教师设法激起学生的认知冲突和求知欲望;③ 学生通过实验探究问题,形成和检验假设,解决问题,解释观察结果;④ 学生分析解释数据,对自己的观点进行总结归纳,利用各种资源构造解释客观世界的模式或模型;⑤ 将所学知识运用于新情境,拓宽理解,形成新技能;⑥ 教师与学生共同回顾与评价所学内容与学习方法。

特别要提出的是,科学探究教学流程不是固定的,也不是一种规范化设计,而是教师设计教学活动的一般指南。实际的探究活动应根据学生的实际情况、具体的教学目标和不同的学习环境而适当调整。在实际教学过程中,要注重以下几点。

1. 学生探究，教师指导

在教学过程中，学生不是单纯地掌握知识或动作技能，而是手脑并用地进行"科学探究"。对于学生来说，自由或自发地对某一个课题进行探究并得出有意义的结论通常很困难，因此，教师要为学生设计有利于探究的情境，通过设置适当的活动与任务，将探究活动引向一个明确的方向。教师要引导学生生疑、释疑、解疑，使学生在探究过程中逐步学习知识，掌握科学方法，提升思维能力。

2. 重视思维训练

在探究教学中要利用一切机会激发学生的思维活力，促进学生的思维活动和培养学生的思维能力。例如，实验设计的过程中，存在演绎思维、创造思维等；观察和获取证据的过程中，需要进行直觉、比较、判断等思维活动；对证据进行分析、解释并做出结论时，则需进行归纳思维等。

3. 把学生发展放在首位

现代教学理论认为，学生的能力除了记忆、理解、运用等，还包括实操、创造和发展思维的能力，以及获取信息和交流信息的能力。在探究教学中，教师可以借助科学家发现物理规律的思维过程，引导学生自主设计和构想实验，并在实验中获取信息、交流信息，进而寻找和发现规律。这些过程更强调"怎样获取"的能力提升，更有利于发展学生的物理核心素养。

（二）实验验证模式

实验验证模式是采用实验方法证明物理规律的教学，教师指导学生并和学生一起通过观察分析有关现象和实验结论，目的在于验证物理规律，使学生理解和掌握物理规律，是传统的物理规律教学模式。实验验证模式的一般流程如图8-4所示。在实际教学中，可以将设计环节交由学生，在教师的指导下，由学生提出可行性方案，教师引导学生完成验证；或者借助现代信息手段，师生共同完成验证。

图 8-4　实验验证模式流程

（三）实验归纳模式

归纳法是指由个别事物推理出一般事物，是由特殊事例总结出一般原理的方法。在中学物理教学中，根据研究目的，在一定条件下通过观察和实验枚举事实材料，发现某类事物中固有的某种属性，并采用归纳、分析、概括和抽象的逻辑方法得出结论的方法，就是实验归纳模式。其优势在于：物理实验的可重复性和较精确性体现了实验归纳法的科学有效性；实验可以吸引学生的注意力，培养他们的动手操作能力，使学生对所学知识有一个更深入的理解。实验归纳模式的一般流程如图 8-5 所示。

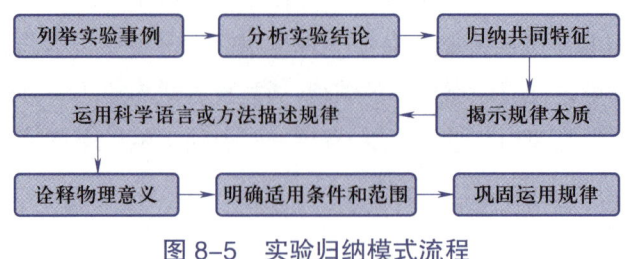

图 8-5　实验归纳模式流程

二、理论探究模式

（一）理论演绎模式

理论演绎模式所对应的教学理论是科学理论假设,形成模式的思维过程是演绎。即从已知的物理规律或理论出发,通过对某特定事物或现象进行演绎推理得出在一定范围内的新的论断,最后经过实验检验成为规律。用演绎法得出的规律一般称为定理或原理,相关流程如图 8-6 所示。

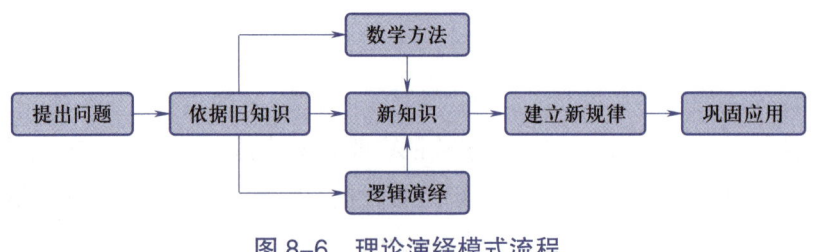

图 8-6　理论演绎模式流程

理论演绎模式虽然不能直接用实验或逻辑推理来证明,但其可靠性却可以凭借大量的经验事实来保证。动能定理的建立,就是利用牛顿第二定律、功的计算式和运动学公式进行数学推导得出的。

（二）理论归纳模式

理论归纳模式即指运用理论的思维进行归纳,从而得出物理规律。当某物理规律不能完全由实验途径得出时,可以使用理论归纳模式。在中学物理教学中,由理论思维归纳出物理规律时,需要充分发挥学生的积极主动性和逻辑思维的潜质与非智力因素的重要作用,同时,需要充分发挥现代信息技术以提供足够的资源内容,为通过思维加工抽象得出物理规律奠定良好的基础。理论归纳模式的流程与实验归纳模式的流程相仿。

（三）理论假说模式

假说法即科学研究中的一种假设性的科学解释,它是真理发现过程中的一种形式和研究方法,具有科学性、猜测性和可变性。当人们在研究过程中遇到了一种运用现有理论无法解释的新事实时,常常提出仅以有限数量的事实和观察为基础的新解释,这就是假说。假说被证明是正确的时候便发展成为新的理论,假说的正确与否必须要经过实验和逻辑的双重检验,如分子电流假说、分子运动论假说、普朗克的量子假说等。

物理规律教学中,理论假说模式是指在物理事实或理论根据尚不充分的情况下,通过想象、猜想或假设提出的对物理现象的理论性解释。在实际教学中,教师可以通过分析各种假说的提出背景、科学发展中遇到的困惑等,帮助学生领悟模式中蕴含的重要物理研究方法。理论假说模式的一般流程如图 8-7 所示。

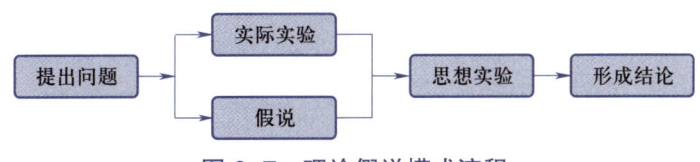

图 8-7 理论假说模式流程

无论哪一种教学模式,其中都蕴含着丰富的科学方法,通过教学让学生掌握科学方法、形成科学思维、领悟科学思想、感受科学精神是物理教学与育人的核心任务。例如,科学探究模式中的控制变量法、实验验证和归纳法中包括分析、判断、概括、演绎推理等在内的多种思维方式,理论假说模式中的类比法、理想实验法、科学假说法等。这些思维方式和科学方法在模式中的综合应用,是提高物理教学效率、降低物理学习困难、发展学生物理核心素养的重要途径。

8-1

物理规律教学案例

1. 2019 年 6 月,中共中央办公厅、国务院办公厅印发《关于进一步弘扬科学家精神加强作风和学风建设的意见》,对科学家精神的内涵作出全面概括。科学家精神是胸怀祖国、服务人民的爱国精神;勇攀高峰、敢为人先的创新精神;追求真理、严谨治学的求实精神;淡泊名利、潜心研

究的奉献精神;集智攻关、团结协作的协同精神;甘为人梯、奖掖后学的育人精神。请阐述在规律教学中,如何借助物理规律在现代科技中的运用和发展来弘扬科学家精神,实现思政育人目标。

2. 实验作为物理学发展的根基,蕴含着深厚历史、人文艺术和哲学思想,同时,也是物理规律教学的重要载体。源于物理学史、前沿科技或中华优秀传统文化的随堂实验、演示实验和拓展实验是实施思政融合的有效路径。请以小组合作形式,选择规律教学主题,完成自制教具制作,并设计一个融合实验的规律教学片段,进而阐述你是如何在该教学片段中发挥育人实效的。

1. 物理规律教学有哪些有效策略? 尝试提出一些建议。

2. 结合某一物理规律,选择适当的教学模式进行教学案例或说课设计,并说明你通过怎样的教学设计来发挥不同模式的优势。

3. 结合物理规律的特点及思维特征,讨论说明物理规律教学中应该注意哪些问题。

第九章

物理复习教学

学习导航

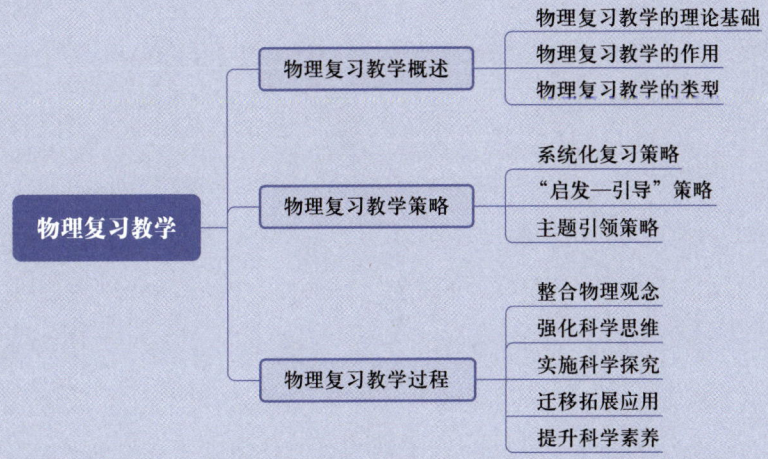

物理复习教学
- 物理复习教学概述
  - 物理复习教学的理论基础
  - 物理复习教学的作用
  - 物理复习教学的类型
- 物理复习教学策略
  - 系统化复习策略
  - "启发—引导"策略
  - 主题引领策略
- 物理复习教学过程
  - 整合物理观念
  - 强化科学思维
  - 实施科学探究
  - 迁移拓展应用
  - 提升科学素养

问题驱动

1. 物理复习教学的理论依据有哪些?
2. 物理复习教学如何落实核心素养目标?
3. 物理复习教学有哪些教学特点?
4. 物理复习教学的实施如何取得更好成效?

学习目标

1. 以教育心理学原理为背景,确定复习教学策略的理论依据。
2. 建立知识结构框架,提高自主学习的能力。
3. 更新教学观念,创新教学方法,提升物理专业知识水平和技能水平。

　　奥苏贝尔的有意义学习理论指出,在学生具备意义学习的心向时,教师组织学习内容实施引导,与学生的原有认知结构建立潜在的同化作用,这就是复习教学。物理复习教学是物理教学的重要组成部分,是教师引导学生深入理解知识内容,建立知识结构,探究知识间逻辑关系并促进知识迁移的教学过程。物理复习教学在教学过程中起着承前启后的重要作用。搞好物理复习教学,教师必须精心研读教材,创新教学思路和教学方法,科学选择教学模式和教学策略,引领学生自主学习,培养其分析问题和解决问题的能力,促进知识的有效迁移,从而提升学生的科学素养。

第一节 物理复习教学概述

物理复习教学是课堂教学的重要类型,是培育物理核心素养、达成教学目标不可或缺的教学形式。因此,搞好物理复习教学对提高物理教学质量具有十分重要的意义,物理复习教学也是物理师范生必须学习和掌握的重要内容。本节就物理复习教学的理论基础、物理复习教学作用和类型进行讨论。

一、物理复习教学的理论基础

复习是为了防止遗忘,查漏补缺,帮助学生将学过的知识进行总结、概括和整理,形成知识结构,对于学生全面、系统地巩固知识是非常有益和必不可少的。著名教育心理学家艾宾浩斯指出,遗忘是大脑不可避免的心理行为,永久性遗忘是由于没有及时复习,致使大脑皮层上的暂时神经联系得不到强化,而产生的消退性抑制;预防永久性遗忘的基本方法是加强复习。遗忘速度是不均衡的,具有"先快后慢"的规律(图 9-1),因此在物理教学中不仅要加强复习,而且应及时复习。

教育心理学家皮亚杰指出,学生在获得知识的过程中需要经历"同化—顺应"的协调过程,即在"平衡—不平衡—新的平衡"的循环中得到丰富、提高和发展,达到对外部刺激的认知状态。在这个过程中,循环就是对知识的不断复习,通过复习,从一个平衡上升到新的平衡,建构知识发展的脉络,形成对知识的全面认知。

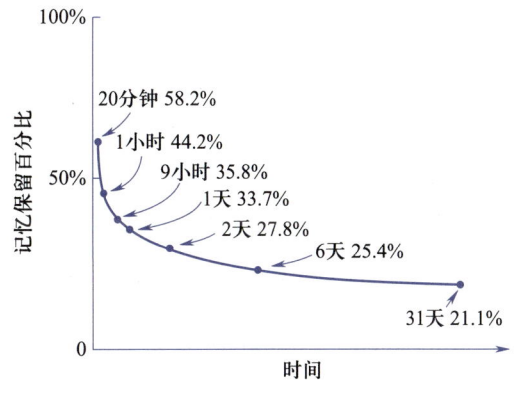

图 9-1 艾宾浩斯遗忘曲线

明末清初的著名思想家、学者顾炎武,可以背诵十三经。他记忆容量大,准确度高,很大程度上取决于复习得法。据《先正读书诀》记载,林亭(顾炎武)十三经尽皆背诵,每年用三个月温故,余月用以知新。这就是"温故而知新"。孔子在《论语·学而》中强调的"学而时习之"道出了及时复习巩固对学习的重要性。

复习教学不只是简单再现以往的旧知识,也不仅仅是为了防止遗忘。复习还能深刻理解知识之间的内在联系,探寻物理知识的脉络,发现科学的逻辑关系,认识科学本质,建立稳固的认知结构框架。

二、物理复习教学的作用

物理复习教学的功能是知识梳理、查漏补缺和反馈拓展,达到知识与能力整合的目的,复习课基于知识的整合与重组,目的是减少知识的遗忘和加强对知识的运用。复习和运用尤其可以增强知识与生活实际的联系,体验物理知识在生活中的应用,从而进一步激发学习兴趣,培养科学思维,提高科学探究的能力。其作用主要体现在以下三个方面。

(一)优化知识结构,强化物理观念及应用

物理学源于古代哲学,随着人类文明进步而发展为自然科学领域一门逻辑结构严密的独立学科,它具有科学的传承脉络和丰富的知识内涵。物理复习教学有利于通过已形成的物理观念,进一步深刻理解物理概念,疏通知识条理,加强知识间的内在联系,建构知识体系,应用物理知识解决生活和生产中的实际问题,促进知识的迁移,体现从物理走向社会的课程理念。

认知心理学告诉我们,认知结构是知识和智力统一发展的中介和产物,知识点之间具有内在的关联性,因此,应以整体观念来指导复习教学。在设计具体复习内容时,要承上启下,把内容联系起来,弄清其来龙去脉,帮助学生形成一个网络清晰、融会贯通的学科知识结构。例如,用思维导图建立力学概念图,建立力学概念之间的联络和框架,帮助学生复习相关理论体系,形成科学的认知结构。

复习教学能够使学生对原有概念不断深入理解,从知识的来源和前后关联中加深理解,形成稳固的知识结构。这就是奥苏贝尔强调的新知识与原有认知结构的同化。物理观念的同化使学生能清晰、系统地理解物理概念和规律的内涵与外延,并能用这些系统的概念、规律解释自然现象,解决生活生产中的实际问题。

(二)激发科学思维,培育创新精神

布鲁纳认为,学习的本质是主动地形成认知结构,而不是被动地形成刺激—反应的联结,知识的获取不在于多少而在于获取知识的过程。复习的重要意义在于培养学生具备科学思维能力和创新精神。教师不仅要注重物理观念的复习,还应该注重科学思维和实验技能、科学探究能力的培养,在建立认知结构的基础上,引导学生回顾知识的内在联系,探索物理知识间的逻辑关系,强化模型意识,鼓励大胆质疑,能够从多个视角验证结论,激发学生的学习动力,从而锻炼其科学思维能力。

物理学在发展历程中形成了一整套思想方法,如控制变量法、理想实验法、比值定义法、极限法、等效替换法、类比法等。所有这些方法的运用过程中都要遵循一定的程序。在复习教学中,教师要引导学生体会物理学思想方法的精髓。以方法为主线的复习教学,要围绕方

法进行教学设计,将各个知识点串成线、连成网。教师鼓励学生发现问题,自主设计解决问题的方案,并正确实施方案,使用科学方法和手段分析、处理数据,总结复习结论和效果;通过教师引导,使学生经历交流互动、团队协作,反思复习过程中的收获和不足,不断更新认知,培养创新精神。

(三)基于诊断查漏补缺,强化问题解决能力

复习课教学中的诊断非常重要。通过梳理知识、查漏补缺的诊断过程,教师能更好地了解学情,使课堂教学更精准地指向学生的疑难点和易错点,提高学生解决问题的能力。课前加入"诊断"环节,类似医生借用现代医学仪器对患者的病情做出准确、科学的诊断,做到有的放矢。

物理复习教学往往通过物理问题的解决检测学生的学业质量水平。在解决物理问题的过程中,对于不同性质的物理问题,解决程序也会有所不同。只有结合具体的物理问题,展示解决问题的思维过程,才能使学生真正体会到创新思维的重要性。所以,在复习时不仅要复习知识结构,还要选定有代表性的问题突出呈现解决问题的步骤,强化思维过程。

通常情况下,物理复习课以习题的方式呈现,精心编选习题对于提升课堂有效性非常重要。在设计例题和习题时,教师应多选择有现代科技背景或以真实物理现象为依据的问题,这样既培养了学生的科学思维能力,又联系科学、生产和生活的实际,落实了科教育人。选用习题要考虑如下因素:

(1)习题能辅助学生拓宽知识面。习题的背景可以从物理学史、生产和生活案例、现代科技等方面汲取。

(2)习题难度要有梯度,并具有开放性。要培养学生不盲从、敢于质疑的态度,进行发散性思维训练。

(3)设计习题时,要立足基本知识,联系生活实际。物理研究的问题,很大一部分来源于生活,但在教学过程中,学生面对的问题实际上已经是经过简化的问题。复习教学应在适当的时候引入生活中的问题原型,使学生的建模能力得到加强,也使学生感到物理问题就在身边。

(4)突出重点与难点,利用经典的、符合学生实际的问题,深化、活化物理知识。体现认知结构中的核心位置点,反映相互的逻辑关系,帮助学生理清知识脉络,形成完整的知识框架。

三、物理复习教学的类型

按照学习的阶段性、学习任务和学习重点的不同,物理复习教学的类型分为平时复习、单元复习及系统复习三类。

（一）平时复习，强化物理观念

平时复习主要包括引入新课的复习、巩固新课的复习、学生课后复习等。

1. 引入新课的复习

根据教育心理学的迁移理论，任何一种学习都要受到学生已有知识经验的影响，学生的学习是以原有知识和经验为基础的。新课教学开始，一般要引导学生复习相关旧知识。这是因为新旧知识之间有密切的联系，旧知识是理解新知识的基础，而新知识往往又是旧知识的扩展、深化和运用。例如，学习向心加速度时，应复习速度、速度变化等；学习电磁振荡时，应复习自感线圈、电容器的作用和原理等。

学习新知识与复习旧知识相结合，不仅可以强化旧知识，而且可以把新旧知识有机地联系起来，将每节课的新知识置于整个学科体系之中；通过复习，回忆与新知识紧密联系的旧知识，消除疑难，为新知识的教学打下良好的基础。同时，在复习旧知识的基础上提出一些有待探索的问题而引入新课，有助于激发学生的学习兴趣，发展学生的逻辑思维能力和创新能力。

2. 巩固新课的复习

根据艾宾浩斯遗忘曲线，遗忘具有"先快后慢"的特点，巩固课堂学习效果，就要及时复习新知识。所以，在讲授新知识的教学中，当堂复习巩固是十分必要的，它可以起到事半功倍的作用。

心理学研究表明，意义识记的效果大大优于机械记忆，意义识记以理解为基础，它的效果好，保存持久，且易于回忆。巩固新课的复习，首先要使学生加深理解新的概念、规律和公式的意义，而不是从形式上机械地记忆定义、定律或公式。其次，要把新课内容跟有关的知识相比较，找出它们的异同，发现它们之间的联系，在知识的对比、联系中，加深理解和记忆，把新课内容纳入学科知识的总体结构中去。最后，用学到的知识解决实际问题，从应用中得到加深和巩固，检验学生对知识的掌握程度。如当堂分析典型例题或让学生做适当的练习，就可以起到良好的复习巩固作用。

巩固新课的复习中，有时还采用边学边复习的方式。在学习较难的或层次较多的新知识的教学进程中，对于所涉及的旧知识随时加以复习；或者采取"步步为营"的方式，在新课进行的各个阶段，分段进行复习巩固。

3. 学生课后复习

奥苏贝尔的有意义学习理论强调知识的系统性，提倡循序渐进，学生应当进行有意义的学习。如果学生课后不复习、不钻研学过的基本知识就去做题，在基本概念不清，基本规律没有理解的情况下，势必出现死套公式、应付作业的现象。为此，课后复习应先阅读课本，边看书边思考：本课主要认识了哪些新的物理现象，学到了什么概念或规律；概念的定义是怎样表述的,它的意义是什么;规律是怎么得出来的,它的内容是什么,运用规律时需要注意些什么;等等。这样才能理解知识的内涵与外延,突出知识的逻辑关系,为后续的学习夯实基础,也为单元复习铺平道路。

(二)单元复习,培养科学思维与创新能力

为了把所学知识系统化,掌握知识结构,在经过一个阶段的学习后,系统地复习教材内容,这就是单元复习,如期中考试复习等。

通过单元复习,学生对所学的概念、规律进行总结,深化理解,强化知识之间相互联系以搭建知识逻辑框架。如果复习时简单重复和讲解学过的知识和做过的练习,既不能引起学生的学习兴趣,也不能深化学生的认识和解决学生学习中存在的问题。所以,在复习课之前,一方面,教师要钻研教材和有关资料,把前后教材联系起来分析,避免简单重复。教材内容之间不仅有纵向的联系,同时存在着横向的联系,还包括与其他学科和社会生活的联系,要善于从不同的角度来发掘教材内容的联系,理解教材总体的、分章节或单元的内在结构。另一方面,教师要深入了解学生的学习情况,掌握学生存在的问题,分析存在这些问题的原因,以便有针对性地进行复习,帮助学生把教材结构变为自己的认知结构,补足或纠正出现的不足。

单元复习一般要注意以下三个问题。

1. 突出重点,理清知识网络

单元复习内容多、范围广,必须突出重点,抓住关键。教师要向学生明确指出哪些是必须掌握的重点知识,哪些是关键性问题,在重点和关键的地方要进一步讲解或讨论,使学生获得深刻印象。要从不同的角度抓住教材的线索和内在联系,把学生学过的知识重新科学地安排和组织起来,进行分析和比较,揭示其共性、个性以及知识间的内在联系。这样做,学生能够得到新的收获和体会,有助于其掌握所学内容的基本结构,达到融会贯通。

2. 立足学生实际,创新教学方法

在单元复习时,教师应当深入了解学生对知识的掌握程度、在学习中存在的认知错误或知识缺陷,对教师课堂教学的期待等。掌握学生的心理需求、年龄特征,及时解决存在的学习障碍,激发学习兴趣,改进学习方式,保持学习物理的求知欲。

教师要创新教学方法,改变传统教学理念和教学模式。关注学生的发展,创造和谐温馨的课堂氛围,落实以学生为主体、教师为主导的课堂教学理念。通过创新复习策略,引导学生主动探究,构建知识结构;通过网络信息技术,联系社会生产和生活,富有个性地学习;鼓励学生对复习过程进行评价和自我评价,帮助学生认识自我,建立自信。

3. 培养学生创新思维和解决问题的能力

单元复习不应局限于构建知识框架,更关键的是经历科学思维获得解决问题的能力,即

在探寻"现象本质"的过程中提炼出"方法本质"。在复习教学中,注重学生的构建模型意识、分析推理论证能力,培养他们敢于质疑、挑战权威的勇气,养成独立思考的习惯,锻炼创新思维能力。

复习教学中,教师为学生提供充分的学习资源,鼓励学生自主学习,保持学生之间、师生之间的相互交流,引导学生积极分享自己的观点;打破固有思维,多借鉴他人有效的解决问题的方法,划分复杂问题为简单问题;观察物理现象,创设问题情境,积极主动探究;提高实验操作技能,强化实验反思,培养问题解决能力。

(三)系统复习,落实核心素养目标

系统复习是对所学内容开展的全面综合性的复习,如期中考试复习、期末复习、中高考复习等。其目的是强化运用知识,培养解决综合问题所需的关键能力。根据系统复习的主要目标和任务的不同,可将其划分为若干阶段,如第一轮复习、第二轮复习和第三轮复习。

第一轮复习注重基础,要详细。教师应加强研究教学内容,分析学生的具体学习情况,明确教学重点、难点、主干知识和基础内容,做到有的放矢,提高复习教学的针对性。做到以下四点。第一,每复习到一部分新的内容,就需要把握好这部分知识的地位和难易程度,前后的关联,考试中所占的分量,具体到每一个知识点。第二,结合学生目前的状况和认知规律,以及分层的难易程度进行充分的备课,面向全体学生,因材施教。第三,突出重点知识,突破难点。划分课时量,制定详细的课时分配,具体到每一节。第四,选择难度适宜的习题,质量保证,数量恰当。

第二轮复习注重专题,抓主干知识,突出重点内容的展示。通过梳理、重组、整合、构建等措施,形成完整的主干知识体系。精炼重点知识语言,精准表达框架结构,使知识内容具备直观性、概括性和条理性。通过专项解读、综合训练等形式,提高学生的科学思维能力和解决实际问题的能力。

第三轮复习注重知识本源,强调学习与评价的关系,知识点与考点的关系,知识与能力的关系。复习中要通过创设物理情境,锻炼应用科学思维方法,举一反三,解决实际问题,培养科学探究能力。结合教科书内容借"旧"引"新",在对相似问题的处理中实现知识体系的深度融合和方法体系的迁移应用。教师要注意做到以下几点,第一,创新课堂教学模式。关注学生的学习过程,改变学生的学习方式,充分体现学生为主体、教师为主导的教学思想。第二,做好学生的心理辅导。关注学生的需求,落实新课程理念中学生的兴趣、体验、感觉、困惑、疑难等心理活动,加强对学生心理素质的教育。第三,注重实验课,重视信息技术的应用。发掘实验在培养学生发现和提出问题能力的潜在价值。督促学生进行实验,体验实践出真知的成就感。强调物理学与其他学科的横向联系,用数字化信息技术解决与综合性的

疑难问题。第四,做好评价工作。教师选择合理的评价方式,检查学生的复习效果,学生要对自己或同伴的学习进行评价,检查复习过程、存在的问题及其产生的原因,从而对自己的复习方法和学习能力有清醒的认识。自我评价和同伴评价不仅对学生的复习很重要,而且对学生掌握终身学习的能力也十分重要。

综上所述,平时复习关注知识点,注重概念规律的掌握,从物理学视角解释自然现象和解决实际问题;单元复习注重知识的脉络,贯通知识点之间的逻辑关系,构建知识框架,强调科学思维能力和探究能力的培养。系统复习深化基础知识,迁移应用知识,巩固物理学的理论体系。随着物理观念不断深化和提高,学生的科学思维能力、创新能力和反思能力不断壮大,从而提高学生自主学习、科学探究的能力。在巩固物理学的理论体系,具备解决实际问题的能力的同时,激发学生探索自然的内在动力、实事求是的科学态度,以及遵守道德规范、保护环境的责任感,达到科学态度与责任目标。至此,关于核心素养四个维度的目标得以实现,如图9-2所示。

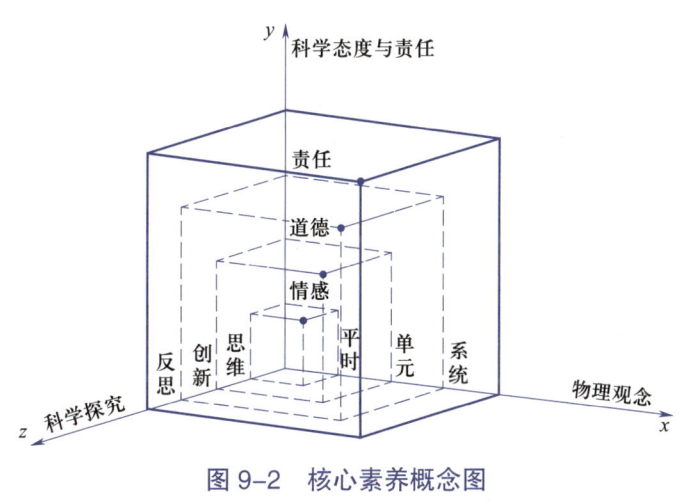

图 9-2　核心素养概念图

第二节　物理复习教学策略

物理复习教学策略是为完成物理教学目标和学习任务而制定的教学程序和教学措施。教学中使用科学合理的教学策略,既提升教学的有效性,也促进学生掌握学习方法并强化其自我成就感。根据新课程教学改革理念,参照传统教学策略的分类,物理复习教学策略可分为:系统化物理复习教学策略、"启发—引导"物理复习教学策略、主题引领物理复习教学策略。

一、系统化复习策略

布鲁纳认为,人类记忆的首要问题不是储存而是检索,检索的关键在于知识结构的组织。获得的知识如果没有纳入头脑中已有的知识结构,那么迟早会被遗忘。知识结构化就是通过对知识内容的分析和总结,将其归纳成一个知识结构的过程。系统化复习策略就是以知识结构化来组织和再现学生的学习结果的复习方式,其优势表现在以下几个方面:

(1)直观性。即复习内容结构线条清晰,纵横关系一目了然,能给人留下深刻的印象。

(2)概括性。复习内容结构提纲就是对材料进行高度压缩、删繁就简的过程。提纲语言精练,表述直接,非常便于记忆。

(3)条理性。结构化知识使材料的层次更为分明,条理更加清楚,抓住这些条理,在复习时就可"按图索骥",把零散的知识结构成整体,大大增强记忆的牢固性,提高复习教学的效率。

由此可见,系统化复习策略是对复习内容进行深水平综合加工,按照知识的特征、类别进行归类、整理,由无序到有序重新编排,建构起知识点之间的内在联系,使其成为一个相互联系的知识结构。不仅利于材料的识记与提取,也有效地加强与提高对材料的理解与表述。

使用系统化复习策略的关键是确定学习内容的内在关系,因为系统化的关系建立依据是知识结构化。首先应找准"种"概念或"一般原理",然后按层次依次再确定属概念或具体规则。知识点之间的内在关系主要有三种:

(1)顺序关系,如时间关系、空间关系、发展关系。空间和时间是事物之间的一种次序,空间用以描述物体的位形;时间用以描述事件之间的先后顺序,空间和时间的物理性质主要通过它们与物体运动的各种联系而表现出来。在物理学中,对空间和时间的认识可以分为三个阶段:经典力学阶段→狭义相对论阶段→广义相对论阶段。这一线索就简要地概括出物理学家对时空关系认识不断深化的过程。

(2)因果关系。因果关系是物理学得以发展壮大的原因,为人类认识和利用自然界提供了有力的支撑。按因果关系组织材料,可能是一因多果,也可能是多因一果。如在力学领域,通过牛顿三大定律揭示了物体的运动规律,揭示了力和运动的因果关系。在光学领域,通过光的反射、折射等现象的研究,揭示了光的传播规律的因果关系。在电磁学领域,通过对电荷和磁场的相互作用规律的研究,揭示了电磁力的因果关系等。

(3)种属关系。按种属关系组织材料,多构成网络结构。例如物体相互作用→力→摩擦力→静摩擦力、滑动摩擦力、滚动摩擦力。这就是四级关系的脉络,能够清晰地展示物理学中逻辑体系。

系统化复习策略应用广泛。在单元复习和系统复习中,将知识点归纳为顺序、因果、种属关系,建立逻辑严密的知识结构,充分发挥知识结构化的优势,加深物理观念,锻炼科学思维,从而获得良好的复习效果。

二、"启发—引导"策略

"启发—引导"策略是指教师给予学生启发和引导,帮助学生构建知识体系、发展科学思维、提升科学探究能力、加快知识学习进程的措施。复习教学中应用"启发—引导"策略,既遵循孔子提出的"不愤不启,不悱不发"的教育思想,又符合现代课程改革提出的培养科学思维和创新能力的要求。该策略强调教师的主导作用,要求学生对知识有求知欲和探究兴趣。教师必须研究学生的认知规律,使知识的传授过程符合并促进学生的认知发展。要取得好的效果,关键在于教师对教学过程的计划和组织。如苏联教育学家凯洛夫的五步教学法:组织教学、复习导入、讲授新课、巩固练习、布置作业,便是"启发—引导"策略的经典模式。新课程理念下,五步教学法又创新出不同的教学方法,具体包括以下几种策略。

(一)变"教材"为"学材"

物理教材具备权威性,具体性和典型性。如何使教材体现出教有情趣、学有滋味的感觉,是创新教学的契机。在复习教学中,立足于学生的主观能动性和认知能力,引导学生自主学习教材,解读教材、应用教材,把教科书变成学习材料,变"教"为"学",这就是变教材为学材的复习策略。

教师提前对复习内容进行综合布局,划分复习教材范围,确定教材解读目标和任务,展示教材中的疑难问题,鼓励学生自主完成复习。教师对学生提出的问题、观点、合理要求给予足够的关注、认同,启发引导,通过答疑解惑掌握教材,应用教材解决实际问题,帮助学生提升对教材的认知高度,把"要我学"变成"我要学"。

平时复习中巩固新课的复习和课后复习,就可以使用变教材为学材的复习策略。通过章节内容确定复习日标任务,启发引导学生自主复习教材,帮助他们进行科学规范的思考,总结内化为自己的认知体系。

新课程改革强调教材的基础性、选择性与时代性,科技发展促使多媒体数字教材不断丰富深化。因此要求学生学习方式多样化,借助网络进行学习,通过信息技术多角度全方位掌握多媒体数字教材,打开思维方式,开阔学习教材的视野。

例如,通过查阅资料等方式,了解人类利用核裂变和核聚变释放核能的前景与挑战。该例题目的是鼓励学生主动学习教材内容,应用网络技术平台,归纳总结,把教材内容通过自主复习内化为自己的认知结构,提升教材内容的深度和广度,提升对人类世界的发展和应对现代社会的认识高度。

（二）探究合作学习

人本主义学习理论认为,学习是学生自发的、有目的、有选择的学习过程,不是"灌输"的被动教育过程。学生主动参与学习时,就会充分开发潜能,进行创造性的学习。因此,教师把学生作为复习教学的中心,引导学生自主、合作、探究学习,通过团结协作完成学习目标,这就是探究合作复习策略。

教师首先考查学生的学习水平和学习能力,依据教科书中探究性质的内容,综合考量,确定复习的目标和任务,引导学生探究复习。将学生分成若干小组,各个小组内学生主动参与、共同探究。确保每个小组的成员能够互相协作和合作,通过探究学习主动完成学习任务。教师启发引导,鼓励学生分享自己的想法和观点,相互交流,合作探究。学生将复习结论汇集给教师,通过教师的修改与整合,分发给学生。于是学习成果在各个小组之间得到传递和共享,使学生的思维与心灵碰撞交流,在和谐团结的氛围中完成探究学习的任务。

探究活动是培养学生物理思维能力和科学方法的重要途径,合作学习是提高科学探究活动实效性的关键环节。例如,用传感器制作简单的自动控制装置。这个案例需要学生主动查阅资料,收集信息,制定计划进行探究实验,整理数据,分组讨论。学生积极参与小组讨论,通过反思交流解决问题,在教师的启发引导下形成结论。

探究复习策略重点在于过程,教师应该及时评价学生的探究学习过程,安排丰富多样的评价任务,选择适当的评价方式,确保评价全面、真实、有效,起到检查效果、诊断问题、明确方向、促进发展的目的。引导学生总结学习过程中的经验教训,肯定学生的进步,纠正学习中存在的问题,增强学生学习的兴趣和自信心,促进学生发展。

（三）实验复习

物理作为自然科学领域的一门基础学科,实验是物理教学内容的重要组成部分,通过实验进行复习是非常有效的复习策略。复习实验不是简单的重复,教师要引导学生对熟悉的实验重新观察,在掌握基本仪器的使用基础上,变换实验器材或条件,重新设计实验,制定方案;或者由学生自己主动完成演示实验。通过自主操作完成实验,解释实验,收集证据并处理信息,使用数据对实验问题进行描述、解释和预测,准确表达结论;对实验过程进行评估和反思,加深对各种实验的理解和掌握;鼓励学生坚持实事求是,大胆质疑,树立批判思维的意识。

教师要引导学生关注与实验有关的习题,根据习题创设物理情境,建立物理模型,设计实验,通过实验解答习题,锻炼学生的实验设计能力和探究能力。

实验复习的过程中要注重学生团结合作的重要性,相同的实验名称,可以让不同的小组设计不同的实验方案,获取不同的实验数据,各小组之间的实验数据对比分析,交流共享,进行开放式思维锻炼,培养学生提出创造性见解的品格。

实验复习离不开信息技术的应用,教师要引导学生利用教学影片、幻灯片等多媒体方式进行复习,以多种视角解读和反思实验结论,增强使用不同方法和手段分析、处理信息的能力。例如,设计利用太阳能取暖的方案,讨论环境对太阳能利用的影响。这是一个综合性较强的案例,需要学生自主设计实验方案,参考各种文献资料与数字资料,团结协作,在探究的过程中关注能源问题,获得开放性的实验结论。案例解决过程促进了学生的环境保护意识和社会责任感。

三、主题引领策略

主题引领策略是指教师对特定学习内容设计主题,确定目标,以主题目标为导向,发挥引领作用,引领学生在和谐、民主的课堂中完成学习任务,把复习教学置于主题之下,将学生置于问题解决者的角度,去探究问题、解决问题、达成目标、形成结论,最终构建知识体系。教师提供学生表达、质疑、探究、讨论问题的场所,学生通过个人、小组、集体等多种方式解决问题,最后在教师的引领下总结归纳知识的主题建构。主题引领物理复习教学策略主要有以下几种形式。

(一)项目式复习

项目式复习教学策略基于杜威的建构主义学习理论,是以"做中学"理论为主导的教学活动。教师选择特定时间内的学习内容,确定复习项目的任务和目标,引领学生理解项目内容,探索知识之间的逻辑关系,以小组合作方式完成一个或若干个与目标相关的项目任务,通过探究学习过程呈现研究的成果,并评价学习目标的达成度。

项目式学习的课题源于学生关注的疑难问题或热点问题,体现更高层次的阅读、调查、思考、探究,需要更加完善的知识、方法、技能、观念和思维方式,是对学习内容的更深入的理解、更深入的探究学习。项目目标往往不只涉及一个专业课程的学习内容,而是跨专业跨学科的,为了让学生在解决问题过程中掌握一个完整的思考和解决方式,所设置的项目课题往往也都包含多门课程的知识。例如物理学与化学、生命科学、地球与宇宙科学等自然科学的渗透融合。

项目式复习教学策略重点强调学生以小组团队的形式复习,教师根据学生的实际情况秉持"组间同质、组内异质"的原则,将学生划分为多个学习小组,要求每个学生规划自己的学习行为,在小组里担任一个角色,承担一定的责任,确立自己的学习目标,有计划地进行复习。在此基础上开展小组讨论、沟通、协作,使小组的整体能力大于学生个体能力之和,达到"做中学"目标。

教师要有一定的跨学科的知识储备和教学能力。由于项目主题涉及其他学科的问题，要求综合运用多种学科的知识技能，才能胜任指导学生复习。必要时邀请相关学科教师的指导、帮助，达成课程改革教学方式多样化的理念。

例如，观看"嫦娥奔月"视频，思考讨论人类是如何实现飞天梦想的？通过复习，确定探究项目主题目标，分组讨论。将曲线运动与万有引力定律应用到现代社会科技当中，对发射升空、运行、变轨等问题进行研究。开阔学生视野，关注我国的航天事业，激发爱国热情，提升社会责任感。该例题打破了学科之间的界限，借助物理学的基础，融合了数学、化学、历史等多学科的知识，有效拓展和延伸了课堂，使学科知识与社会热点问题有机结合。让学生在已有知识结构的基础上，获得对人类世界的整体性认识，促进了学生综合能力和整体人格的健全发展。

（二）翻转课堂复习

捷克教育家夸美纽斯指出："寻求并找出一种教学方法，使教师可以少教，使学生可以多学。"这种以"少教"达到"多学"的愿望，是历代教育工作者孜孜以求的目标。新课程改革强调学生作为教学主体，教师改变单向传递知识的行为，走下讲台，成为学生学习活动中的一员，在平等融洽的氛围中指导学生，由知识的传授者变为学生学习的参与者和合作者，这就是翻转课堂教学策略。学生保持愉快轻松的心境，感觉到老师是朋友、伙伴，敢于平等对话交流，教师把解决学生问题作为课堂任务，把课堂时间还给学生，以"少教"实现学生"多学"。这种复习策略颠覆了传统教学模式，翻转了教师和学生的主次地位，将学生由"被动接受"转变为"主动探究"。

教师对复习内容进行宏观布局，根据学生自学能力，选择课前复习资料（包括微课视频），制定出完善的课前预习计划和课后评价方式，确定复习主题和目标，下达学习任务，要求学生自主完成理论及探究内容的学习，归纳整理出现的疑问和学习中的不足；然后在课堂上提供解决问题的方法和思路，弥补知识缺陷。教师既可以采用针对性的辅导，也可以和学生一起探讨，以合作探究的方式开展讨论交流，集思广益，完成复习任务。

在翻转课堂中，依托于网络信息技术的电脑、平板电脑、手机可以使学生获得更多的知识来源，相互之间的交流讨论更加便捷，也保证了与教师及时交流沟通，提高复习效率。

翻转课堂复习策略最大优势就是尊重学生间的差异性，满足不同学生的复习需求，让学生对自己的知识漏洞进行修正、填补，可以根据自身的实际情况，来自由地选择复习内容，实现知识梳理、反复研读、查缺补漏。激发了学生自主学习的意愿，帮助学生认识自我，建立自信。

（三）联系生活复习

新版课程标准坚持物理课程要反映时代要求，学习内容注重与生产生活、现代社会及科技发展的联系,培养学生的社会参与意识,增强社会责任感。在复习教学中,教师引导学生自主选择与生产、社会相关联的物理情境,从情境中发现和提炼问题,建立物理模型,推理论证,抽象概括,这种复习方式即为联系生活复习策略。

联系生活复习策略的重点是学生作为复习的策划者和执行人,主题的确定、物理模型的提出、学习资源的选择与利用、成果的呈现,都由学生自己完成。要求学生走向社会,感受生产生活中的真实场景。鼓励学生关注当代科学技术发展的重要成果和科学思想,关注物理学的技术应用带来的社会问题,拓宽复习的广度和深度。认识了物理学与科学·技术·社会·环境(STSE)的关系,形成科学世界观和正确的价值观。

例如,研究"蹦极"运动的动力学原理,通过真实场景创建落体运动的物理模型,利用自由落体运动规律和动力学原理以及能量守恒原理,推理论证,归纳总结。突出实事求是的科学态度,强调学生的团队合作意识。

第三节　物理复习教学过程

在物理复习教学中,教师要注重核心素养目标的落实,将物理观念、科学思维、科学探究、科学态度与责任目标融入复习教学过程,引导学生经历"整合物理观念—强化科学思维—实施科学探究—迁移拓展应用—提升科学素养"的学习过程,在从抽象到具体的思维训练中促进知识的系统化、发展学生思维能力、提高学生解决实际问题的能力。

中学物理复习课常常会陷入通过大量的解题训练来提高解题熟练度和解题技巧的误区,而忽视从物理教学本质规律出发深入探寻物理现象或物理问题,从而造成学生在解决实际物理问题时重计算轻分析,知其然而不知其所以然,对所得到的结论也缺乏有效的论证,这种复习过程明显与培养学生物理学科核心素养的要求不相适应。

人的认知过程需经历由感性认识到思维的抽象再上升到思维的具体的过程。从抽象上升到具体包括起点、中介和终点二个基本环节。与新授课的重点是"理解知识产生过程"相比,复习课要把平时相对独立的知识,以再现、整理、归纳的方式串联起来,进而使学生加深对知识的理解,发现知识间的逻辑关系,提升分析问题和解决问题的能力。

高考内容中考查"多物体"组成的系统,其整体法、隔离法为主要的受力分析手段;"多过程"运动,主要分析在不同阶段运动的加速度,从而得出力与运动之间的关系。例如,福建省寿宁县第一中学刘祖鸿老师的"一动一静碰撞模型的研究"复习课教学,通过对问题的逐步进阶与拓展,引导学生探索宏观运动中一维碰撞问题的动力学本质,设计了从抽象到具体的五个层层递进的问题:以"问题1"引入新课,通过复习物理概念使学生回忆在授课阶段,在已有认知的基础上从生活场景、实验现象中抽象提炼出的概念、规律、方法,回忆知识结构,并以此作为思维上升的起点;以"问题2、问题3、问题4"为中介,通过数学计算、结论讨论、探究本质,锻炼学生科学思维方法,促进学生知识方法体系的建立与提升,培育学生科学探究的意识;以"问题5"为终点,通过建模迁移应用,优化知识方法体系,培养学生解决实际问题的能力。

下面就以刘祖鸿老师的"一动一静碰撞模型的研究"复习课为例,阐述如何通过复习教学过程,发展学生思维能力和综合问题解决能力,提升学生的核心素养。

一、整合物理观念

相对于新授课,复习课容量"大"、内容"旧",对于部分学生而言,复习课知识碎、方法散、思维乱、课堂乏味。为激发学生兴趣,教师可以借"旧"引"新",通过梳理知识点,引导学生总结概念和规律,整合物理观念,突出知识结构,提出"问题1"直奔主题。

【问题1】 如图9-3所示,在光滑水平面上,质量为m_1=300 g的小球A以速度v_0=10 m/s与处于静止状态的质量为m_2=200 g的小球B发生对心正碰,碰后A、B两个小球的速度v_1、v_2的可能值为( )

A. v_1=8 m/s,v_2=3 m/s

B. v_1=5 m/s,v_2=8 m/s

C. v_1=4 m/s,v_2=9 m/s

D. v_1=−2 m/s,v_2=18 m/s

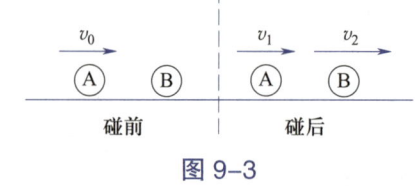

图 9-3

研究方法一:选项排除法

(1)碰后不穿越,即$v_1 \leq v_2$可排除选项 A。

(2)动量守恒,即$m_1v_0=m_1v_1+m_2v_2$,可排除选项 B。

(3)动能不增加,即$\frac{1}{2}m_1v_0^2 \leq \frac{1}{2}m_1v_1^2+\frac{1}{2}m_2v_2^2$,可排除选项 D。

本题以主题引领策略的方式引入课题。问题以选择题方式呈现,旨在引导学生在解决问题的过程中回顾旧知,提炼解题方法,实现知识结构的系统化。

在复习教学中,引导学生采用"选项排除法",逐渐回忆出一维碰撞问题要遵循"碰后不穿越、动量守恒、动能不增加"的解题依据,对选项逐一分析,初步明确碰撞前后两物体的速度关系、动量关系与能量关系,对已有知识进行了梳理,并引导学生举一反三,掌握解决此类问题的基本方法。

二、强化科学思维

应用"排除法"虽然能解决以选择题方式呈现的"问题1",但学生对碰撞规律的掌握是片面的,对物理原理的理解是肤浅的,对物理思想方法的应用是缺乏系统性的。为此，对问题进行升级改造，旨在创设情境，强化学生的科学思维，提高解决实际问题的能力。

【问题2】 如图4-3所示，在光滑水平面上，质量为 m_1=300 g 的小球 A 以速度 v_0=10 m/s 与处于静止状态的质量为 m_2=200 g 的小球 B 发生对心正碰，求碰后 A、B 两小球的速度 v_1、v_2 的取值范围。

研究方法二：列式计算法

通过计算得出结论：$\dfrac{m_1-m_2}{m_1+m_2} v_0 \leqslant v_1 \leqslant \dfrac{m_1}{m_1+m_2} v_0$，即 2 m/s $\leqslant v_1 \leqslant$ 6 m/s，

$\dfrac{m_1}{m_1+m_2} v_0 \leqslant v_2 \leqslant \dfrac{2m_1}{m_1+m_2} v_0$，即 6 m/s $\leqslant v_2 \leqslant$ 12 m/s.

"问题2"与"问题1"的条件完全相同，虽然教师只是对问题呈现方式进行了简单改造，但却使学生不得不舍弃简单的"排除法"，转而对问题进行深度分析，在列式过程中进一步对知识进行系统性梳理，在解不等式的过程中训练了运用数学方法解决物理问题的能力。将物理方法与数学方法相结合，是解决物理问题的一种常规且高效的方法。

三、实施科学探究

随着"问题2"的解决，表面上看，学生对"一动一静碰撞问题"有了较为全面、系统的认识，实质上，学生通过列式计算所得到的结论，更多停留在从数学视角来分析问题，而从物理学视角分析客观事物的本质属性、内在规律及其相互关系方面存在明显不足，为此教师引导学生进一步科学探究，从物理学视角，通过交流、讨论的方式对上述结论进行充分的科学评估、论证和推理，促进学生探究能力的提升。在物理复习教学时，教师应加强复习内容与生活、生产的密切联系，探寻教学内容中与科技前沿有关的知识，将其作为物理复习教学的关键点，启发学生的科学思维，鼓励学生发现问题、解决问题，以此鼓励学生的科学探究。

【问题3】 讨论上述解法中"等式"的物理意义。

研究方法三：特例分析法

在已有结论的基础上，教师进一步引导学生对结论中的等号进行分析，从一般到特殊，再从特殊回到一般，使学生从更高、更全面的视角对两种特殊的碰撞问题进行重构，用特例分析法得到结论（图9-4）。

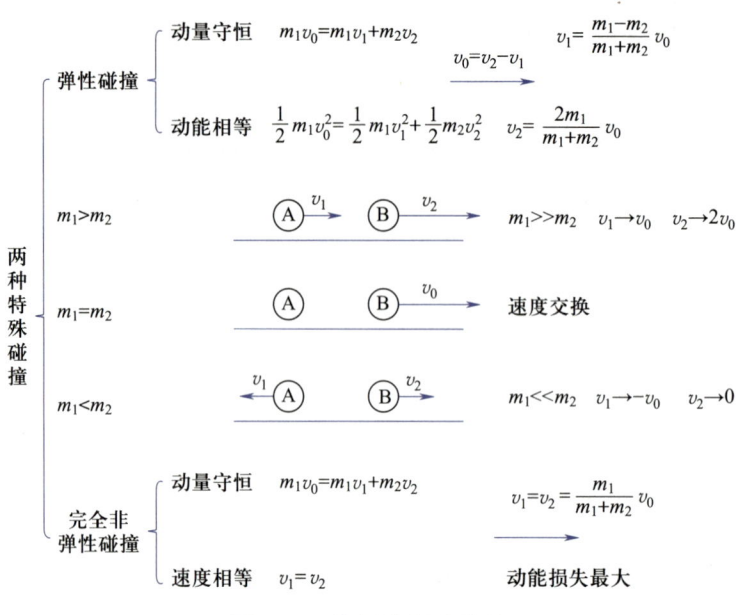

图 9-4 特例分析法结论

（1）通过自主分析得到：当 $v_1=v_2$ 时，两小球发生完全非弹性碰撞，此情况系统动能损失最大。

（2）通过自主分析得到：当 $\frac{1}{2}m_1v_0^2=\frac{1}{2}m_1v_1^2+\frac{1}{2}m_2v_2^2$ 时，两小球发生弹性碰撞。在此基础上，引导学生分析得到几种特殊质量关系下的动量关系和能量关系。

（3）引导学生分析得出结论：在一维碰撞中两球碰后的相对速度总是不大于碰前的相对速度。提示学生"回头看"，用该结论再次解决"问题1"。

在对结论进行发散讨论的过程中，学生经历了"物理→数学→物理"的思维过程，进一步内化了分析综合、推理论证的思维方法，有助于促进学生物理观念的形成和思维提升。在该过程中，鼓励学生自主学习，分析讨论，通过探究交流提高了团队协作意识，增强了学生的学习自信心。

四、迁移拓展应用

应用动量、能量观点是解决碰撞问题的基本方法，但这种方法侧重对物质运动始末关系的研究，而对物质间相互作用本质成因的探讨不够，对学生物理观念的形成和科学思维的训练也是不全面的。因此，教师设计"问题4"，要求学生对知识规律进行迁移，拓展应用，从动力学角度对碰撞问题进行更为深入的研究。

【问题4】 从动力学角度分析两球碰撞过程的速度变化，研究两球碰撞后的速度范围。

研究方法四：过程放大法

任务一：设两球发生弹性碰撞（图 9-5），画出碰撞过程的 v-t 图像（图 9-6）。

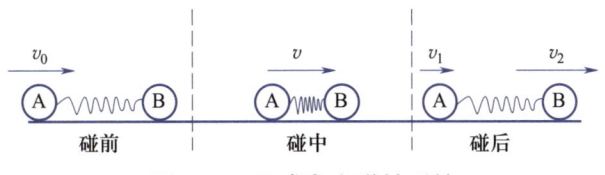

v_0 v v_1 v_2

A ⌇ B   A ⌇ B   A ⌇ B

碰前   碰中   碰后

图 9-5   两球发生弹性碰撞

任务二：设两球发生非弹性碰撞,分析两球碰撞结束的可能时刻。

任务三：分析两球碰后的速度范围。

为降低思维梯度,教师使用实验复习策略和探究合作复习策略;为使物理过程形象化,教师通过教具(两个气球)模拟碰撞过程中的不同形变;为实现思维可视化,

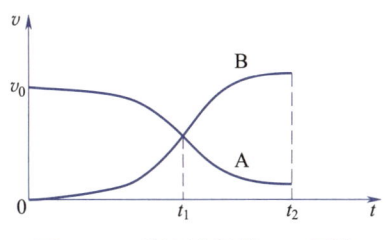

图 9-6   碰撞过程的 $v-t$ 图像

教师通过弹簧模型对碰撞过程进行放大并类比分析。通过分析可知,A 球在弹性碰撞过程先做加速度增大的减速运动,后做加速度减小的减速运动(甚至可能反向加速);B 球先做加速度增大的加速运动,后做加速度减小的加速度运动。若为非弹性碰撞,在两球速度达到相等之前,由于 A 球速度大于 B 球,碰撞并未结束,故碰撞结束时间只能为 $t_1 \sim t_2$,若在 t_1 时刻完成碰撞,此时 A、B 球形变量最大,动能损失最大,为完全非弹性碰撞;若在 t_2 时刻完成碰撞,则 A、B 球的形变完全恢复,可得碰撞前后总动能相等,为弹性碰撞。在这个时间段内,从图像中很容易得出 A、B 球碰撞后的速度介于完全非弹性碰撞和弹性碰撞之间。

解决"问题 2"和"问题 3"的过程对数学思维要求较高,学生往往会陷入复杂的数学计算,对所得结论也只限于是数学运算的结果而不识其实质物理成因,究其原因在于上述解法缺乏更为具体化的过程性分析。"问题 4"的提出,旨在通过动力学分析弥补仅从动量和能量角度分析造成的物理过程分析缺失,使学生从本质上对碰撞问题有更为全面、清晰、完整的理解和认识,既让学生掌握多视角分析解决问题的方法,也更容易让学生实现更高层次的知识系统化,进一步提高解决物理问题的能力。

五、提升科学素养

"碰撞"模型是高中物理的一个典型模型,应用动力学、动量、能量观点综合分析碰撞问题的基本原理和本质规律,尤其是动量守恒定律与能量守恒定律的应用,充分体现了课程标准对自然界守恒规律的尊重,体现了人类认识和应用自然规律的科学态度,体现了正确的世界观。

复习课教学的根本目的是在探寻"现象本质"的过程中提炼出"方法本质",并迁移应用于解决更多更复杂的问题。因此,教师需要对问题进行合理拓展,在对相似问题的处理中实现知识体系的深度融合和方法体系的迁移应用。教师在以上复习教学过程中逐步推进深

化,带领学生从建立物理观念到形成科学态度与责任,从掌握知识到掌握方法,提升能力。通过对知识的重新建构让学生体会成功的喜悦和自豪,体现自我价值。

【问题5】 如图9-7所示,一辆表面光滑带 $\frac{1}{4}$ 圆弧面的实验小车,原来静止在光滑的水平地面上,一个质量 $m=1$ kg 可视为质点的小球以 $v_0=10$ m/s 的水平速度冲上小车,小车质量 $M=4$ kg,其左端水平且距地面高度 $h=0.2$ m,g 取 10 m/s^2,求:

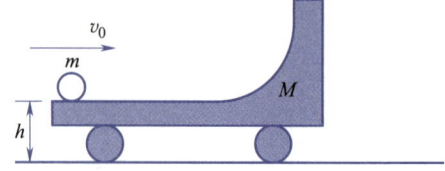

图9-7 实验小车

（1）小球冲上小车后能上升的最大高度;

（2）小球落地时距小车左端的距离。

研究方法五:类比分析法

"问题5"并非传统意义上的碰撞问题,教师在学生通过动力学、动量、能量多角度分析后引导学生与碰撞问题进行类比,发现当小球运动到最高点时,与小车具有相同的水平速度,此过程可类比于两小球的完全非弹性碰撞;当小球回到小车左端时,始末相比较,此过程类比于两小球的弹性碰撞模型。如图9-8,教师进一步展示物块弹簧模型、物块木板模型、子弹木块模型等,通过类比分析拓展,探寻各模型间的共性与差异,实现方法迁移,促进知识方法体系的深度融合。

图9-8 各种物块模型类比拓展

复习课承载着优化知识结构,建立内容更丰富、联系更紧密、层次更立体、方式更多样的知识体系和方法体系的功能。教师通过合理地设置问题情境,引导学生由浅入深、由易到难、由抽象到具体应用多种方法,从多维视角解释现象探寻本质,使学生能够在温故中知新。通过复习教学让学生记住几个结论并不难,但通过机械记忆得出的结论必将随着时间推移在学生头脑中逐渐淡化,如果能让学生在复习过程中培育研究物理问题的科学思维品质,在解决物理问题的过程中培养科学探究能力,在生产生活中运用物理思维解决实际问题,即便日后学生遗忘某些物理结论,但通过掌握的科学推理能力仍能还原现象本质,这样的物理复习教学才是真正有效和有价值的,才能真正达成课程改革的核心素养目标。

扩展资源

9-1
新课程理念下师范生培养目标

9-2
基于物理复习教学的演讲活动

9-3
物理复习教学综合题的解题思路

9-4
物理复习教学中亟待改进的教学行为

思政育人

1. 融合 STEAM 教育理念已成为当前中学物理教学设计与改革的新模式,这与中学物理课程标准强调物理学科核心素养的培养要求是相通的。试讨论在物理复习教学中如何体现 STEAM 教育理念。

2. 物理学的发展历史与人类文明的进程紧密相连,物理学史作为物理学的衍生学科,不仅对从事物理学研究的科学家具有重要意义,而且对中学物理教学也有着重要的参考价值。试探讨物理学史在物理复习教学中的应用。

3. 结合本节复习教学内容,自定议题进行演讲;锻炼自主学习能力,培养团队合作意识。教师可以对学生进行分组,小组评选出优秀演讲同学。

思考讨论

1. 请简单描述物理复习各个阶段与核心素养目标之间的关系。
2. 请结合物理复习课的某一主题建构认知结构框架图。
3. 请尝试总结翻转课堂教学策略的步骤。
4. 主题引领策略的几种方式有什么共同点和不同之处?

第十章

中学物理问题解决教学

学习导航

物理问题解决的作用和类型 —— 物理问题解决的含义及作用 / 物理问题的类型

物理问题解决的思维特征和一般程序 —— 物理问题解决的思维特征 / 物理问题解决的一般程序

中学物理问题解决教学

物理问题解决的教学要求和教学过程 —— 物理问题解决的教学要求 / 物理问题解决的教学过程

物理问题解决的常见方法举例 —— 一题多解 / 一题多变 / 多题归一 / 大概念统领下的物理问题解决教学

问题驱动

1. 什么是物理问题解决？它与物理习题的关系是什么？

2. 物理问题解决对学生的发展有哪些帮助？常见的类型有哪些？

3. 学生解决物理问题的思维程序是什么？解决问题的一般过程是什么？

4. 物理教师讲物理问题解决课型的一般程序是什么？

5. 物理教师讲物理问题解决课型的常见方法有哪些？

1. 理解物理问题解决的含义,知道习题教学与物理问题解决的区别和联系,理解物理问题解决对学生核心素养培养的意义。
2. 能理解物理问题解决的常见类型,掌握情境化物理问题的特征并能熟练设计情境化问题。
3. 掌握物理问题解决课型的一般要求和教学程序。
4. 理解物理问题解决教学的常用方法,探索创造性的物理问题解决方法,致力于成为一位能启迪学生智慧的物理教师。

教学内容

　　物理教学承载的育人功能让我们重新审视传统的物理习题教学。课程改革提倡将传统的习题教学转变为"问题解决"的物理教学,在这种转变中我们继承了什么、批判了什么? 物理问题解决教学有哪些特征和类型? 其思维特点是什么? 物理问题解决的教学要求、一般过程、教学方法又是怎样的? 通过本章的学习,我们将从育人的高度在理论上与读者达成一定共识,并在实践层面为读者提供一定的教学建议。

第一节　物理问题解决的作用和类型

核心素养时代,学生解决实际问题的能力是国际教育领域共同关注的热点问题。物理教学应如何培养学生解决实际问题的能力? 传统的物理习题教学能否担此重任?

一、物理问题解决的含义及作用

物理学是在探究自然界规律和解决问题的基础上发展起来的自然科学,离开物理世界或者物理情境学习物理是很困难的。传统的物理习题,多是脱离真实情境的抽象物理问题,是学生在记忆了大量物理概念和规律的基础上,针对某一方面的教学内容完成一定练习的过程。物理习题大多是封闭性问题,有唯一的答案,注重学生物理知识的运用与计算的精准度。长期做封闭性物理习题的学生接受的是不完整的物理问题解决训练,物理习题课是对物理问题解决的窄化。教师对问题解决的错误理解,在很大程度上会限制学生问题解决能力的发展。

(一)物理问题解决的含义

什么是物理问题解决呢? 物理教学中的问题解决指的是学生在面临问题情境时,对问题进行观察、分析、综合、推理和建立模型等活动,尝试运用有关的物理概念、规律、方法等解决问题的认知过程。这里的物理问题有三个特点:可接受性(学生有意愿考虑并具有相关的知识和能力)、障碍性(学生不能直接看出问题的答案和解法)、探究性(没有现成的解决问题的程序和步骤,需要探索研究)。

物理问题解决强调的是在一定情境中,学生分析和提炼出要解决的问题,然后重新组织自己已有的知识和认知结构,提出解决问题的策略,完成问题解决的操作,并对问题解决的过程和结果进行评估和反思(元认知作用)。通过这一过程,学生不仅能巩固和深化所学知识,而且能发展科学思维的深刻性、敏捷性、灵活性、创造性和探究能力。

一般来说,物理习题不等同于物理问题解决。从培养人、发展人的意义上来说,物理问题解决比物理习题具有更深刻的内涵,因此,核心素养时代下,教师有必要通过强调注重情境创设的开放性物理问题解决,打破传统物理习题教学封闭性、机械性训练思维的局面,在解决问题的过程中,整合学生的认知结构,让学生的思维得到发散、深化,完成物理学科为国育创新型人才的任务。

(二)物理问题解决的作用

物理问题解决形式丰富多样,能够对学生的学习和核心素养发展产生多方面的影响,其作用或功能主要表现在如下方面。

第一，物理问题解决能帮助学生巩固、活化物理概念、规律等基础知识，促进物理观念的形成，并进一步形成完整的知识系统。学生在物理课堂上学习了大量抽象的、碎片化的物理概念、规律，但是学生对这些物理概念、规律的理解还停留在物理表象基础上抽象出的理论阶段，无法有效实现对这些碎片化知识之间区别、联系、深刻含义的真正理解，无法形成系统、完整的知识结构。只有让学生在丰富的物理情境中尝试解决物理问题，学生对物理概念、规律等物理知识的认识才会从模糊、片面变得丰富全面并逐渐整合，在辨析问题、解决问题的过程中，其思维才会从发散、模糊逐渐变得清晰、深刻、灵活，并促进其知识结构趋于丰富和发展，从而促进物理观念和科学思想的形成。

第二，物理问题解决能推动学生科学思维能力在深刻性、敏捷性、灵活性、批判性、发散性、创造性等维度上发展。如果教师能够科学有序地规划、设计物理问题，则学生在问题解决过程中，除了能够回忆、巩固所学的概念、规律性知识，还可以在教师设计的一题多解中感受问题解决的灵活性，在一题多变中体会思维由浅入深、知识纵向和横向联系的美妙变化，在多题归一中体会抓住问题本质的深刻思维，学生也在师生、生生或独立或合作或指导中体会学习的乐趣，使思维获得发散性、深刻性、灵活性、批判性、创造性发展。

第三，物理问题解决能促进学生分析问题、解决问题的能力以及探究能力的发展。学生在问题解决过程中学习选择和使用科学方法，使知识内化为能力。物理问题解决是实践性很强的学习活动，既有外显的动作操作，如观察、实验、作图、制作等，又有内隐的心智操作，如物理过程与状态的分析、条件的判断与关系的建立等，因此，它能促进学生动作技能和心智技能的发展。

物理问题解决是以解决问题为核心的学习活动，不仅要运用相关知识、技能，还要运用各种解决问题的方法。在面对新的情境问题时，学生必须进行分析与综合、推理与判断，还要进行想象，甚至要做出创造性的决断。因此，通过教师的积极引导、学生的独立钻研及生生之间的合作讨论，适当而有计划的物理问题解决，能够促进学生多方面能力的提高。

第四，在创设的问题情境中解决问题的同时，学生理解科学、技术、社会和环境之间的关系。学生在做物理练习时，要将学过的物理概念、规律运用到个别具体的情境中去，这就自然地建立了理论与实际的联系。近年来，物理教学十分重视真实情境问题的解决，许多练习题目取材于现实的生活、生产、交通、军事、环境及科学技术，学生在加强物理知识、方法学习的同时，还能体会科学与技术、社会、环境的关系，理性地认识和评价科学技术的社会功能，发展科学态度与增强社会责任感。

第五，物理问题解决是进行教学评价的重要手段，为师生反思教学提供依据。对学生的学习情况，教师除了通过课堂上的观察、提问等方式来了解外，最主要的是通过学生完成问题解决的过程进行深入考查。比如,通过一些基本概念题,可以考查学生对基本概念的理解是否确切;通过综合性题目,可以考查学生深刻理解和灵活运用基本知识的能力、科学思维的发展,以及对物理思想的理解等情况;通过实验题目,可以考查学生实验技能、实验方法的掌握情况等。除此之外,通过物理问题解决,教师还可以了解学生在物理学习方面的心理状况,如是否有自主学习意识,是否有主动向其他师生请教、合作解决问题的意愿等。

第六,物理问题解决在真实开放环境中培养学生解决实际问题的能力。物理问题解决,尤其是原始物理问题解决,使学生的思维平衡在真实的、开放的环境中不断被打破、重组和发展,在思维的涨落中完成从无序到有序的突变,锻炼了学生从复杂环境中抓住事物本质,协同、创新解决实际问题的能力。为此,教师编制物理问题要结合学生的生活实际,尤其是要结合我国科技发展实际,这样,在锻炼学生解决实际问题能力的同时,还能让学生感受到科技强国战略为我国带来的飞速发展和取得的巨大成就,增强大国自信,从而树立爱科学、投身科技强国建设的远大理想。

二、物理问题的类型

物理问题解决的关键是产生好的物理问题。物理问题的产生必然与一定的情境相关,但不同类型的情境会对与之相关的问题产生不同的影响。总体看来,根据物理问题产生所依托的情境,可以将物理问题分为三种类型,即原始情境物理问题、常规化问题和情境化问题。

(一)原始情境物理问题

原始情境物理问题是指自然界与社会生活中客观存在、未经出题者加工的物理问题,只是对现象进行了描述,并根据现象提出疑问。产生这类问题后,学生往往觉得可以运用某些学习过的知识来解决,但又无从下手、难以切入。因此,解决这类问题往往需要对问题的原始情境进行抽象与剥离,提取有效信息,运用有效信息进行图像表征,模拟问题原始情境,建立模型,通过设置有关的物理量并尝试协调与调动所学习过的知识内容进行验算,进而使问题得到解决。

原始情境物理问题中还有一种是实践性问题。教师可以鼓励学生参加一些科学实践活动,尝试经过思考发表自己的见解,尝试运用物理原理和研究方法,解决一些与生产和生活相关的实际问题。让学生像科研工作者那样去研究实际问题,提高物理学科核心素养。其中,一些小型的实践性问题也可以作为物理问题解决的内容。

(二)常规化问题

常规化问题是通常意义上的物理习题,主要包括被抽象后的物理模型,以及为设问而设置的相关物理量,主要表现为仅包括单一理想情境的简单问题或无情境的简单设问。这类问题的解决仅需要调动几个相关物理知识点与物理模型即可。

(三)情境化问题

情境化问题主要包括被抽象后的物理模型、再度创设的问题情境,以及为解决问题而设置的相关物理量。主要表现为将一个或多个物理模型有意地隐藏在所设理想情境之下的综合应用性问题。解决该问题需要全面且系统地协调与调动各类物理知识。

情境化问题应该是介于原始情境物理问题和常规化问题之间的一类问题,是对原始情境物理问题抽象后的理想化情境问题,也是目前高考试题和物理课堂中常见的一类问题。

情境化问题通常有以下几种形式。

第一,思考题。这类题目通过创设一定的物理情境,引导学生深入思考,或发现问题,或预测结果,或解释现象原因,通常不需要计算或者只需要进行简单的计算,要求学生进行口头或文字回答的一类题型。

第二,实验题。这类题目要求学生运用已经掌握的基础知识和实验技能,独立进行实验方案设计,完成给定任务的问题解决形式。该题型对培养学生观察能力、实验能力和创造能力非常有益。

第三,选择、填空和判断题。这类题目特点是概念性、逻辑性强,常常用来辨析一些似是而非的陈述,澄清一些模糊的认识,一般不需要计算或只需要简单计算。该题型侧重考查学生对概念、规律的理解,考查学生观察能力、思维判断能力和综合分析能力。

第四,计算题。这类题目以定量计算为主,要求学生在分析的基础上建立物理模型,根据有关物理规律导出待求物理量的计算式,然后代入数据进行求解。该题型主要训练学生解答计算题的基本功,巩固所学的概念和规律,培养各种能力。

第五,作图题。这类题目通过作图解答问题,能提高学生的形象思维能力。

总之,传统的物理习题脱离真实的物理情境抽象出物理问题,过于偏重学生逻辑推理、解题技巧的训练,虽然在一定时期具有一定的进步意义,但其局限性也随着时代的发展而愈加凸显,我们必须加以改变,培养具有问题解决能力和创新能力的人才是育人的宗旨。

第二节 物理问题解决的思维特征和一般程序

情境化的物理问题是物理问题解决中最为常见的,也是核心素养时代物理课堂中倡导的一种问题解决形式。物理问题解决的过程实际上是一个学习和思维的过程。

一、物理问题解决的思维特征

物理问题解决不是一蹴而就的,它始于问题情境,学生从已有的认知结构中搜索物理概念、规律,建构模型和运用其他的思维方法,尝试在问题情境和问题解决之间通过猜想、试错和反馈建立联系。若反馈检验得到肯定的结果,则问题得到解决。反之,如果反馈检验结果是否定的,则重新猜想,搜索认知结构中新的概念、规律和推理方法,重新试错,反馈检验,循环往复,直到物理问题得到解决,物理问题解决具有一定的思维程序,如图 10-1 所示。

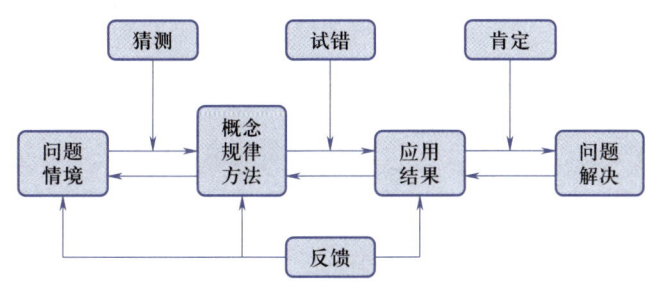

图 10-1 物理问题解决的思维程序

二、物理问题解决的一般程序

然而,学生的认知结构不同,思维方式和思维的灵活度、深刻程度等也不尽相同,虽然思维遵循上述程序,但是问题解决的效率、方法却不尽相同。对于刚刚涉足物理世界的中学生来说,教师怎样才能将隐性的思维程序显性化为可以培养、训练学生的一般程序呢?

(一)审题,作草图

学生在阅读物理问题、理解题意的基础上,初步判断研究对象和物理过程,找寻已知或隐含的条件与待求物理量可能的关系。为此,可以画出一系列草图(力的示意图、矢量图、波形图、状态变化图、电路图、光路图、坐标图等),使问题可视化。

(二)分析过程,建立模型,选择方法

物理过程是指研究对象在其物理环境中的运动、变化过程。学生可以从定性和定量两个方面分析、判断物理过程的本质。借助上一步骤画出的草图,学生定性分析物理过程,需要具体分析研究对象哪些是已知物理量、哪些是隐含的条件、哪些是冗余的条件,从而抽出本质,排除干扰,建立适当的物理模型。定量分析是在定性分析的基础上,建立物理量之间的定量关系,并注意物理过程中状态变化的临界条件。当然,在分析物理过程时会涉及方法

的选择：从思维的角度可以分为分析法、综合法、假设法、递推法等，从物理研究方法角度有建立模型法、隔离分析法、等效替代法、近似处理法、微元处理法、临界分析法等，从数学的角度有代数法、几何法等。

（三）选择物理规律，建立方程

在分析出研究对象的运动状态和经历的物理过程并建立了适当的物理模型后，可以判断出研究对象遵循的物理规律，即可代入相应的物理公式，列出方程。此时，可以初步判断方程中的未知量和方程的数目，若未知量多于方程数，应继续寻找新的关系或观察是否可以采用一定的数学方法消去未知量。

（四）进行数学推演，求解问题

在运算的过程中，先进行代数运算，直到未知量能由已知量完全表示时，再代入统一单位后的数据，求出结果。这样处理，不仅物理意义明确，而且避免了因复杂数学运算而产生的错误。

（五）讨论和反思

问题解决完成后，学生要养成检验答案是否合理的习惯，对整个过程和结果进行讨论和检验。比如，根据量纲分析法判断方程式是否合理，根据数量级估算、判断结果是否合理等。有时还要对结果进行讨论，比如在某种特殊条件下结果会如何变化等。问题解决后的反思还可以包括：

（1）对解题过程思路重新梳理，审视是否有其他解法，哪种解法更为简洁，各种解法的特点是什么。

（2）解题时使用了哪些特殊的方法，如隔离法、整体法、模型法、等效法、对称法、极限法、微元法等。

从物理问题解决的一般程序可以发现，物理问题解决离不开思维的参与，不论是物理模型的选择、物理过程的分析，还是数学运算和推演，都离不开抽象思维的参与。物理抽象思维是以判断、推理形式来反映客观物理事物运动规律、本质特征和内在联系的逻辑思维形式。在物理教学中，除了习题教学，物理概念和规律的学习、物理理论的建立过程等都离不开抽象思维。

物理问题解决只需要抽象思维参与吗？我们知道，物理现象在人脑中间接的、概括的反映形成物理表象，以物理表象为思维材料，物理形象思维可以为学习物理提供形象支柱，能唤起直觉，诱发灵感，是提出物理假说的重要途径。此外，物理直觉思维是将物理概念和物理表象相结合的知识组块作为思维材料而进行的思维，其过程和结果都具有直接性的特点，单凭直观印象就能作出猜想、判断、顿悟，不经过逻辑推理就可以下意识地获得对事物的觉察。直觉思维是一种非理性、非常规的思维，是抽象思维和形象思维发展到一定阶段的跳跃和升华。直觉思维能使人在刚接触物理问题时，只经过短暂思考，就能凭借直觉迅速确立解决问题的方向和途径。

因此，物理问题解决过程中，我们既要重视物理抽象思维的培养，也要重视物理直觉思维和形象思维的养成。教师要创设物理问题情境，引导学生首先运用直觉和形象思维，产生猜想和假设，随后通过批判性思维质疑和逻辑思维推演，创造性地解决问题。这一过程可以培养学生的科学思维，同时，科学思维的发展又可以进一步提高学生解决问题的能力。

第三节 物理问题解决的教学要求和教学过程

物理问题解决教学是中学物理课堂教学一种非常重要的基本课型，它对学生活化所学概念、规律形成认知结构，对培养学生的科学思维和探究能力，对培养学生的科学精神、态度和社会责任感等，对于师生评价、反思教学和学习效果，以及查漏补缺促进学生发展，有着不可替代的作用。因此，认真地上好每一堂物理问题解决课、遵循物理问题解决的基本要求、明确其一般教学过程是非常重要的。

一、物理问题解决的教学要求

学生物理问题解决能力的培养并非一朝一夕可以完成，而是一个循序渐进、系统培养的过程。因此，物理教师需要耐心细致地系统规划这个过程，逐步达到培养学生物理问题解决能力的目的。

（一）要有目的性、计划性、连贯性

做任何事情，我们都要明确知道我们的目标是什么，时间节点和延续时长如何，才能在总体目标达成和阶段性目标达成之间寻求连贯性和做好计划。

首先，物理问题解决教学应从时间上统筹规划。学期伊始，对于每一章、每一单元和每一节的教学时间、问题解决时间教师都要统筹安排，做好计划。

其次，物理问题解决的难易程度和问题类型应做统筹安排。新授课、章末和单元末问题解决的难易、综合程度和目的均不相同，教师要做到心中有数，既不追求"一步到位"，也不做无效的重复工作。

最后，教师要根据学生所处年龄阶段、思维发展水平设置相应的物理问题类型，做到统

筹安排、科学合理。

（二）要精心设计物理问题解决的题目

学生解决物理问题的过程是一次探索的尝试。教师在学生的最近发展区设置精心选编的题目，可以使学生的探索过程充满挑战又兴味盎然。为此，教师要注意物理问题的针对性、典型性、层次性和启发性，并从如下角度精选物理问题：

（1）根据需要考虑设计题目的难度是否适当，涵盖的知识内容是否全面，能否达到巩固知识或活化认知结构的作用。

（2）设计的题目中有没有关注到研究对象经历的物理过程、物体运动状态变化和相关条件变化的考查？有没有针对性的思维方法考查？设计题目中的易错点和难点是什么？

（3）设计题目有没有关注学生对科学本质和 STSE 理解方面的价值？

（4）是否有意识地设计原始情境物理问题以培养学生解决问题的能力？

（三）要突出分析和解决问题的思路和方法

物理问题解决的过程是一个学生体验、领悟和建构的过程。教师要尊重学生发展的主体地位，鼓励学生根据物理问题解决的过程，分析、建模和推理，也鼓励生生之间通过协作完成问题的分析和解决。教师不能代替学生思考也不能使学生陷于题海的泥沼。问题解决完成后，教师可以鼓励学生反思问题解决过程中的难点、分析的思路和方法，以期达到举一反三的目的。

二、物理问题解决的教学过程

（一）简要复习相关知识

一般来说，物理问题解决教学，开始阶段要对相关的物理概念、规律等进行简要的复习。复习方式注意效率和灵活性，或提问学生，或在解题过程中适时穿插进行。复习要简明扼要，突出课堂的中心目标。

（二）组织学生讨论并示范讲授

教师围绕教学核心内容及学生实际，选择典型的问题解决题目，引导学生分析、解决问题。问题解决课选用的常常是典型的和有一定难度的题目，宜采用师生讨论或教师启发式讲授的方式。教师要通过典型例题的剖析和求解，有意识地展示并引导学生思考问题解决的方法与策略，给学生做解答物理问题的示范，教给学生正确的解题思路和基本的、规范的解题程序。

（三）学生独立练习或合作讨论

在示范讲授的基础上,教师呈现相似类型但不同物理情境的练习题目,指导学生独立解决或采用合作学习的方式解决。这时,教师应尽量要求学生按照规范的程序来解题,同时要仔细观察学生的练习情况,注意发现学生的不同解法、典型的错误和问题,给学生提供必要的指导,特别是给那些学习困难的学生提供耐心的指导。

（四）引导学生反思与总结

物理问题解决完成后,教师引导学生反思、总结非常重要。不仅要反思每一个物理问题解决所用到的思维方法、分析思路、物体运动状态变化的条件等,也要在课堂结束阶段反思所解决问题的特点、共性和个性、难点、经验、教训或成功的方面等。形成反思习惯对学生的元认知能力和问题解决能力的发展是非常有益的。

第四节　物理问题解决的常见方法举例

核心素养时代,如何通过数量有限的物理问题培养学生解决问题的能力? 物理问题解决教学的常见方法有哪些呢? 本节将介绍四种物理教学的常用的方法:一题多解、一题多变(变式)、多题归一、大概念统领下的物理问题解决教学方法。

一、一题多解

一定物理情境下解决同一物理问题,可以有多种方法。用不同的方法解决问题,对不同物理规律应用的条件和表达形式就会有更深一层的理解。如果教师能同时呈现解决同一问题的不同方法,呈现不同角度看待问题、解决问题的想法,则教师采用的就是一题多解的教学方法。这种方法会对学生的学习产生一种有益的推动,进一步讨论不同方法背后的本质,对引导学生深入思考是意义非凡的。

【例1】 我国在 2020 年执行天问一号火星探测任务。质量为 m 的着陆器在着陆火星前,会在火星表面附近经历一个时长为 t_0、速度由 v_0 减速到零的过程。已知火星的质量约为地球的 0.1 倍,半径约为地球的 0.5 倍,地球表面的重力加速度大小为 g,忽略火星大气阻力。若该减速过程可视为一个竖直向下的匀减速直线运动,此过程中着陆器受到的制动力大小约为(　　)。

A. $m\left(0.4g - \dfrac{v_0}{t_0}\right)$ B. $m\left(0.4g + \dfrac{v_0}{t_0}\right)$

C. $m\left(0.2g-\dfrac{v_0}{t_0}\right)$ D. $m\left(0.2g-\dfrac{v_0}{t_0}\right)$

分析:本题以真实问题情境(天问一号)为载体,主要考查学生对万有引力定律和匀减速直线运动的理解与应用,学生可以结合运动学或能量来解答此题,发散思维空间较大,是一题多解的典型题目。

教师可以让学生自己做,充分讨论,组内分析正、误,然后请学生板书交流,教师和学生反思、总结。

方法一:应用牛顿第二运动定律求解

在星球表面着陆器受到的万有引力近似等于重力,可得

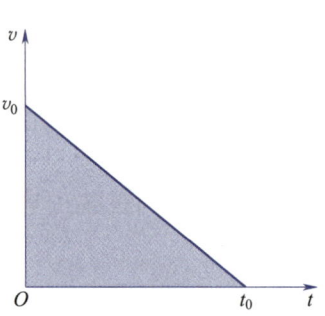

图 10-2 着陆器运动减速过程 v-t 图像

$mg'=G\dfrac{Mm}{R^2}$,即 $g'=\dfrac{GM}{R^2}$, $g'=0.4g$。设制动力是 F, $F-mg'=ma$,且 $a=\dfrac{v_0}{t_0}$,则

$$F=mg'+ma=\left(0.4g+\dfrac{v_0}{t_0}\right)m$$

这里涉及构建"星球表面万有引力模型"和"匀变速直线运动模型",由牛顿第二定律推导,推理过程比较简单。

方法二:图像法求解

构建着陆器运动减速过程的 v-t 图像(图 10-2),将问题直观化。

① 加速度大小等于斜率,即 $a=\dfrac{v_0}{t_0}$;

② 总位移等于三角形的面积,即 $s=\dfrac{1}{2}v_0t_0$。

可根据牛顿第二定律,设制动力为 F, $F_{合}=F-mg'=ma$,则

$$F=mg'+ma=\left(0.4g+\dfrac{v_0}{t_0}\right)m$$

方法三:运用动量定理求解

$$F_{合}t_0=0-mv_0=(mg'-F)t_0$$

$$Ft_0-mg't_0=mv_0$$

$$F=mg'+m\dfrac{v_0}{t_0}=\left(0.4g+\dfrac{v_0}{t_0}\right)m$$

方法四:应用动能定理求解

根据题意可知,匀减速直线运动过程的动能改变:

$$\Delta E_k=-\dfrac{1}{2}mv_0^2=mg'h-Fs$$

$$F = \frac{mg'h + \frac{1}{2}mv_0^2}{s} = mg' + m\frac{v_0}{t_0} = \left(0.4g + \frac{v_0}{t_0}\right)m$$

针对这道真实情境的物理问题,学生提出了四种解决方法,发散思维得到有效激发。教师可以进一步引导和总结,这四种不同的解法,主要运用了牛顿第二运动定律、图像法、动量定理和动能定理,虽然运用的规律不同、方法和公式不同,但是其中具有一定的联系。教师引导学生反思这三个规律之间的联系,从而使学生的认知结构更加深刻和完善。

再进一步,牛顿定律、动量定理和动能定理是有内在联系的,但在应用不同的规律解决问题时,其难度有所不同,可以通过下面的例子引起学生的深度思考。

【例2】 如图10-3所示,两个平行金属板接在电压为 U 的电池组两端,如果在正极板附近有一个质量为 m,带电量为 q 的带电粒子,此粒子在电场力作用下向负极移动。问:该粒子移至负极板时的速度为多少?

分析:这道例题,学生可以用牛顿第二定律求解,也可以用功能原理轻松求解。根据功能原理: $qU = \frac{1}{2}mv^2$,直接可以求解 $v = \sqrt{\frac{2qU}{m}}$,不需要求解粒子的加速度再由加速度求最后的速度,这显然比牛顿定律简洁得多。

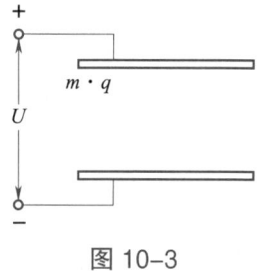

图 10-3

当然这道题目还可以用到动能定理、动量定理等方法,教师可以引导学生比较这几种方法,加深对公式的理解和应用,从而提高学生辩证思维的能力。

通过上面这个例子可以发现,虽然同一个问题可以有多种解决办法,但是不同方法的简单或繁复程度不同,用动能定理或功能原理,不需要具体知道物体的加速度和加速度引起的速度变化,甚至在非匀强电场中也可以非常简洁地解决问题。这显然比牛顿定律优越得多。师生反思这道题目用到的多种方法及各种方法之间的优势和不足,在加深对公式的理解、应用的基础之上,有利于提高学生辩证思维能力。当然,运用一题多解的方法时,教师要注意从易到难、由简单到复杂、宏观规划、循序渐进,并且仔细梳理"一题多解"的类型和要达到的目的,切不可随意加深,盲目选题,加深学生负担。

二、一题多变

解决物理问题的过程是一种智力上的探险过程,如何使这个过程跌宕起伏、妙趣横生,并且在解决问题的过程中巩固知识、发展能力,是物理教师时常需要考虑的。从一个物理问题发散出去,变换条件,变成多个物理问题,使学生体会变化中的思维推进,是物理教师经常运用的方法——一题多变。下面列举三种情况的例子。

（一）质同形迁

高中物理选择性必修三中"气体的等容变化"一课，有位老师是这样做的：教师给学生演示一个实验——"瓶子吐鸡蛋"。

【例3】 如图10-4所示，事先将鸡蛋装入锥形瓶，将锥形瓶倒置，锥形瓶的瓶口比鸡蛋略小，此时大气压强为 $p_0=1.0 \times 10^5$ Pa，环境温度为 27 ℃。用热水加热锥形瓶底，可以将鸡蛋完好地从瓶内取出。如果此鸡蛋的质量为 50 g，瓶口的面积为 1.2×10^{-3} m^2，摩擦力大小为 24 N，请学生计算瓶内气体温度达到多高时鸡蛋才能出来。

学生的好奇心一下子被激发出来，在一个解决实际问题的物理情境中，学生开启了思维的探险之旅。然后教师通过三个层层递进的问题，进一步启发学生。

问题1：什么情况下鸡蛋可以恰好能出来？（分析鸡蛋受力）

问题2：根据已知条件能求出哪些量？（求出锥形瓶内气体压强）

问题3：这里用到气体的什么定理？为什么？（等容定理）

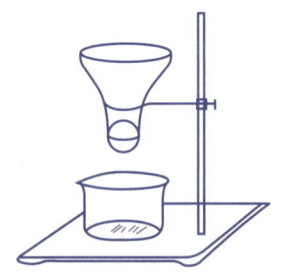

图10-4 "瓶子吐鸡蛋"
实验装置图

通过上述递进式问题的串联设计，引导学生深入思考，让学生明确习题中的问题，以及解决这个问题所需要的条件，哪些条件是直接给出的，哪些条件是间接给出的，哪些条件是需要利用已有信息进行简单计算而得出的。这样分析下来，就为进一步解决问题打下了基础。同时，在解决问题的过程中弄清物理规律的适用条件，更有利于增强解题思维的自我调控意识。

教师接着将上述问题纵向挖掘变化条件，接着提问：若改为瓶口朝上，怎样使鸡蛋被吐出来？

学生的积极性又一次被调动起来，进入了另一场更为刺激的"探险之旅"。当然，有了第一次的分析背景，这一次许多学生能很快解决问题。

教师还可以将此题变化一下：高压锅的锅盖通过几个齿与锅镶嵌旋紧，锅盖与锅之间有橡胶制成的密封圈，不会漏气。锅盖中间有一排气孔，上面套着限压阀，将排气孔堵住（图10-5）。当加热高压锅，锅内气体压强增大到一定程度时，气体就把限压阀顶起来，蒸汽即从排气孔排出。已知某高压锅的限压阀质量是 0.08 kg，排气孔直径 0.3 cm，则锅内气体的压强最大可达多少？

这道题目与锥形瓶"吐鸡蛋"的实质是一样的，物理情境有外在变化，其实质没有变化，学生对查理定律的实质以及如何分析、解决问题也有了深入的理解。

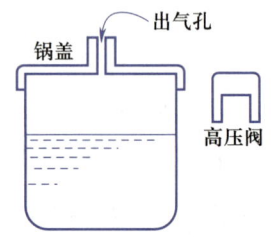

图10-5 高压锅示意图

在高压锅的习题中,还可以纵向再追加这样几个问题:(1)已知每增加 3.5×10^3 Pa,水的沸点相应增加 1 ℃,则高压锅内能达到的最高温度是多少? (2)如果多开几个同样的排气孔,能否增加高压锅内的最大温度值? (3)要增加高压锅内的最高温度可采取哪些措施? 通过这样设疑,引起学生思考,通过分析,学生真正了解高压锅的原理,通过一个问题的横向和纵向挖掘,有利于学生思维深刻性的培养.

(二)同一题目变换问题,多角度考察

【例4】 将标有"8V16W"的灯泡和标有"8V16W"的灯泡串联后接到电压为 220 V 的电路上,两灯泡能否正常发光?

在学生正确解答后教师可将本题做下面的变化。

(1)将原题两灯泡串联后接在 16V 电压的电路中,整个电路消耗的功率多大?

(2)"8V2W"和"8V4W"两灯串联起来接在一电源上,其中一灯正常发光,另一灯发光较暗,则该电源电压是多少?

(3)现有一电压为 12 V 的电源和一个变阻器,请设计一个电路使"8V16W"的灯泡能正常发光?

(4)额定功率为 2W 的小灯泡与一阻值为 4 Ω 的电阻串联后接在 6 V 的电源上恰能正常发光。求:① 小灯泡的电阻值;② 小灯泡的额定电压。

在这道题目中,教师通过对原题目多方位、多角度变化,将原题置于一个更广阔的背景关系中,充分发挥其效用,实现了知识间的转换、迁移和沟通,开拓了学生思路,培养了学生解题思路的灵活性,提高了学生的应变能力。

(三)问题解决由浅入深

【例5】 如图 10-6 所示,在倾角为 θ 的固定粗糙斜面上,轻放一质量为 m 的木箱,木箱沿斜面加速下滑。现增大木箱的质量,再轻放木箱,则木箱的运动状态是怎样的?

设计意图:设置简单的物理情境,引入习题教学的主题,明确本习题课教学的主要内容——斜面上的力学问题。

层次 1:斜面上的物块匀速下滑

如图 10-7 所示,在倾角为 θ 的粗糙斜面上,轻放一质量为 m 的物块,物块能静止在斜面上。现轻推物块,物块恰好匀速下滑,已知动摩擦因数为 μ,试分析斜面与地面间摩擦力情况。

变式1:条件同上,若物块还受到竖直向下的压力 F,如图 10-8 所示,请问物块将如何运动? 请分析斜面与地面间摩擦力情况。

变式2:条件同上,若物块还受到沿斜面向下的推力 F 作用,如图 10-9 所示,请问物块将如何运动? 请分析斜面与地面间摩擦力情况。

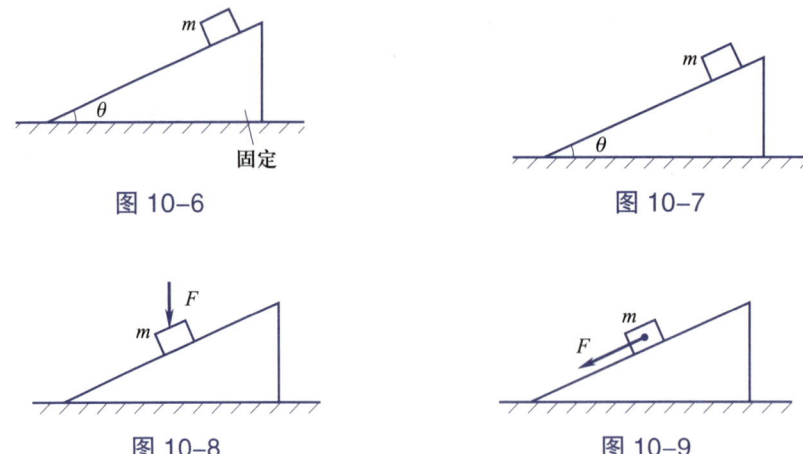

图 10-6 图 10-7

图 10-8 图 10-9

设计意图：一题多变，无论对物块施加外力多大，以上两种情况斜面不受地面静摩擦力。通过递进变式的训练，由浅入深，丰富学生思路，使学生更深刻地理解问题，培养学生的高阶思维。

层次 2：斜面上的物块匀变速下滑

在倾角为 θ 的粗糙斜面上轻放一质量为 m 的物块，物块由静止开始下滑，已知动摩擦因数为 μ，请分析斜面与地面间摩擦力情况。

变式：若物块沿斜面匀减速下滑，情况又如何？

层次 3：外力作用下斜面上物块的运动

如图 10-10 所示，在倾角为 θ 的粗糙斜面体上轻放一质量为 m 的物块，物块将加速下滑。若施加一水平向右的恒力 F 作用在物块上，物块将沿斜面向下做匀速直线运动，已知动摩擦因数为 μ，现撤去 F，问物块将做何种运动？请分析斜面与地面间摩擦力情况。

变式 1：在倾角为 θ 质量为 M 的粗糙斜面上轻放一质量为 m 的物块，物块沿斜面匀加速向下滑动，此时斜面对水平地面的压力为 N_1。现对物块施加一沿斜面向下的恒力 F 作用，此时斜面对水平地面的压力为 N_2，已知动摩擦因数为 μ，试比较 N_1 与 N_2 大小。

变式 2：如图 10-11 所示，若物块受三个恒力 F_1、F_2、F_3 作用，沿固定斜面向下滑动，此时水平地面对斜面的静摩擦力方向水平向右，若此时同时撤去 F_1、F_2、F_3，试判断物块的运动情况，斜面受到地面的静摩擦力情况如何；若分别只撤去 F_1、F_2、F_3 又如何？

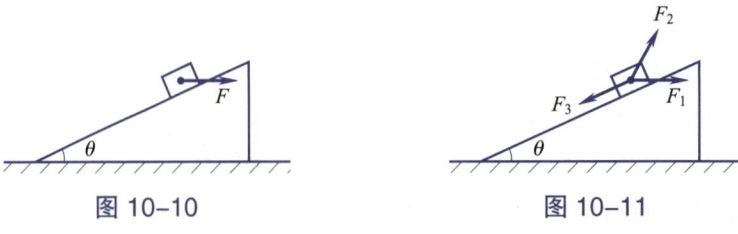

图 10-10 图 10-11

设计意图：关联拓展解决实际复杂问题，通过外力作用下斜面上物块的运动的变式训练，更深层次地解决实际问题，达到深刻理解斜面上物体的运动问题，形成必备的知识基础，培养关键能力，发展学生科学思维。

通过变式或迁移拓展训练，学生思维活动从低阶到高阶，克服思维定式的影响，学生的探索意识与物理思维迁移能力得到培养，提升了物理学科素养。

三、多题归一

教学常常会发现许多物理问题，虽然题目的物理情境、研究对象完全不同，但是其涉及的物理方法、思维方法或物理模型的本质是相同的。如果学生在经历了物理问题解决的过程后，对这些"型异质同"或"型近质同"的物理问题有机会反思，抓住其本质，总结出其中的一般规律，会促进思维向深刻性和灵活性方向发展——多题归一的物理问题解决教学策略。

【问题1】 人用绳子通过定滑轮拉物体 A，A 穿在光滑的竖直杆上，当以速度 v_0 匀速地拉绳使物体 A 到达如图 10-12 所示位置时，绳与竖直杆的夹角为 θ，则物体 A 实际运动的速度是（　　）

A. $v_0 \sin \theta$　　　　　B. $\dfrac{v_0}{\sin \theta}$　　　　　C. $v_0 \cos \theta$　　　　　D. $\dfrac{v_0}{\cos \theta}$

分析：由运动的合成与分解可知，物体 A 参与了两个分运动，一个是沿着与它相连接的绳子的运动，速度是 v_0，另一个是垂直于绳子向上的运动 v'，而物体 A 实际运动轨迹是沿着杆竖直向上的，速度是 v，这一轨迹所对应的运动就是物体 A 的合运动，它们之间的关系如图 10-13 所示，由三角函数可得答案是 D。

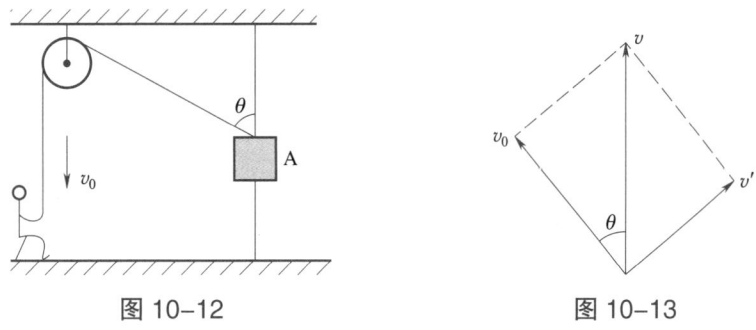

图 10-12　　　　　　　　　　　　　　图 10-13

【问题2】 如图 10-14 所示，人沿平直的河岸以速度 v 行走，且通过不可伸长的绳拖船，船沿绳的方向行进，此过程中绳始终与水面平行，当绳与河岸的夹角为 α 时，船的速率为（　　）

A. $v \sin \alpha$　　　　　　　　　　　　B. $\dfrac{v}{\sin \alpha}$

C. $v \cos \alpha$　　　　　　　　　　　　D. $\dfrac{v}{\cos \alpha}$

分析:如图 10-15 所示,人的运动分解为沿绳子和垂直于绳子两个方向的分运动,即可得到船的速率,答案为 C。

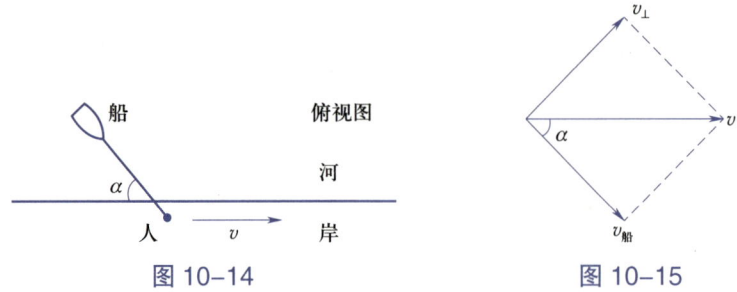

图 10-14   图 10-15

【问题 3】 如图 10-16 所示,已知 $h=2$ m,小船以 $v=4$ m/s 的速度匀速向左运动,并拉动岸上的车,当船经图中的 A 点时,绳与水平方向的夹角为 $\theta=60°$,当船经过图中 B 点时,绳子与水平方向的夹角 $\theta'=30°$,求该过程车的速度变化了多少?

分析:船的速度为水平方向,将其分解为沿绳子方向的 v_1 和垂直于绳子方向的 v_2,如图 10-17 所示。在 A 点时,$v_A=v\cos\theta=4\cos30°$ m/s$=2\sqrt{3}$ m/s,在 B 点时,$v_B=2$ m/s,则车的速度变化为 $\Delta v=2(\sqrt{3}-1)$ m/s。

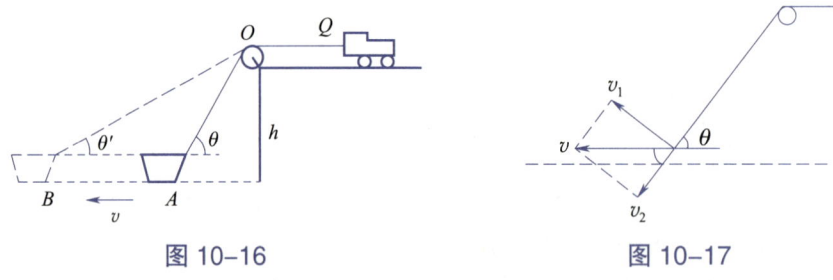

图 10-16   图 10-17

上述问题都是关于区分合运动(实际运动)和分运动的物理问题,解决问题的核心在于对速度进行正确分解。通过现象类比,引导学生在不同的物理现象中寻找出了共同的规律,从而培养学生透过物理现象寻找物理本质的能力。

有的物理问题,如果用常规方法解决,计算过程繁复,学生不易理解,也容易出错误,但是转换思维,学生会觉得豁然开朗。我们这里列举一种常见的数学思维方法——类比法,是多题归一的另一种形式。

类比法是用学生易于理解的旧知识,帮助学生在新的情境中找到解决问题的方法,同时学生更易理解解题方法。

【问题 4】 如图 10-18 所示,在一倾角为 θ 斜面的顶端,以初速度 v_0 将一小球沿水平方向抛出,小球最终落在斜面上,已知重力加速度为 g。求:

① 小球从抛出到离斜面最远位置时的时间;

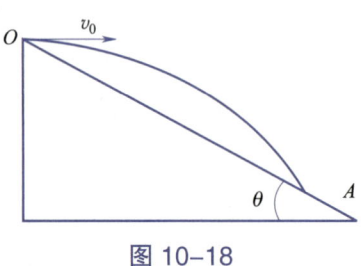

图 10-18

② 小球从抛出到离斜面最远的距离。

分析：此题表面上看是平抛运动，但根据求解的问题，如果利用平抛运动规律，学生难以想象和理解。如果换个角度，将斜面看成是水平地面，则此运动与斜抛运动类似，小球在垂直于斜面的分运动速度减为零时，离斜面距离最远。小球的运动同时可分解为沿斜面向下的分运动。小球所受的重力加速度也分解为沿斜面向下和垂直于斜面向下两个方向。则垂直斜面向上的运动是初速度为 $v_0 \sin \theta$、加速度为 $g \cos \theta$ 的匀减速运动。沿斜面方向是初速度为 $v_0 \cos \theta$、加速度为 $g \sin \theta$ 的匀加速运动，则题目迎刃而解。

通过已经掌握的运动模型和规律，分析彼此的相似点和不同点，让学生自己找到解决问题的办法，这是对所学知识灵活应用的体现，类比的教学策略可以很好地深化学生对某种模型建构的理解。同时，教师通过引导学生反思教学过程中使用的模型类比，可以开阔学生视野，培养学生灵活地、创造性地解决问题的能力。

在日常物理问题解决教学中，除了上述三种常用的方法，还有等效替代法、理想模型化方法、隔离分析法、微元法、临界分析法等方法。需要注意的是，教师一定要有计划地设计有限数量的典型物理问题，并在引导学生解决问题的过程中充分挖掘其中蕴含的科学思维、科学探究等核心素养育人价值，有意识地不断深化引导学生的思维向批判性、敏捷性、灵活性和创造性方向发展，从而促使学生解决实际问题的能力不断增强。

四、大概念统领下的物理问题解决教学

学生在新课学习和课堂练习过程中，学习了大量繁杂、琐碎的知识、方法和技能，教师能不能通过统筹规划物理问题教学，帮助学生把这些碎片化的知识结构化、思维清晰化呢？实践表明，大概念统领下的物理问题解决课是一种效果不错的策略。

学科大概念是基于学科事实和经验，对某学科内概念、原理、规律之间的关系进行抽象概括和深度提炼而形成的少数关键概念，是处于学科高阶层次、指向学科本质的核心概念。大概念物理问题解决课，强调基于核心概念规划物理单元间和单元内的不同物理问题解决课，使之能上下有效衔接、相互关联，促使学生形成对学科核心大概念的整体掌握与深度理解。因此，教师在进行单元教学设计时，应统筹考虑教学单元凸显的核心概念与单元内各节知识间的关联与映射，在对单元知识进行深度凝练与整合的基础上，同步建构与设计体现本单元核心概念的物理问题解决课，使每节习题课都能围绕单元中心主题展开教学，构成有主题、有灵魂的问题解决课。

如图 10-19，兰州市第六十一中学吴建鹏老师提出了大概念统领下高中物理问题解决课教学建构与设计策略。

以"牛顿运动定律在力学系统中应用"为例，进行大概念统领物理问题解决的教学设计框架，如图 10-20 所示。以"运动与相互作用"的学科大概念为核心，建构大概念问题解决课。

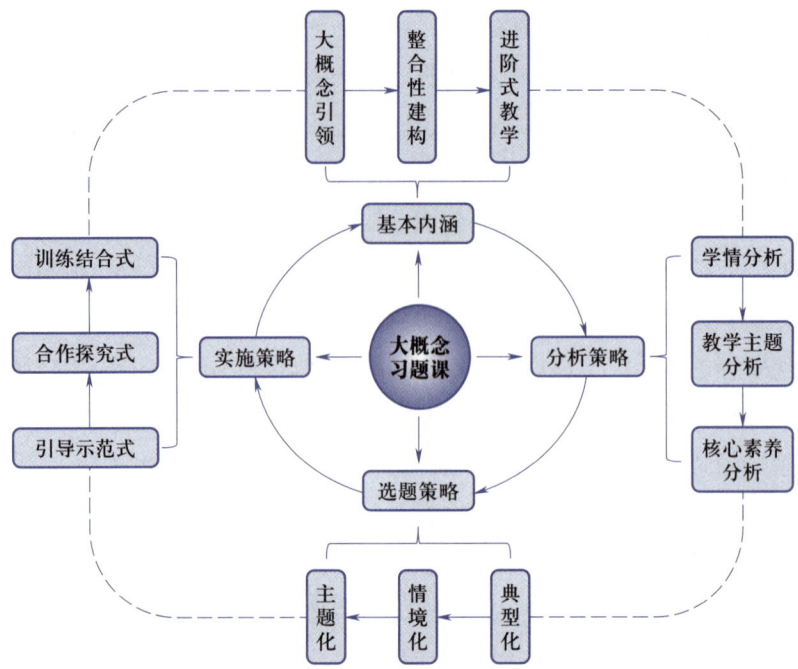

图 10-19　大概念引领下的高中物理问题解决课教学建构与设计策略

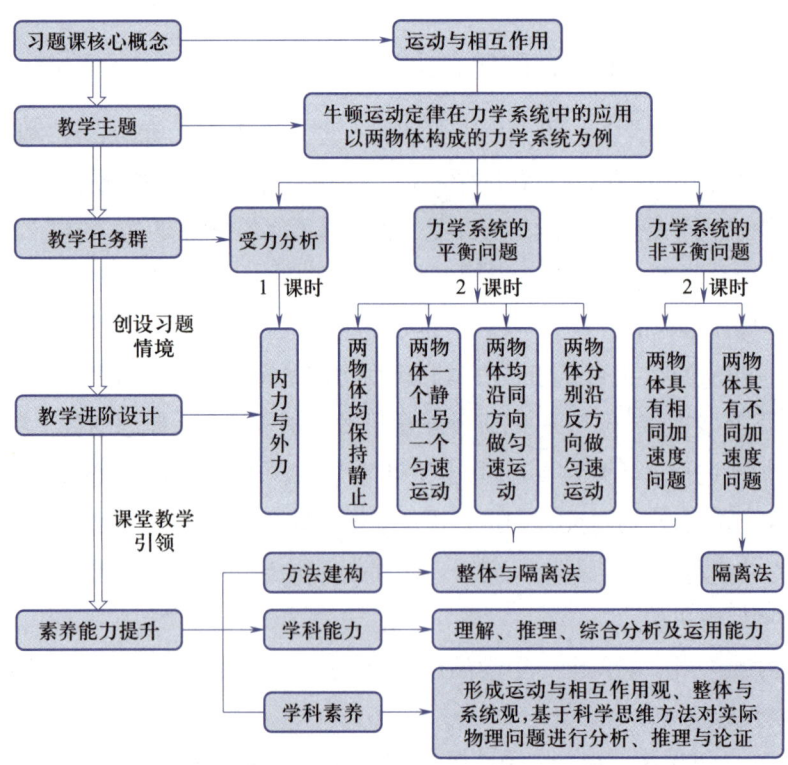

图 10-20　大概念统领物理问题解决的教学设计框架示例

以"牛顿运动定律在两物体构成的力学系统中的应用"为教学主题,设计教学任务群:力学系统的受力分析问题、平衡问题和非平衡问题。基于学习进阶开展教学设计,从力学系统的平衡问题出发,设计六类物理问题:① 两物体均保持静止;② 两物体一个静止另一个匀速运动;③ 两物体均沿同方向做匀速运动;④ 两物体分别沿反方向做匀速运动;进一步过渡到力学系统的非平衡问题,再设计两类物理问题;⑤ 两物体具有相同加速度问题;⑥ 两物体具有不同加速度问题。通过创设恰当的物理问题解决情境和有效的课堂教学活动,引领学生在问题解决过程中形成运动与相互作用观,整体与系统观,基于科学思维方法对实际物理问题进行分析、推理、论证及综合运用的能力和素养。

本节介绍了物理问题解决课从具体和整体层面的几种方法,希望能起到抛砖引玉的作用,促使同学们思考物理问题解决课在培养学生核心素养中所起到的作用。

10-1
认知视角下物理问题解决的
教学策略研究

请你回想一下,你在高中物理习题课学习经历中有没有特别有成就感和特别沮丧的事情?这件事情对你今后成为物理教师,进行物理问题解决课的教学有何意义?请分享一下。

1. 为什么物理问题解决相较于物理习题课更有利于培养学生的物理学科核心素养?请谈谈你的观点。

2. 针对中学生解决物理问题的一般程序,教师应如何进行教学设计?

3. 请你谈谈教师进行物理问题解决课型设计应注意哪些问题。

4. 为使学生的科学思维向深刻性、灵活性、批判性和创新性发展,物理教师在物理问题解决课中可以采用哪些方法?你还有补充方法吗?

学习导航

中学物理实验教学

- 中学物理实验教学的概念、作用和类型
  - 中学物理实验教学的概念
  - 中学物理实验教学的作用
  - 中学物理实验教学的类型
- 中学物理实验内容、方法与能力
  - 物理课程标准中的学生必做实验
  - 中学物理实验的常见方法
  - 物理实验能力
- 数字化中学物理实验教学
  - 中学物理DIS数字化实验系统
  - 中学物理仿真(模拟)实验
  - 基于传感器的智能手机物理实验应用软件
  - 虚拟现实技术在中学物理实验教学中的应用
  - 数码设备在物理实验中的应用

问题驱动

1. 中学物理教学实验与一般的物理科学实验有什么区别?
2. 中学物理教学实验有哪些类型,你认为哪种类型更好?
3. 如何看待数字化物理实验的利弊?
4. 怎样才能更好地使用实验教学促进学生的学习?

1. 了解中学物理实验教学的概念、作用和类型及其特点。

2. 了解中学物理实验的主要内容、掌握中学物理实验常见的物理方法和基本实验能力。

3. 了解和掌握数字化物理实验。

4. 掌握中学物理实验促进学生物理学习的一般方法和注意事项。

物理学是一门以实验为基础的科学,因此,物理教学必须以观察与实验为基础。实验不仅是物理教学内容的重要组成部分,而且它本身就是物理学不可分割的核心要素。实验教学是物理教学不可或缺的一环。它不仅是学生获取知识的重要途径,还是提升学生动手实践和问题解决能力的有力保障。

第一节 中学物理实验教学的概念、作用和类型

中学物理实验教学是中学物理教学的基本形式之一，它可以分为多种类型，对于提高学生的学习兴趣、帮助学生感知物理现象、认识理解物理概念和掌握物理规律与物理方法、提升物理实验能力及解决物理问题的综合能力都有着重要的作用。

一、中学物理实验教学的概念

物理实验是根据一定的研究目的，运用科学仪器、设备，人为地控制、创造或纯化某些物理过程，使之按预期的进程发展；同时，在尽可能减少干扰的情况下进行定性或定量观察和研究，以探求物理现象、物理过程变化规律的一种科学活动。物理实验是检验物理学理论是否正确的标准。

物理学的学习过程就是通过实验，观察实验现象，测定相关数据后，并将数据进行整理、分析和研究，从而找出规律获取知识的过程。物理学中的一些假设或者推导出的理论也需要经过实验去验证。物理课程标准明确提出，要加强学生实验能力的培养，要让学生通过观察物理现象，总结物理原理。同时，通过物理实验还能够加深学生对物理知识的理解，帮助学生初步了解物理学的研究方法，培养严谨的科学态度。因此，中学物理实验教学是提高中学物理教学质量的重要环节。

首先，中学物理实验是中学物理教学的重要基础。物理实验有助于学生在实验中理解物理知识，令物理知识具体化，还能够加深学生对物理知识的记忆。通过实验，学生自己观察现象，推出结论，在很大程度上体现了学生学习的主观能动性，同时还掌握了相关的实验知识和实验方法，培养了实验技能和实践能力。

其次，中学物理实验是中学物理教学的重要内容。实验内容在物理教材中占有相当大的比重，从发展趋势看，物理实验占有的比重会越来越大。离开了物理实验，物理课程就是照本宣科，这样的物理教学是枯燥无味并难以理解的，久而久之就会使学生失去兴趣。因此，从激发学生的学习兴趣方面来看，物理实验也是非常重要的教学内容。

最后，中学物理实验是中学物理教学的重要方法。绝大多数物理学理论都是通过实验进行分析推理，并经过实验进行验证而得到的。物理实验不仅能够帮助学生掌握物理知识，还能提高学生的能力。有些难以理解的概念、公式等，都能够通过物理实验解决。物理实验还具有形象生动的特点，容易激发学生的学习兴趣。物理实验从感性到理性，从具体到抽象，从简单到复杂，都符合学生的认识规律。因此，中学物理实验是中学物理教学过程中不可缺少的重要手段。

物理实验是物理教学内容的重要组成部分,人们把教学内容以物理实验为主的教学称为物理实验教学,把其中用到的实验称为教学实验。广义的中学物理实验教学,是指中学物理教学领域中所有关于实验的教学,它既包含中学物理各种教学形式中的实验教学,也包含专门的实验课。

二、中学物理实验教学的作用

中学物理实验教学是中学物理教学的重要形式和方法,是物理教学的有机组成部分,无论从物理教学的目的、任务还是物理学科的特点等方面考虑,物理实验教学都占据极其重要的地位,对提高物理教学质量以及培养高质量创新型人才都具有十分重要的作用。

(一)促进学生物理核心素养发展

按照新版课程标准,物理课程要培养的学生核心素养主要包括四个方面:物理观念、科学思维、科学探究、科学态度与责任。中学物理实验教学对促进学生核心素养发展有重要的作用。

"物理观念"是物理概念和规律等在头脑中的提炼与升华,是从物理学视角解释自然现象和解决实际问题的基础。实验教学可以激活学生思维,帮助他们排除一些非本质、片面、偶然的因素,对某一类物理现象具有的共同属性和遵循的规则加以总结与归纳,从而形成概念和规律。在这个过程中,学生形成了物理观念。

"科学思维"是物理学科核心素养的核心,思维能力是各种能力的核心。在实验教学中通过各种形式的实验可以引导和启发学生思维,促进学生思维发展;通过探索性实验培养学生的探索精神和创造能力。实验是学生认识客观事物的本质属性、内在规律及相互关系最有效的方式,是学生基于直接或间接经验构建物理模型的过程。在实验过程中一定会使用分析综合、推理论证的方法,要收集实验数据,并且基于实验数据进行必要的科学推理,得到结论并对结论进行检验、质疑和批判。可以说,实验过程就是科学思维一直进行的过程。

"科学探究"是指基于观察和实验提出物理问题、形成猜想和假设、设计实验与制订方案、获取和处理信息、基于证据得出结论并作出解释,以及对科学探究过程和结果进行交流、评估、反思的能力。可以说,实验是"天然"就和科学探究相关,实验的过程就是科学探究的过程。

就"科学态度与责任"而言,通过实验可以逐步养成严格遵守实验操作规程的习惯,树立尊重科学实事求是的态度和形成正确的辩证唯物主义的观点。通过实验还可以有效克服实验神秘心理、胆怯畏惧心理和依赖心理等,逐步培养学生对实验研究的兴趣、耐心、细心和恒心。实验要求学生善始善终,具有不怕挫折、坚韧不拔的科学精神,从而做到陶冶情操、锻炼性格、培养良好的科学作风和态度，进而能正确认识科学、技术、社会、环境之间的关系，积极主动地去探索自然、探索物理世界运行的规律，形成推动环境和社会持续发展的责任感。

（二）促进认知发展，帮助学生理解概念规律

从认识论的角度来看，实验在人们认知物理事实和规律的过程中起着非常重要的作用。现代心理学认为，人们的心理过程是由认知过程、情感过程和意志过程所构成的，而认知过程指人脑通过感觉、知觉、记忆、思维、想象等形式反映客观对象的性质及对象间关系的过程。

物理实验及其动手操作过程中的观察、实验、思考、讨论、分析等丰富实践和思维活动，给中学生提供了足够的生动、形象、直观、富有启发性的感性材料，使抽象的物理过程具体化、形象化，有助于加深学生对物理知识的理解。在物理实验教学过程中，一个极其重要的问题就是要突出现象和过程的物理本质。要尽可能地减少干扰因素，突出本质因素，在精心设计实验、积极创设问题情境的基础上，利用实验充分发挥学生学习的主体作用，帮助学生发现并理解概念、规律的实质。

实验能暴露新的实验事实与学生原有认知结构的矛盾，从而有效激发学生的认知冲突，为他们深入思考物理现象内在的本质规律打下必要的认识基础。

（三）提高学生学习兴趣，激发物理学习动机

中学生正处在体力、智力迅速成长的阶段，他们精力充沛、求知欲强、思维敏捷、易于接受新鲜事物，好奇、好动、好学，对一切未知的事物都感到新奇，总想弄个水落石出。"兴趣是最好老师"，兴趣是产生学习动机的重要条件，学生只有对学习的对象发生了兴趣，才能提高学习的积极性、主动性和创造性。物理实验具有直观、真实、形象和生动的特点，能激发矛盾，使学生注意力集中。实验是一种直观具体、形象生动的教学形式，符合中学生的心理特点和认知规律。利用新奇、有趣的实验可以在激发学生兴趣的同时，培养学生的观察能力。

实验课增加了学生的动手机会，增加了学生的主动性。学生通过亲自动手做实验，能体会到"发现"和"获得成功"的快乐。让学生亲身参与到实验中去，唤起他们的直接兴趣，能为学生积极主动地获取知识创造条件。这样做可以满足学生动手操作的愿望，使学生在实验中不断体会和尝到"发现"和"克服困难解决问题获得成功"的喜悦，从而提高兴趣、增强信心、增强学习的欲望，进而转化为一种热爱科学的素质和志向。同时，实验能提供丰富的感性材料，调动学生的积极性，培养学生学习物理的兴趣，主动求知，形成良好的学习动机，并帮助学生突破难点，更好地理解和掌握物理概念及规律。

（四）丰富和优化学生物理学习情境

学生获得必要的感性认识是形成概念、掌握规律的基础,而实验可以提供精心选择和经过简化了的感性材料,它能使学生对物理事实获得明确、具体的认识。在物理实验教学中,教师可以充分利用物理实验创设问题情境,让学生进入新奇的实验环境之中,带着疑问主动探索新知识、获取新知识。

物理概念和规律都是从大量的具体事例中抽象出来的。教师应重视学生的感性认识,使学生通过对物理现象、过程获得必要的感性认识。这种感性认识可以来源于学生的生活,也可以来源于实验提供的物理事实。教师可以选择与学生生活联系密切的素材用于教学,把与学生的生活密切相关的事物引入物理实验课,增加学生对物理课的亲切感。

在教学中使用实验教学,创设良好的学习环境,既能活跃教学气氛,又能促进学生的思维活化,有利于提高课堂效率。

（五）培养学生观察能力和动手能力

通过阅读实验资料、操作实验仪器、观察实验现象、分析实验结果等活动,使学生的阅读能力、观察能力和操作技能等得到锻炼,并使学生的实践技能以及创造能力得到发展。在实验过程中,学生常需要通过眼、耳、鼻、舌、身去感知研究对象的变化,还需要感官、肢体和大脑之间的相互配合,从而提高动手操作能力。学生需要根据问题的需要选择合适的仪器设备以设计最优实验方案,在收集和处理实验数据时,要学会使用数据统计和分析方法,从而培养问题解决能力。学生还需要和同学、教师讨论有关实验中所遇到的问题,从而培养思维能力和口头语言表达能力。实验后,学生需要完成实验报告,可以培养书面表达能力。在实验过程中,学生从感性认识上升到理性认识的思维能力和运用所学知识分析和解决问题的能力无疑都会得到培养和提高。

三、中学物理实验教学的类型

一切以实验为主题的课程统称为实验课。中学物理实验教学中涉及的物理实验比较多,不同类型实验的教学目的也不同。依据教师和学生在中学物理实验教学中所起的作用,中学物理实验教学通常分为四大类:物理演示实验教学、学生分组实验教学、学生边学边实验教学以及课外实验与小制作教学。

（一）物理演示实验教学

演示实验教学是指以教师为主要操作者的示范实验教学,以教师演示为中心,学生观察为特点。其主要目的是帮助学生建立物理概念、探索和理解物理规律。

物理学科的特殊性决定了物理教学过程中,教师必须经常在课堂上为学生做各种各样的演示性实验,使学生获得对物理现象的感性认识。通过示范把要研究的物理现象展现在学生面前,引导学生观察、思考,帮助学生学习有关物理知识,完成教学任务。演示实验教学的主要作用是:直观形象地为学生提供感性认识,帮助学生形成物理概念,理解物理现象;帮助学生加深对讲授内容的理解,巩固记忆,激发兴趣,诱导思考,纠正错误观念,建立正确的物理图像;培养学生的观察能力、思维能力和科学的思维方法,提高学生发现、分析和解决问题的能力。

中学物理演示实验分为以下三类。

1. 验证性演示实验

要求学生检验物理规律和理论预言、期望的物理现象、特征及其变化是否确实存在,并对引起变化的原因进行分析,返回来再判断和证实物理规律、理论的正确性。如"法拉第圆筒实验"就是用来验证处于静电平衡状态下带电导体的特点及规律的演示实验。

2. 应用性演示实验

此类实验一方面是指基本测量仪器的使用、基本实验技能的训练以及物理量的测量等,另一方面指让学生了解理论知识在实践中的具体应用,以及如何运用学过的知识解决实际问题等。如用光导纤维进行光通信的演示实验,就是使学生了解全反射等原理在实际生活中是如何应用的。

3. 探索性演示实验

此类实验要求学生根据实验现象的特征和变化规律,分析其变化的原因,在原有认知结构的基础上进行猜测、联想、归纳等思维活动,以探索支配该现象和变化的客观规律,从而形成新的认知结构。此类实验对思维活动水平要求较高,有利于发展学生的知识迁移能力和创造性思维能力,也有利于学生掌握物理学科的研究方法,培养对物理学的兴趣。如"电荷间的相互作用"就是探索性演示实验。

中学物理演示实验教学的实施过程可以分三个阶段。

(1)准备阶段。向学生说明演示实验的目的,介绍实验所用的仪器、设备以及实验的原理,安装好实验装置。

(2)操作阶段。教师在课堂上操作演示实验,一定要注意演示和讲解相结合。教师既要指导学生对物理现象和物理过程进行有效的观察,还要引导学生积极正确的思维,把实验现象和理性思维有机的结合,从中分析确定事物之间的因果联系。

(3)总结阶段。演示实验结束后,教师要引导学生认真总结,强化回忆观察到的物理现象和过程,引导学生思维,对现象进行分析,从中得出正确的结论。

在演示实验的指导上教师要做到:边讲、边做、边画、边写,增强学生观察的目的性和针对性。演示实验必须做到讲、做、画、写的良好协同,才能发挥演示的应有作用。在演示实验的仪器设置上要做到前低后高、主体突出、对比强烈、现象明显。例如用磁性板或接插件将实验装置竖立在示教板上；借助摄像头将实验中学生很难看清的部分或指示的刻度放大显示在屏幕上；让运动的观察对象面对学生左右运动或上下运动，避免前后运动等，均是从实验的设置上利于学生观察的可取措施。

中学物理演示实验教学须满足以下要求：有明确的目的；明显而直观；安全可靠，确保成功；对学生有启发性；配合讲解引导学生观察思考。

（二）学生分组实验教学

学生分组实验教学是指学生在教师指导下，利用整节课的时间在实验室里分组进行实验的教学形式。学生分组实验一般是在教师指导下，学生分组独立完成实验，学生会经历一个比较全面和完整的实验过程，需要综合运用所学知识、多种能力和技能，需要小组成员之间的协调和配合。这种实验要求学生自己动手使用仪器、观察测量、记录数据、分析数据、得出结论。因此，学生分组实验是培养学生良好综合能力的重要环节。学生分组实验主要突出实验研究的探索方法，侧重学生对实验技能的训练，实验过程中要注意实验安全。

1. 学生分组实验的类型

学生分组实验是学生亲自动手选择和使用仪器，观察测量，取得资料数据，并亲自分析总结的过程；是学生学习物理知识，培养实验技能和良好品德素质的重要环节。从教学目的的侧重点来划分，学生分组实验大体上可以分为以下五类。

（1）基本仪器使用和装配技术训练性实验。此类实验的目的是学会正确、熟练地使用有关仪器、仪表和量具等，理解它们的原理、构造、性能、特点和用途，并掌握基本仪器的装配要求和技术。

此类实验着重培养学生使用仪器的技巧，对学生来说属于模仿性学习，因而具有强制性。譬如，要学会正确使用仪器，要严格遵守安全操作规则等。教师应认真做好示范，一丝不苟地要求学生学会。例如，安培表、伏特表和电流表要注意电表上的符号和量程，使用后若预先估计不出电流强度或电压的大概值，则应先使用大量程；连接导线时，要注意电表的正负接线柱，不能接错，接通电路时应手持电键，眼看仪表，等等。

（2）测定物理量和常数的实验。此类实验主要用来测定物质的某些特性，或测量某些物理量或者物理常数。实验时必须弄清楚测定的是什么物理量，弄懂实验原理，包括计算公式及先测量哪些物理量，了解所用仪器、量具的精密度，根据仪器、量具的刻度，记录到最小刻度的数值，还要估计到最小刻度后一位数，按有效数字的准则记录数据，弄清实验误差和错误的区别、系统误差和偶然误差的区别，以及绝对误差和相对误差与实验准确度的关系等。

此类实验往往用图线处理数据，形象地表示出一个量随另一个量变化的关系，便利于找到表达它们之间关系的公式,而且可以不经计算和实验测定,迅速查得两个量的对应值。例如,用安培表和伏特表测定电池的电动势和内阻实验。

（3）验证性实验。此类实验是实验者针对已知的实验结果而进行的以验证实验结果、巩固和加强有关知识内容、培养实验操作能力、掌握实验原理为目的重复性实验活动。通过实验可以使学生验证、检验研究对象的已知属性、特征以及与其他因素的关系;巩固习得的物理知识;培养学生的观察和操作能力以及科学思维能力。这种实验过程中并不能产生很多的新知识,而更注重习得知识的巩固和提高并锻炼实验技能。由于实验设计是教师给出、教材已有的,实验验证的结果已知且实验结论固定,所以具有统一性、唯一性,学生对实验内容、结果的好奇减弱。验证性实验表现在学习方式上是验证实验的结果,巩固所学概念、规律,被动接受式的学习,学习形式相对单一。

（4）科学实践性实验。科学实践强调学以致用,用以解决生产生活中的科学实践问题,有利于巩固所学物理知识,培养实验技能,把所学知识运用到实际中。如"安装简单的照明电路""组装显微镜、望远镜模型""晶体管收音机的安装和调试"等。此类实验突出了理论联系实际,极大地调动了学生的学习积极性。

（5）探究性实验。探究性实验是指需要学生通过亲自进行实验观测、探索与研究,总结出物理规律的学生实验,用以培养学生自主、合作创新能力的科学素养。这种实验形式,不是让学生用实验来验证已经知道的物理知识,而是让学生通过分析研究观测结果得出结论。学生自己以实验的手段解开了科学之谜,激发求知欲,调动积极性和主动性,培养向科学进军的独立工作能力和创造能力,领会研究自然科学的一般方法。这是一种对学生实验素养要求较高的实验教学形式。

2. 学生分组实验教学的特点、目的和程序

（1）学生分组实验的特点:学生分组实验以学生个别独立操作为主,在实验中教师的作用主要是指导而不能代替和包办;学生分组实验可以使学生经过一个比较完整的实验过程的训练;学生分组实验多以定量研究为主。

（2）学生分组实验的目的:培养学生自主学习的良好习惯和能力;帮助学生掌握常用基本仪器的构造、原理和正确的使用方法;对学生进行基本实验操作训练,培养学生的实验技能;帮助学生学会正确的观察、测量和记录数据;帮助学生了解误差的概念,并学会初步分析和处理实验数据;帮助学生学会写实验报告。

（3）学生分组实验的程序:准备阶段、操作阶段和总结阶段。

准备阶段:学生明确实验目的,理解实验原理、方法、认识实验仪器、做好实验操作与记录准备。

操作阶段:是学生把实验方案变成实践的阶段,学生亲自在实验室进行实验。这个阶段学生的主要任务是安装和调试实验仪器、控制实验条件变化、观察测量、记录数据等。

总结阶段:是把具体实验结果提高到理性认识的重要阶段。学生的主要任务是分析并处理实验数据,得出实验结论,完成实验报告。教师在这个阶段要注意教育学生尊重实验客观事实,培养学生实事求是的科学态度和作风,培养学生分析处理实验数据和归纳实验结论的能力。

(三)学生边学边实验教学

学生边学边实验教学是指学生在教师指导下,一边学习一边进行实验的教学组织形式。教师可以一边讲授(包括演示),一边指导学生做有关实验,从而使学生学习一定的知识和技能;让学生通过动眼、动脑、动手、动口进行学习,使各种感官受到刺激,能延长学生的有意注意时间,促使大脑对各感官传输的信息进行综合分析,进而提高课堂教学的思维密度。它是一种低容量高思维密度的教学组织形式。

边学边实验是一种高效轻负的中学物理教学活动。边学边实验所需的仪器大多可以通过发动师生因陋就简自制。其形式可以根据教材、学生以及器材的实际情况,采用多种方式进行。它可以安排在新课的开始,作为新课的设疑引学,起到激发学习兴趣的作用;也可以安排在新课的教学过程中,用来建立物理概念或得出物理规律,作为学生辨疑解难的一种手段,起到启发、帮助学生理解概念,解决疑难问题的作用;还可以安排在下课前的几分钟,作为复习巩固之桥梁。

边学边实验是一个比较新的实验类型,它和演示实验的显著区别是:演示实验主要由教师进行实验操作,学生观察教师所做的实验现象和过程;而学生边学边实验则是由学生亲自进行操作的实验。因此,这类实验更能发挥学生学习的主动性和积极性,更能激发学生的学习兴趣,也有助于培养学生的物理实验能力,能够起到演示实验与学生分组实验的综合作用。

1. 学生边学边实验的特点

(1)学生边学边实验与教师的讲解密切配合,实验穿插在课堂教学过程中,不仅可以为学生随时提供感性认识,还有助于教师在课堂上变换教学方式,调节课堂气氛。

(2)学生边学边实验可以根据教学实验的需要设置,可选择不同性质实验、一个或系列小实验、系列阶段实验,时间可由几分钟至几十分钟不等。

(3)组织形式多样,分组人数多样、教学地点多样化、仪器选择多样化。即实验与教师的讲授和学生的自学、讨论结合组成"边教边实验"或"边学边实验"。

(4)学生边学边实验一般以定性研究为主,对实验仪器和实验条件无严格要求。

2. 学生边学边实验的教学功能

(1)让学生通过自己动手来学习知识,而不只是看教师演示,有助于发挥学生的主动性,有利于克服课堂教学"满堂灌"的现象。

（2）在实验教学的间隙穿插教师的启发、引导、讲解或教师与学生以及学生与学生的讨论，在这种教学环境中，有利于扩大课堂内师生的信息交流，在教师的主导作用下，发挥学生的主体作用。

（3）由于这类实验教学可以增加学生实验在教学中的比重，因此可以提供更多的机会训练学生的实验技能，促进学生掌握科学方法。

3. 学生边学边实验的程序

（1）教师提出问题，引导学生寻求解决途径。

（2）教师讲解实验注意事项或对主要器材的使用进行示范性操作。

（3）学生动手实验，观察现象，分析思考，记录数据。

（4）处理数据，得出结论。

（5）应用练习。

4. 边学边实验教学的注意事项

（1）要恰当地选择学生边学边实验教学的内容，根据中学物理课程标准的具体要求，安排边学边实验的内容。对器材要求不是很高的演示实验，可以改为学生边学边实验。

（2）要想方设法地准备学生边学边实验教学的仪器。它是一种上课形式的学生实验，一般要求两个学生用一套实验仪器。仪器不宜复杂，操作技能要求不宜过高，实验规模不宜过大，一次实验所用仪器数量不宜过多，实验时间不宜过长，实验安全要有保证。

（3）充分发挥学生的主观能动性，要敢于放手让学生去看、去想、去做、去说，尽量让学生提出问题，大胆猜想，设计实验方案和进行实验。教师的主要工作是巡视、集疑、布疑，对个别学生进行适当辅导，对难点、重要的概念、分歧大的问题，组织学生讨论，在适当的地方，教师给予必要的点拨，帮助学生步步深入。

（四）课外实验与小制作教学

课外实验与小制作教学是指物理教师根据教学实际和要求，给学生布置实验或小制作任务，让学生在课外自己找仪器材料，自己设计并独立完成的实验教学形式。其具体形式可以是教师或学生个体、小组的实验研究活动，也可以是特定时间进行的科技创新活动，还可以是课外的个别辅导。

1. 课外实验的类型及要求

（1）以学生观察体验为主的课外实验。

学习物理要注重实验，通过实验可以调动学生的学习兴趣，但是仅靠课堂上教师的演示实验是远远不够的。组织课外物理兴趣小组活动，引导学生观察自然界和生活中的一些现象，并让他们做一些观察记录，用所学的物理知识去解释现象发生的原因，让学生学以致用是很有必要的。比如观察太阳光射到三棱镜的散射现象、观察肥皂膜上的彩色条纹、观察公园喷水灌溉装置,等等。学生可以去科研场所了解科技人员的研发工作,去工厂、电站等地,还可以在各类科技馆和游乐场体验一些关于物理的活动,在愉快的活动中,感知物理、理解物理。

（2）以教材内容拓展或补充为主的课外实验。

教师在完成某物理知识教学后,通过指导学生做一做教材补充的课外实验,不仅能活跃学生的学习气氛,而且能帮助学生巩固所学的知识,活学活用所学的知识,提高学生的动手操作能力,帮助学生认识到物理与生产生活的联系,物理有趣也有用。例如,学完"摩擦力"一节,可以让学生拿一双普通鞋子和一双防滑鞋设计一个对比实验。

（3）以课题研究为主的课外实验。

有些研究型的小课题,可以让学生在研究型课外实验中掌握物理知识和规律,学会科学的实验方法,经历研究的过程。例如,让学生来估测家里用的电风扇不同挡位的风力大小,帮助学生在问题解决中深化对物理知识的理解和认识。

（4）以制作作品为主的课外实验。

这类课外实验要求比较高,需要教师在实验原理、器材选择、制作过程中都给予学生必要的指导,鼓励学生完成作品制作。例如学习形变的时候可以让学生利用酒瓶和细长管子设计制作一个简单装置来显示酒瓶的微小形变。这种低成本物理实验有利于增强学生理解掌握物理理论知识,易于激发学生学习兴趣。生活中常见的废旧物品或玩具,经简单加工、改造,用来做物理实验,学生感到亲切、自然,易于激起学生学习物理的兴趣,大大激发了学生求知的欲望。于是很自然地把实验与教材中的概念、理论联系起来,达到消化、理解的目的,起到"寓教于乐"的作用;可以突出物理现象本质,为学生创设理解、掌握知识的学习情境;可以拓宽实验教学内容,从而促使学生进一步了解、掌握所学知识,达到丰富教学内容的效果。

2. 课外实验教学的主要作用

第一,加深学生对课内知识的理解和巩固。

第二,开阔学生视野,丰富学生的知识储备。

第三,提高学生学习兴趣,发展学生个性。

第四,培养劳动观点和团队协作精神。

3. 需要注意的问题

（1）必须有明确的教学目标,做到有的放矢,明确应该培养学生哪一方面的能力或哪几个方面的能力。课外实验至少应具备以下培养目标:帮助学生加深、拓宽、理解丰富教学内容;培养学生应用已学知识解决实际问题的能力,让学生体会从物理走向生活、走向社会;培养学生严谨的科学态度和科学精神;培养学生对生活和实验的观察能力;帮助学生将书本上的理论与生活实践相结合,强化在物理教学和培养学生科学素养方面的作用;通过课外实验培养学生的创新意识进而形成创新能力。

（2）物理实验活动对学生各种能力的训练不是一蹴而就的，对学生各方面能力的训练应该有阶梯性，从低到高，由易及难，循序渐进。刚开始可以开展观察类实验和操作较简单的物理实验，教师带领学生一起做研究小课题，待学生各方面能力提高到一定程度，再进行设计性物理实验教学。

（3）课题选择应遵循以下原则：符合所教学生的认知结构水平，可适当拓宽和补充，不建议补充太多，超出学生水平太多；形式新颖、内容有趣、易操作、互动性好、能有效刺激学生的兴奋点；充分发挥学生的自主性，使学生能积极、主动地开展活动；让学生有充足的探索空间。

（4）实验方法要求相对简单，取材方便，所需材料应为日常生活中容易得到的材料，尤其是易得到的一些生活废料，如易拉罐、可乐瓶、硬纸板等。

（5）选题要考虑安全因素，不要涉及一些危险的环节，如用高压线、有毒物质等。

把以上四类课堂教学中的实验按照教师影响程度和学生独立活动量进行对比和排序，如表 11-1 所示。

表 11-1　四类课堂教学实验的教师影响程度与学生独立活动量对比

课堂实验种类	教师影响程度	学生独立活动量
演示实验	大	小
学生分组实验	小	大
边学边实验	中	中
课外实验与小制作	小	大

由此可见，各种实验教学形式都有着自己的优点和存在的问题，我们应当将它们有机地结合起来，取其长处，以取得最佳的教学效果。

第二节　中学物理实验内容、方法与能力

中学物理实验内容是中学物理实验的核心和载体，物理实验方法在学生学习物理的过程中发挥着关键作用，实验能力是学生通过实验教学所最终形成的。在中学物理实验中，有许多实验设计构思十分巧妙，有些实验在物理理论的建立和发展中具有重要的意义，凝聚着科学家的智慧和创造。在实验教学中，教师恰当地向学生介绍和运用这些实验的设计思想、实验方法和技巧，对于学生深刻地领会实验，锻炼创造性思维大有裨益。

一、物理课程标准中的学生必做实验

为强调物理实验在中学物理教学中的重要作用,引导中学物理教学聚焦学生科学探究能力培养,最新版本的初高中物理课程标准中在课程内容部分分别对实验探究和学生必做实验做了详细规定。

(一)《义教课标(2022年版)》关于学生实验探究的要求

《义教课标(2022版)》课程内容的一级主题"实验探究"包含测量类和探究类学生必做实验。这两类学生必做实验相互关联,各有侧重,旨在体现物理课程实践性的特点,培养学生发现问题和提出问题的能力、动手操作和收集数据的能力、分析和处理数据的能力、解释数据的能力、表达和交流的能力,引导学生学会学习、学会合作,培养学生严谨认真、实事求是的科学态度。学生必做实验内容如下。

1. 测量类学生必做实验

(1)用托盘天平测量物体的质量。

(2)测量固体和液体的密度。

(3)用常见温度计测量温度。

(4)用刻度尺测量长度,用表测量时间。

(5)测量物体运动的速度。

(6)用弹簧测力计测量力。

(7)用电流表测量电流。

(8)用电压表测量电压。

(9)用电流表和电压表测量电阻。

2. 探究类学生必做实验

(1)探究水在沸腾前后温度变化的特点。

(2)探究滑动摩擦力大小与哪些因素有关。

(3)探究液体压强与哪些因素有关。

(4)探究浮力大小与哪些因素有关。

(5)探究杠杆的平衡条件。

(6)探究光的反射定律。

(7)探究平面镜成像的特点。

(8)探究凸透镜成像的规律。

(9)探究通电螺线管外部磁场的方向。

(10)探究导体在磁场中运动时产生感应电流的条件。

（11）探究串联电路和并联电路中电流、电压的特点。

（12）探究电流与电压、电阻的关系。

（二）《高中课标（2017 年版 2020 年修订）》关于学生必做实验的要求

《高中课标（2017 年版 2020 年修订）》要求学校应充分利用已有的实验器材，努力开发适合本校情况的实验课程资源，尽可能让学生自己动手多做实验，提升学生的物理学科核心素养。必修及选择性必修课程中的学生必做实验如下。

1. 必修课程的物理实验

必修 1

（1）测量做直线运动物体的瞬时速度。

（2）探究弹簧弹力与形变量的关系。

（3）探究两个互成角度的力的合成规律。

（4）探究加速度与物体受力、物体质量的关系。

必修 2

（5）验证机械能守恒定律。

（6）探究平抛运动的特点。

（7）探究向心力大小与半径、角速度、质量的关系。

必修 3

（8）观察电容器的充、放电现象。

（9）长度的测量及其测量工具的选用。

（10）测量金属丝的电阻率。

（11）用多用电表测量电学中的物理量。

（12）测量电源的电动势和内阻。

2. 选择性必修课程的物理实验

选择性必修 1

（1）验证动量守恒定律。

（2）用单摆测量重力加速度的大小。

（3）测量玻璃的折射率。

（4）用双缝干涉实验测量光的波长。

选择性必修 2

（5）探究影响感应电流方向的因素。

（6）探究变压器原、副线圈电压与匝数的关系。

（7）利用传感器制作简单的自动控制装置。

（8）用油膜法估测油酸分子的大小。

（9）探究等温情况下一定质量气体压强与体积的关系。

二、中学物理实验的常见方法

（一）控制变量法

在物理系统中,影响物理现象表征的物理量往往不止单个因素,多个因素共同作用使相互影响的物理现象或物理量之间的关系难以确定,此时,物理实验中最常用的方法是控制某些对物理现象或待研究的物理量的因素,使其中一个因素产生作用,从而确定因变量和自变量的关系,这种方法叫控制变量。例如,研究加速度、质量和合外力的关系,研究一定量气体的压强、体积、温度之间的关系,验证向心力公式 $F=mr\omega^2$ 等实验均采用了控制变量法。

有时,为了排除某些次要因素及无关因素,也采用控制变量法,这些实验往往采用减少或消除无关因素。如验证牛顿第二定律实验中,使长木板有一个适当的倾斜角以消除摩擦力的影响,验证机械能守恒定律实验中,用质量较大的重锤下落以减少纸带阻力和空气阻力的影响。

（二）转换法

转换法也称间接测量法。在物理实验中,常有一些现象或物理量因不明显或不易观测,采用某些方法或手段转换成可直接观测、效果较明显的物理量,这种方法称为转换法。如电阻测量转换成测电压和电流,冲击摆测弹丸的速度转换成测冲击摆的最大摆角,测重力加速度转换成测摆长与周期,油膜法测分子直径转换成测面积和体积,迈克耳孙利用旋转棱镜法把光在两个山头之间传播所用的时间转换成棱镜转动 1/8 周所用时间来测量,用光的干涉现象中的干涉条纹测量光的波长,等等。可以不夸张地说,转换是物理实验中测量方法的"灵魂"所在。

（三）等效法

在物理量测量中,以一个更易观测的物理量替代成另一个物理量,把一种模型替换成另一种模型,而替换不影响研究者对研究对象的研究,具有等效性,这种方法称为等效法。在验证动量守恒定律实验中,以两球的水平位移替换两球做平抛运动的初速度,即碰撞前后的速度,而不影响结论检验正确度的原因是球在空中的飞行时间相等;用正负电极之间的电流线模拟正负电荷之间的电场线具有模型的等效性。

（四）放大法

在物理测量中某些物理量因太小而不能直接观测到，必须借助于声、光、电和叠加等方法，通过对放大的物理量观测进而测量待测物理量。放大法可在现象、变化、待测量很微小的情况下采用。放大的方法很多，放大的对象各不相同，以下几种放大方法是经常使用的："光放大"如放大镜、望远镜、显微镜、幻灯机等利用光学元件对观察对象的空间尺度所做的放大。比如在演示物体微小形变时就利用了入射光两次经平面镜反射改变出射光的角度而放大现象便于观察；"电放大"如扩音器、喇叭等运用电子元件对微小信号所进行的放大；"机械放大"运用机械放大，主要是将微小尺度的变化转换为较大尺度的变化，如螺旋测微仪将其固定刻度上一个螺距的微小长度的变化转换为可动刻度的一周的转动，通过这种运动方式的变化换来实现放大目的，这样的仪表是很多的，在此就不一一赘述了；"叠加放大"是对微小量的测量，可采用累计后求平均值的方法以减少相对误差，这是一种间接性的放大。如测量薄纸的厚度，可以通过测量多张纸再求平均而得出，细金属丝的直径可以通过测量多圈再求平均值得出。

（五）近似法

在中学物理实验中，有时为了简化实验，突出实验的物理意义，对一些中学阶段要求不太高的实验，在其设计上可采用近似法，例如，利用"伏安法"测电阻时，将安培表、伏特表近似地视为理想仪表；用"半值法"测电流表的内阻时，将变阻箱的示数近似地作为电流表的内阻；在验证牛顿第二定律的实验中，将砂和砂桶的总重力近似看作小车所受拉力的大小。在运用近似法设计的实验中，为了提高实验的精确度，应将实验条件控制在一定要求下。对上述实验，应使学生掌握其近似关系，明确实验条件中的要求及减小误差的方法。

（六）比较法

比较法就是在一定的实验条件下找出研究对象之间的同一性和差异性。物理实验中通常可采用物理现象和物理量的比较，达到异中求同，同中求异的目的。比较是认识事物的基础，因而广泛应用于物理实验中。在物理学中由于研究对象的广泛性和多样性，比较的形式也是灵活多样的，可以是比较某物理现象在实验时间内前后的变化情况，可以是对几类物理现象变化过程的比较，也可以比较同一对象在不同条件下的变化情况。如：通过比较可知酒精和水混合后总体积减小，从而可推知物体内分子之间有空隙；将平抛运动和自由落体运动相比较，验证了平抛运动的规律；比较晶体和非晶体，发现了二者物理性质的差异，并进一步揭示了二者在微观结构上的差异。运用比较法，人们认识了密度、比热、电阻率等表征物质某种属性的物理量。

（七）再现法

从本质上来说,所有实验都是在一定的条件下对自然现象的再现过程。再现法就是模拟自然现象的发生条件,在实验室中再现物理现象的方法。例如,用棱镜模拟产生彩虹,用起电机模拟产生雷电等。

（八）平衡法

平衡是系统内两种因素共同影响的结果,物理上的平衡是两种或两种以上物理因素导致系统的均衡,在物理上就是一个物理量同另一个或几个量作用的抵消或相当,如力的平衡、热平衡、电磁系统平衡等。平衡法就是利用平衡双方在某些物理效应上的等效性,从已知的物理量测量未知量。在物理实验中,平衡法是运用已知量确定未知量的常用方法。例如,弹簧秤、测力计、测定油滴电量的密立根油滴实验运用了二力平衡;天平、验证万有引力定律的卡文迪许实验、库仑扭秤实验以及磁电式电流表的设计运用了力矩平衡;静电计、电桥运用了电平衡;用量热器测定物质比热的实验运用了热平衡。

（九）对称法

对称思想是物理学的一种重要思想,在实验设计中也巧妙地运用了这种思想。例如,库仑扭称实验中,运用对称思想巧妙地把小球的带电量分为 $1/2, 1/4, 1/8, \cdots$ 成功地发现了电荷间作用力与它们间的距离和电量之间的关系。又如,托马斯·杨运用对称法把点光源发出的一束光分成两束,巧妙地获得了相干光源,从而观察到光的干涉现象,验证了光的波动性。上述两个实验装置本身的结构也是具有对称性的。再如,卡文迪许实验、焦耳测定热功当量的实验、用注射器验证玻意耳 – 马略特定律的实验、等臂天平等装置在结构上都是对称的。另外,麦克斯韦预言电磁波存在,就是根据数学对称方程思想证明的。可见,对称思想把复杂的物理实验研究问题简单抽象化,使得实验操作易控可行。

（十）模拟法

模拟法是近代科学实验中的一种重要方法,这种方法通过易表现的事物或现象来反映不易表现的事物或现象,是揭示事物本质特征的一种直接而有效的方法。模拟对象与被模拟对象之间有本质上的共同性或形式上的相似性,在高中物理实验中,主要利用了两个物理现象形式上的相似性进行模拟,例如,利用静电场和电流场遵循规律的相似性,用电流场来模拟静电场,从而描绘出静电场中的等势线;在磁体周围均匀地散布细铁屑,通过细铁屑的规则排列形象地模拟磁体周围的磁力线;在放置点电荷的蓖麻油中撒放头发渣,通过头发渣的规则排列来模拟电荷周围的电力线,等等。

(十一)留迹法

某些物理过程由于运动过程难以进行动态观察或测量,实验中采取一定的手段将过程在模拟状态下再现成可观察和测量,这种方法称为留迹法。例如,打点计时器的作用是使实验者对运动过程实现精确测量和研究;频闪照片可以研究快速的物理过程;演示带电粒子在匀强磁场中做匀速圆周运动时,让电子束通过低压汞蒸气后发出辉光以显示电子的径迹;利用云室、火花室和流光室等显示基本粒子的径迹;高速摄像机能使人们对难以观测到的非常短暂的物理过程得以从容观测,等等。

高中物理中的许多实验,在设计思想上常常是多种思想的综合,如库仑扭秤实验中,改变小球的带电量时运用了对称法,测定小球间的库仑力时运用了平衡法,测定金属丝的扭转角度时用了放大法。在实验教学中,教师应启发学生认真领会实验的设计思想,以培养学生的创造性思维能力。

三、物理实验能力

物理实验能力是教师和学生开展实验的基本能力,是各种基本技能在实验活动中的综合体现,包括科学思维能力和实验操作能力两部分。科学思维能力强调多种思维能力的综合运用,而实验操作能力主要包括物理实验现象的观察能力、仪器设备的操作能力、实验数据的分析和处理能力、实验设计能力。

(一)实验观察能力的本质属性与特点

1. 实验观察能力

观察能力的本质属性是对事物的有意感知,高于单纯知觉表现,具有丰富的内涵。观察能力的特点:目的性和取向性,整体性和系统性,持续性和精确性,价值性和理解性,客观性和真实性。

2. 实验观察能力的作用

(1)观察能力是物理综合能力的重要组成部分。

培养学生的观察能力是全面提高学生核心素养的需要,素质教育呼唤着学科教学以培养学生的创新精神和实践动手能力为宗旨,而创新能力必须以学生的综合素质为基础和前提。观察能力对于学生在物理学习中各种能力的培养都具有直接或间接的促进作用。

(2)观察能力有助于学生提高学习质量和效率。

培养学生的观察能力是提高学生物理学习质量和课堂教学效率的需要。不可否认,现在的中学物理教学中存在学生学习质量不高、课堂教学效率低下的弊端,学生的观察能力滞后,缺乏观察的习惯和基本的能力是其中的一个重要的原因。

3. 学生物理实验观察能力的培养途径

（1）激发学生观察实验的兴趣。

学习是由内在的心理因素引起的,内在的动机比外驱力更活跃、更持久、更有效。教材中的许多演示实验的现象对学生来说相当有趣。兴趣的培养除了加强课堂上的演示实验外,还可很好地借助家庭小实验。从这些与生活密切相关的小实验中,学生知道了知识源于生活并可用于解决生产和生活中的一些问题。当学生明白了这些实验现象的物理本质,观察兴趣也会得到提高。

（2）培养学生良好的观察品质。

观察是一种心智技能,观察不仅要用感官,还要勤于思考,使观察过程渗入积极的思维因素,达到一定的技能水平。在教学中,教师可以从观察的目的性、选择性、计划性、准确性等方面培养学生形成良好的观察品质。

（3）将观察和思维结合培养学生的思维性观察。

在物理实验中,实验、观察、思维三者始终是紧密联系在一起的,观察与思维相互渗透就是思维性观察,它是观察的高级形式。"思"源于"疑",因"疑"而"思",学生思维就是从需要解释的迫切性开始的。在实验中教师应巧妙地设置疑问,留下悬念促使学生大胆地假设和想象。通过分析、讨论、解疑,以"思"带动知、智、能的发展。问题的提出和延伸,要有思维梯度,由浅入深,由易到难。质疑要恰如其分,否则会启而不发,收不到应有的效果。教师要保证所提问题都能引导学生始终处于主动思维之中。教师必须从学生已有的知识体系中找准问题的突破点,精心设计启迪性较强的问题,引导学生对实验进行思维性观察,使观察与思维相互渗透,通过思维活动让观察得到的感性认识产生飞跃,形成概念和理论,进而达到发展思维的目的。

（4）通过实验探究提高学生的观察能力。

物理实验特有的生动性,会使刚接触物理实验的中学生很感兴趣,但只是层次较低的感知兴趣、操作兴趣,毫无悬念的验证实验会使学生感觉枯燥乏味。因此,教师必须做好教学设计,改进实验方案,让实验教学跟探究学习融合起来,充分发挥实验的探究功能。这不仅能让学生获得知识,学到技能,还能让学生受到科学方法、科学思维的训练,养成科学精神和科学品德,对实验的观察兴趣更为持久,并发展成更为有利的探究兴趣和创造兴趣。

（5）通过规范描述提高学生对观察结果的表达能力。

科学是求实的学问,来不得半点虚假和马虎,对实验现象的观察要忠实、客观、实事求是,看到什么现象就讲什么现象,看不到应有的现象时要分析原因,这需要加强语言的规范化训练。规范描述能为学生提供清晰、系统的表达框架,有助于他们更准确、有条理地描述所见所闻,从而提升其观察与表达的综合技能,增强学生对观察结果表达能力。

（二）物理数据分析和处理能力

1. 数据记录

数据记录是实验能否成功的关键。要培养学生这方面的技能,要求学生集中精力,按实验步骤有条不紊地操作和读取测量数据,有的实验则要求测量或操作时动作迅速,要把握时机,如温度测量、电学测量,要按实验先后顺序将需要测定的各量测出,并记录下来。读取数据和记录必须注意:① 读数要及时,并马上记录;② 要记录完整数据,按有效数字的方式记录;③ 数据的单位要正确。一般要求学生实验前列出表格,表格设计的要求有:能记录直接测出的各物理量,能记录各次测出的量,能填写计算出来的中间数据和最后数据等内容,能进行数据处理、运算,对实验结论进行分析。

2. 数据处理

在处理数据时,如发现有不合理的数据,应对该数据补测。要指导学生按有效数字运算法则处理数据,对实验结果进行适当分析讨论,如:数据说明了什么?与理论计算有何偏差?实验过程为何这样设计?实验结果的物理意义(结论)是什么?对一些成绩优良的学生,还可让他们设计某个达到相同目的的实验。对实验能力强的学生,许多深一层次的问题都可以在这个环节分析研究,从而有效地巩固知识与技能,并提高思维能力。

在数据处理时,要使学生了解误差概念,并学会初步的误差计算和分析。实验后,要求各组学生进行交流,指导学生分析实验结果存在差异的原因,说明实验的误差主要有系统误差和偶然误差。系统误差主要是由于仪器本身的缺陷、装置不完善而引起的,例如,刻度尺的刻度不均;桌面的水平度使天平产生误差;电表指针没对准零刻度等。减少系统误差的方法是校准仪器,或是改进实验方法。改进实验的方法,可改变仪器的位置或仪器的布置,撤换某件仪器,改变所选取的某个参数,改变实验方法乃至改换实验操作人员等。偶然误差是在实验条件不变的情况下,对某一物理量进行多次重复测量时,由于各种偶然因素产生的误差。减少偶然误差的办法是多次重复测量取算术平均值,以其平均值为最终的结果。测量次数取多少,要根据偶然误差对被测量影响的大小来确定。例如,测量值的有效数值较小时或测量值变动较大时,应当多测量几次。

3. 撰写实验报告

学生在实验结束后,应根据原始记录和实验时的体会,撰写实验报告。实验报告内容主要有:实验名称、目的、器材、原理、方法和步骤、实验数据、数据计算和处理、实验结论及误差分析等。撰写实验报告是一项很重要的技能,对实验报告的写法、格式要严格要求。书写时,要层次清楚,语言流畅,文字精练、正确,图文并茂,要总结出实验成功的经验或实验失败的原因。撰写实验报告不仅能帮助学生系统总结实验、提升分析表达技能,还能巩固对知识理解,为学生未来进行科研实践和交流分享打下良好基础。

(三)实验设计能力

1. 实验设计的概念

实验设计就是根据需要测量的目标,依据所学知识,分析要测量的物理量,选择适当的物理原理,在此基础上选择合适的仪器设备,设计实验步骤,从而完成实验,达成实验目的的过程。

2. 实验设计能力培养的重要性

物理是一门以实验为基础的学科,培养提高学生的观察和实验能力是学好物理的关键。实验设计不仅能够检验学生的实验能力,而且是有利于培养学生理论联系实际、综合运用知识分析、解决问题的能力、创新能力的一条有效途径。学生要充分发挥自己的主观能动性,积极主动地占有大量感性材料。运用横向、纵向、逆向等思维方式有助于增强创新型思维能力,拓展思路,优化实验设计过程,分析实验结果,提高思维能力水平。也就是说,培养学生实验设计能力,关键在于引导学生灵活地运用所学知识来解决实际问题。这样既有利于巩固所学知识和灵活运用知识,也有利于他们综合实验技能和能力的培养。

3. 实验设计的要求

实验设计是一项难度较大的思维活动,即使是具备较强思维能力和实验能力的学生也会在这方面有一定困难。这就需要学生熟练掌握实验的基本知识和技能,只有对基本仪器的性能和用途认识清楚,并掌握使用技巧,才能顺利地完成实验设计。更需要学生在学习的过程中注意实验设计方面的训练,拓展思路,增加动手动脑的机会,培养因地制宜、因陋就简完成实验的习惯。

4. 实验设计的原则

(1)科学性原则。科学性原则是指在物理实验的设计中,必须保证实验的设计不出现科学性错误,这是最基本的要求。实验设计还应具有科学思想和科学方法的教育因素。对学生进行科学教育的基本要求就是要向学生传授科学知识,同时物理知识本身的科学性也要求我们在实验中尊重科学事实。因此在设计中应该秉持科学的态度和方法,在实验设计时要尽量减少可能产生的误差。科学性原则在实验设计中的要求还在于,把科学的物理思想和方法渗透到设计之中,使学生在进行探究性实验的过程中,形成科学的物理思想,学会并运用科学的方法解决问题。

(2)探究性原则。探究性原则是指所设计的实验包含的物理规律往往隐藏在较深的层次,需要学生去挖掘;实验的条件和结果之间往往存在着较大的距离,需要学生去跨越;解决问题的方法与途径往往不太明确,需要学生通过尝试错误,提出假设并验证假设来寻找。这是因为实验作为一种发现学习活动,需要学生深入仔细地观察,并对外界输入的信息和刺激进行过滤,唤起并指引注意作出有选择的记忆检索,并结合输入信息进行评价,从而提出假设,进行试误性尝试,以便检验假设。这样,学生在解决问题的过程中,不仅能学会并形成一定的认知策略和技巧,同时也能激发智慧潜力,并形成内在的学习动机。

（3）渐进性原则。为了引发学生的认知冲突,使学生产生困惑和疑问,从而激发他们的求知欲和探究精神,实验设计应遵循渐进性原则,不可急于求成,注意与学生的认知能力相适应,与具体的教学内容相联系,与学生实际技能相适应,形成一个系统化的由易到难、循序渐进、相互衔接的实验体系。在这一体系中,将每一个教学目标转化为明确可见的知识要点和能力要点,分解到程度不同的探索性实验中,并在实验中采用不同的途径,使学生在教师引导下运用已有知识和方法技能去亲自发现新知,成为科学知识的主动探索者,同时增强知识的运用和迁移能力。

（4）创造性原则。教师设计实验应有一定的新颖性、先进性和实验性,要充分体现出创造性原则,符合学生的认知结构,由易到难,循序渐进。要在一些特定的要求和条件下,自行设计新的实验方案和步骤,完成其实验要求。由于这种设计具有较大的灵活性,需要学生在牢固掌握基础知识和基本方法的前提下富有创造力。因此,它也是培养学生创造思维能力的一条重要途径。

（5）安全性原则。实验应尽量避免使用有毒药品和具有一定危险性的实验操作。特别是在进行有关电学实验的探究时,一定要注意用电安全,做好预防措施。对于具有危险性的物理实验,教师必须在实验现场,学生在教师的指导下才能进行实验操作。

第三节　数字化中学物理实验教学

中学物理课程与信息技术整合是新课程关注的重点领域之一,在物理实验教学中应用现代教育技术是时代性的反映与要求,将现代教育技术与物理教学整合是物理课程发展的必然趋势。初高中物理课程标准也强调可适当地向学生介绍学习物理或进行物理实验的软件工具。随着现代信息技术和人工智能技术的快速发展,物理实验也体现出现代化、智能化的发展趋势,以各类数码设备为载体、以数字图像处理为代表的人工智能技术已深入各类物理实验中。

一、中学物理 DIS 数字化实验系统

DIS（digital information system）又称数字化信息系统,是由"传感器＋数据采集器＋实验软件包（教材专用软件、通用扩展软件）＋计算机"构成的新型实验系统。该系统成功地克服了传统物理实验仪器的诸多弊端,有力地支持了信息技术与物理教学的全面整合。

传感器主要包括电流、电压、压强、温度、声波、位移、力、磁、光电门等多种传感器。传感器的主要功能是：实时地动态地测量各种物理量，并把它们统一转化成电信号送入数据采集器。多种传感器可以组合使用，在复杂实验中，相比功能单一的传统仪器仪表，这种组合的优势更加明显，组合意味着进一步的创新。

比如，光电门和力传感器的组合构成了"向心力实验仪"的基础；电流传感器和力传感器组合出了"安培力测量装置"；而磁感强度传感器与位移传感器的组合，则创造性地获得了"磁感强度—距离"关系图线。数据采集器与计算机之间以串行方式通信。它可以同时接入多路传感器、并行输入，其主要功能是将由各类传感器采集到的各种具有模拟特征的物理量转换成能被计算机接受的数字量。

DIS 的软件主要包括教材专用软件和教材通用软件两种。教材专用软件主要是针对物理教材中的实验研发而成，它可以完成中学物理教材中几乎所有的演示实验和学生实验，简洁、易用，更贴近课堂教学；教材通用软件，可以自行设定许多功能，如组合、显示、分析计算、曲线拟合等扩展功能，因而更适于探索研究。DIS 数字化实验系统具有如下特点。

1. 强大的数据采集能力

利用计算机，既可以对传感器在快速变化的瞬态过程中获得的大量实验数据进行实时采集，也可以长时间地跟踪收集极缓慢过程的各种实验数据。数字化技术为物理教学中改造传统实验或开发以前无法进行的新实验提供了有力工具。

2. 灵活的数据处理能力

通过计算机，可以对实验过程进行控制，对大量的数据进行各种复杂的、快速的处理，例如数据的转换、曲线的拟合、误差的计算等。这就允许在实验中尝试改变各种条件，比较实验的结果，为学生创造了一个科学探究和自主学习的环境，可以培养学生的观察和实验能力以及实事求是、勇于探究的科学态度。

3. 为互动式教学创造了条件

在实验室中将计算机联机，可以方便地实现数据共享，在教师的指导下对各组实验结果进行比较、探讨，为开放、互动式的课堂教学创造了条件。

DIS 实验是传感技术、计算机技术与真实实验的结合，它有利于使学生了解现代实验技术的思想方法；有利于解决教学中的难点实验；有利于提供更多的探究实验课题；有利于学生进行某些探究实验设计和探究技能的训练。DIS 实验有其优势，也有其不足，需要选择能发挥其优势的实验内容和合适的教学方法。

二、中学物理仿真（模拟）实验

模拟实验是按照模拟的科研活动来设计，让学生掌握实验的基本技能、操作规范、自我测评。其中,实验模拟是主要内容,在一个用虚拟现实技术开发的模拟实验室,学生通过鼠标可以轻松操作整个实验过程。实验现象逼真且有趣味性,不但让学生做实验时身临其境,还集娱乐与探索科学知识于一体。

计算机仿真实验是在多媒体教学的基础上开辟的一种很有前途的实验方式。仿真物理实验室把物理定律内置在软件中,与学科紧密结合,操作简单,交互性强,不仅是物理教师得力的课件制作工具,更是引导学生主动参与实验,建构逼真情境,生动再现实验过程,让学生记忆深刻的教学手段,是发挥学生创造性、探索性的学习平台。

我们如果要进行仿真实验开发,需要一定的计算机技术和专业的软件(如 Unity3D 等),也可以利用一些公司开发的现成的中学物理仿真实验平台在课堂上进行应用,开展教学,比如国内的 NOBOOK 虚拟实验室网站中就包含中学物理的几十个仿真实验,国外的 PhET 也是一个开放的在线仿真实验资源网站。

仿真实验一般应用于以下情景。

第一,部分实验耗时较多,实际操作的难度较大,教师难以在有限的课堂教学时间内穿插演示,实现即时验证理论。例如,演示凸透镜成像规律的时候,常常会因为外部环境的光线太强或者蜡烛光线不够而影响到学生的观察,而且在教师演示过程中,坐在后排的学生对实验现象观察不清。针对以上状况,教师可以适当结合"仿真物理实验室",建立透镜成像光路图,通过投影向学生展示,用鼠标拖动蜡烛的位置在光屏上形成不同的像,让学生观察到更直观、科学的实验现象,进而大大提高学习效果。

第二,一些物理实验的危险性比较高,若操作疏忽,容易对操作者造成危害,而仿真物理实验室却无任何危险。比如,模拟电学知识误区—短路现象。让学生理解短路现象是电学教学的一个重点和难点。由于短路实验具有一定的危险性,受到安全性和实验条件等因素的制约,教师利用"仿真物理实验室"的虚拟实验进行教学,不但可以让学生体验短路现象,还可以引导他们开展物理探究学习,从而优化课堂教学组织形式,提高课堂教学效率。

第三,一些物理实验容易造成器材损耗、试错成本高,利用仿真实验可以让学生大胆试错。仿真物理实验中的"器材损坏"可以修复,允许学生犯错,不用担心器材损耗和人身安全问题。操作错误时发出的提示声让学生印象深刻,给学生创造多次分析错因的机会,让学生在纠错中进步。

第四,教学中需要实现知识整合,使教学内容更系统化、结构化、实用化,提高效率。仿真物理实验室的应用符合现代信息化教学模式的发展方向,教师在仿真物理实验室教学平台上,能设计和制作出适合自己教学风格的课件,能引导学生在生动、形象的环境中进行学习,而学生则很容易使学过的知识处于动态的更新和渗透之中,从而掌握知识、应用知识。

三、基于传感器的智能手机物理实验应用软件

智能手机 App 在物理实验中的应用越来越多,如今智能手机内部基本上都配备了各类传感器,如压力传感器、GPS 传感器、声传感器等,可进行多种物理量的精确测量,已成为探究实验的重要测量工具。无论是基于苹果 iOS 的 Phyphox、BaroAlt、Altimeter 等,还是基于安卓手机的 physics toolbox、Tone Generator、Vernier Video Physics 和 Vernier Graphical Analysis 等,都给物理实验带来了新的设计思路。

以 Phyphox 软件为例,可以翻译为"手机物理工坊",这是德国一所大学研发的智能手机软件,它充分挖掘了智能手机的各种传感器,来进行光学、距离、重力、磁场和气压等方面的物理量测量,将测量界面整合在一起,不仅可以方便读出简明示数,而且可以同步绘制出数值曲线,直观看出数值的变化情况。目前可实现 29 种内置功能,其中包括中学物理实验中常用的测量工具,如力传感器、噪声监测仪、音频发生器、秒表(声学秒表、运动秒表、光学秒表)、气压计等。

智能手机外接传感器在中学物理的实验教学中也有很多应用,探究晶体和非晶体的熔化与凝固规律、探究液体的沸腾特点、比较物质的比热容等实验,都需要利用温度计来测定研究对象的温度,通常还要通过测量的温度值画出研究对象的温度随时间的变化图像。利用智能手机安装的温湿度检测 App 和外接温度传感器,可以完成多种物理实验教学中的温度测定,并能够自动画出温度变化图像,结合无线同屏技术,将测量出的结果投影出来,方便教师开展多个与温度测量有关的实验教学。

四、虚拟现实技术在中学物理实验教学中的应用

虚拟现实技术作为一种新型综合实验技术也逐步发展起来,它所使用的模拟方式是为实验者营造出一个逼真的实验场景,实验者能够直接参与实验环境的变化。虚拟现实技术(virtual reality technology,简称 VR),是一种可以创建和体验虚拟世界的计算机仿真系统。它利用计算机生成一种模拟环境,向使用者提供视觉、听觉、触觉等多种感官刺激,让使用者身临其境。VR 技术在中学物理教学中具有明显优势,主要包括三点:第一,沉浸性。学生在 VR 虚拟实验室,戴上 3D 眼镜,就像在真实的实验情境中一样,有一种身临其境的感觉,可以全方位观察完整的实验过程。第二,交互性。在 VR 实验室,学生利用触控笔可以操作虚拟实验器材并且得到反馈,感觉就像在实验室中一样。第三,想象性。VR 技术为学生认识世界提供了一种全新的方法和手段,能够帮助学生思考和想象现实世界中不存在的事物,提高感性和理性认识,从而深化概念以及引发新的联想。

以电学中的短路为例,由于短路具有一定的危险性,多数教师只是以文字或图片的方式给学生讲解,或者,即使有条件做实验,学生也只是能看到最后的实验结果,而看不到短路时

的电流走向。而 VR 技术能呈现给学生完整、立体、沉浸式的动态过程，学生能够清楚地看到短路时电流走向以及发生短路后的现象。因此，利用 VR 技术结合教师讲解，学生能够更加深刻理解短路现象及其原理，从而收到事半功倍的效果。

但是要注意的是，VR 技术只是一种教学辅助手段，应该适当使用。有条件的话，还是应该让学生在真实实验室进行实验。同时要注意引导学生正确使用 VR 设备进行学习，避免分散注意力到"玩"上。

五、数码设备在物理实验中的应用

目前数码相机、智能手机等数码设备已经高度普及，采用数码设备进行拍照和摄像也已成为日常生活的一部分，也为物理实验中采用数码设备提供了基础。数字图像具有分辨率高、可后期处理、无损存储、可连续拍摄等优点，适合应用于物理实验中的精密读数、数据记录、非接触性测量，以及连续对比观测等实验场景中。比如数码照相、摄像技术可以应用于运动的暂态研究、光的色彩的实验、布朗运动、密立根油滴实验等。

总之，在物理实验教学中，辅以现代教育技术能提高学生学习物理的兴趣，容易突破实验教学的重点和难点，提高课堂教学质量，使学生更好地掌握物理实验基础知识、基本技能和原理，还能有效培养学生的观察能力、思维能力、动手操作能力、创新能力。但是要谨记传统实验方法的训练对学生实验能力、科学素质的培养是必不可少的。在教学实践中，绝不能放弃物理的学科特点，不做最直观、最有说服力的真实物理实验，而简单地用虚拟实验去替代。只有将先进的教育技术与物理实验教学工作实际巧妙地结合起来，才能取得最佳的教学效果。

 扩展资源

 11-1
基于任务驱动的课堂教学模式创新与实践

 11-2
中学物理实验设计与教具制作案例

 思政育人

1. 选择 1~2 个物理学史上的经典实验，分小组进行深入学习和讨论，理解和体会这些实验设计和实施过程中科学家实事求是、追求真理和勇于创新的精神。

2. 结合具体内容设计制作一个中学物理实验仪器（教具），通过查阅资料、思考设计、动手实践，认识和体会作品形成的过程也是自己创新精神、创新能力和实践能力不断提高的过程。

1. 中学物理学生分组实验的常见类型有哪些?

2. 为什么说边学边做实验教学是一种比较好的教学形式,边学边实验教学的注意事项有哪些?

3. 请谈一谈虚拟物理实验的利与弊。

第十二章

中学物理教学测量与评价

学习导航

```
                                     ┌─ 物理教学测量概述
                     物理教学测量与统计 ┤
                                     └─ 教育统计基础

                                     ┌─ 物理教学评价的概念
                                     ├─ 教学评价的功能
                     物理教学评价概述  ┤─ 教学评价的取向
                                     ├─ 教学评价的类型
中学物理教学测量与评价 ┤                └─ 教学评价的新动向

                                     ┌─ 学业评价的方法
                     学生学业质量评价  ┤─ 物理测验试卷的编制
                                     └─ 物理测验的评价指标

                                     ┌─ 课堂教学评价的维度
                     课堂教学评价      ┤─ 课堂教学评价的方法
                                     └─ 课堂教学的"教—学—评"一体化
```

问题驱动

1. 物理教学测量与普通测量有哪些异同？
2. 物理教学评价的功能是什么？
3. 学业评价有哪些主要方法？
4. 课堂教学评价有哪些维度？
5. 物理新课程评价的关注点有哪些变化？

学习目标

1. 了解物理测量的特点和教学评价的基本概念；熟练掌握评价的功能、类型和物理测验的评价指标。
2. 理解评价是为了更好地促进学生的学习和发展，把学生作为教学的中心。熟悉中学物理课程标准和教材，能整合学科教学内容，根据课程目标选择合适的评价方式进行评价。
3. 具有全程育人、立体育人的意识，理解物理学科的育人价值，能够在物理教学实践中运用好评价工具进行育人活动。

教学内容

　　教学测量与评价是物理教学的重要内容，也是物理教学过程中的重要环节。在教学过程中如何确定学生的学习困难，如何确定学生达到教学目标的程度，如何确定学生能力发展的状况，如何评估和指导教师的教学过程，以达到最优的教学效果，如何帮助教师认识自身教学的不足和困难，以促进教师专业的发展等，都可以通过教学测量与评价的手段予以回答。

第一节 物理教学测量与统计

物理教学测量与统计是教学测量与统计的一般原理和方法在物理教学中的应用。为了正确理解和科学应用这些原理和方法,本节对教学测量与统计的基本知识进行简要概述。

一、物理教学测量概述

（一）测量的定义和要素

测量是教学测量与统计理论中的重要概念。谈到测量,人们自然而然地会联想到各种各样的仪器,例如,测量长度的直尺、测量质量的天平、测量时间的钟表等。但是,对某些变量的测量并不一定要用仪器,例如,有经验的炼钢工人,可以根据炉火的颜色估计炼钢炉中的温度,音乐家可以用耳朵分辨出不同频率的声音。由此可见,仪器的使用并不是测量的最基本的特征。测量最基本的特征应当是将事物及其属性进行区分。这种区分的过程必须按照一定的法则进行,区分的结果是能够用数学的方式进行描写的。因此,我们把测量定义为依据一定的法则,对事物及其属性用数字或符号加以确定的过程。

从测量的定义可以看出,任何一个测量都包括三个要素:① 事物及其属性,这是测量的对象或目标。② 法则,这是指导我们如何测量的准则和方法,即在测量时,给事物及其属性指派数字的依据。依据法则可以制成各种量具。法则的好坏,直接影响测量的结果。因而,法则是测量中最重要的要素。③ 数字或符号,数字指 1、2、3 等,符号指 A、B、C 等。数字或符号仅代表某一事物或事物的某一属性,只有当我们赋予它意义时,在一定条件下,它才具有量的特性。例如,我们在测量学生的物理学习能力时,分别用 1、2、3 代表高、中、低三种能力水平,这里的 1、2、3 仅具有区分性和序列性,而不具有等距性和可加性。因此,我们只能根据事物本身所具有的特性来使用数字系统的某些性质。制订法则时,一定要明确指出如何指派数字于事物,以及所采用的数字具有什么特性。

（二）测量的条件

任何测量都是依据某种法则,采用一定的程序,对具有某种属性的对象给出可以比较的数值的过程。从这种意义上讲,任何测量必须首先满足以下三个条件:① 等值单位,这是对量具的最基本要求。它包括两方面的含义:一是单位要具有确定的意义,即对同一单位,所有人的理解都相同,不允许有不同的解释。二是单位的距离要等值。一般来说,教育与心理测试的单位往往不等距或等距不等值。② 参照点,这是计算的起点,也称零点。对同一事物同一属性或不同事物同一属性的测量,若参照点不同,测量的结果也就不同,测量的结果也就无法比较。参照点分为两种:一是绝对零点,二是相对零点。相对零点是人为确定的。在教育测量中的参照点一般都是相对零点。在相对零点的量具上的数值只能表示差异的大小,而不表示倍数。③ 准确性和可靠性,准确性是指所测量的正是所需测量的东西;可靠性是指测量的结果不能因时因人而异。虽然测量难免有误差,但这种误差必须是在测量可控制的允许范围内。

(三)物理教学测量

物理教学测量应该具有一般测量概念的特点和要求。因此,我们可把物理教学测量定义为:根据一定的客观标准,运用各种手段和统计方法,对物理教学领域内的事物或现象进行严格考核,并依一定的法则对考核的结果予以数量化描述的过程。物理教学测量不同于一般的物质测量,它具有自身的特点。

1. 物理教学测量的特点

（1）间接性

物质测量可以很方便地使用仪器进行,但教学测量比一般的物质测量要复杂得多。它所测量的是教学活动中教师和学生的外显行为或外在表现特征,我们只能根据这些外显行为或外在表现特征,对教师的教学工作成效和学生的学习质量做出推断。因此,教学测量是一种间接测量。这就使得教学测量具有不可消除的系统误差,因为教学测量只能就有关的外显行为取一组样本,不可能是有关行为的全部。因此,样本的选择是否合理,是否有代表性,代表的程度如何,就可能导致系统误差的出现。系统误差的大小,将直接影响测量结果的准确程度。

（2）随机性

在物质的测量中,我们知道,使用同一工具,采用一种方法,对某一个量进行多次测量,其结果将不完全相等,这是由于测量中存在着随机误差。但是,如果采用多次测量取平均值的方法,则几乎可以消除随机误差。然而,在教学测量中,不仅很难排除一些偶然因素的影响,而且同一测量更不可能在同一时期连续多次进行,因而教学测量存在着不可避免的随机误差。随机误差的大小,将直接影响测量结果的可靠程度。

（3）相对性

教学测量的结果,如果不经转化或转换,它只能表明哪个大、哪个小,只能提供一种顺序关系,不能表明大多少、小多少。如测验中,从 30 分至 40 分之间,90 分至 100 分之间,虽然都相差 10 分,但是它们的差异是不同的,这两个 10 分的难度是不相等的。目前在教学测量中,人们总是不自觉地将测验所得到的分数看成等距的,而且可以进行加减运算。实际上,在一般教师的自编测验中,所得到的结果只是一个相对量数,并不等距。

（4）目的性

物理教学测量是一种具有明确目的的测量。整个测量过程包括内容、难度、程序和方法等方面都要符合测量的目的,都要以课程标准和教材内容为依据来制订。

2. 物理教学测量的方法

物理教学测量的内容不仅包括知识、技能和能力,还包括兴趣、态度、情感等方面的行为表现。由于不同的内容有不同的特点,所以,测量不同的内容应该采用不同的测量方法。常用的教学测量方法有观察法、教学调查法和测验法。

（1）观察法

观察法是在某种条件下,以观察学生的特定行为表现为目标的测量方法。它只适用于难以用纸笔测量的领域,如态度、兴趣、习惯、操作及技巧等方面。

观察法常用的评定工具是观察评定量表。观察评定量表要将学生在活动中预期的行为表现或学习结果,用具体统一而明确可测的语言加以表述,以此为标准判断学生在活动中的等级水平。在使用观察评定量表进行具体评价时,要防止和避免个人偏见、月晕效应、逻辑错误等现象的发生,以提高评价的一致性和客观性。

（2）教育调查法

教育调查法是在自然条件下,按照一定的计划,有目的地对客观事物或现状进行观察,收集所要了解的情况,以取得数据和资料,最后形成调查报告。教育调查的基本特征在于着重描述现有事件和现象,在自然条件下收集有关资料。教育调查的主要作用有:第一,了解教育现状,掌握有关动态和信息,为教育决策提供依据;第二,可以验证某种假设,发现新情况、新问题,提出新见解或新理论。

教育调查的步骤是:制订调查方案→实施调查和收集数据→整理和分析数据→写出调查报告。其中制订调查方案是关键的步骤,直接影响着调查的成败。制订调查方案的程序如下:第一,确定调查的目的和任务;第二,确定调查的范围及对象;第三,确定调查的项目及指标,把调查的任务分解成一个个具体的可操作的项目;第四,选择适当的调查方法。教育调查的基本方法有表格法、问卷法、谈话法和个案调查法等。

（3）测验法

测验法是通过选取具有代表性的一组试题组成试卷,对学生施测,然后根据解答的过程和结果获得可靠的成绩评定的一种方法。测验是教育测量中最常用的一种手段,试卷是测量的工具。测验的实施程序主要包括考查目标的确定,试卷的编制、施测、评分和分数的解释等。测验可以根据不同的分类标准加以分类,但测验有两种最主要的形式:常模参照测验和目标参照测验。一份好的测验试卷应既是有效的又是可靠的。

二、教育统计基础

（一）频数分布表和频数分布直方图

通过观察、访谈和测验等方法获得的原始数据往往是纷乱无章的,初看起来难以发现其特征和规律,只有通过整理分析才能从中提取出有用的信息。统计频数分布是对原始数据进行初步整理的基本方法,其中按测得分数进行分类和统计制作分数分布表,是物理教学评价分析时常用的手段。

1. 频数分布表

频数是指某一随机事件在 n 次试验中出现的次数。各种随机事件在 n 次试验中出现的次数分布就称为频数分布。对一批数据,将其频数分布用表格的形式表示出来就构成了频数分布表。

下面我们结合一个实例来说明频数分布表的编制步骤。

在一次物理测验之后,某班 48 位同学的成绩如下:

86	77	63	78	92	72	66	87	75	83	74	47	83	81	76	82
97	69	82	88	71	67	65	75	70	82	77	86	60	93	71	80
76	78	57	95	78	64	79	82	68	74	73	84	76	79	86	68

根据这一成绩编制频数分布表,其具体步骤如下:

① 求全距(用 R 表示)。全距是原始数据中的最大值与最小值之差,97 为这批数据中的最大数,47 为这批数据中的最小数。因此 $R=97-47=50$。

② 定组数(用 k 表示)。根据全距决定组数,组数就是对这批数据分组的依据。一般而言,组数以 10 组为宜,多至 20 组,少至 5 组。若组数太多,便会失去实行分组化繁为简的作用;若组数太少,又会引起计算结果的失真。组数与数据的个数有关,若数据多时,要分10 组以上,数据少时,可分 5～10 组。

③ 定组距(用 i 表示)。组距就是每一个组内包含的间距,即每个小组的组上限(即组的终点值)与组下限(即组的起点值)之间的距离。显然,在一批数据中,组距一般是相同的。组数与组距有关,组距越小,则组数越多;组距越大,则组数越少。根据上面的讨论,我们得到全距 R、组距 i、组数 k 三者之间的关系,即 $i=\dfrac{R}{k}$。在本例中,全距 $R=50$,若取组距 $i=5$,则组数 $k=10$。

④ 列组限。组限是每一组在数尺上的起始点和终止点,即上下限。从最高分或最低分所在的区间上限或下限开始,以组距为单位依次分组。列组限时,相邻两组的起点和终点,既要连接又不要重叠。在本例中,各组限可写成 100～96,95～91,90～86,…；或者

99～95,94～90,89～85,…；也可以将组限写成100～，95～，…。

⑤ 求出组中值。组中值是各组的中点值,组中值等于该组的组限右端点与左端点的值的平均数。在本例中,若取47～,52～,57～,…为组限,则各组的组中值为49.5,54.5,59.5,…。

⑥ 归组登记频数(用f表示)。根据上述所列的组限,把所有数据逐一归入相应的组内,再统计归入各组数据的个数(称次数或频数),每组的频数用f表示,总频数用N表示。

根据上述数据和步骤,编制成频数分布表如表12-1所示。从频数分布表可明显地看出下列信息:第一,大多数学生的成绩在67～87分之间,绝大多数学生的成绩在62～92分之间。第二,以67～87分的分数段中的人数最多。有了频数分布表,还可以列出累积频数分布表、相对频数分布表、累积相对频数分布表。

表 12-1 频数分布表

组限	组中值	频数	累积频数	累积百分比
47～	49.5	1	1	2.08
52～	54.5	0	1	2.08
57～	59.5	2	3	6.25
62～	64.5	4	7	14.58
67～	69.5	7	14	29.17
72～	74.5	9	23	47.92
77～	79.5	9	32	66.67
82～	84.5	10	42	87.50
87～	89.5	2	44	91.67
92～	94.5	3	47	97.92
97～	99.5	1	48	100.00

2. 频数分布直方图

根据各组的分布特征,还可以用软件作出如图12-1所示的分数分布直方图。从表12-1或图12-1中可以了解测验结果的概况,并可以初步判断测验的难易程度是否恰当、成绩分布是否合理等。还能从中发现这些数据分布的形式和特点,为后续研究时选择统计方法提供参考。

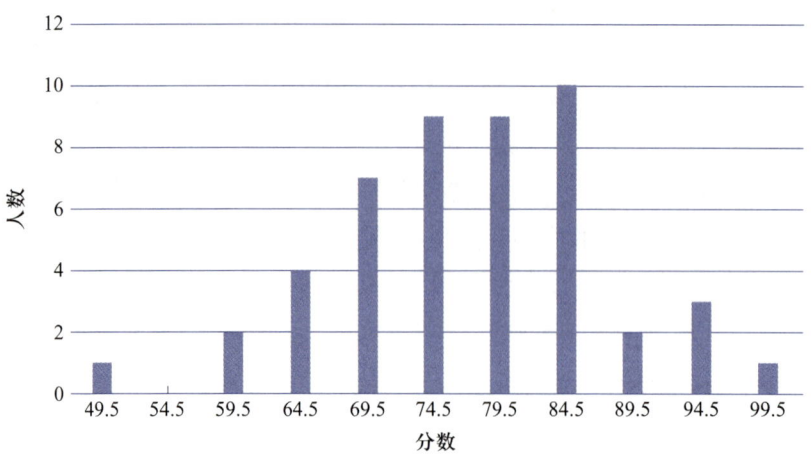

图 12-1　频数分布直方图

（二）统计的特征量数

1. 集中量数

当收集到一组数据时,一般首先基于数据的集中趋势来了解其整体情况。集中趋势就是数据分布中大量数据向某一中心或某一方向集中的情况,描述集中趋势的统计指标称为集中量数。集中量数反映了变量所有观测值的某种共同性质,在一定程度上可以认为其是一组数据的代表值,说明了一组数据的典型情况。平均数、中位数和众数是教育统计常用的集中量数。

（1）平均数

在物理教学评价中说的平均数或均值,通常都指的是算术平均数。算术平均数是最常用的能够描述样本整体水平的集中量数。设参与测试人数为 N,每人的成绩分别为 x_1,x_2,x_3,$\cdots$,x_N,则成绩的平均数为

$$\overline{X} = \frac{\sum\limits_{i=1}^{N} x_i}{N}$$

（2）中位数

中位数又称中数,是按顺序排列在一起后的一组数据中居于中间位置的数。中位数两侧的数据个数相等,即在这组数据中,一半的数据比它小,另一半的数据比它大。需要注意的是,中位数可能是那组数据中的某一个,也可能根本不是那组数据中原有的数。一组数据中无重复数据时,若数据个数为奇数,取处于序列中间位置的那个数为中位数;若数据中无重复数据且数据个数为偶数,则中位数为处于序列中间位置的那两个数的平均值;若数据中有重复数据,但重复数据没有位于数据序列中间时,求中位数的方法与无重复数据时相同;

数据中有重复数据且重复数据位于数据序列中间时,中位数的求法相对复杂,感兴趣的同学可以查阅相关统计书籍了解。

（3）众数

众数也是一种集中量数,是在次数分布中出现次数最多的那个数的数值。众数的概念简单明了,其计算时不需要每一个数据都加入,因而较少受极端数据的影响。在教育统计中,一般通过直接观察法即可求得众数。

2. 差异量数

集中量数是对一个班级、一个学校得分的整体概述,但班级内学生之间的得分的差异程度并不相同。例如,有三个组,每组有 6 人,他们在一次测验中的成绩如下。

A 组:50,50,60,60,70,70;

B 组:30,40,50,70,80,90;

C 组:20,30,40,80,90,100。

三个组的平均分都是 60,即 $\bar{X}_A = \bar{X}_B = \bar{X}_C = 60$。

但是三个组得分的差异情况（或离散程度）是不同的。用来描述各组数据中差异情况（离散程度）的参量称为差异量数。常用的差异量数有平均差、方差和标准差。

（1）平均差

每个观测值（例如每个人的分数）与平均数的差,称为离均差,用符号 x 表示,即,

$$x = X - \bar{X}$$

各个观测值的离均差的绝对值的平均数,称为平均差,用符号 AD 表示,即

$$AD = \frac{|X_1 - \bar{X}| + |X_2 - \bar{X}| + \cdots + |X_N - \bar{X}|}{N} = \frac{\sum x}{N}$$

例如,上述三个小组的平均差为以下数值。

A 组: $\bar{X}_A = 60$, $AD = (10+10+0+0+10+10)/6 = 6.67$

B 组: $\bar{X}_B = 60$, $AD = (30+20+10+10+20+30)/6 = 20$

C 组: $\bar{X}_C = 60$, $AD = (40+30+20+20+30+40)/6 = 30$

（2）方差与标准差

计算平均差,由于需要取离均差的绝对值,而不便于计算。解决方法之一是取离均差的平方,再将离均差的平方加起来,得到离均差的平方和,即方差。方差也称变异数,作为样本统计量时用 S^2 表示,作为总体参量,用符号 σ^2 表示。其基本公式如下。

$$S^2 = \frac{\sum (X - \bar{X})^2}{N}$$

标准差即方差的平方根,样本的标准差一般用 S 或 SD 表示,总体的标准差则用 σ 表

示。方差和标准差是最常用的描述次数分布离散程度的差异量数。

3. 相关量数

事物之间总是存在广泛联系的,当描述事物的两组数据呈现出某种共同变化的趋势时,则可用相关分析研究其共同变化的密切程度。两组变量的相关有以下三种:

① 当一组变量变动时,另一组变量亦发生方向相同的变动,则这两列变量是正相关。

② 当一组变量变动时,另一组变量亦发生变动,但变动方向相反,则这两列变量是负相关。

③ 当一组变量变动时,另一组变量作无规律的变动,这种情况称为零相关。

例如,两次测验得分情况如表 12-2 所示,则两次测验成绩呈正相关。

表 12-2　两次测验得分情况

成员	第一次测验成绩 X (变量)	第二次测验成绩 Y (变量)
1	$X=72$	$Y=63$
2	$X=70$	$Y=81$
3	$X=62$	$Y=59$
…	…	…
49	$X=60$	$Y=55$
50	$X=40$	$Y=41$

一般来说,同一学科的两次测验,或两门相关学科的测验成绩总是相关的,只是相关的程度不同而已。我们用相关系数 r 衡量相关程度,其计算公式为

$$r = \frac{\sum xy}{NS_x S_y}$$

式中, $x=X-\bar{X}$, $y=Y-\bar{Y}$, S_x 是 X 变量的标准差, S_y 是 Y 变量的标准差,如果用原始分数来表示,上式亦可写成

$$r = \frac{N\sum XY - \sum X \sum Y}{\sqrt{N\sum X^2 - (\sum X)^2}\ \sqrt{N\sum Y^2 - (\sum Y)^2}}$$

相关系数的计算,样本量通常应在 30 以上才有意义。此外,两变量呈正相关或负相关,并不一定能说明两变量的变化之间有因果联系。一般来说,具有相关关系的两种现象之间的关系是比较复杂的,有时有中介变量的影响,有时还包含尚未被认识的因果关系或共变关系。

第二节 物理教学评价概述

一、物理教学评价的概念

教学评价是依据教学目标对教学过程及结果进行价值判断,并为教学决策服务的活动,是对教学活动现实的或潜在的价值做出判断的过程。教学评价是研究教师的教和学生的学的价值的过程。教学评价一般包括对教学过程中教师、学生、教学内容、教学方法手段、教学环境、教学管理诸因素的评价,但主要是对学生学习效果的评价,即学生学业质量评价和教师教学工作过程的评价,特别是课堂教学评价。

物理教学评价就是依据物理教学目标,通过系统地收集和处理物理教学信息,对物理教学活动的过程和成就进行价值判断的过程。物理教学评价的依据是物理教学目标;评价的方法不仅运用测验,也运用观察法、问卷法、统计方法以及多元分析法等一切客观的先进技术和手段;评价的对象是物理教学活动的过程和成就;评价的性质是价值的判断;评价的目的是为改进物理教学活动提供信息。

二、教学评价的功能

现代教学评价在教学的改革和发展中发挥了许多积极作用,主要表现在以下几个方面。

(一)诊断功能

教学总是以学生原有的知识水平和能力为基础的,因此正确评价学生原有水平是有效教学的前提条件之一。教学评价可以使教学人员在正式教学前了解学生各方面情况。比如教学是否有效、学生学习水平如何、在学习中有什么问题、课程计划是否合理、教材选用是否合适、教学过程存在哪些缺陷,都可以通过教学评价进行诊断。此外,通过教学评价,教师还可以随时了解学生的课堂学习状态。通过教学评价信息的反馈,可以帮助教师和学生认清教学结果与教学目标之间的差距,为后续改进指明努力方向。

(二)调控功能

教学评价是对教学结果达到教学目标的状况进行判断的过程,评价结果对从事教学及教学管理工作的人员而言,就是反馈信息。通过这些信息反馈,教师可以了解到自己教学中存在的问题,进而调整教学计划、教学进度,改进教学方法;对学生而言,通过教学评价可以使学生了解到自己掌握了哪些知识,存在哪些问题,从而调整自己的学习策略,改进学习方法;对学校来说,通过教学评价可以使校长了解到本校教学中存在的问题,以及取得的成就有哪些,从而为提高本校教学质量采取相应措施。通过经常性的教学评价活动,可以使教学过程成为一个随时得到反馈调节的过程,能够有效控制和预防教学过程中出现的不良行为,防止教学过程走偏方向。

(三)导向功能

教育评价是根据一定的价值标准进行的价值判断活动。在评价活动中,评价者常以国家和社会的价值、需要为准绳,设计一套评价指标和评价标准。被评价者为追求好的评价结果和达到特定目的,就会致力于满足评价标准的要求。因而,评价指标和评价标准就像"指挥棒"一样,为被评价者指明努力的方向。这种导向功能,在权威性较高、评价结果与被评价者的利益密切相关的评价中,更容易得到发挥。

(四)发展功能

教学评价本身是教学活动的组成部分,因此,评价本身能对学生的发展起到促进作用。学生通过参与评价,使得评价成为学习的一部分,并在评价的过程中获得发展。通过参与教学评价,学生也能获得新知识,学习新技能。教学评价的结果不仅为教师提供教学效果的反馈信息,也为学生提供学习效果的反馈信息。评价反馈信息既可能是肯定的也可能是否定的,肯定的反馈结果对于激发学生进一步学习和教师提高教学效果来说,无疑是一种促进和鼓舞,而否定的反馈结果也有助于学生和教师进一步认识自我和反思改进。同时,教学评价是对一定的教学方法和教学理念的贯彻落实,对于先进的教学方法和理念将会起到积极的推广、实践和发展作用;对于存在不足的教学方法和理念,教学评价会帮助教师和学生发现问题,进而不断改进。因此,教学评价的过程是师生双方不断认识自我和完善自我的过程,也是教学方法和理念不断走向规范化、科学化的过程。教学评价的发展功能是多方面的,既包括学生的发展,也包括教师的发展,甚至还包括学校的发展。

三、教学评价的取向

教学评价是依据一定的标准和目标对教学过程及其结果进行价值判断的过程,不同的评价者所依据的评价标准不一样,由此导致了评价的不同取向。教学评价取向是指评价者对教学评价所秉持的特定的、一贯的价值立场。它支配和影响着具体的教学评价活动。概括而言,教学评价的取向有三种,即目标取向的评价、主体取向的评价和过程取向的评价。

（一）目标取向的评价

目标取向的教学评价将教学结果与事先预定的教学目标进行比较,从而判断教学结果实现的程度。其代表人物为泰勒、布卢姆等。在目标取向的评价看来,评价就是判断目标达成度的过程。为了使评价结果尽量保持客观、准确,目标取向的教学评价在评价的过程中注重对能够数字化的资料的收集,评价中经常使用的是量化研究方法。通过将教学目标与教学结果进行对比,得出是否达到教学目标的结论。

目标取向的评价追求的是对被评价对象的有效控制和改进。评价的整个过程都非常强调评价者对被评价者的控制。在进行评价前,由于事先制订好了评价目标,教师会将评价目标当作教学目标;在教学过程中,教师始终以事先确定的评价目标来导向和调整自己的教学。这种评价过于受目标的控制,因此评价过程缺少灵活性。目标取向的评价忽视了教学评价现象的复杂性,忽略了教学评价过程中的一些不可控因素,因此这种评价的使用范围有限。目标取向的教学评价将参与评价的人客体化、简单化了,忽略了人在评价中的重要作用,忽略了人的生命及能动性、创造性。

（二）主体取向的评价

教学评价的参与者包括评价者与被评价者。传统的教学评价认为,教师是教学评价的主体,学生是被评价的客体,师生之间的关系是控制与被控制的关系。主体取向的评价认为,教学评价是评价者与被评价者、教师与学生共同参与评价,主动建构意义的过程。评价是一种价值判断的过程,不同的评价者由于价值立场不一,对同一评价内容可能会做出不同的评价。因此,为了获得准确的评价结果,教学评价应让多方主体平等参与。教师和学生不应该被排除在教学评价之外,他们是评价的主体。

主体取向的评价主要判断教学是否促进了学生的发展,是否满足了学生的发展需要,而不是简单地判断教学结果是否符合目标的要求。如果某一教学促使学生获得了良好的发展,即使它不符合教学目标的要求,也是好的教学。为了了解教学评价过程中教师和学生的教学效果,主体取向的评价一般采用质性研究方法。通过对教学过程中教师和学生行为的记录描述,判断教学是否有效。

主体取向的教学评价强调教师和学生的主体地位,倡导教师和学生参与评价的过程,是一种民主参与、协商改进的过程。评价过程要尊重差异,倡导价值多元化的评价取向。教师和学生在进行评价时,也应该树立评价主体的意识,主动参与评价,承担评价中相应的责任和义务。但是由于这种评价取向强调评价主体的多元化和平等,缺乏明确的标准和操作程序,因此评价过程不好操作,容易流于形式。

（三）过程取向的评价

教学是一个过程性存在,过程取向的评价则认为教学评价的对象是教学过程,因此评价也只能在教学过程中进行。在进行教学评价时,过程取向的评价重视时间上的一贯性和评价对象的整体性。在时间上,过程取向的评价将教师和学生在教学前、教学中、教学后的全部情况纳入评价范围;在评价对象上,过程取向的教学评价试图将教师和学生在课程开发、实施以及教学过程中的全部表现都纳入评价的范围之内。在进行评价的过程中,关注预期目标之外的结果,主张不论是否与预定目标相符、与教育价值相关的结果,都应当受到评价。过程取向的评价不仅能反映教学评价活动的各个阶段,而且能反映评价的全过程。

过程取向的教学评价模式是对目标取向的教学评价的改进。当前使用的档案袋评价,就属于过程取向的评价。过程取向的评价模式对于冲破预定目标对评价的限制,发现评价目标之外的事物具有一定的积极作用。但是由于这种取向的评价模式没有完全摆脱目标取向评价的影响,对人的主体性和创造性重视不够。

四、教学评价的类型

（一）常模参照评价、标准参照评价和个体内差异评价

常模参照评价是以学生的学习成绩在某个特定的群体中的相对位置来判断其学习效果的评价方式。由于群体标准的不同,同一学生的成绩可能会出现相对变化,因此这种评价是一种相对评价。常模参照评价通常用于综合性、范围较广的教学目标,评价的结果可供选拔、分班和分组使用。

标准参照评价是以事先确定的知识和技能的标准为依据来衡量学生学习效果的评价方式。这种评价在评价时有固定的标准,不考虑其他的个人因素,因此它属于绝对评价。标准参照测试以学生是否达标为衡量学习效果的标准,因此学生成绩在团体中的相对位置就不重要了。标准参照评价具有标准客观的特点,经常用于基础知识、基本技能的测评,评价结果可供是否合格、达标使用。

个体内差异评价是指以过去的成就为标准来衡量学生进步情况的评价方式。在这种评价中,评价的标准是学生过去的成绩与成就,不考虑其他人的进步情况,也不考虑是否达到目标。个体内差异评价仍是一种相对性评价,即相对于自己过去的情况。

（二）诊断性评价、形成性评价和总结性评价

诊断性评价是在教学前进行的诊断学生发展状态的评价,为制订有针对性的教学措施

提供依据。诊断性评价一般在教学前进行,因此又称为教学前评价或准备性评价。

形成性评价是在教学过程中进行的,其目标是促进学生发展,又称为过程性评价或发展性评价。这种评价能够了解学生的即时学习情况,并采取相应的教学措施。常见的形成性评价方式主要课堂提问、课堂小测验或作业、单元测验等。形成性评价关注的是学生在学习过程中对相应教学内容的掌握程度,可为教师及时改进调整教学策略提供反馈信息。

总结性评价通常是在一门课或一项教学活动结束后,对学生的整体学习状况进行的评价。由于它是在教学活动结束后进行的评价,因此又称为终结性评价或结果性评价。总结性评价一般次数较少,通常是在学期中、学期末或学段末进行。总结性评价的结果往往是衡量教师教学的质量和学生学习效果的依据。

（三）效果评价与内在评价

效果评价与内在评价代表了两种不同的评价思想。效果评价是对课程或教学计划实际产生的效果进行的评价。它关注的是教学前后,教师和学生在行为、知识和情感上所发生的变化。这种评价对教学过程以及产生变化的原因并不关注,只需要通过对比教学前后的数据即可作出判断。因此这种评价又称为暗箱式评价,它只关注输入与输出之间的不同,而忽略中间过程。效果评价只关注最终的教学效果,对教学中其他因素关注较少。

内在评价是对教学过程本身的评价,而不涉及教学结果的评价。内在评价更多地关注教学过程本身是否科学合理,是否具有教育意义,而不关注教学结果。从对效果评价与内在评价的定义分析中可得知,效果评价注重结果,内在评价重视过程,两种评价具有互补性。

（四）鉴赏性评价与鉴定性评价

鉴赏性评价是指对教学中师生的独特性做出价值判断的过程,一般用来判断教学的优势,因此又称为优势评价。鉴赏性评价的主要目的是让学生和教师了解自己学习和教学中的优势,以便其"扬长"。这种评价对不同的学生,使用不同的评价框架与标准,是为学生量身定制的,是因学生自身的特性而建构的。

鉴定性评价是用已有的评价框架和标准来评价教学,以鉴定教学的优劣。在鉴定性评价中,评价的范围、指标体系和评价标准在评价前就已经存在了,评价就是将实际的教学结果同已有的评价内容、指标体系和评价标准相对照,以判断师生是否达标以及在多大程度上达标。由于它假定已有的评价体系及标准是没有问题的,所以评价的目的就是找到教学中存在的问题,以便师生进行"补短",故而它又称为缺陷评价。在这种评价中,评价者使用同样的评价框架和标准来评价所有的学生。如果学生的发展超越了已有的评价框架和标准,或者处在已有的评价框架和标准之外,就不会受到评价的关注。

五、教学评价的新动向

近年来,素养导向的基础教育课程改革影响深远,促使教学评价也出现一些范式转移和新的动向。

(一)指向核心素养的形成性评价

核心素养作为教育目标,对它的评价具有重大的课程价值。具体说来:一是核心素养评价为教育目标的落实提供直接依据;二是核心素养评价满足课程基本构成的内在诉求;三是核心素养评价能为实际教学提供具体的改进建议。

核心素养是一种上位的素养,它的评价较为复杂。国际上将核心素养评价分为四种类型,第一种是具体评价核心素养;第二种是模糊评价核心素养;第三种是评价学科素养;第四种是评价学科知识。结合我国的实际,由于学科核心素养评价比较抽象,通常将核心素养与具体学科知识结合起来进行评价,也就是以学科知识的评价来反映学科核心素养的,以学科核心素养的评价来反映核心素养。

核心素养是一种统整性素养,很难通过大规模考试尤其是纸笔测试进行测量,其测量与落实更适合用课堂评价进行。而课堂评价的基本定位是促进学生学习,具有形成性评价的特性。因此指向核心素养的评价具有形成性评价的特征,具体表现为:① 以单元为单位开展评价。核心素养这样的高阶复杂学习目标必须要由单元来承担。单元设计时需要以核心素养为统领,在其引领下开展方案设计和行动。② 课堂评价是实施主阵地。③ 评价任务与核心素养匹配。④ 强调评价与教学结合,学科教师应自觉地依据本学科课程标准开展教学,把教学内容作为课堂评价内容,而不是模仿外部大规模考试。⑤ 运用评价结果促进教与学的改进。这意味着评价结果的运用必须有利于改进教师教学、促进学生学习。

在课堂层面,指向核心素养的形成性评价可粗略地分为正式与非正式形成性评价。正式的指向核心素养的形成性评价关注整个班级,教师的目的是考查学生对学习目标的达到情况,教学信息是事先规划的,收集方式是通过班级测验或某个具体任务进行,并用于教学反馈。而非正式的指向核心素养的形成性评价并非经过严格地事先规划,它来自学生的学习活动,更具灵活性,也更便于评价除认知目标外的其他方面的目标。其作用是帮助个体学生,评价结果同时向学生和教师反馈。

(二)基于标准的表现性评价

基于标准提升教育质量是国际教育发展的共同趋势,以教育标准为基础,使教育系统的各个环节都与教育标准相一致,而且这些环节之间也能彼此一致,没有冲突。这是一种理想模式,是各国教育改革努力追求的目标。

教育标准在教育系统中处于核心地位,而内容标准与表现标准都是其中必不可少的组成部分。表现标准之所以得到极大关注,是因为它要描述学生对内容标准掌握的程度,是国家对教育质量的重要表达。在实践中,为确定应试者是否掌握某个学科领域的学习要求,需要对学生的掌握水平进行划分,表现标准就成为评价设计的核心问题。当表现标准设置后,就能为评价提供更直接、具体的依据,评价者可据此通过应试者的表现来判断应试者所处的掌握水平,或应试者是否可通过平时测试和选拔测试。在很大程度上,表现标准正是为了保证内容标准得到执行和落实而建构的,它直接反映了人们对基础教育质量问题的关注和对卓越教育的期待,表明人们趋向于从多个方面来理解课程内涵。课程不仅包括学习内容,还包含学生的学习活动及其表现和结果。从课程实施与评价角度看,对表现标准的规定和说明甚至比对内容标准的界定更具影响力,因为表现标准能为衡量和评价课程提供更直接的尺度。

《普通高中物理课程标准(2017年版2020年修订)》中学业质量标准就是以物理学科核心素养及其表现水平为主要维度,结合课程内容对学生学业成就表现的总体刻画。它是依据物理学科核心素养中的“物理观念”“科学思维”“科学探究”“科学态度与责任”四个方面及其水平,结合课程内容的要求,依据不同水平学业成就表现的关键特征而制定的。高中物理学业质量分五级水平,既是指导学生自主学习和评价、教师开展日常教学设计、命题和评价的重要依据,也是高中学业水平考试命题的重要依据。

（三）跨学科实践的评价

《义务教育物理课程标准(2022年版)》将跨学科实践作为五大课程内容之一,强调立足物理学科,发展学生分析解决实际问题的综合能力,培养学生乐于实践、敢于创新的科学精神。跨学科实践是一个新命题,聚焦学生关键能力发展,强调在真实情境中解决复杂问题,为物理教学带来了新的挑战。相应的,跨学科实践教学的评价也随之成为新的研究问题。美国全国科学教育协会(简称NSTA)研制的“教育工作者评价教学产品质量”量规(简称EQuIP量规)是对此问题的前期探索。我国学者吸收借鉴EQuIP量规的部分评价指标,协同跨学科实践教学改进实践,探索提出面向我国跨学科实践教学的评价标准。

评价标准从设计、实施、评价三个维度衡量跨学科实践教学的质量,分别对应“指向核心素养的设计”“基于课程标准的教学支持”“监控学生学习”三大类别。“指向核心素养的设计”要求课程活动的设计能让学生通过在真实情境中的思考和实践来发展核心素养。“基于课程标准的教学支持”“监控学生学习”均根据“学生探究与他们的生活经验和文化相关的问题解决方案"展开,分别关注面向学生及教师提供合适的教学支持和合理的评价系统。"基于课程标准的教学支持"维度要求教学设计通过创设真实、科学、准确的问题情境,强调使用多种教学策略来满足不同学生的需求,为教学和学习提供渐变式的脚手架。"监控学生学习"维度旨在以学生发展为本,强化素养导向,从评价内容、形式、过程和原则几个方面全面客观地了解学生核心素养的发展状况,充分发挥反馈的激励作用。

(四)教育增值性评价与学生学习增值性评价

教育增值性评价作为一种形成性评价方式,相较于传统的终结性评价方式,更加注重教育主体在评价期间的个人发展,是一种发展性的评价方式。2021 年 3 月,教育部等六部门印发《义务教育质量评价指南》,要求将教育增值性评价与结果评价结合,科学地判断学生、教师和学校的努力程度,优化评价方式方法,不断提高评价工作的科学性、针对性、有效性。

学生学习增值性评价不同于以往的结果评价,不以一次的考核结果评价学生的学习状况,体现两个重要的理念:增值理念和净影响。增值就是相对于起始阶段,学生经过学校教育之后成绩增长的情况;而净影响是在排除学校以外因素影响的情况下获得的纯粹学校影响。学生增值性评价以学生自己作为评价标准,将以往的横向比较转为纵向比较,能够减轻学生的心理负担和学习压力,更好地发挥教育评价的激励和改进作用。学生增值性评价强调学校教育对学生发展的促进作用,通过构建多方面的指标体系,剔除不可控和非学校因素对学生的影响,以复杂的数学模型较为精准地测量学校教育在促进学生成长方面的功能,是一种先进和精确的新型学生评价方式。同时,学生增值性评价关注学生的个人发展状况,不仅在学业成绩上,还包括如性格、社交能力和动手能力等多方面,以学生的综合发展状况评价学生,是一种关注学生多方面发展和进步状况、完整且不可割裂的综合性评价方式。

第三节 学生学业质量评价

物理学业质量评价是对学生在物理学习过程中或学习结束后的学业表现进行的质量评判。物理学业评价是物理教学评价的子集,其评价对象是学生,主要目的在于促进学生学习。物理学业评价应基于物理学科核心素养的要求,采用主体多元、方法多样的评价方式,创设真实且有意义的问题情境,客观全面地了解学生核心素养的发展状况,找出存在问题,明确发展方向,及时有效给予学生反馈,促进学生全面发展,激励学生不断进步。

一、学业评价的方法

可用于开展学业评价的方法有很多,常见的有观察法、访谈法、问卷法、成长记录法、日常学习评价和测验法等。这些评价方法各有特点,在不同的情况下各有优势。在进行物理学业评价时,视评价目标的不同,既可侧重使用某种方法,也可把几种方法结合起来开展评价活动。

(一)观察法

观察法是评价者通过感官或借助工具,有目的、有计划地观察和描述客观对象的行为表现的一种方法。随着科学技术的进步,摄影、录音、录像等现代技术手段延伸了观察的时间和空间,使观察结果更加准确、可靠。这使得观察法成为物理学业评价中最基本、常用的方法之一。观察法常被用于表现性评价。所谓表现性评价,就是通过有计划地观察学生在解决问题或论证观点等活动时的表现,来判断学生的学习状态与学业水平。例如对学生实验探究技能的评价。现场观察评价法是对探究能力的评价效度较高的一种方法。评价者依据事先设计好的观察项目,记录学生解决问题过程中的相关表现,然后依据统一的标准评定等级,进行评价与反馈。在进行观察时,我们还提倡关注学生的科学思维过程,以及学生在科学态度与责任方面的表现,以全面了解学生的态度品格、对知识与技能的掌握程度,以及批判思考、创新意识等高阶思维能力的发展状况。

(二)访谈法

访谈法也是物理学业评价中常用的方法。区别于以物为研究对象的自然科学,访谈法是以人为研究对象的人文与社会科学特有的资料获取方法。访谈法是通过与学生进行口头交谈的方式来收集其活动表现信息、探究其物理核心素养发展状况的一种评价方法。观察法与访谈法都是直接收集评价对象认知和行为表现信息的基本方法,不同点在于访谈法通过语言交流进行更具交互性的信息收集。在物理学业评价中,这两种方法往往结合使用、互相补充。使用访谈法时,往往先创设一个问题情境,以此引发学生的思考,通过学生的口语表达,了解其思维过程。教师可视情况对学生的回答进行引导,这样既有助于教师充分了解学生的思维过程,还能帮助学生养成建构科学解释时的证据意识和理论意识。

(三)问卷法

问卷法是评价者用统一设计的问卷来调查学生有关的心理特征和行为数据资料的一种方法。问卷法是以设计好的问卷为工具进行研究,其标准化程度较高、目的性较强,设计、施测,以及结果的处理和分析都按照一定的原则和要求进行,从而确保问卷法的准确性和有效性。问卷法能在较短的时间内收集到大量的资料,且所得资料一般能通过计算机较迅捷地统计分析出初步结果。问卷法的上述特点使得其在学业评价、教师评价和教育研究中得到了广泛应用。

问卷主要分为结构问卷和无结构问卷,根据资料收集目标和对象的不同,可采用不同类型的问卷或将两者结合使用。结构问卷中每一个问题都事先列出了几个可能的答案,答卷人可根据自己的情况从中选择。结构问卷作答结果标准化程度高,故问卷的回收率和信度都比较高,且收集的数据便于统计分析。无结构问卷并非真的完全没有结构,其问题设置仍是结构化的,只是每个问题未事先列出候选答案,由答卷人根据自身情况自由作答。无结构问卷对答卷人限制较少,能获得更符合答卷人实际情况或更深入的作答。但无结构问卷收集的资料往往难以量化分析,而且由于作答耗时较长,收集来的资料有时难以达到预期。故很多情况下可以将两者结合起来使用,例如,先设置结构问卷,然后在结构问卷后加上若干无结构问卷的问题,以互相补充、取长补短。

(四)成长记录法

成长记录法也称档案袋法,是指通过收集、记录学生在物理学习过程中的行为事例、典型作品等事实性资料,评价学生学习与进步的方法。建立学生的成长记录,回顾考查学生学习的起点、过程、成果及困难,能引导师生关注学习的过程,并以成长记录为依据,分析学生在达到目标过程中付出的努力与取得的进步,发现学生在学习与发展过程中的优势与不足。而且,让学生自主选择反映自己当前水平和进步情况的作品进行展示,用语言描述学习和进步,对自己和他人的作品进行评议,能推动学生对自己的学习和发展进行思考,促进同学之间的相互学习和借鉴,培养学生的自主意识和反思能力。

在物理教学中应用成长记录法,可将科学探究活动的过程记录、结果分析和交流反思等存入个人或小组的档案。教师在探究活动开始前派发工作单,工作单可由指导语、留白和参考图表等组成,"辅助"或"指导"着探究工作的开展,要求学生在进行探究活动的间隙,按工作单中指导语的要求把探究过程和结果记录下来。教师既可根据工作单中所填内容在第一时间进行评价和反馈,还可将学生各次完成的工作单放入档案,作为成长记录。除工作单外,还可要求学生对自己的探究过程进行记录,形成探究日志。对探究日志的积累、比较和反思,也是成长记录法在物理教学评价中的常见形式。在积累档案材料的同时,一定要让学生对比档案袋中的探究过程和探究成果,评估自己或团队在探究活动中的进步,反思之前探究方案的设计或探究结果的评价上有哪些不足,这样才能充分发挥成长记录的作用。

（五）日常学习评价

在日常的教育教学活动中，教师的很多言行对学生都构成评价，我们称这种评价为日常学习评价。例如，课堂提问与反馈、口头的表扬与批评、写在作业本或测验卷上的评语甚至期待或不耐烦的表情，都算作日常学习评价。从例子中可以看出，日常学习评价并不是一种独立的评价方法，而是观察法、访谈法等在日常教学过程中的应用与变式，但由于这类评价的广泛性、即时性，需要教师在实践中给予足够的重视。

由于日常即时性评价不必承担评价的鉴定选拔功能，因此教师应最大限度地发挥其促进学生发展的作用，可以将日常评价与学习融为一体，使之成为教学过程的有机组成部分。例如，在课堂中教师应精心设计各种层次的任务，敏锐地捕捉学生各类理解水平的作答表现，据此给予学生及时的教学辅助。同时，还应提升自己的物理教学素养，在日常反馈中引导学生运用物理语言，建构物理思维。例如，当学生难以解释某一自然现象时，教师适时地指导学生思考"现象背后涉及哪些物理原理""获得的资料是否支持你的假设""应该用什么样的推理过程论证你的想法"等问题，这都有助于学生科学思维能力和交流能力的发展。

（六）测验法

测验法是用一套标准化的试题按规定程序施测，然后根据作答情况收集数据的一种方法。与问卷法相比较，测验法也是通过事先设计好的问题来获取被试有关信息的，不同在于测验法从设计到施测都采用了更加标准化的规程，且其不再局限于文字形式，还可采用非文字形式即操作形式来进行研究。测验是对人的行为、心理特质的测量。它与我们熟悉的物理测量既有联系，又有区别。

物理测验虽然有间接性、随机性和相对性的特点，但严格按规程开展物理测验并进行质量监控能减小系统和随机误差，使得物理测验在一定程度上仍具有客观性，其结果仍是可信和可靠的。在使用测验法时，教师还应注意对测验结果的反馈。测验完成后，要及时将测验结果反馈给学生，以帮助学生发现、纠正学习中存在的问题，增强学生学习物理的兴趣和自信心。面向学生的测验反馈应以鼓励和肯定为主，尽量避免测验对学生的负面影响。有些测验，还应向家长、学校和社会其他有必要了解情况的人提供记录、进行报告，在向其他人报告学生测验情况时，应注意保护学生隐私。教师应了解测验结果的不同呈现方式，以及各种呈现方式的优势和不足，采取恰当的方式进行反馈，让学生了解自己取得了哪些进步、发展了哪些能力，还有什么潜能，同时指出存在的不足。有条件的，还要让学生参与测验结果的判断和解释过程。

二、物理测验试卷的编制

在学业成就测验中,试卷是测量的基本工具,试卷的优良与否,直接影响到考试的质量。为了编制出性能良好的试卷,在编制过程中,应当严格按照科学的编制方法和程序进行。编制试卷的一般步骤如下:

第一,确定考试的目的。编制测验必须首先明确测验的目的,根据目的设计试题。例如,高考的目的是选拔具备高中阶段学习任务所需要基础知识和能力的考生,试题就应该有较好的区分度,能够鉴别不同能力的考生,发挥其选拔功能。

第二,确定考试的目标。确定考试的目标是达到考试目的的需要,确定应测量什么,以及测量到什么程度等具体的考试目标,即要确定测验内容的取样范围和测验的行为目标,要对所测量的内容范围和能力要求做出具体规定。

第三,确定试题的形式。试题的形式有客观型和主观型。一个完整的物理测验,应当包括各种形式的试题,以全面考查学生的认知行为。

第四,制订命题计划。为了科学合理地进行测验,应根据测验的目的和目标制订命题计划。命题计划应包括两部分内容:一是试题和试卷的编制原则和要求,具体说明考试的目标、内容范围、考试方法、试题类型、编制试题和组配试卷的要求等。二是试卷中试题分布的规定,具体规定出考试内容中各部分的试题数量和占分比例,并以命题双向细目表的形式给出。

第五,编制试题。编制试题的具体依据是命题双向细目表、编制测验的基本原则、不同题型的具体编制要求等方面。

第六,集合成测验试卷。在编排试题时,试卷的格式、试题的排列顺序要符合一定的要求;试题的难易排列要有层次,先易后难。编制测验的试卷,一般应有正题、副题及补考题等类型,这几种类型的试卷要等价平行。

第七,预考和考情预估。试卷命就后,教师必须亲自或指定其他教师进行试答,对学生能否按规定的考试时间答完全卷,做出较准确的估计。

第八,编制标准答案,规定评分标准。标准答案要简明准确,评分标准要客观合理,能使分数合理反映考生的水平。

以上编制测验试卷的步骤,主要适用于教师的自编测验。至于标准化测验,除了要满足以上原则外,还有其他具体要求。

三、物理测验的评价指标

物理测验应可信、有效且难易适宜。可信指测验所收集的数据符合学生的实际情况,有效指测验确实指向学生的物理学科核心素养,能反映学生物理学科核心素养的真实发展水平。难易适宜则指测验设计的难度与学生的能力水平大体相当。根据上述要求,这里介绍信度、效度、难度和区分度的评价指标。

（一）信度

信度是衡量测验可靠性的指标。可靠的测验在测验对象的学业水平不变的情况下，各次测验的结果应具有稳定性和一致性。这里的稳定性和一致性并不是指各次测验的成绩都相等，而是指成绩在一定误差范围内随机浮动。衡量测验的信度有多种方式，在物理教学中常用的有重测信度、复本信度和分半信度等。

重测信度的基本假设是短时间内测试对象的待测心理或行为特质没有显著变化。如果满足此假设，则可对测试对象用同一套试题先后测试两次，计算两次测试结果的相关系数。重测信度在体育测试等有较为广泛的应用，但在物理测验中并不常用。因为若两次测验间隔时间长，学生的物理水平可能发生变化，若两次测验间隔时间短，则会有记忆影响及"练习效应"带来的系统误差。

复本信度适用于有等值平行卷的测验的信度估计。所谓等值平行卷，即两套试题题目不同但试题形式和难度基本一致，这两套试题互为复本。当满足此条件时，将两份平行卷同时或间隔一定时间施于同一被试所得测量结果的相关系数就是复本信度。复本信度在物理教学应用中的问题在于高质量的复本不易编制，而且先后施测时易出现顺序效应。

当物理测验试题只有一套，且测试结果不可避免地受到时间的影响只能进行一次测验时，常用分半信度来评价测验的稳定性。将一次测验的试卷等值地分成两半，相当于两份试卷，也就相当于两次测验，再计算两部分总分的相关系数 r_{xy}，即

$$r_{xy} = \frac{n \sum XY - \sum X \sum Y}{\sqrt{n \sum X^2 - (\sum X)^2} \cdot \sqrt{n \sum Y^2 - (\sum Y)^2}}$$

公式中前一半的分数以变量 X 表示，后一半的分数以变量 Y 表示。但用上述计算方法实际上低估了整个试卷的信度，故一般会再用斯皮尔曼－布朗（Spearman-Brown）公式校正，公式如下：

$$r = \frac{n \cdot r_{xy}}{1 + (n-1) r_{xy}}$$

我们一般把试卷分成两半，故公式中 n 取 2，最终求得的 r 的数值就是整套测验的分半信度。一般来讲，信度值在 0.8 以上为基本合格。需注意的是，将试题前后分半不适于受作答速度影响的测试，相应的改进方法为奇偶分半，即将问卷的奇数题和偶数题各作为两半。除上述方法之外，克隆巴赫系数（Cronbach's α 又称 α 系数，内部一致性系数）也是教育测量中常用的信度分析指标，其公式为

$$\alpha = \frac{n}{n-1} \left(1 - \frac{\sum_{i-1}^{n} s_i^2}{s_x^2} \right)$$

除了试题质量外,试题数量也是影响信度的重要因素。由于随机误差有的为正值,有的为负值,如果试题数量足够多,加起来就可能将随机误差的影响相互抵消,从而可增强可靠性、提高信度。可以通过计算来确定为满足信度要求需增加的试题数量,如果某次测验的题目数量较少,信度 r_{xx} 低,为了提高信度,使其达到 r_{kk},则应增大题量。设增加后的总题量与原题量的比值为 K,则有

$$K = \frac{r_{kk}(1 - r_{xx})}{r_{xx}(1 - r_{kk})}$$

例如,某次测验的信度 r_{xx}=0.64,为了提高信度,使其达到 r_{kk}=0.80,则根据上式计算,得知 K=2.25,这表明,应当将原来的题量增加 1 倍多。如果原题量为 12 个题目,则应增到 27 个题目。

除了试卷本身的因素,评分过程也影响测试的信度。设定的评分标准应具有科学性和适宜性,在确定好评分标准后,应按照科学严谨的阅卷流程、严格依据评分标准评分。否则测验的结果会带有很大的随意性,信度自然也会很低。当前,高利害测试评分阅卷已逐渐形成了一整套规范的阅卷流程。例如,通过计算机辅助阅卷系统,随机将试卷分发给多位评阅人同时评分,及时监测评阅人的评分情况等程序性保障,都能有效提升测试的信度。

(二)效度

测验的效度指测验能够度量出所要测量的行为或心理特征的能力,旨在考查测验的有效性和正确性。效度是衡量测验质量的一个重要指标,它说明一个测验究竟在多大程度上达到了测验的目的,也反映测量不受系统误差干扰的程度。在教育和心理统计学中,效度是一个内涵丰富的概念,在物理测验实践中,主要关心内容效度。内容效度主要考量问卷各项目所测是否是应测量的领域,以及问卷所包含的项目是否覆盖了应测领域的各个方面。

高信度是高效度的前提,除此之外,要保证测验具有较高的内容效度,遵循程序科学、严谨的编制测验是关键。在试测或正式测验后评价测验的效度时,应从两方面分析。一方面分析试题,测试范围和试题类型要紧扣测验目的,题目表述需清楚明了、易于理解,试题难易适当、排列合理。另一方面应观察作答反应,看学生能否准确理解题意,题目的难度和区分度要合适并搭配合理,并可根据有针对性的访谈调整题目。

(三)难度和区分度

难度是一个视测验对象及其水平而变化的统计量,能正确作答的学生越多,可以说这道题难度越低,若大部分学生不能顺利解决某道题目,则这道测试题难度较高。基于经典测量

理论,一道单项选择题的难度等于答对人数与总人数的比值:设 N 为被测的总人数,R 为答对(通过)的人数,则难度 P 的计算公式为:

$$P = \frac{R}{N}$$

但这里 P 的值越大,表示试题难度越小。为了与人们的习惯一致,常定义难度为 H($H=1-P$)。这样定义后,H 值越大,难度就越大。对于一般非选择型题目,可用学生在某个题目上所得的平均分数 $\overline{X}$ 与该题满分的比值来定义难度,即

$$P = \frac{\overline{X}}{X_{满}} \quad 或 \quad H = 1 - \frac{\overline{X}}{X_{满}}$$

一般来说,难度 H 值在 0.3 ~ 0.7 内为适中,在 0.7 ~ 0.9 内为较难,在 0.1 ~ 0.3 内为较容易。

区分度用来衡量每道试题区分学生水平的能力。计算区分度的方法有特征曲线法、相关法、鉴别指数法等。这里介绍用两个极端组通过率的差异作为区分度的指标的计算方法。首先,将被测者的试卷按总成绩的高低依次排列,取出 27% 高分数的试卷,作为高分组(H),再取出 27% 低分数的试卷,作为低分组(L)。对于选择型题目,区分度 D 的计算式为

$$D = \frac{R_H - R_L}{n}$$

式中 R_H 和 R_L 分别为高分组和低分组中答对(通过)某个题目的人数,n 为高分组或低分组的人数($n = N \cdot 27\%$)。对于非选择型题目,用 $\overline{X}_H$ 和 $\overline{X}_L$,表示高分组和低分组某个题目的平均分,用 $X_{满}$ 表示该题目的满分,区分度的计算式为

$$D = \frac{\overline{X}_H - \overline{X}_L}{X_{满}}$$

美国学者伊贝尔(R.Ebel)提出评价试题区分度的指标,如表 12-3 所示。

表 12-3 区分度的衡量标准

区分度 D	试题评价
0.4 以上	优秀
0.30 ~ 0.39	良好
0.20 ~ 0.29	差,需要修改
0.19 以下	淘汰

一般说来,难度适中的题目,区分度较高。难度太低和太高的题目区分度都不会高,对于难度太低的题目,几乎所有受试者都能正确回答,而对于难度太高的题目,几乎所有受试者都不能正确回答,在这两种情况下区分度必然很低。

第四节　课堂教学评价

课堂教学是促进学生物理学科核心素养发展的最主要方式。优秀的物理课堂教学应根据课程标准的总目标和具体目标,学生为主体,教师为主导,师生积极互动,让学生在课堂中有效、自主地建构科学理解,探究自然世界,发展物理学科核心素养。对课堂教学进行评价,有助于课堂教学环境的改善、课堂教学模式的转变和课堂教学内容的优选,促进教学有效性的提升。

一、课堂教学评价的维度

物理课堂教学评价是基于教育目标,对物理课堂教学过程进行描述、评估和诊断。课堂教学评价是提高物理课堂教学质量的关键环节,能有效发挥课堂教学评价的导向、改进和激励功能,促进教学质量的提高和教师专业发展。一般来说,对物理课堂教学质量的评价,可以从三个维度进行考查。

(一)内容维度

课堂教学内容的遴选和优化是高质量教学的基础。首先,应考查教师所确定的教学目标是否以促进学生核心素养的发展为导向,是否准确、全面、具体、清晰,选择的教学内容是否与教学目标一致,教学中能否根据实际情况恰当调整。其次,在保证内容的科学性与思想性的前提下,还应考查教学内容的深度、广度,选择的材料是否具有代表性和启发性。同时,在教学内容的组织上,应围绕教学主题整合内容,内容的次序安排应符合学生科学理解和科学能力进阶发展的内在规律,重点突出,对学习时的难点有针对性地教学应对。

(二)学生维度

学生是课堂教学的主体,分析学生的学习过程与学习效果是评价物理课堂教学的重要方面。考查此维度时,应观察学生参与课堂学习的主动性和深入性:是否积极主动地参与课堂活动,动手实验,交流讨论,推理演算;是否深度思考课堂教学内容,聚精会神地倾听教师的讲解与同学的发言;是否积极思考、大胆表达自己的意见与质疑等。课堂教学评价最重要的还是要考查学习效果,即从物理学科核心素养的四个方面,分析学生能否通过课堂教学达成物理学科核心素养的发展。

（三）教师维度

教师在物理课堂中起着主导作用,教师根据课程标准的总目标和具体目标,结合教学实际创造性地开展教学工作,是落实物理学科核心素养的培养要求的关键。评价此维度时,应考查教师对教学方法的选择是否合理,是否具有针对性,是否符合教学目标和内容的需要;还要关注教学是否符合物理学科的特点:突出观察与实验,突出科学探究,有助于学生实现自主建构知识。同时,还要考查教师是否关注了全体学生在各自基础上的发展,及时、有效地调整教学策略。教学基本技能是达成上述要求的保障。分析教师的教学技能,可以观察教师能否营造良好的学习氛围,创设有意义的学习情境,调动学生学习的积极性;考查教师的教学活动安排是否合理;教学语言表达是否准确、精练、简明、生动,具有启发性、逻辑性和感染力;板书是否合理、规范等。根据物理学科的特点,教师还应能充分、有效地使用教具、实验仪器和现代教学媒体,规范、熟练地进行演示实验操作,组织和指导学生进行实验探究。

二、课堂教学评价的方法

传统的课堂教学评价主要通过听课、议课和评课来进行。随着教育理念的发展和教育技术的进步,对课堂教学进行观察的视角愈发多元,对课堂教学的评价在向系统评估和精确诊断两个方向发展。在课堂教学评价的三个维度中,学生维度中教学效果的评价方法和本章前两节重点讨论的评价方法是一致的,下面侧重课堂教学其他方面的评价,介绍三种经典的课堂教学评价方法——评议法、量表法和视频分析法。

（一）评议法

教师、教学研究人员及教学管理人员以课堂教学为对象,在充分观察课堂教学的基础上,围绕具体的课堂教学过程展开研讨,对课堂教学各方面进行评价称为课堂教学评议,即课堂教学评价中的评议法。通常情况下,评议的程序是首先由授课教师阐述自己的教学设计,视情况进行教学实施并对实施过程中出现的问题开展自我反思,然后由评议者从不同的侧面发表自己的意见,肯定教学的优点,同时提出意见或建议。教学评议具有诊断、引导和调节的功能,同时带有激励性和发展性,是课堂教学评价的一种常用方法。评议者之间思维的碰撞和观点的交锋,往往能为教学提供一定的启发。

教学评议一般可分为主题性评议和开放性评议两种。对于主题性评议,其评议的对象和评议活动本身都围绕预设的主题开展,如专题研讨探究教学模式、传感器在物理教学中的应用等。当前常见的实践形式有"同课异构"和"异课同构"。同课异构是让教师们选择同一课题分别进行教学设计,然后通过比较性评议,探讨促使此课题的教学目标达成的最优化教学结构和组织策略。异课同构是让教师们选择类型相近但内容不同的课题分别进行教学设计,例如,对"加速度""电功率""电场强度"三节概念教学课进行设计,然后通过类比性评议,探讨此类课题的教学模式和策略选择,既能在一定程度上避免评课过程中的竞赛性,还能互相启发教学设计和改进的思路。开放性评议则不限定主题,一般通过参考评价课堂教学质量的几个维度,并结合本节课的重点内容、关键问题进行讨论,以此判断和改进。

(二)量表法

量表法是评价者依据事先制订好的课堂教学评价量表,对教师的课堂教学进行观察,逐项打分或评定等级,最后给出总体评价意见的方法。运用量表法进行教学评价时,量表是评价活动的依据和指南,而且事先研制的量表对教师的教学行为具有导向作用,所以科学、适宜的评价量表是使用量表法进行评价工作的关键。

评价量表的设计和选用应坚持发展性原则和科学性原则,发展性原则强调课堂教学评价量表应引导教学贯彻落实新教育教学理念和课程标准要求,促进教师对教学过程的优化和教学专业能力的发展;科学性原则强调课堂教学评价量表的指标、内容、权重和等级等的划分应基于研究,科学合理,使用量表获得的评价结果应客观公平、具有一定的稳定性。此外,优秀评价量表具有针对性,即根据评价目的、对象和环境,评价量表的指标、内容等的设计应有所侧重。

由此看来,不可能一劳永逸地设计出放之四海而皆准的评价量表。同时,使用评价量表时也必须考虑到评价的课堂教学要素和课堂教学整体间的关系,避免过分关注细节而忽视对课堂教学的整体把握。对于参与评价的教师,在拿到评价量表时应采取批判性学习的态度:积极理解评价指标蕴含的教育理念和教学导向,既接受其指导,又不为其具体的要求所束缚。

(三)视频分析法

随着教育技术的发展,视频分析为课堂教学的观察与评价提供了新视角。视频分析可以从表面结构和深层结构两个层面进行。对表面结构的分析主要包括教学时间、课堂环节、课堂互动组织等方面,通过对这些表观要素的统计,能刻画和比较课堂教学的基本特征。课堂教学的有效性不仅是由这些表观特征所决定的,教学内容和活动所反映出的教学深层结构对课堂教学的质量有着关键性的影响。对表面结构的分析,首先,要统计教学时间;其次,要观察课堂教学的环节设置和课堂互动组织,为了便于进一步分析比较,常对两者进行编码。对教学深层结构的分析应与教学的具体目标和学业质量水平结合开展。

基于视频分析进行课堂教学评价可以重复进行，并可以非常方便地进行比较和交流，还可以安排多位观察者按照框架进行编码，然后计算两者编码的一致性系数以检验编码的稳定性，进一步提升课堂教学评价的客观性和准确性。除上述方法之外，还有一些观察分析的方法（如弗兰德互动分析）也开始被用于课堂教学评价，感兴趣的读者可以查阅相关资料，学习与尝试使用。

三、课堂教学的"教—学—评"一体化

新版课程标准在评价建议部分倡导强化评价与课程标准、教学的一致性，促进"教—学—评"有机衔接，提升评价质量，充分发挥评价的育人价值。滞后的评价很难反映学生在学习过程中对于知识的理解和建构过程，在"教—学—评"一体化理念的指导下可以将原本"教学—评价"的二元结构转化为以评价融通"教与学"的一元结构，有利于建构一个高效的评价结果反馈机制。"教—学—评"一体化就是要协调好教师的教、学生的学以及评价活动三者之间的关系，使得评价最大限度地帮助和改进教学。教学、学习和评价以共同的目标为导向，构成了一个新的教学关系。

"教—学—评"一体化与"教—学—评"一致性经常同时被提起，这两种概念有一定的关联。二者的目的都是为了提升教学的有效性，且二者都是基于逆向教学设计模式在教学中开展，不同的是"一致性"强调的是课堂中所教、所学、所评都与教学目标相一致，强调教学目标、评价任务、教学活动三者内在的一致；而"一体化"更多的是侧重评，强调评价要贯穿在教学活动全程，将评价作为一种教学工具，使得评价不再游离于教学和学习活动之外，教师和学生可以及时调整自己的教学和学习计划，有利于学习目标的实现。"教—学—评"一致性是实施"教—学—评"一体化的前提，"教—学—评"一体化不仅包含"教—学—评"一致性这种课程实施理念，还包含着一种课程评价理念。

在"教—学—评"一体化的教学设计中，首先要对课程标准、教材内容、学生学情充分解读，预设好教学目标。教学目标的设计有利于教学资源、学习任务和学习情境的选择，给评价目标的设计提供方向。评价目标的作用就应该是确定学生"学了吗，学到了什么程度"。其次，明确评价目标是进行课堂即时评价的起点，评价目标明确了，那评价任务和学习活动也清晰了。教师在教学过程中主要通过评价活动来衡量教学目标是否达成，了解学生知识掌握、核心素养的发展以及思维达到的水平。但评价是一种价值诊断性过程，如果没有一定的标准，教师对学生的评价可能不够客观。为了保证评价的科学性和合理性，教师可以利用 SOLO 分类评价理论，基于学生的课堂表现和学习结果，对学生思维水平进行科学的划分和评价。再次，教师在课前应该准确把握学情，在备课时预设多个学生可能回

答的信息,并提前设置好多个值得学生思考的问题,以保证教学能够高效地进行。然后,教师需要设计评价任务。为了使教师评价学生更加准确客观,需要依据评价标准设计一个或多个评价任务,与学生的学习任务相对应。"教—学—评"一体化理念下的课堂即时评价任务应该是动态的,是基于一定教学目标,结合设计的评价任务,它能帮助教师及时对学生的表现进行评价,提高教学的层次性,为"教—学—评"一体化提供及时的监测保障。对于层次不同的学生,教师可以设计不同的评价任务。最后,选择评价工具,观察检测学生反馈。在传统的评价方式中,教师往往通过纸笔测验来了解学生的学习情况,但在课堂即时评价中还使用纸笔测验有诸多不便,所需时间较长还不能保证收集结果的科学性和合理性。因此,教师在课堂中可以合理利用数字化工具,如利用平板或点阵笔收集学生回答问题的信息。

总之,课堂教学质量评价是整个教学质量评价的一个组成部分。评价是多方面的,评价方法也多种多样,要注意及时反馈,有计划地注意积累资料,建立系统的过程性档案,发挥评价应有的积极作用。

扩展资源

 12-1 活动评价表

 12-2 活动的评价案例

 12-3 高中物理课堂教学评价量表操作细则

 12-4 基于物理学科核心素养的高中物理课堂教学评价量表

 12-5 高中生物理科学思维的测评框架

思政育人

1. 结合本章内容,查找相关资料,了解激励评价是如何促进学生的成长和发展的。

2. 结合本章内容,查找相关资料,了解我国改革开放以来各时期教育改革所倡导的评价方式对课程育人功能的积极影响。

1. 请结合新版物理课程标准和新教材,选择相关教学内容进行学习评价设计。

2. 如何理解"把学生作为教学的中心,落实评价是为了更好地促进学生的学习和发展"?

第十三章

中学物理教师的专业发展

学习导航

- 中学物理教师的专业发展
  - 教师专业发展的内涵和阶段
    - 物理教师专业发展的概念
    - 物理教师专业发展阶段划分及特征
  - 教师专业发展的途径和方法
    - 教学反思
    - 说课
    - 校本教研
  - 中学物理教师的教学研究
    - 物理教学研究概述
    - 物理教学研究的方法和课题分类
    - 物理教学论文的撰写
    - 中学物理教学研究发展趋势
  - 新时代对中学物理教师专业发展的要求

问题驱动

1. 有中学教师说："搞教育研究那是教育专家的事情，我们当中学教师的，把自己的课上好就行了，搞研究可不是我们的事！"你认同这种说法吗？为什么？

2. 教师教学研究能力的差异性对其专业发展有何影响？

3. 说课与备课的区别与联系是什么？

4. 教师开展校本研究需具备什么条件？

1. 基于对教师专业发展的内涵和阶段的了解,初步明确自己的教师职业生涯规划及发展路径。
2. 认识到说课的重要性,并能结合某一中学物理教学内容规范地说课。
3. 掌握校本研究和教学反思对教师专业发展的作用。

教学内容

　　党的二十大报告首次对教育、科技、人才进行了"三位一体"统筹安排、一体谋划的战略部署,党的二十届三中全会又进一步将建成教育强国摆在首要位置,赋予教育前所未有的使命责任。广大中学物理教师的教学对培养未来物理拔尖创新人才、夯实科学发展的基础具有不可推卸的责任。中学物理教师的职业发展成为提升高素质基础教育师资力量的重要部分,也是中学物理教师个人职业成长的重要构成。

第一节 教师专业发展的内涵和阶段

物理教学是非常复杂的实践活动,不仅需要物理教师常规的物理学及教学专业知识、专业技能、专业情意,更需要扩展专业技能,促进专业技能新发展,如设计物理教学问题情境的技能、组织学生进行合作学习的技能、指导学生进行探究学习的技能、教会学生学会学习的技能。物理教师专业发展具有阶段性,每个发展阶段具有不同的特征。

一、物理教师专业发展的概念

物理教师专业发展不仅包括知识的积累、技能的纯熟,还包括一切与教学活动相关的物理和教育学知识、物理实验和教学技能、专业及教学能力以及情意特质在内的综合素质的提升。

物理教师专业发展强调的是物理教师在专业生涯中内在专业素质结构的不断丰富和完善,这一过程指向专业特性的增强或内部专业结构的优化。通过持续的学习与探究,物理教师可以提升自身的专业水平与专业表现,而不是仅仅追求职业阶梯上的晋升。

二、物理教师专业发展阶段划分及特征

教师专业成长阶段理论,对中学物理教师实现自身的专业发展,以及外部设计成长活动都具有十分重要的指导意义。

教师专业成长阶段理论有助于物理教师认清自己的发展位置,预期自己的发展方向,并以此为参考制定自己的专业发展计划。同时,教师专业成长阶段理论也有助于教育行政部门根据不同专业发展阶段的物理教师的不同需求、不同特征和不同发展目标来定位、设计物理教师专业发展活动,从而更有效地促进物理教师专业成长。

按照教师专业成长阶段理论,结合物理教师专业成长过程的典型特征,可将中学教师专业成长分为如下四个阶段。

(一)调整磨合期

新教师刚迈上工作岗位的前三年,处于调整磨合期。调整磨合期教师的特征表现为:能基本适应中学班主任工作的要求;初步了解课程标准内容;基本熟悉教学过程的基本环节,能基本掌握现代教育技术辅助教学;能独立指导活动小组活动;能主动接受高水平教师的指导,并有固定的指导教师。他们从高等学校到工作所在学校的过程中,有理想、有激情,但是缺乏对教师岗位和职业的深层次了解和认同。因此,在工作中常会因为缺乏经验,或不善于与人交流沟通而产生一些困难,更为主要的是,由于对教育对象和教学过程缺乏完整的了

解而出现暂时的困难。这是一个正常的阶段,需要其他教师的扶持和善意的指导。在他人的帮助下,新教师应反思自己的问题所在,尽快找到解决问题的方法。

(二)适应发展期

通过一到两个循环的教学磨炼,工作了 4~6 年的教师处于适应发展期。处于该阶段的中学教师主要特征表现为:能胜任班主任工作要求,比较全面了解课程标准内容,比较熟悉教学过程的基本环节,能独立开展教学工作;熟练掌握信息技术辅助教学,能独立指导学科活动,有一定效果;能利用业余时间比较自觉地学习和提高业务能力;对所教学科的整个知识体系有了比较全面的掌握,同时对物理教学的全过程有了一个清晰的认识;比较适应教学岗位的要求,由此进入一个顺利的发展时期。

(三)成熟提高期

在适应期的基础上,若教师因为个人职业的理想和发展需求,产生进一步提高和发展的愿望,则会处于成熟提高期。处于此阶段的教师往往具有 7~10 年的工作经验,能有计划、有目地开展班级管理工作,班级管理有一定的层次,班风有特色;熟练掌握课程标准,熟悉中学阶段教学的全过程要求,能有意识、有目的地开展教学工作,积极开展教科研工作,并有初步的成果;能合理使用信息技术,能建立体系完整符合个人教学需求的学科资源库;能够根据自己的专业发展需要,有选择性地进行业务进修与培训;能成为学校的学科骨干,切实成为学生学习的组织者、促进者和引导者,努力使课堂中充满活力。

(四)反思创新期

经过十余年的教学生涯,教师工作经验丰富,专业能力得到充分发展,此阶段的教师往往属于骨干教师,甚至是把关或带头教师。通过不断反思自己的教学历程,积极尝试教学创新,不断追寻符合个人特色的教学风格,实现从经验型向学者型、智慧型教师的转变。

反思创新期的特征有:能创建有特色、符合现代班集体特征的班级,班级学生主体意识强,班级管理科学化、民主化;能全面、深刻理解课程标准,系统把握学科内容,能结合本学科发展的需要不断更新、充实教学内容;熟练掌握信息技术与学科整合的策略,教学态度认真严谨,教学风格鲜明,教学成效明显,能注意学生创新精神和实践能力的培养;具有较强的创新意识和教研科研能力,掌握教学改革和发展的最新动态;积极参与专业建设、学科建设、课程改革和实验室建设,取得显著成绩;能独立指导青年教师专业成长并有成效。

从物理教师专业成长的阶段可以看到,物理教师由不成熟到成熟的发展过程中,其教育态度、价值观、教学策略、能力等都在不断地发生着变化。在不同的发展阶段,物理教师成长的速度和侧重点不同。因此,期望物理教师在较短的时间内达到专业成熟的水平是不可能的,但我们可以期待让所有物理教师都能在其原有基础上有所提高,并有意识地持续进步。

第二节 教师专业发展的途径和方法

教师专业发展是教师角色适应与发展的必要条件。一个理性而成熟的教师,不但能对自己的教学过程进行不断反思,在教学过程中表现出自身的价值,还能进行团体的有效交流与合作,有不断学习的能力。每一位物理教师都要有危机感和紧迫感,需要不断通过专业发展,逐步成长为一个有经验的教师、熟练的教师,最后成为学科教育专家、名师。

教师专业发展的途径和方法比较多,下面仅列举中学物理教师专业发展中最常见的三种重要的途径和方法:教学反思、说课和校本教研。

一、教学反思

（一）教学反思的内涵与类型

反思是教师以自己的职业活动为思考对象,对自己在职业中所作出的行为以及由此所产生的结果进行审视和分析的过程。教学反思被认为是教师专业发展和自我成长的核心因素,是指教师对教学行为与教学意向、教学设计及其之间关系的调节性思考。美国心理学家波斯纳提出了一个教师成长公式:经验 + 反思 = 成长。他认为没有反思的经验是狭隘的经验,至多只能形成肤浅的知识。可见,教师成长的实质在于对教学经验的科学反思。按教学的进程,教学反思分为教学前、教学中、教学后三个阶段。教学前的反思能使教学成为一种自觉的实践;教学中的反思能使教学活动高质高效地开展;教学后的反思能使教学经验理论化。

反思的过程就是物理教师在自己的实际教学中发现问题,然后对教学过程进行分析,明确问题所在,进而结合自身的经验和理论探索,力求改进教学的过程。那么,物理教师应怎样对自己的教学经验进行反思呢? 研究表明,课后备课、反思日记、观摩分析、行动研究等都是反思的方法和有效途径。反思是充分挖掘自己专业素质发展资源的主要方式。传统的观念认为,教师的经验是教师发展的重要资源。教学反思是优秀教师发掘自己潜藏的教育思想的工具。它既要求教学生"学会学习",又要求教师"学会教学",在发展学生的同时,实现教师自身的提高。所以,学会了反思,就会对自己和他人的行为观念有更深层次的认识,它有助于教师把自己的经验升华为理论,由经验型发展为反思型教师;有助于教师获得专业自主发展;有助于教师形成优良的职业品质;它能大大缩短经验型教师成长为学者型教师的周期。

（二）教学反思的内容和形式

教学反思是针对教学的全过程,将教学活动本身作为意识的对象,不断对教学活动进行积极主动的检查、评价、反馈、控制和调节。这是一种调控性思考,这种思考贯穿课前的准备计划、课程的实施和课后的回顾总结等全过程。所以教学反思内容可以从教学过程上分为对教学准备、教学实施、教学效果的反思。

教学反思的内容涵盖了这三个过程,从主体的角度教师立足于课堂教学进行反思,反思的内容应涉及教学活动的各个要素。教学活动包含学生、教学目的、教学内容、教学方法、教学环境、反馈和教师七个方面,因此,教师应主要在教学理念、教学对象、教学目的、教材教法、教学事件、教学过程等方面进行教学反思。

教师作为教学活动的要素之一,教师的教学反思首先要反思所信仰的教育理念、教育观点。理念先行,理念指导教学模式、教学方法。教师的理念是积淀于教师个人心智中的价值观念,通常作为一种无意识的经验假设支配着教师的行为。

学生作为教学活动的对象,反思学生的认知水平、能力水平、行为表现,把握学生的自身特点、从学生的角度来反思的教学行为及其结果,也是教师反思的重要内容。了解学生的思想和需要,是教学成功的必要条件。反思型教师在课堂上通过对学生的行为观察来度量教学目标的实现程度,同时,通过学生的反应和学习效果来调控自己的教学进程和教学行为,并把学生的学习效果作为自己教学成效的日常反思尺度。

教学活动是有目的的活动,课堂教学中的教学目的是具体的,体现在每一个课时计划上。具体的教学目的是服务于某个学习阶段乃至整个教育过程的,因此教学目的的明确化和准确化是完成课堂教学的先决条件。对教学目的的设置是否合理,是教学反思过程中不容忽视的内容。教学模式、教学方法是否适合教学内容特点、适合教学对象的接受能力通常是教师教学反思最多的内容,教材教法、教学过程,每一个细节都是教学反思值得注意的内容。

通常情况下,教学反思可以不受形式的限制,只要它的初衷是为了不断更新教学观念、教学方法、教学模式以顺应不断发展的时代特性,以达到促进学生知识体系、学习内隐力的形成,那么教学反思是容易在每一位教师的意识形态中形成和巩固的。

一般来说,教学反思按照反思的主体可以分为自我反思和集体合作反思。

1. 自我反思

自我反思是指教师对自身经历的教学行为进行分析与思考,并总结实践中的经验,找出问题,提出解决问题的思路和办法。反思可以是针对一节课教学后的反思,一个单元教学后的反思,也可以是一个阶段、一个学期、一个学年教学后的反思。教师通过反思教学日记、录音录像资料、他人（包括学生）对自己教学的感受、他人的教学经验等方式进行教学反思，通常采用的方法有行动研究、叙事研究和案例研究等。

2. 集体合作反思

集体合作反思，也叫集体反思，是指有组织的同行共同参与，一起观察自己的和同事的教学实践活动，就共同关心的问题进行对话和研讨，这是一种互动式教学反思活动。教师各自独立思考、发表自己的见解，提出改进的思路和策略。集体反思中每个教师各自独立思考、发表自己的见解，提出改进意见，注重教师间的合作、交流、分享与共同提高，如教研活动、教学观摩、师生座谈等。集体反思通常采用的方法有对比、参与互动、观摩等。

（三）教学反思应遵循的原则与注意事项

教学反思应遵循及时性、持久性、发展性、目的性、交互性、科学性等原则。

1. 及时性原则

教学过程中要针对发现的问题及时进行反思，记录问题的难点、困惑，及时进行反思，寻找解决办法，用创新和发展的思维模式解决已有问题，抓住灵感，记录瞬间思维结果。及时性原则体现在出现问题、发现问题时及时反思解决，不给教学留下隐患。

2. 持久性原则

教学过程的优化和完善、教学技能的提升、教学效果的提升不是一蹴而就的，需要日积月累。教学反思要成为一种职业习惯，贯穿职业生涯，教学经验的形成、完整的教学观念的形成都需要不断积累和修正，没有一次性就能完成的教学过程。

3. 发展性原则

学生是处于不断发展中的个体，教学环境是动态变化的，教学资源也会不断更新，因此，教学反思必须关注各种具体情况。针对变化的过程，教师应当从发展的角度进行教学反思，不断继承已有的教学反思成果，进行合理的创新，使教学反思促进教学实践发展，同时使教学实践推动教学反思水平的提高。

4. 目的性原则

教学反思要有针对性，要有目的、有目标地解决问题，反思会更具有针对性，解决问题更明确。有目的地进行教学反思会获得更好的反思效果，聚焦问题、确定目标，符合目标导向原则，会使问题解决事半功倍。

5. 交互性原则

教学活动是一个开放的过程，要做到有交流、有研讨才有提升。教学反思作为提升教师专业发展的重要途径，过程的交互性非常重要。教师要多与教学对象进行交互、对话和讨论，还要多与同行、专家研讨，通过学生反馈、同伴互助、专家诊断等多种形式的交互，在思维碰撞中更容易形成系统的反思成果。

6. 科学性原则

教学应遵循科学性原则,教学反思也必须遵守科学性原则,教学反思的方向、对象应遵守科学性,反思的方法、途径应遵循科学性,教学反思的结果应具备科学性,才能取得可采用的教学反思成果。

教学反思应注意遵循教学反思原则,拒绝无效的教学反思。教学反思作为教师职业能力成长的重要途径,不容忽视。

二、说课

（一）说课的内涵与类型

说课是指教师在规定的时间内(通常为15~20分钟)针对某一特定教学内容向同行、专家系统阐述自己对教材的理解、教法与学法的分析、教学过程的设计,以及相关理论依据等内容的一种教研活动形式。由于它具有不受场地限制、不干扰学生、操作简单快捷,以及有利于提高教师的理论素养、驾驭教材的能力和语言表达能力等优势,受到广大教师的重视,被广泛应用于中小学的教学研讨、教学竞赛、教师技能考核等活动中。

根据说课的目的和性质,说课可分为示范型说课、研究型说课、评比型说课。

1. 示范型说课

通常是高一级教学指导部门组织的说课比赛或者展示活动,通过优秀教师的优秀说课案例示范方式,帮助和指导普通教师了解掌握说课内容、方法、要点和重点,对教学内容的设计起到帮助。

2. 研究型说课

通常是以教研室、备课组等组织的以选定的课题进行有准备的说课,并进行研究讨论。一般由一位教师针对教学方法、教学模式、学习特点等内容进行准备,在研讨会上先以说课形式展示,然后所有参会教师一起研讨,提出修改和改进的建议,科学完善教学设计,这种研究型说课是教研活动开展的一种重要形式。

3. 评比型说课

主要是指教学单位或者教学组织举办的以说课为比赛形式的教师技能比赛或者竞赛。通常是由大赛组织单位限定教材、课题、时间等条件,完成说课稿,并进行说课,最后由评委按照打分标准给出成绩及评委意见。

除了根据目的和性质进行分类,说课还可以根据内容划分为新授课说课、复习课说课、实验课说课等。说课还可以分课前说课和课后说课,课前说课主要针对课前教学设计准备的内容;课后说课主要说的是课程的落实情况、课程的实施效果、课程的改进情况,主要侧重实践效果分析,便于后期教学改进优化。

（二）说课的表述形式和表述内容

根据课堂教学要素,说课一般按说教材、说教法、说学法、说教学过程四个环节进行。

1. 说教材

说教材是对本节教学内容在教材中的地位以及同其他知识的联系进行分析,并根据课程标准要求,说明本课时的教学目标、教学要求、教学重难点及其确立的理论依据,阐述在教学过程中如何挖掘教材的思想性。按照新课程的要求,还要说课程的开发与课程资源的利用,即要说明如何根据教材、结合学生实际,将文本课程与现代社会、科技发展及学生生活紧密结合,使教学过程成为课程开发与创生的过程。

2. 说教法

说教法是要说明教学过程中准备采用的教学方法及理由,简言之就是清楚"怎样教"和"为什么这样教"。说明要用什么方法提升学生科学素养。教学方法要体现以教师为主导、以学生为主体、以思维训练为主线的原则。根据教学内容和教学目标确定教学方法是教学的基本要求,也是说课时必须说清的基本点之一。

3. 说学法

说学法要说明学生"怎样学"和"为什么这样学"。学法是学生学习知识、掌握知识的方法和途径,是学生将知识转化为能力的桥梁。为提高教学效果,达到教学目的,必须有科学的学法指导。因此,说学法要在分析学情的基础上进行。

学生是教学的对象,是课堂的主体,一切教学活动都是为主体服务的。而一个班的学生,由于基础不一,知识水平和认识水平不同,教学就应该建立在学生的基础上,教学进程要受到学情的控制。因此,在教学设计时,事先要有充分的思想准备,对于课堂中可能出现的情况应采取什么样的措施,用什么样的手段来有效提高课堂效果。比如对重点中学和一般中学、重点班级和普通班级、学优生与学困生等,要事先有一定的了解,做到胸中有数。

4. 说教学过程

说教学过程是说课的核心部分。教师应重点说清准备通过哪些教学环节,借助何种教学手段,怎样围绕教学重点和难点来实现自己的教学目标,并说明教学过程中各个教学程序安排的意图,同时还要说清各教学活动环节的时间分配,各环节间如何衔接过渡才能实现教学目标、达到预期效果等。

要说清楚教学设计,它包括两个方面:① 教学过程,如新课引入,如何提问、如何分析、如何归纳以及课堂小结,布置作业等;② 为什么要这样设计,即每个教学步骤或是实验、练习题等为什么要这样设置,要达到什么目的,能够起到什么样的指导作用。说教学过程时,要尽量勾画出课堂教学的概貌。

（三）说课应遵循的原则与注意事项

说课应遵循说理精炼准确、理论支撑性强、实践操作性强、形式灵活多样的原则。

说课的核心在于说理，在于说清"为什么这么做"。没有理论指导的教学实践只能是经验教学，不具备教育思考和教育理论依据支持。教师必须认真学习教育教学理论，持续学习，用理论指导教学。

说课的内容必须客观真实、科学合理。如实说课，说出自己的理解、想法、做法，引起听者的思考，引起同行的相互切磋、研讨，进而完善改进教学。另外，所说的每个环节都需要能落地实操，不能仅停留在说课层面而无法在教学实际过程中使用。

说课可以针对一节完整的课，也可以针对一小节、一单元、一章节，还可以针对某一方面进行说课、研讨。做到说课有针对、有主次、有重点，说精说细，说难不说易，不拘于形式，防止教条、模板等框套。

三、校本教研

（一）校本教研的历程与发展

2002年，我国新课改中提出"校本研究"概念，以"为了学校，在学校中，基于学校"为特征的校本培训、校本管理、校本课程等校本活动开始成为大家研究与实践的新领域。校本研究在英美是伴随着"教师即研究者"运动于20世纪60年代前后兴起的，当时人们越来越多地认识到，没有学校参与特别是教师参与的教育研究，是无法使教育研究成果很好地在教育实际中加以运用的。后来逐渐演化成为直指学校问题，将学校实践活动与研究活动密切结合在一起，倡导学校教师参与研究的校本研究。目前，很多中小学已经以项目立项方式开展各种类型的校本研究。

（二）校本教研的含义与特点

校本教研是以学校为基础，以教师为研究主体，以学校存在的关键性、根本性问题为研究对象，为改进学校的教育教学，提高学校教育教学质量，从学校实际出发，依托学校自身的资源优势和特色进行的教育教学研究。校本教研是基于校级教研活动的制度化规范，其基本特征是以校为本，强调围绕学校自身遇到的问题开展研究。

具体而言，校本教研应有以下特点：

（1）校本教研课题主要来自学校所面临的突出问题。例如，与学校自身实际关系不大的问题，不能称之为校本研究课题；专业研究工作者为了验证某种假设的研究问题，也不能称之为校本研究课题。

（2）校本教研的主体是学校中的教师。校本是"在学校中"的，既要在校内进行，又要汇总学校内部的各种力量，尤其是教师。

（3）校本教研遵循一定的研究程序。校本教研是学校教育研究的一种类型，应该从属于教育研究的一般特征。

（4）校本教研的结果直接用于学校实践的改进。用研究得出的结论规范、指导自己学校的实践活动，这是校本教研应有之义。

（三）校本教研的程序

校本教研有自身基本的研究程序：① 选题；② 查阅文献、初步调查；③ 制订研究计划；④ 开题；⑤ 实验搜集并整理数据；⑥ 实验结果分析研究；⑦ 给出研究结论，撰写研究报告，结题。

开展校本教研一定要注重选题，从学校教学实际存在的问题中选题，选题有针对性，研究目标为解决学校教育存在的问题。

调查研究方法设计要合理科学、可操作，定性和定量研究相结合，质性分析和量化研究合理使用，研究宽度、广度和深度在研究开展之初有科学规划，原始资料的收集和整理一定要有制度保障和可靠性保证，调查信度和效度必须达到教育教学科学要求。

调查结果分析要科学真实可靠，研究参与人员结构要合理，分工合适，有专家型人才进行理论指导和操作指导，骨干教师作为研究的主体要全方位参与研究。

第三节　中学物理教师的教学研究

中学物理教师的专业发展离不开教学研究，"有教无研则浅，有研无教则空"，反映了教学与研究的辩证关系。教学研究对于提升教学效果、教学质量、学科发展以及个人职业素质都具有重要意义。教学研究的选题和研究成果呈现都需要遵循科学研究的原则。

一、物理教学研究概述

（一）物理教学研究

对物理教育现象、过程和规律的研究统称为物理教育研究。中学物理教师在重视并做好教育教学工作的同时，应结合教学实践进行教育教学研究，不断提高自己的教育理论水平和学科教育水平。

物理教学研究的对象是指介入、影响，特别是导致物理教学现象发生、发展、变化的一切因素、各个因素之间的相互作用,以及由这种作用形成的某种状态和由这些状态构成的某种过程。物理教育研究的目的,是获得关于所研究对象在某种层次上的规律性认识,如它的历史沿革、现状、变化原因、内在规律、发展态势等。

(二)物理教学研究的意义

中学物理教师开展物理教育教学研究的意义可概括成以下几个主要方面。

1. 开展教育教学研究有利于提高物理教学效率

如何提高物理教学效率是科技迅猛发展给教育提出的最主要的要求之一,而且这一要求日益迫切。鉴于物理学的基础科学性质,物理教学的效率问题将首当其冲。深入开展物理教育研究,成为提高物理教学效率、减小盲目教学实践的根本出路。开展中学物理教育教学研究,是教学改革的需要,是提高教师素质、教学质量和教学效益的重要途径。

2. 提升教学研究能力有利于卓越物理教师培养

"卓越物理教师"是具有教学研究能力的高素质教师的发展目标。通过课题研究,学习教育学、心理学和各种新的教学理论并联系教育实践中的问题,寻找解决的方法,实际上是一种有效的进修活动。在研究中,教师不断提高教育思想,认识到以往教育观念的缺陷,进行纠正;可不断提高教学水平,把新的教学理论和教学方法运用于教学,提高教学效果;可扩大和完善知识结构和能力结构。实践证明,带着研究课题学习教育教学理论,搜集并研读信息资料,方向目标明确,印象深刻,收获也比较大。

3. 开展教育研究是认识遵循教育规律的必由之路

正确认识和掌握物理教育规律,探索物理教育规律和按照物理教育规律办事,必须通过物理教育研究。教育不得法,事倍而功半,造成这种现象的重要原因之一是教师未能认识和遵循教育规律。教师加深对物理教育规律的认识,学习各种教育思想、教育理论和教学方法,才能有效地提高教学效率和教育质量。因此,教育研究是广大教师和学校遵循教育规律办事、提高教育质量的必由之路。

4. 开展物理教育研究有利于促进物理教育发展

在当前的物理教育中,理性地认识教育规律,遵循教育规律开展教育活动的做法还比较欠缺。造成这种现象的原因是物理教育理论研究的薄弱。广大物理教师虽然在教学实践中有不少经验和感性认识,但缺乏教育理论思考,对先进的教育理论学习以及参与教育研究不足。广大教师参加教育研究能使大量的丰富的教育经验上升为教育理论,从而指导教育。从一定意义上说,没有教育研究就没有教育理论的发展,也就没有教育的发展。目前中学物理教学中大力提倡教育研究,以研究促教,以研究导学。

二、物理教学研究的方法和课题分类

（一）物理教学研究的方法

中学物理教师进行教学研究的方法主要有：经验总结法、调查研究法、文献研究法和实验研究法。在教育研究中，由于研究者的身份和地位不同，研究的领域和研究的方法也不相同。从研究者关注的问题和研究方法看，大致可分为"就理论理""就事论事"和"就事论理"三种。"就理论理"是对主要由教育专家、教育科研人员进行的研究工作方式的一个概括。他们的研究涉及教育的一般理论、国内外教育比较、教育的模式等教育的大问题。研究这些问题的主要途径是从理论到理论，讲究理论研究的逻辑性和思辨性。这些研究成果对于教育的宏观发展，例如更新教育观念、制定教育规划、为决策者提供教育信息和咨询等是必要的，但对教育教学实际问题的解决却一时难以起到指导作用。

目前处于基础教育一线的广大中学物理教师和教育管理工作者进行的研究工作多属于一种"就事论事"的方式，就"事"论"事"地提出问题和解决问题，讲究教育研究的实用性和可操作性。中学物理教师的研究可提出富有启发的"做什么"和"怎么做"，但对于"为什么这样做是成功的、有效的？"的道理却没有很有见地的说明。

以上两类研究显然各有所长，也各有不足之处。正是基于这样的状况，很多教育工作者寻求着第三条研究途径，即就"事"论"理"地进行教育教学研究。这里的"事"就是教学中存在的实际问题，"理"就是对实际问题做出必要的理论分析和说明。在这样的教育过程中，理论研究和实际研究互相融合，取长补短，从而将使教育教学研究走近学科教师，成为他们提高自己教育教学水平的有力武器。这样的研究途径从实际问题出发，以解决实际问题为归宿，因此，在很多教育文献上被称为"行动研究法"，以突出在行动中研究的特色。

（二）物理教育研究课题分类

按照一般科学研究的分类方法，中学物理教育教学研究的课题，也可分为基础理论研究课题、应用性研究课题和开发性研究课题。

1. 基础理论研究课题

基础理论研究课题是指物理教学改革中已遇到或即将遇到的理论问题；原有理论与教学实验成果之间暴露出来的矛盾问题；中学物理课程设置、物理教材建设，到物理学习方法、物理教学方法等暂时看不出实际应用，但将来有重大指导意义的问题；国际物理教育发展潮流中的趋势问题等。基础理论研究课题的特点是探索性强、不确定因素多、研究周期长。例如以下课题：

① 中学生物理学习心理与学习规律研究；

② 中学物理骨干教师的素质及再提高研究；

③ 现代物理教学论的特点与物理教学；

④ 物理教学中的思政教育；

⑤ 中学生物理学习过程中创造性思维能力的培养；

⑥ 如何解决物理"难学问题"；

⑦ 物理学史与中学物理教学。

2. 应用性研究课题

应用性研究课题是根据教育理论和物理教学理论研究成果,运用于教学实践,探索提高当前中学物理教学质量和教学效益的研究课题。着重于研究如何把教育理论转化为具体实施的教学方案和具体方法的尝试。例如以下课题：

① 如何培养学生综合运用知识的能力；

② 物理教学如何理论联系实际；

③ 从几所学校的调查看初中物理教学中存在的主要问题；

④ 从几年中考物理试卷分析,看初中物理教学中存在的主要问题；

⑤ 系统方法在物理教学中的应用；

⑥ 人工智能与物理教学；

⑦ 迁移理论在物理教学中的应用。

应用性研究课题的特点是实践性强。其研究成果具有现实意义,有利于理论的深化和验证,有助于提高当前教学效益。

3. 开发性研究课题

开发性研究课题是运用物理学、教育学、教育心理学的理论知识,结合实际需要,设计、试制新的教学材料,开辟新的应用领域的研究课题,例如新仪器的研制,各种教学软件的设计、制作等。

以上三种教学研究工作,是相互联系、相互渗透、相辅相成的。前者的研究成果,有赖于后者的研究去实现,并在实践中不断检验和发展,并成为后者研究的依据；后者的研究成果,又不断为前者提出新的课题,充实其内容。

三、物理教学论文的撰写

物理教学论文是指对物理教学中的某个问题开展研究设计与实施,通过将研究过程中取得的资料、数据经过科学分析、概括、判断、推理等加工处理,形成论点,作出结论并写成论文。不仅要求具有客观性、可靠性和再现性,还要求具有创新性。要实事求是、论点明确、准确地表达研究成果。

物理教学研究的论文撰写,要观点鲜明,资料、数据准确、可靠,分析严谨,体现出良好的学风。论文要文字通顺,条理清晰,有较强的逻辑性、科学性,并能反映研究工作过程中所解决的问题。教学研究论文的选题和撰写需要注意如下问题。

(一)物理教学研究论文的选题

论文题目的选择要遵循以下原则。

1. 思想性原则

思想性原则即选题要反映正确的教育思想,全面贯彻党的教育方针政策,特别要符合国家教育改革发展的总趋势。

2. 科学性原则

科学性原则指论文题目有价值,即题目的先进性、正确性和针对性。论文内容要先进;论文的观点、论点、正确无误,并经得住时间进程的考验,在一段时间内有指导意义;论文题目有明确的针对性,要解决现实物理教学中存在的某个倾向性问题,或论述自己在教学实践中、教学研究中的新观点、新见解、新方法,或针对别人论文中某个不正确的观点提出自己的看法与之商榷。

3. 可能性原则

可能性原则指论文题目应基于实际的研究条件和可行性进行考虑。首先,论文题目的选定要从物理教学的客观实际出发,选择物理教学中迫切需要解决,并且别人尚未从理论和实践中解决的关键性问题,绝对不能从主观想象出发,先拟定题目,再找材料来附和自己的观点。其次,要注意论文的完成是否具备必要的主、客观条件。主观条件指的是自己的理论根据是否正确,实践中积累的第一手材料是否充实。最后,根据自己的能力确定论文题目的大小,初写论文的时候不妨把题目选得小些、具体些,以便能保证质量,顺利完成。

4. 发展性原则

发展性原则指论文题目要符合物理教学的发展方向,论文完成后对中学物理教学改革有一定的指导作用,对物理教学工作有一定的促进作用,能帮助解决物理教学中存在的实际问题。例如,选"初中物理教学与高中物理教学如何衔接""物理概念、规律形成过程及其内部联系问题""物理教学中如何培养学生的发散思维和直觉思维"等题目,都是很有发展前途的。

5. 理论与实际相结合原则

这里所说的"理论"指教育学理论、心理学理论、物理科学方法论、教育测量与评价的理论、物理学科知识本身的理论等,"实际"指教学过程的实际。论文题目应该来源于教学的客观实际,反映物理教学研究与物理教学改革的实际。在阐述论文的内容时,既不要停留在原始素材的阶段,也不要做单纯的理论叙述,而应该用理论去阐明事实,从事实中提炼出理论,实现理论与实际的统一。

6. 发展优势原则

发展优势原则指选择论文题目时,要从本地区、本学校、本人的长处出发,充分发挥和利用自己的有利条件、教学优势,扬长避短,量力而行,以按期完成,并收到最好的效果。

（二）论文的一般结构与构成要素

撰写论文总的要求是要做到论点正确,内容充实,真实反映自己的教学经验、心得、体会、研究成果,这是我们撰写论文必须遵循的一条原则,也是衡量论文质量的一个重要尺度。论文的一般结构,大体由下面几部分组成。

1. 题目

应以醒目、简练、明确的语言反映论文阐述的中心内容,使读者由此迅速判断有无阅读价值。例如:"中学物理课堂教学开展自主学习的策略研究""关于中学物理教学中的'过程'研究""中学物理教学中负迁移现象研究"等。

2. 序言

一般的论文都在文章的开头非常扼要地说明为什么要研究这个问题,写这篇论文,想解决什么问题,以及研究该课题的目的、意义。

3. 正文

正文是论文的主体部分,正文的安排应该做到先后有序,主次分明、详略得当。要求作者正确地阐明自己的思想、观点、方法,充分利用第一手材料,详细、完整、重点突出地论证自己经验或研究成果,并做必要的分析和讨论。使人们读后受到启发,感到有新意、有收获,对改进物理教学有帮助。

4. 概括性结语

在正文后面用简短的语言,简要概括论文的要点,或对研究成果未尽善之处,提出进一步研究的建议。

5. 参考资料

在论文最后一般应该按先后主次顺序,有序号地列出撰写论文或作专题研究时,自己亲自阅读并对论文有重大参考价值的主要文献,以便别人考证或进一步继续进行研究。引用报纸、杂志文献要按照参考文献的国家标准标明。引用一些重要观点与结论时最好说明页码。

（三）撰写论文要注意的几个问题

（1）写作之前要有写作提纲,它是论文的框架,也是写好论文的必要条件。编写提纲时,要确定论文的主题思想、中心内容,论文应该划分几段,各段落要说明什么问题,这些问题在整篇文章中的地位和作用,注意各段落之间的有机联系。

（2）文章结构要严谨、简明、朴实,层次清楚,逻辑性、针对性强。要说一个问题就把它说清楚,说透彻,不"拖泥带水"。

（3）经验性文章,要把自己的经验突出来,内容要具体,并使之条理化,要把经验上升到一定的理论高度,以利于别人学习或推广。研究成果要做到真实、完整而且准确地反映出研究者的水平。

（4）要有诚实的科学态度。任何教学经验或研究成果都只是相对真理,应该客观地反映事物的本来面目。自己的经验或研究成果有不完善的地方,应该在文章结尾部分交代清楚,以便别人在你的基础上继续前进。别人对自己文章质疑时,要谦虚、谨慎、据理说明。

总之,开展中学物理教学研究,无论课题是大还是小,都应当写出研究报告或研究工作总结,其中具有创新内容的可以写成学术论文。撰写研究报告或学术论文的目的,主要是为该门学科发展积累资料和进行学术交流,推动中学物理教育改革。

四、中学物理教学研究发展趋势

目前我国中学物理教学研究得到基础性发展,但仍存在很多值得充实和探索的方面。展望未来研究,可能在以下方面值得关注和取得进展。

（一）趋于整体综合研究

中学物理教学研究发展将更趋于整体研究,多学科交叉研究已经有了部分成果。教育学、物理学、心理学、测量学等学科交叉理论支撑研究基础,研究开展也可以从学科交叉角度去开展,其他交叉学科的科研方法和成果也值得借鉴。研究由"应试教育"逐渐向"科学素养""核心素养"研究转变。由于学生的科学素养及创新能力都是综合化、多元化的,其研究也必然呈现整体化、综合化的研究趋势。

（二）现代化的研究方法

中学物理教学研究目前很多还停留在"经验总结",采取实证研究方式的相对较少,教育科学研究方法应具有严谨的学术规范,其实可以借鉴物理学的研究方法,通过实验和数据,进行科学分析后得到研究结论。随着信息化技术、数字技术、人工智能的发展,2035年,教师主动适应信息化、人工智能等新技术变革,充分利用云计算、大数据、虚拟现实、人工智能等新技术推进教师教育改革、教师教育研究,定量研究方式方法将在很大程度上得到开发和应用。

（三）研究群体的交流合作

分析可知,目前高校的教育学、课程与教学论和学科教学专业在课题研究内容上与中学教师有很大差异,前者理论研究较多,后者关注教学过程实际问题较多,如果两者之间加大合作交流机会,理论指导实践、实践反馈理论,研究才能更全面,也能更多地指导中学物理教学,对物理教学研究有大的促进。因此,建立以高校引领,教育主管部门、基础教育共同参与的教师教育发展研究共同体将会成为研究团队的基础形态。

目前,中学物理教学研究本土发展缺乏国际交流和合作,通过各种形式的学习交流合作,本领域发展可能会打开新的窗户,对研究提供更大的发展。

第四节　新时代对中学物理教师专业发展的要求

中学物理教师是履行中学物理教育教学工作职责的专业人员,需要经过严格的培养与培训,具有良好的职业道德,掌握系统的专业知识和专业技能。新时代对物理教师工作提出新挑战,教师专业发展的意识与信念需要重塑和加强,教师需要具备自我发展、创新探索等意识,以应对面向未来的专业发展与职业成长。

2012年,我国根据《中华人民共和国教师法》和《中华人民共和国义务教育法》,特制定《中学教师专业标准(试行)》,各师范院校也相应开设教师专业发展的课程。2018年,《中共中央国务院关于全面深化新时代教师队伍建设改革的意见》指出,"把教师工作置于教育事业发展的重点支持战略领域",并提到了"教师的专业化和提升教师专业素质能力"。2021年,教育部发布《中学教育专业师范生教师职业能力标准(试行)》。2022年,党的二十大报告提出,教育优先发展,加强师德师风建设,培养高素质教师队伍。2024年,习近平总书记在全国教育大会上强调"要实施教育家精神铸魂强师行动,加强师德师风建设,提高教师培养培训质量,培养造就新时代高水平教师队伍"。

党的十八大以来,习近平总书记对教育的重要论述,以及多次视察学校、回信师生,对学校和广大教师提出了殷切期望和要求:从"三个牢固树立""四有好老师""四个引路人""四个相统一""六要",到"三传三塑",再到"经师"与"人师"相统一的"大先生",提出弘扬教育家精神等。要求新时代教育工作者勇挑时代重任,在教师职业发展的道路上,做好教师,做卓越教师,做好师者榜样,坚守职业信念,把教育家精神作为新手教师成长为专家型教师的精神引领;这些指示要求是教师教书育人能力提升、教学方式方法创新的精神动力,也是以实际行动投身教育强国建设的方向引领。

进入新时代,中国发展进入创新的快速时代,教育强国、科技强国目标的实现为教育发展提出更高要求。基础教育作为全面提升国民素质的基点,要巩固深化"双减"成果,做好科学教育加法,播撒科学种子,激发学生好奇心、想象力、探求欲。高素质专业化教师队伍是实现教育强国的基础支撑,中学物理教师在科学教育过程中要扩宽知识广度深度,注重学科交叉融合,注重学生学习兴趣激发、创新能力培养、思政影响力传递等。这都对广大中学物理教师职业发展提出了新要求。

新时代赋予我们更高的要求,作为中学物理教师,我们要拓宽视野和格局,以建设教育强国的责任感、使命感,发挥教育家精神、科学家精神的引领作用,提升专业能力,发展自身,努力践行"为党育人、为国育才"使命,为以中国式现代化全面推进强国建设、民族复兴伟业而作出新的更大贡献。

13-1

中学物理说课案例

1. 教育强国、科技兴国,作为中学物理教师,我们能做哪些贡献,如何将个人的专业发展统一到国家教育发展中去?

2. 通过查阅资料、调查研究,寻找你眼中的物理教育"大先生",探寻他们的专业发展历程,看看能给你哪些启示。

3. 组织学生演讲:教育强国、科技兴国,且看少年。

1. 为什么说教学反思有利于促进中学物理教师专业发展?

2. 如何在日常物理教学工作中发现问题,并将问题作为教学研究的课题?

3. 有专家认为,卓越物理教师的培养应成为一种日常教师专业发展的常态,所谓卓越就是指教学研究能力的形成,而这种能力的评价标准就是能够在物理教学期刊上发表论文。请结合自己的理解进行分析,并展开讨论。

主要参考文献

1. 中华人民共和国教育部.义务教育物理课程标准:2022 年版［M］.北京:北京师范大学出版社,2022.

2. 中华人民共和国教育部.普通高中物理课程标准:2017 年版 2020 年修订［M］.北京:人民教育出版社,2020.

3. 廖伯琴.义务物理课程标准(2022 年版)解读［M］.北京:高等教育出版社,2022.

4. 廖伯琴.普通高中物理课程标准(2017 年版 2020 年修订)解读［M］.北京:高等教育出版社,2020.

5. 邵朝友,张斌.指向核心素养的形成性评价［M］.济南:山东科学技术出版社,2022.

6. 李翠白.信息技术与课程整合［M］.北京:科学出版社,2021.

7. 邢红军.中学物理教学法［M］.北京:北京大学出版社,2020.

8. 阎金铎,郭玉英.中学物理教学概论［M］.4 版.北京:高等教育出版社,2019.

9. 衣新发.教学反思能力实训［M］.北京:高等教育出版社,2019.

10. 刘俊强.现代教育技术［M］.武汉:华中师范大学出版社,2017.

11. 邵朝友.基于学科素养的表现标准研究［M］.上海:华东师范大学出版社,2017.

12. 廖伯琴.物理教育学［M］.北京:高等教育出版社,2014.

13. 张红洋.教师教学技能［M］.北京:首都师范大学出版社,2013.

14. 王较过,李贵安.物理教学论［M］.西安:陕西师范大学出版社,2009.

15. 皮连生.学与教的心理学［M］.上海:华东师范大学出版社,2009.

16. 洪显利.教育心理学的经典理论及其应用［M］.北京:北京大学出版社,2007.

17. 陈刚,舒信隆.新编物理教学论［M］.上海:华东师范大学出版社,2006.

18. 巨瑛梅,刘旭东.当代国外教学理论［M］.北京:教育科学出版社,2004.

19. 荣静娴,汪思谦.中学物理课堂教学技能研究［M］.北京:高等教育出版社,2004.

20. 廖伯琴.提炼核心素养,凸显课程育人价值:义务教育物理课程标准(2022年版)解读[J].基础教育课程,2022(10):46-52.

21. 童大振,杨洁,胡扬洋.走向"丰富"的物理问题解决教学:国际研究进展与启示[J].中小学教材教学,2022(7):49-54.

22. 尹后庆.以基础教育高质量发展为目标的课程改革[J].基础教育课程,2022(1):4-8.

23. 孟丹宁,姚建欣,张玉峰.课程改革二十年中学物理教育发展回顾与反思[J].基础教育课程,2021(21):26-35.

24. 许弘泽.基于"四层""四翼"评价体系探析基于情境的物理问题的一般解决范式[J].湖南中学物理,2021(7):9-11.

25. 雷浩,崔允漷.核心素养评价的质量标准:背景、内容与应用[J].中国教育学刊,2020(3):87-92.

26. 杨向东.关于核心素养若干概念和命题的辨析[J].华东师范大学学报(教育科学版),2020(10):49-59.

27. 廖伯琴,李洪俊,李晓岩.高中物理学科核心素养解读及教学建议[J].全球教育展望,2019(9):77-88.

28. 冯友梅,李艺.布鲁姆教育目标分类学批判[J].华东师范大学学报(教育科学版),2019(2):63-72.

29. 周轶.DIS实验在初中物理教学中的实践探索[J].中国现代教育装备,2019(6):23-25.

30. 廖伯琴.以学生发展为本改进普通高中物理课程[J].人民教育,2018(10):36.

31. 胡卫平.思维型教学理论及其应用[J].教育家,2018(48):13-16.

32. 彭前程.聚焦核心素养 体现时代要求:高中物理教科书修订说明[J].中学物理,2018(19):2-8.

33. 林崇德.中国学生核心素养研究[J].心理与行为研究,2017(2):145-154.

34. 林崇德,胡卫平.思维型课堂教学的理论与实践[J].北京师范大学学报(社会科学版),2010(1):29-36.

后记

经过编写和出版团队两年多的不懈努力，这本高校物理师范专业教师教育核心课程《物理课程与教学论》教材终于完成从组建编写团队组稿、修改、打磨到编辑出版的所有环节，即将与亲爱的读者见面。回想起组织编写这本教材的初衷与动机，缘起于几位从事课改的一线教育同仁的一次交流、讨论与思维碰撞——既然新时代是高质量育人的时代，课程教材是育人的载体，那么，为进一步全面落实立德树人根本任务，我们的课堂创新、教材改革、资源创建如何改革才能与时俱进、有效对接落实党中央的课程育人号召？师范大学的责任在哪里？

作为扎根祖国西部的教育部直属双一流建设师范大学——陕西师范大学，依托西部师范大学教师教育创新与发展联盟、西部师范大学物理教师教育创新与发展联盟、西部高师院校课堂创新虚拟教研室、西部课堂创新研究院等教师教育研究特色平台，由陕西师范大学物理学与信息技术学院物理教师教育团队牵头，联合部分西部联盟高校物理学科教学论一线教师，组建编写团队，形成共识，协同创新，开启了联合编写本教材的征程。

本部《物理课程与教学论》教材，包括课程论、教学论、学习论以及教师发展等部分，共计13章。其中，第一、二章由张红洋执笔，第三章由于一真执笔，第四章由刘晓莹执笔，第五章由吴晶执笔，第六章由李青执笔，第七章由孟根巴根执笔，第八章由郝睿执笔，第九章由梁文英执笔，第十章由于一真执笔，第十一章由岳辉吉执笔，第十二章由吴晶执笔，第十三章由醋燕妮执笔。李贵安执笔本教材的前言和后记，同时对本教材编写设想和计划进行策划与推进，并对教材进行统稿和校对。

这部教材的顺利出版离不开方方面面的大力支持。感谢陕西师范大学教师教育处和教务处各位领导的大力支持，感谢高等教育出版社、高教社陕西省教学服务中心各位领导的指导与支持，感谢陕西师范大学物理学与信息技术学院鼎力支持。感谢北京师范大学物理与天文学院李春密教授的指导与帮助，感谢陕西师范大学物理学与信息技术学院王较过教授的帮助与支持。特别感谢高等教育出版社教师教育事业部王文颖老师的肯定鼓励、精心指导与无私帮助。诚挚感谢加盟教材编写团队的联盟高校学科教学论老师们,他(她)们是:海南师范大学刘晓莹老师、内蒙古师范大学孟根巴根老师、宁夏大学郝睿老师、青海师范大学梁文英老师、四川师范大学李青老师,以及陕西师范大学张红洋、岳辉吉、吴晶、于一真、醋燕妮老师。

尽管本教材编写过程中不乏多次集中开会专题讨论,以力求教学改革必须围绕新模式课堂、新理念教材、新拓展资源创建等方面联动融合,形成合力,为达成课程育人、课堂育人、教材育人以及资源育人之目标助力,但客观上说,新教材一定会存在这样或那样的不足与问题。在此,恳请广大读者朋友们不吝赐教,批评指导,以便在未来的教材修订中进行修改完善。再次对各位朋友的关心、支持和帮助表示诚挚的感谢。

编　者

2024 年 9 月于西安